Martina Schön
Tugend und Au

CW01560552

Ergebnisse der Frauen- und Geschlechterforschung (Neue Folge)
Band 4

Begründet und im Auftrag
des Präsidenten der Freien Universität Berlin herausgegeben von

Prof. Anke Bennholdt-Thomsen, Germanistik
Dr. Ulla Bock, Soziologie
Prof. Marlis Dürkop, Sozialpädagogik
Prof. Ingeborg Falck, Medizin
Prof. Ingrid Kasten, Mediävistik
Prof. Marion Klewitz, Geschichtsdidaktik
Prof. Jutta Limbach, Jura
Prof. Hans Oswald, Pädagogik
Prof. Renate Rott, Soziologie
Dr. Hanna Beate Schöpp-Schilling,
Amerikanistik/Anglistik, Germanistik
Prof. Irmingard Staeuble, Psychologie
Prof. Margarete Zimmermann, Romanistik

Koordination: Dr. Anita Runge

Martina Schönenborn

AB

Tugend und Autonomie

TB

Die literarische Modellierung der Tochterfigur im Trauerspiel des 18. Jahrhunderts

327 pp.

Göttingen   p¹

WALLSTEIN VERLAG

publ

Inhalt

Einleitung

»Der Satz der Identität spricht vom Sein des Seienden. Als ein Gesetz des Denkens gilt der Satz nur, insofern er ein Gesetz des Seins ist, das lautet: Zu jedem Seienden als solchem gehört die Identität, die Einheit mit ihm selbst.«

(Martin Heidegger, Der Satz der Identität, 1957)

Im ersten Akt seines 1774 erschienenen Dramas *Der Hofmeister oder Vortheile der Privaterziehung* läßt Jakob Michael Reinhold Lenz einen der Protagonisten seinen bezeichnenden väterlichen Blick auf die Tochter Augustchen werfen:

Ich bin Herr vom Hause, muß Er wissen, und wer meiner Tochter zu nahe kommt – Es ist mein einziges Kleinod, und wenn der König mir sein Königreich für sie geben wollt': ich schickt' ihn fort. Alle Tage ist sie in meinem Abendgebet und Morgengebet und in meinem Tischgebet und alles in allem, und wenn Gott mir die Gnade tun wollte, daß ich sie noch vor meinem Ende mit einem General oder Staatsminister vom ersten Range versorgt sähe – denn keinen andern soll sie sein Lebtage bekommen –, so wollt' ich gern ein zehn Jahr' eher sterben.[1]

Durch die Thematisierung der innigen Liebe des Vaters zu seiner einzigen Tochter wird in der von Leidenschaft geprägten Rede des Geheimen Rates ein beliebtes literarisches Motiv der Zeit aufgerufen. Darüber hinaus enthält sie, kulturhistorisch betrachtet, bewährte Argumentationsschemata, die die Sorge des Vaters um die Tochter in den Kontext allgemeingültiger sozialer Zusammenhänge stellen und auf die soziale Ordnung als Orientierungskategorie individuellen Handelns verweisen. Die komplexe Verflechtung einzelner Elemente, aus denen sich das zeit-

---

1 Vgl.: J. M. R. Lenz, Der Hofmeister oder Vortheile der Privaterziehung, (I/4), in: B. Titel / H. Haug (Hg.), J. M. R. Lenz. Werke und Schriften in zwei Bänden, Bd. 2, Stuttgart 1967, S. 19.

genössische literarische Tochterbild konstituiert, findet ihren Ausdruck in der spezifischen Semantik, die der Geheime Rat hier verwendet: Es fehlt weder der Verweis auf die dialektische Beziehung zwischen ›Herr‹ und ›Haus‹ noch der auf die Dominanz einer religiösen Lebenswelt im Alltag, noch die spezifische Sicht auf das ›Es‹: auf die Tochter als Ware und Gegenstand eines Tauschhandels, der an Märchentexte und mythologische Bezugspunkte erinnert.

Die literarischen Epochen des 18. Jahrhunderts, den zeitlichen Bogen vom Barock zur Klassik spannend, sind Abbild gesellschaftlicher Veränderungen, so auch des aus aufklärerischem Gedankengut resultierenden Zwiespalts zwischen Bürgertum und höfischer Gesellschaft. Für die innerhalb dieses Zeitraumes verfaßten Trauerspiele trifft dies insofern besonders zu, als die Schaubühne bereits zu Beginn der 20er Jahre des Jahrhunderts als Sittentheater und moralische Anstalt verstanden wird.

Die exemplarischen Textanalysen dieser Arbeit enthalten Untersuchungen zu typologischen Figurenmerkmalen, die sich aus einem literarischen Tochterbild ableiten lassen, welches die Tochter fast ausschließlich als Konfliktopfer im innerfamilialen Konfliktfeld zeigt. Dieses Feld wird häufig von der zentralen Achse einer Vater-Tochter-Beziehung aus vermessen: Ein Blick auf das Symbiotische, Problematische und Ausschließliche dieser Beziehung dient der Bestandsaufnahme des daraus resultierenden Persönlichkeitsbildes der Tochter, welches sich nicht selten als geprägt von einer innerhalb des Ablösungsprozesses auf dem Weg zur Adoleszenz blockierten Entwicklung zur Frau erweist.[2]

Gefragt wird nach den Bedingungen, die die Mädchenfiguren auf die Opferrolle festschreiben: Einerseits sind dies die Merkmale patriarchalischen Verhaltens, die der Tochter nur einen auf ihre Rolle begrenzten Handlungsspielraum erlauben, andererseits wird das weibliche Opfer aus sich selbst heraus bestimmt aufgrund eigener Wunschbilder, die es sich von den Männern in seinem Umfeld macht und denen es letztlich als Konsequenz seiner Sozialisation erliegt.

2 Vgl.: K. Flaake, Körper, Sexualität und Geschlecht. Studien zur Adoleszenz junger Frauen, Gießen 2001, bes. S. 177-220.
Bemerkenswert für den Zeitraum vor allem der zweiten Hälfte des 18. Jahrhunderts ist, daß sich das Ausschließliche der Vater-Tochter-Beziehung auch in der Theorie fortsetzt: Joachim Heinrich Campes breit rezipiertes Werk *Väterlicher Rath für meine Tochter* (1788) richtet sich ausdrücklich an die Tochter als *einziges* Kind des ratgebenden Vaters (vgl.: Joachim Heinrich Campe, Sämmtliche Kinder- und Jugendschriften, Bd. 36, Braunschweig 1830, S. 78).

Die Identität des Individuums konstituiert sich aus dem Kontext so-
ziokultureller Bedingungen, wobei der Prozeß des Erkennens und Ver-
stehens der eigenen Identität nach der These Martin Heideggers maßgeblich aus dem Verhältnis von Identität und Differenz resultiert.[3] Nur
aus der Erkenntnis des Kontrastes zum Anderen heraus vermag das Selbst
sich zu formen. Die Identität des bürgerlichen Patriarchen muß diesbezüglich in ihrer Stellvertreterfunktion für die gesamte bürgerliche Klasse und ihr Aufstreben zu gesellschaftlicher Macht gesehen werden: Die
Macht konfiguriert sich zuallererst innerhalb der Familie als kleinster
Zelle des Staates; dort rückt die Tochter als jenes Familienmitglied in
den Vordergrund, an dem es die Ordnung der Macht zu manifestieren
gilt. Dadurch instrumentalisiert der Vater die Tochter zur Erlangung der
eigenen bürgerlichen Identität. Vater und Tochter erscheinen deshalb als
untrennbar miteinander verbundene Figuren, Ohnmacht und Macht
beider bedingen einander. Die innerhalb dieser Studie auf die Tochter
konzentrierte Perspektive richtet daher den Blick primär auf das Herrschaftsverhältnis zwischen Vater und Kind, zu verstehen als eines der drei
Verhältnisse, die als Konstituens des Hauses mit dem Patriarchen als chef
de famille begriffen werden können (Verhältnis des Patriarchen zur Ehefrau, zu seinen Kindern und zum Hausgesinde). Das Haus als Analogon
und Bestandteil des Staates ist noch unter dem Einfluß aristotelischer
Ökonomik ausgerichtet auf die Erfüllung der Zwecke des größeren Ge-
meinwesens, dessen Grund es bildet. Der Vorstellungsgehalt, der sich mit
der im 18. Jahrhundert auch im deutschen Sprachgebiet heimisch wer-
denden Vokabel ›Familie‹ verbindet, gründet sich in bezug auf die Tochter auf die patriarchalische Gewalt als Ausdruck staatlicher Gewalt; die
Konstanten der Geschlechts- und Verwandschaftsverhältnisse machen
das Substrat des Familienbegriffes aus.[4]
    Eine aktive Mitarbeit der Tochter am Prozeß der eigenen Identitätsfin-
dung bedeutet zugleich das Negieren bürgerlich-väterlicher Identität und
eine hierdurch entstehende Depolarisierung der Macht, der nicht zuletzt
mittels literarischer Beispiele entgegengewirkt werden soll: Die Botschaft
der Trauerspiele schürt die Angst vor allem des weiblichen Publikums,

---

3 Vgl.: M. Heidegger, Identität und Differenz, Pfullingen 3. Auflage 1957; darin:
   Der Satz der Identität, S. 11-34.
4 Zum Begriff der Familie vgl.: Geschichtliche Grundbegriffe. Historisches Lexikon
   zur politisch-sozialen Sprache in Deutschland, hg. v. O. Brunner u.a., Bd. 2,
   Stuttgart 1975, S. 253-301. Im Zusammenhang mit dem Drama auch: B. A. Sören-
   sen, Herrschaft und Zärtlichkeit. Der Patriarchalismus und das Drama im
   18. Jahrhundert, München 1984, S. 87.

einen persönlichen Autonomieanspruch einzulösen. Dieser endet zumeist tödlich für die weibliche Hauptfigur, die durch ihr Verhalten in scharfem Kontrast zum propagierten weiblichen Tugendideal steht; wie man sehen wird, entgehen die Tochterfiguren in den hier analysierten, von Gottsched und Klopstock beeinflußten früheren Dramen dem Tod nicht zuletzt deshalb, weil sie sich dem Tugendideal noch bedingungslos anpassen. Eine Schnittstelle bildet hier etwa die Mitte des Jahrhunderts: Mit der Liebe der Protagonisten zueinander, die nun ein wesentliches Handlungsmuster des Trauerspieles darstellt, wird zugleich der Entwurf eines neuen Frauenbildes formuliert, welcher sich nicht zuletzt aus den neuen Erkenntnissen zeitgenössischer Anthropologie speist. Die in dieser Arbeit vorliegenden, zum Teil nach chronologischer Reihenfolge angeordneten Analysen von fünfzehn Dramen verfolgen die kaleidoskopartige Verschiebung der Figur innerhalb des jeweiligen Handlungsgefüges: In den heroischen Trauerspielen der Frühaufklärung zunächst noch als Figur am Handlungsrand angesiedelt, steht die Tochter im bürgerlichen Trauerspiel im Handlungszentrum. Im klassischen Trauerspiel dominiert die Tochter die Handlung auf andere Weise: Die Hilf- und Wehrlosigkeit ihrer ›älteren Schwestern‹ ist hier bereits relativiert, ein anderes Rollenverständnis kündigt sich an, wird diskutiert und kommentiert.

Sara Sampson, Emilia Galotti und Louise Millerin sind nicht nur Favoritinnen ihrer, sondern auch unserer Zeit: Die ›berühmten Töchter‹ sind häufig Gegenstand literaturwissenschaftlichen Interesses. Das Spektrum der für eine Analyse in Frage kommenden Figuren ist jedoch ungleich größer: Die Tochterfigur zeigt sich auch in frühaufklärerischen Dramen als handlungsunfähiges Konfliktopfer, wohingegen die Figurenkonzeptionen in den Trauerspielen heute weitgehend unbekannter Autorinnen andere Darstellungen der Geschlechter-Rollenbilder liefern. Um aussagekräftige Ergebnisse zu erhalten, ist das der Studie zugrunde liegende Textkorpus aus Trauerspielen zusammengesetzt, die in einem Zeitraum von fünfundfünfzig Jahren verfaßt wurden. Kanonische Dramen Lessings, Goethes und Schillers werden ebenso berücksichtigt wie weniger bekannte Texte, zumal im Vergleich mit Dramen von Autorinnen mögliche Unterschiede in der Darstellung der Tochterfigur herausgearbeitet werden sollen. Die Texte der Anonymen erweitern die Perspektive: Außerhalb der Grenzen zeitgenössischer Zensur wird ein Gesellschaftsbild gemalt, das von Machtstrukturen gekennzeichnet ist, die auf Sexualität, Gewalt und moralischer Devianz basieren.

Die Auswahl der Primärtexte erfolgte einerseits vor dem Hintergrund, einen repräsentativen Querschnitt bieten zu wollen, andererseits mit dem

Ziel, anhand wenig bekannter Beispiele das in der literaturwissenschaftlichen Forschung allgemein als homogen erscheinende literarische Tochterbild zu differenzieren und Details der Figurenzeichnung aufzuschlüsseln. Aufgrund der divergierenden Forschungslage in bezug auf die einzelnen Dramentexte wird in den jeweiligen Kapiteln bei der Werkanalyse nicht von einer einheitlichen Reflexionsebene aus operiert, denn für wenig bekannte und in literaturwissenschaftlichen Analysen selten berücksichtigte Dramen ist es sinnvoll, diese zum besseren Textverständnis zunächst grundlegend unter Bezugnahme auf die Verfasserin oder den Verfasser vorzustellen. Dies entfällt bei den hinreichend bekannten kanonischen Texten zugunsten einer perspektivischen Verengung auf jene Themenbereiche, die die Möglichkeit einer Bezugnahme auf zeitgenössisch-anthropologische Aspekte bieten.

Neben der Berücksichtigung grundlegender Forschungsergebnisse zum Bereich ›Frauenbilder in der Literatur‹ ist es für den hier formulierten Forschungsansatz unerläßlich, eine sozial- und kulturhistorische Perspektive auf die zeitgenössischen Bedingungen weiblicher Existenz einzubeziehen sowie, sofern erforderlich, den zeitgenössischen Diskurs zur Dramentheorie mit zu berücksichtigen. Die Werkanalysen sind somit nicht ausschließlich chronologisch angeordnet, sondern unter Berücksichtigung systematischer Zugriffe auf den jeweiligen Text. Aufgrund dessen erfolgte eine Zuordnung der Texte zu einzelnen Kapiteln, für die das Geschlecht des Verfassers bzw. der Verfasserin als übergeordnete Kategorie fungiert. Den Werkanalysen ist ein einleitendes, zweiteiliges Kapitel zum sozialhistorischen und zum wirkungsästhetischen Hintergrund vorgeschaltet: Anhand exemplarischer Elemente der Figurenkonzeption, die in engem Bezug zu den Primärtexten stehen, sollen hier die zum Verständnis der Analyse des Tochter-Figurenbildes hilfreichen Fakten in einem kurzen Abriß vermittelt werden, um den Einstieg in die einzelne Werkanalyse zu fundieren.

In der vorliegenden Studie soll im Vergleich der Einzelanalysen vor allem die Frage geklärt werden, welche grundlegenden Modelle der Konfliktsteuerung und welche Motivationen der tragischen Katastrophe die Handlung dominieren und ob bei den gezeigten Figurenbildern von einer geschlechtsspezifischen literarischen Modellierung des Geschlechter-Rollenbildes ausgegangen werden kann. Im Zusammenhang mit den den Texten als Folie zugrunde liegenden sozialpsychologischen Profilen ist zudem von Interesse, ob die entworfenen Rollenbilder einen Realitätsgehalt aufweisen oder ausschließlich literarische Konstrukte sind, die eine bestimmte Funktion erfüllen sollen. Im Einzelfall bedeutet dies, den analytischen Blick auf verschiedene Elemente zu richten, aus denen sich

das Figurenbild konstituiert. Eine wichtige Rolle spielen hierbei Bühnen-
anweisungen und das Feld der *eloquentia corporis*, welches zumal im
weiblichen Figurenbild das zentrale Element der Sprache ergänzt wenn
nicht ersetzt, wobei hier das Verhältnis von sozialem System und Kommunikation von besonderem Interesse ist: Wie stellt sich die Tochterfigur dar, wenn man sie im Sinne von Luhmanns Theorie als eines von
zwei Konstituenten eines kleinsten sozialen Systems denkt, dessen Existenz wiederum bedingt ist von einer zustande kommenden Kommunikation?[5] Die sprachliche Ebene des Figurenbildes wird im Hinblick auf
die Fragestellung untersucht, inwiefern Symbolsprache und Metaphorik
die diskursive Steuerung prägen, ob sich die zeitgenössischen Bedingungen weiblicher Sozialisation darin spiegeln und ob Rückschlüsse auf
Merkmale und Bedingungen der schriftstellerischen Tätigkeit von Frau-
en möglich sind.

Über den literaturwissenschaftlichen Ansatz hinaus bleiben die Überlegungen zu den einzelnen Punkten einem sozial- und kulturhistorischen
sowie psychologischen Interesse verpflichtet. In Verbindung mit den Er-
gebnissen der Arbeit soll abschließend die Frage diskutiert werden, wie
der Zusammenhang zwischen der Herausbildung der bürgerlichen Gesellschaft und den Konzeptionen der Töchterbilder im Trauerspieltext zu
bewerten ist, wenn das entsprechende Figurenprofil ab der Mitte des
Jahrhunderts durchgehend auf die Ortlosigkeit weiblicher Existenz verweist. In diesem Zusammenhang sei daran erinnert, daß die Bestimmung
des Selbstwertgefühls auf einer Spiegelung des öffentlichen Urteils im
eigenen Bewußtsein beruht. Nimmt man im Sinne einer Pars-pro-toto-
These die Tochterfigur als Repräsentationsfigur bürgerlichen Selbstverständnisses, somit als Stellvertreterfigur für die bürgerliche Schicht in
ihrem Gesamt, so geben die Trauerspieltexte eine düstere Prognose ab,
was das Aufstreben des Bürgertums zur Teilhabe an gesellschaftlicher
Macht betrifft. Es verwundert daher nicht, daß ein das Jahrhundert be-
schließender Text wie Schillers *Wallenstein-Trilogie* auch mit der Tochterfigur Thekla kein Lösungskonzept entwirft: Die Idylle der Einheit von
Idee und Wirklichkeit bleibt ein schöner Schein, der sich in Resignation
gegenüber dem Leben äußert und diese Tochter ebenso in den Tod führt
wie die meisten ihrer Vorgängerinnen.

---

5 Vgl.: N. Luhmann, Liebe als Passion. Zur Codierung von Intimität, Frankfurt
a.M., 5. Auflage 1999, S. 21.

I. Sozial- und kulturhistorische Perspektiven

I.1.»Deutsche Mädchenwelt«:
Weiblichkeitsbilder und Rollenfixierung im 18. Jahrhundert

> »Ich muß gestehn, daß mich immer eine Art von Fie-
> berfrost befällt, wenn man mich in Gesellschaft einer
> Dame gegenüber oder an die Seite setzt, die große An-
> sprüche auf Schöngeisterei oder gar auf Gelehrsamkeit
> macht.«
>
> (Adolph Fr. v. Knigge, über den Umgang mit Frauen-
> zimmern, 1788)

Im Zusammenhang mit der Herausbildung einer bürgerlichen Gesellschaft, die nicht zuletzt parallel verläuft zu der Dissoziation einer vormals
homogenen Wohn- und Arbeitssphäre, ändert sich auch das Familienbild. Die Kleinfamilie, bestehend aus Vater, Mutter und deren Kindern,
rückt mehr und mehr ins Zentrum sozialer Aufmerksamkeit.[1] Hiermit
einhergehend werden im Zuge aufgeklärter Pädagogik auch die Geschlechter-Rollenbilder neu definiert[2] und die innerfamilialen Zustän-
digkeiten festgelegt, die dem Patriarchen die externen, der Frau die inter-
nen, im Haushalt anfallenden Aufgaben zuweisen. Dies ist nicht zuletzt

---

1 Vgl.: H. Kiesel/P. Münch, Gesellschaft und Literatur im 18. Jahrhundert. Voraussetzungen und Entstehung des literarischen Markts in Deutschland, München
 1977, S. 65 ff.; R. v. Dülmen, Kultur und Alltag in der frühen Neuzeit, Bd. 1,
 München 1990, S. 38-55. B. Stollberg-Rilinger, Europa im Jahrhundert der Aufklärung, Stuttgart 2000, S. 145-164. W. Gieseke (Hg.), Handbuch zur Frauenbildung, Opladen 2001; darin: H. v. Felden, Geschlechterkonstruktion und
 Frauenbildung im 18. Jahrhundert: Jean-Jacques Rousseau und die zeitgenössische
 Rezeption in Deutschland, S. 25-34. K. Hausen, Arbeit und Geschlecht; in: Geschichte und Zukunft der Arbeit, hg. v. J. Kocka/C. Offe, Frankfurt a.M. 2000,
 S. 343-361.
2 Von Felden weist zusammenfassend darauf hin, daß die Herausbildung der pola-
 risierenden Geschlechtscharaktere als Grundsatz modernen Denkens bis heute
 maßgeblich aus Konstruktionen resultiert, die ihre Wurzeln im 18. Jahrhundert
 haben (wie Anm. 1, S. 25).

als Folge des Einwirkens aufklärerischen Gedankenguts auf die Gesellschaft zu sehen, wodurch es zu einer Einschränkung oder Negierung individueller Machtausübung kommt; das heißt in öffentlichen Lebensbereichen zu einer Kritik am Machtsystem der Feudalherrschaft, im privaten, familialen Bereich jedoch zur Herabsetzung der väterlichen Autorität als Kontrollinstanz, der es entgegenzuwirken gilt: »Die Macht des Vaters, die in den Triebrädern der stürmisch vorandrängenden gesellschaftlichen und ökonomischen Entwicklung zerrieben zu werden drohte, mußte neu begründet und legitimiert werden. […] Hier nun war die Revision des Frauenbildes dringend erforderlich. Das Idealbild der selbständigen, selbstbewußten, dem Mann ebenbürtigen Frau, an dem Gottsched und die Frühaufklärer gearbeitet hatten, war obsolet geworden, es mußte durch ein anderes ersetzt werden.«[3] So druckt Johann Christoph Gottsched bereits im 29. Stück der *Vernünftigen Tadlerinnen* (Leipzig 1725/26) einen Aufsatz seiner Frau ab, der ein Programm zur Mädchenerziehung enthält, das von einer Ausbildung zur gelehrten Frau absieht und »Gehorsam gegen die Männer, die Besorgung des Hauswesens und die Erziehung der Kinder« als wichtigste weibliche Pflichten festschreibt, die den Frauen »sowohl in geistlichen als weltlichen Gesetzen auferlegt sind«.[4] Im weiteren Verlauf des Jahrhunderts verstärkt sich die Polemisierung gegen den vormals propagierten Typus der gelehrten Frau; im Zuge einer auf die Festlegung geschlechtsspezifischer Zuschreibungen ausgelegten Diskursverschiebung werden vor allem auf rechtlichem und politischem, aber auch auf erziehungstheoretischem Gebiet Ordnungsvorstellungen etabliert:[5]

3 I. Stephan, »So ist die Tugend ein Gespenst«. Frauenbild und Tugendbegriff im bürgerlichen Trauerspiel bei Lessing und Schiller; in: Lessing Yearbook XVII/1985, S. 1-20, hier S. 7. Zum Bild der gelehrten Frau im 18. Jahrhundert, insbesondere unter Einbeziehung des im Jahr 1742 veröffentlichten Aufsatzes *Gründliche Untersuchung der Ursachen, die das weibliche Geschlecht vom Studiren abhalten* von Dorothea Christiane Leporin vgl.: K. Stüssel, Die ›häuslichen Geschäfte‹ und die ›studia‹. Die ›gelehrten Frauenzimmer‹ im 18. Jahrhundert; in: J. Fohrmann (Hg.), Lebensläufe um 1800, Tübingen 1998, S. 51-69, sowie: G. A. Wosgien, Literarische Frauenbilder von Lessing bis zum Sturm und Drang. Ihre Entwicklung unter dem Einfluß Rousseaus, Frankfurt a.M. 1999.

4 Vgl.: H. Haberland/W. Pehnt (Hg.), Frauen der Goethezeit in Briefen, Dokumenten und Bildern. Von der Gottschedin bis zu Bettina von Arnim, Stuttgart 1960; Aufsatz der Gottschedin aus den *Vernünftigen Tadlerinnen*: S. 38-45, hier S. 41. In diesem Zusammenhang ist darauf hinzuweisen, daß im Auftrage Gottscheds verfaßte Arbeiten nur bedingt die persönliche Meinung der Autorin widerspiegeln (vgl. Kap. II.1 dieser Arbeit).

5 Vgl.: v. Felden, wie Anm. 1, S. 26.

Daß das andere als das fremde, von dem männlichen verschiedene Geschlecht auch anders erzogen werden muß, ist die Botschaft, die durch zeitgenössische erziehungstheoretische Texte verbreitet wird. Dabei ist festzuhalten, daß der neue Ansatz im 18. Jahrhundert erstens darauf beruht, ein Eigenrecht des Kindes anzunehmen, welches nicht länger als kleiner, unvollkommener Erwachsener angesehen wird,[6] zweitens darauf, das weibliche Geschlecht überhaupt in erziehungstheoretische Überlegungen mit einzubeziehen, wenn auch in strikter Trennung von Modellen, die die Erziehung männlicher Kinder und Jugendlicher betreffen.[7] Diese Modelle überwiegen im Kanon der Schriften über Bildung und Erziehung, so auch in den populären *Moralischen Vorlesungen* Christian Fürchtegott Gellerts, die der Professor für Poesie, Beredsamkeit und Moral in Leipzig hält und in welchen die »Pflichten der Erziehung« zumeist bezogen auf den »Knabe[n]« formuliert werden.[8]

Die Polarisierung der ›Geschlechtscharaktere‹ wird innerhalb der pädagogisch orientierten Theorien festgeschrieben, welche bis auf wenige, zumal unbekannte Ausnahmen die patriarchalischen Denkmodelle der Zeit spiegeln. Innerhalb der bürgerlichen Familie als sozialer Einheit, in

6 Vgl. zum Begriff des Kindes bzw. zum Status des Kindes in der Gesellschaft: P. Ariès, Geschichte der Kindheit, München 1975, besonders: 1.Teil (2.), 3.Teil (2.). Zur Neubewertung des Verhältnisses zwischen Eltern und Kindern im Zeitalter der Aufklärung vgl. auch: B. Stollberg-Rilinger, wie Anm. 1, Kap. I/6. Die erhöhte Sorgfalt in Bezug auf das Kind, dessen Ausbildung und Erziehung ist ein Merkmal der »neuen mittelständischen Eliten [...] Auch hierin setzten sie sich gegenüber ›gemeinem Volk‹ und Adel ab« (vgl. dort S. 161). Ferner vgl.: Deutsches Rechtswörterbuch. Wörterbuch der älteren deutschen Rechtssprache. In Verbindung mit der Akademie der Wissenschaften der DDR herausgegeben von der Heidelberger Akademie der Wissenschaften, Siebenter Band, bearbeitet v. G. Dickel/H. Speer, Weimar 1974-1983, »Kind«: Spalte 808-815: Nach dem Allgemeinen Preußischen Landrecht (1794) wird unterschieden zwischen Kindern (bis 7. Lebensjahr) und Unmündigen (bis 14. Lebensjahr).
7 Zur Pädagogik der Aufklärung im Überblick vgl.: H. Blankertz, Die Geschichte der Pädagogik von der Aufklärung bis zur Gegenwart, Wetzlar 1982, S. 21-87.
8 Vgl.: C. F. Gellert, Gesammelte Schriften, hg. v. B. Witte; Bd. VI: Moralische Vorlesungen/Moralische Charaktere, hg. v. S. Späth, Berlin/New York 1992, *Drey und zwanzigste Vorlesung. Von den Pflichten der Erziehung in den zunehmenden Jahren der Kinder*, S. 244-253. Gellert portraitiert die Erziehung und Bildung von Mädchen mit seinen Lustspieltöchtern, etwa mit Lorchen und Christianchen in der *Betschwester* (1745) und mit Julchen in den *Zärtlichen Schwestern* (1747): »Die Bildung, die Gellerts Lustspieltöchter genießen, ist allerdings nicht auf eine Tätigkeit außerhalb des Hauses, sondern ›nur‹ auf ihre zukünftige Rolle als Ehefrau ausgerichtet« (so G. A. Wosgien in: (dies.), wie Anm. 3, S. 147).

der dem Patriarchen gewöhnlich die ›gesetzgebende‹ Rolle zukommt, wird dies entsprechend vorgelebt; das betrifft sowohl alltägliche Situationen, in denen geschlechtsspezifisches Verhalten eingeübt werden soll, als auch besondere Ereignisse. Über den erzieherischen Wert einer Hinrichtung schreibt Christian Felix Weiße, Vater zweier Jungen und zweier Mädchen:

[...] am wenigsten kann ich es von dem zärtlichen Geschlecht leiden, wenn dies nach dergleichen Dingen läuft, ohne Empfindung den armen Büßenden aufs Blutgerüst begleitet, und sich an einem Henkerschwert zu weiden scheint. Und, wenn ich also euch beiden Mädchen erlaube, davon zu bleiben, da euch niemals leicht ein Beruf in der Welt verbinden kann, dabei zu erscheinen; so soll Karl und Fritze doch sich nicht entfernen. Eine Mannsperson muß fürs erste weniger weichlich sein.[9]

Auch Gellert ist ähnlicher Ansicht, wenn auch weniger radikal, was die Wahl der Beispiele betrifft: Innerhalb der *Moralischen Vorlesungen* formuliert er, es sei dem »Hange zur Bequemlichkeit« sowie der »Weichlichkeit des Körpers« entgegenzuwirken, denn diese sei »ein großes und stets zunehmendes Hinderniß der Seele und der Tugend«, weshalb der Erzieher des Knaben »Körper durch Leibesübungen abhärten, ihn vorsichtig an die Erduldung der verschiednen Witterungen und Jahreszeiten von den ersten Jahren her gewöhnen« müsse.[10]

Auch in Lenz' *Hofmeister* (vgl. Einleitung zu dieser Arbeit) wird gezeigt, wie der Patriarch den Unterschied der Geschlechter anhand von speziell darauf ausgerichteten Erziehungsmodellen definiert; die vierte Szene des ersten Aktes endet mit einem Monolog des Majors, der dem Hofmeister Anweisungen zum Unterricht und zur Erziehung der Kinder

---

9 C. F. Weiße, Der erzieherische Wert einer Hinrichtung, 3. Auflage 1791, in: K. Rutschky (Hg.), Schwarze Pädagogik. Quellen zur Naturgeschichte der bürgerlichen Erziehung, Frankfurt a.M., 6. Auflage 1993, S. 6-9, hier S. 7. Bemerkenswert ist die Äußerung Weißes im Hinblick auf seine verallgemeinernde Sicht der Söhne als »Mannspersonen«, die den Umstand belegt, daß der Wandel in der Einschätzung der kindlichen Persönlichkeit als eigenständige im 18. Jahrhundert noch keinesfalls auf dem Weg ist, sich als sozialer Gemeinplatz zu etablieren. Zur Polarisierung der Geschlechtscharaktere vgl.: K. Hausen, Die Polarisierung der »Geschlechtscharaktere«. Eine Spiegelung der Dissoziation von Erwerbs- und Familienleben, in: Seminar: Familie und Gesellschaftsstruktur, hg. v. H. Rosenbaum, o. O., o. J., S. 161-169.
10 Wie Anm. 8, S. 247.

Gustchen und Leopold gibt. Während»sein Sohn, der Buschklepper«, in der Lektüre lateinischer Texte unterwiesen und hart angefaßt werden solle, müsse mit dem Mädchen,»ganz anders umgegangen werden«; sie sei sein»einziges Kleinod«, welches Läuffer»zeichnen lehren« solle und»etwas aus dem Christentum«.[11]

Die Beispiele von Weiße, Gellert und Lenz veranschaulichen den psychosozialen Hintergrund der zeitgenössischen weiblichen Lebensbedingungen: Während die Erziehung des männlichen Individuums von frühester Kindheit an darauf ausgerichtet wird, die letztlich von seinen Geschlechtsgenossen erstellten und erprobten sozialen Machtstrukturen zunächst selbst zu erfahren und zu erlernen, um später im Umgang mit anderen Individuen damit operieren zu können, wird die ›Erprobungsphase‹ des weiblichen Individuums durch Selektionsverfahren beschnitten, die den Handlungsspielraum a priori entscheidend einschränken: Wem das Erfahren bestimmter sozialer Prozesse vorenthalten wird, der wird sie, wenn überhaupt, nur unzureichend durchschauen, geschweige denn selbst sich ihrer Mechanismen bedienen können.

Eine Theorie des Subjektes und der Bedingung gesellschaftlicher Subjektivation, mit der man, den Überlegungen Judith Butlers folgend,»den Prozeß des Unterworfenwerdens durch Macht und zugleich den Prozeß der Subjektwerdung« nachvollziehen kann,[12] ist bei einer Bewertung des

---

11 Vgl.: J. M. R. Lenz, Werke und Schriften in zwei Bänden, hg. v. B. Titel/ H. Haug, Bd. II, Stuttgart 1967, *Der Hofmeister oder Vortheile der Privaterziehung*, I/4, S. 18. Dieses Beispiel literarischer Modellierung des Tochterbildes greift den in den Kapiteln II-IV dieser Arbeit besprochenen Darstellungen dahingehend repräsentativ vor, als die Forderung von Gustchens Vater detailliert abbildet, was die zeitgenössische weibliche Existenz essentiell bedingt:»Zeichnen lehren« heißt zugleich auch»nicht Sprechen lehren«; die Unterdrückung der Sprache als Ausdrucks- und Kommunikationsmöglichkeit des Individuums kennzeichnet die meisten Töchterbilder der hier besprochenen Trauerspiele als ein Hauptmerkmal mit der Folge, daß ein verkümmertes Sprachvermögen in entscheidenden Momenten den Handlungsspielraum der Figur erheblich einschränkt und die Flucht in andere Ausdrucksformen die Sprache zu ersetzen versucht (inwiefern dies im Fall der *eloquentia corporis* als ›typisch weiblicher Ausdrucksform‹ gelingt, bleibt fraglich im Hinblick auf die männlichen Pendants, die aufgrund anderer Sozialisation zumeist gar nicht in der Lage sind, die ›Körperchiffren‹ zu decodieren). Zum Modell geschlechtsspezifischer Erziehung in Lenz' *Hofmeister* vgl. auch: B. Becker-Cantarino, Der lange Weg zur Mündigkeit. Frauen und Literatur in Deutschland von 1500-1800, München 1989 (1. Auflage Stuttgart 1987), S. 180 f.

12 Vgl.: J. Butler, Psyche der Macht. Das Subjekt der Unterwerfung, Frankfurt a.M. 2001, S. 8.

sozialhistorischen Kontextes insofern zu berücksichtigen, als mit ihrer Hilfe die Dialektik der Formen der Macht aufgezeigt werden kann. Das »Beherrschtwerden durch eine Macht außerhalb seiner selbst« als »vertraute und quälende Form der Macht« einerseits und andererseits »die Bildung unserer selbst als Subjekt«, die »auf die eine oder andere Weise von ebendieser Macht abhängt«, sind die zwei grundlegenden, einander bedingenden Komponenten, aus denen heraus sich gesellschaftliche Machtstrukturen konstituieren.[13]

Wie sich dies in der Praxis des 18. Jahrhunderts auswirkt, verdeutlichen Fallbeispiele, die vor sozialhistorischem Hintergrund die weiblichen bürgerlichen Lebenswelten rekonstruierbar machen.[14] Durch eine von Rebekka Habermas vorgelegte Studie wird die Geschichte der Herausbildung des deutschen Bildungsbürgertums anhand konkreter Beispiele nachgezeichnet; Familiengeschichten wie die der in Nürnberg ansässigen Kaufmannsfamilie Merkel werden untersucht, ausgehend vom Patriarchen der Familie Paul Wolfgang (1756-1820) und dessen Kindern und Kindeskindern.[15] In Verbindung mit der Rekonstruktion zeitgenössischer weiblicher Arbeitsformen erhält man durch die Studie am Beispiel der Elise Merkel Aufschluß darüber, wie das Leben des jungen Mädchens im heiratsfähigen Alter sowie auch das der übrigen weiblichen Familienmitglieder über Monate hinweg von der in Handarbeit herzustellenden Aussteuer, die damals noch vom Stadtgericht amtlich beglaubigt wird, in einem solchen Ausmaß bestimmt wird,[16] daß »im Handarbeiten doch gleichzeitig eine neue weibliche Identität der ›Resignation, des Entsagens [und] Opferns‹ eingeübt« wird.[17] Über die typisch weiblichen Arbeiten,

---

13 Vgl.: Ebda., S. 7.

14 Die Formulierung ›Lebenswelten‹ wird deshalb im Plural gewählt, weil von einem in früheren Analysen zugrunde gelegten Kollektivbegriff, der ein stereotypes Bild festlegt, nicht bedingungslos ausgegangen werden kann; historisch-anthropologische Forschungsansätze haben hinreichend gezeigt, daß gerade die Lebenswege von Frauen maßgeblich von individuellen (Un-)Möglichkeiten im persönlichen sozialen Umfeld bedingt waren. Vgl.: I. Hardach-Pinke, Bleichsucht und Blütenträume. Junge Mädchen 1750-1850, Frankfurt a.M. 2000; E. Labouvie, Andere Umstände. Eine Kulturgeschichte der Geburt, Köln/Weimar/Wien 1998; R. v. Dülmen (Hg.), Körper-Geschichten. Studien zur historischen Kulturforschung, Frankfurt a.M. 1996.

15 R. Habermas, Frauen und Männer des Bürgertums. Eine Familiengeschichte, Göttingen 2000.

16 Vgl. ebda., Kap. 4: Häusliche Arbeit und Moral , S. 62 ff.

17 Ebda.

die in vielen Dramentexten literarisch abgebildet sind[18] und die eines der wenigen Felder ausmachen,»zu [denen] Männer nicht zugelassen waren«, heißt es bei Habermas:»In den oft langwierigen Herstellungsprozessen wurden Konzentration auf eine zuweilen recht mechanische Tätigkeit sowie Ordentlichkeit und Liebe zum kleinsten Detail eingeübt. So war das Spinnen, Weben und Stricken auch ein Akt der Disziplinierung, des Erlernens der nun als genuin weiblich geltenden Tugenden der Ausdauer und Bescheidenheit.«[19] Selbst in wohlhabenden Haushalten, die sich eine Herstellung der Aussteuer durch eigens dafür angestellte Näherinnen leisten konnten, wurde Handarbeit daher als Mittel zur Disziplinierung eingesetzt. Von Goethes jüngerer Schwester Cornelia ist bekannt, daß sie im Rahmen der fundierten Ausbildung, die ihr im Elternhaus gemeinsam mit dem Bruder ermöglicht wurde, auch in größerem Umfang zusätzlichen Einzelunterricht in zeitaufwendiger Handarbeit erhielt.[20]

In zeitgenössischen Theorien zur Mädchenerziehung werden die hier am Beispiel Elise Merkels aufgezeigten Ideale propagiert, die darauf abzielen, den weiblichen Charakter im Prozeß seiner Identitätsfindung für die bestehende Geschlechterordnung vorzuprägen und somit auf die lebenslange Erfüllung des vorgeformten Rollenbildes, das heißt auf Unterordnung, vorzubereiten; Silvia Bovenschen spricht in diesem Zusammenhang von»programmierter Inkompetenz der Frauen«.[21] Paradigmatische und nahezu konkurrenzlose Verbreitung finden die Rollenzuschreibungen über Jean-Jacques Rousseaus *Émile ou de l'éducation* (1762). Das Werk trägt, zusammen mit dem ein Jahr zuvor erschienenen *Julie ou la nouvelle Héloïse*, entscheidend zu einer breiten Rezeption Rousseaus in Deutschland bei, der später der Begriff ›Rousseauismus‹ zugeordnet wird.[22]

---

18 Vgl. das spinnende Gretchen aus Goethes *Faust. Frühe Fassung.* Auch: *Wallensteins Tod*, 3. Aufzug. Die Szenenanweisung zum ersten Auftritt zeigt Wallensteins Tochter Thekla und die Gesellschafterin Fräulein v. Neubrunn »mit weiblichen Arbeiten beschäftigt«, wovon die Gräfin Terzky bezeichnenderweise ausgenommen ist.

19 Wie Anm. 15., S. 66.

20 Vgl.: S. Damm, Cornelia Goethe, Frankfurt a.M. 1988, S. 39.

21 Vgl.: S. Bovenschen, Die imaginierte Weiblichkeit. Exemplarische Untersuchungen zu kulturgeschichtlichen und literarischen Präsentationsformen des Weiblichen, Frankfurt a.M. 1979, Kap. C/2, S. 158-164.

22 Vgl.: K. S. Guthke, Zur Frühgeschichte des Rousseauismus in Deutschland; in ZfDPh 77 (1958), S. 384-396. Zu den Schriften Rousseaus als Paradigma moderner europäischer Pädagogik vgl.: Blankertz, wie Anm. 7, S. 69-79. Zu Rousseaus Frauenbild vgl.: Wosgien, wie Anm. 3, S. 241-261.

Im ersten Buch des *Émile* formuliert Rousseau die seiner Theorie zugrunde liegende These, wonach die Erziehung eines Menschen mit dessen Wesen übereinstimmen muß, um erfolgreich umgesetzt werden zu können. In diesem Zusammenhang führt er den Begriff des ›natürlichen Menschen‹ ein, der »gemäß seiner Natur« erzogen werden soll. Diese Erziehung erfolgt mittels der drei maßgeblichen Komponenten »Natur, Dinge und Menschen«, die nicht »einander entgegengesetzt sein dürfen«, da sonst »ein Einklang ausgeschlossen« ist.[23] Bei Betrachtung der Inhalte der Erziehung zum ›natürlichen Menschen‹ im Sinne Rousseaus zeigt sich, daß die Ausprägung der Persönlichkeit des Einzelnen primär geschlechtsspezifisch und nicht individuell verstanden wird. Dem Naturbegriff Rousseaus ist eine Ambivalenz immanent, denn der Begriff konstituiert sich aus einer Überlagerung zweier Naturen, wobei es letztlich bei einer erfolgreichen Erziehung darauf ankommt, die erste Natur durch die zweite zu ersetzen: »Der Rousseausche Naturbegriff ist mehrdeutig. Dies gilt es gerade dann zu beachten, wenn nach der Plazierung des Weiblichen in diesem Argumentationszusammenhang gefragt wird.«[24] Diesbezüglich ist relevant, daß von einer Plazierung des Weiblichen in Rousseaus Theorie erst dann die Rede ist, wenn aufgrund des christlich-gesellschaftlichen Fortpflanzungspostulats Begriffe wie ›Sexualität‹ und ›Tugendhaftigkeit‹ eine vordergründige Rolle spielen und dem männlichen Heranwachsenden zur Familiengründung eine Ehefrau an die Seite gestellt werden soll. Das fünfte Buch des *Émile* thematisiert in Ergänzung zu den ersten vier, die sich mit der Erziehung männlicher Kinder und Jugendlicher am Beispiel des Émile auseinandersetzen, die Erziehung weiblichen Nachwuchses am Beispiel Sophies, der für Émile bestimmten Lebensgefährtin. Hier zeigt sich in aller Deutlichkeit, daß Mädchenerziehung gedacht ist als ein Prozeß der Umerziehung des weiblichen Individuums, als ein Gefügigmachen für patriarchalische Denkmuster:

Leiden wir nicht, daß sie in ihrem Leben einen einzigen Augenblick lang die Grenze nicht mehr kennen. Gewöhnen wir sie daran [...] Aus dieser gewohnheitsmäßigen Gebundenheit ergibt sich das fügsame

---

23 Vgl.: J.-J. Rousseau, Emile oder über die Erziehung, 1.-5. Buch; neue deutsche Fassung von Josef Esterhues, Paderborn, 2. Auflage 1962; in: Schöninghs Sammlung Pädagogischer Schriften. Quellen zur Geschichte der Pädagogik, hg. v. Th. Rutt, Paderborn, 2. Auflage 1962, hier S. 14.

24 Wie Anm. 21, S. 169 f.

Wesen, dessen die Frauen ihr ganzes Leben lang bedürfen, da sie immer entweder einem Manne, oder den Urteilen der Männer unterworfen sind und es ihnen niemals erlaubt ist, sich über diese Urteile hinwegzusetzen.[25]

Silvia Bovenschen bewertet in ihrer Analyse das fünfte Buch des *Émile*, indem sie ihre Überlegungen hierzu mit dem Titel »Sophie oder Über die Erziehung zur Ungleichheit«[26] versieht, in ironischer Bezugnahme auf den im gleichen Jahr wie *Émile* entwickelten *Contrat social*, in dem Rousseau sein Ideal eines Staates auf der Grundlage der Gleichheit aller Menschen entwickelt.

Auch Koschorke setzt seine Kritik am Problem der Ungleichheit an, sieht er doch in Rousseaus *Julie* und *Émile* vor allem Regelwerke, die den Prozeß der Desexualisierung der Frau unterstützen, welcher sich bis in das weibliche Diskursverhalten hinein auswirkt.[27] In seine Analyse der Schriften konzentriert er sich auf die Frage, welche sozialen Bedingungen und Einflüsse innerhalb des Umerziehungsprozesses von der »Triebnatur« zur »Tugendnatur« dessen »Erfolg« determinieren, der garantieren soll, daß das konstruierte weibliche Ideal gemäß der patriarchalisch ausgerichteten gesellschaftlichen Ansprüche funktionieren kann. Zunächst ist diesbezüglich das Moment der Ausgrenzung zu nennen, denn »nur vor dem Tribunal des männlichen Herrschaftswissens, und das heißt in Abwesenheit der Frau, läßt sich fortan [...] von weiblicher Sittsamkeit reden. Sprechakte des Typs ›Ich bin tugendhaft‹ verfallen genau dem Tabu, das sie bekräftigen wollen«.[28] Ein zweiter, nicht minder wichtiger Aspekt ist die Komponente kollektiven Wissens, die auf Bezugsfelder aus den

---

25 Wie Anm. 23, 5. Buch, S. 430.

26 Vgl. Anm. 21, Sophie oder Über die Erziehung zur Ungleichheit, S. 164-181. G. Bock verweist im Zusammenhang mit Rousseaus *Lettre à d'Alembert* (1758), in dem er sein republikanisches Projekt vorstellt, welches sie als »modern und antimodern zugleich« bewertet, auf Rousseaus Einstellung, eine Republik brauche nur Männer, jedoch keine Frauen (in: dies., Frauen in der europäischen Geschichte. Vom Mittelalter bis zur Gegenwart, München 2000, S. 51). Ferner zum 5. Buch des *Émile*: H. v. Felden, wie Anm. 1, S. 27 ff. C. Garbe, Die ›weibliche‹ List im ›männlichen‹ Text. Jean-Jacques Rousseau in der feministischen Kritik, Stuttgart 1992.

27 A. Koschorke, Körperströme und Schriftverkehr. Mediologie des 18. Jahrhunderts, München 1999, S. 431-465.

28 Ebda., S. 440.

Bereichen Mythologie, Aberglauben und Religion rekurriert. Koschorke betont hier den Einfluß eines christlich motivierten Naturbegriffs, denn »die aus theologischen Quellen gespeiste Vorstellung von der heillosen Triebhaftigkeit des Menschen [ist] durchaus noch virulent«.[29] Bereits vorliegende Bewertungen des Naturbegriffs in Rousseaus Erziehungsmodell werden durch neue Forschungsergebnisse bekräftigt: »Das, was Rousseau als die einfache Sprache der Natur ausgibt, erweist sich bei genauerer Betrachtung als komplizierte pädagogische Inszenierung«; »Natur als Leitlinie und Bezugsgröße von Kindheit« wird entlarvt als »listige Verschleierung und verführerische Konstruktion«.[30] Auch zeitgenössische Auffassungen stimmen, was den Begriff des Natürlichen betrifft, nicht mit dem Konstrukt Rousseaus überein; in Sulzers *Allgemeiner Theorie der schönen Künste* heißt es:

Auch außer der Kunst nennet man das natürlich, was keinen Zwang verräth [...] So nennet man den Menschen natürlich, der sich in seinen Reden, Gebehrden, Bewegungen [...] ganz seinem Gefühl überläßt, ohne daran zu denken, daß er auf eine gewisse gelernte Weise handeln müsse.[31]

Amalia von Holst übt bereits im Jahr 1802 vehement Kritik an Rousseau; ihr mißfällt, daß »dieser Schwärmer überall Natur- und Kulturstand durcheinander wirft«.[32]

Im Hinblick auf Mädchenerziehung äußert sich somit innerhalb der pädagogischen Grundsätze ein Paradoxon, angesichts dessen es nicht verwundert, weibliche Lebenswege scheitern zu sehen. Das Paradoxon ergibt sich aus dem Umgang mit dem Begriff der *dissimulatio* und der

---

29 Ebda., S. 444.
30 Vgl.: P. Tremp, Rousseaus Émile als Experiment der Natur und Wunder der Erziehung. Ein Beitrag zur Geschichte der Glorifizierung von Kindheit, Opladen 2000, S. 40, 58 f.
31 J. G. Sulzer, Allgemeine Theorie der schönen Künste, nach alphabetischer Ordnung der Kunstwörter auf einander folgenden, Artikeln abgehandelt. Zweyter Theil, Leipzig 1775, S. 306-309, hier S. 306.
32 Vgl: A. v. Holst, Ueber die Bestimmung des Weibes zur höhern Geistesbildung, Berlin 1802, S. 13; hierzu vgl.: v. Felden, wie Anm. 1, S. 27. Von Felden verweist in diesem Zusammenhang auf das zeitgenössische Wissenschaftsverständnis, das weibliche Stimmen innerhalb der etablierten Wissenschaft zumeist ungehört verhallen ließ (vgl. ebda., S. 32). Ferner: C. Honegger, Die Ordnung der Geschlechter. Die Wissenschaften vom Menschen und das Weib; 1750-1850, Frankfurt a.M./ New York 2. Auflage 1991.

Verstellungskunst, der *art de plaire*, die als erprobte Sozialtechnik in Rousseau »ihren schärfsten und reflektiertesten Kritiker« findet, wie Ursula Geitner bemerkt.[33] Andererseits ist es genau das Vermögen der Verstellung, das für die Herstellung der Tugendnatur und gleichzeitige Eliminierung der Triebnatur verantwortlich sein soll und einen unauflösbaren Zwiespalt produziert, dem im Grunde nur durch Negierung der eigenen Identität oder durch Auflösung derselben, das heißt durch Tod, zu begegnen ist, was die in den folgenden Werkanalysen besprochenen literarischen Beispiele hinreichend aufzeigen. Wo ihr persönliches Vermögen des Sich-Verstellens seine Grenze hat, wirft eine verbitterte Emilia Galotti dem Vater vor: »Ich habe Blut, mein Vater, so jugendliches, so warmes Blut als eine. Auch meine Sinne sind Sinne«.[34] Das Vorenthalten sexueller Erfahrung durch soziale Gesetze bewirkt das Fehlen sexueller Identitätsfindung und somit ein inkomplexes Persönlichkeitsbild, welches in entscheidenden Situationen maßgeblich zu Passivität und Handlungsunfähigkeit führt.

Für das 18. Jahrhundert ist, was die Entwicklung moderner Pädagogik betrifft, eine relative Dominanz Rousseaus festzuhalten. Dennoch sind auch andere Theorien mit bemerkenswertem Einfluß zu verzeichnen, hier vor allem die philanthropische Bewegung um Johann Bernhard Basedow, die im letzten Viertel des Jahrhunderts die deutsche Aufklärungspädagogik repräsentiert.[35] Neben Basedow gilt Joachim Heinrich Campe als führender Kopf der Bewegung, er ist Herausgeber des sechzehn Bände umfassenden Elementarwerks der philanthropischen Schule, welches zwischen 1785 und 1792 unter dem Titel *Allgemeine Revision des gesamten Schul- und Erziehungswesens von einer Gesellschaft praktischer Erzieher* erscheint.[36] Im Hinblick auf eine speziell auf Mädchenerziehung ausgerichtete Theorie ist sein erstmals im Jahr 1788 publiziertes Werk *Vätherlicher Rath für meine Tochter. Ein Gegenstück zum Theophron. Der erwachsenern weiblichen Jugend gewidmet von Joachim Heinrich Campe* relevant, das in wesentlichen Punkten Rousseaus fünftem Buch des *Émile* folgt:

---

33 U. Geitner, Die Sprache der Verstellung. Studien zum rhetorischen und anthropologischen Wissen im 17. und 18. Jahrhundert, Tübingen 1992, S. 209.

34 Vgl.: G. E. Lessing, *Emilia Galotti* (V/7), LM2, S. 449.

35 Zur Bewegung des Philanthropismus vgl.: Blankertz, wie Anm. 7, S. 79-87; R. Stach (Hg.), Theorie und Praxis der philanthropistischen Schule, Rheinstetten 1980.

36 Vgl.: Blankertz, wie Anm. 7, S. 80.

»Strebe, bei Allem, was von deiner Willkühr abhängt, nach Einfachheit und Bescheidenheit, fest überzeugt, daß sie die größte Zierde deines Geschlechts und deines Standes sind«, heißt es hier unter Benennung »der dreifachen Bestimmung des Weibes – der zur Gattinn, zur Mutter und zur Vorsteherinn des Hauswesens [...].«[37] Campes Werk ist nach Michaela Jonach als »Beitrag der Pädagogik zur Legitimation der Unterordnung der Frau im neuzeitlichen Geschlechterverhältnis« zu bewerten.[38]

Die Bildungschancen von Mädchen waren erheblich eingeschränkt und wurden durch sozioökonomische Bedingungen noch erschwert. Untersuchungen zur historischen Familien- und Sozialisationsforschung zeigen, daß Schulunterricht für Mädchen, einerseits aufgrund der Rollendefinition, die das weibliche Geschlecht auf den häuslichen Bereich festschrieb, andererseits aus finanziellen Gründen, die zumeist nur dem Stammhalter der Familie einen Schulbesuch erlaubten, im 18. Jahrhundert keinesfalls eine nennenswerte Verbreitung hatte:

Die Realität sieht so aus: In adligen und reichen Bürgerhäusern hat es gelegentlich Erzieherinnen für die Mädchen gegeben; sie wurden auch vom Hofmeister der Jungen mit unterrichtet. Mädchen in Häusern geringeren Standes hatten – außer dem kirchlichen – gar keinen Unterricht, und von planmäßiger Erziehung kann keine Rede sein. [...] Erziehung der Mädchen geschieht in der Familie; daher wenden sich die Reformer gegen die Erziehung in Klöstern und Stiften [...] und setzen sich für die Verbesserung der Erziehungsfunktion der Familie ein. [...] Unterricht und Schulbesuch spielen eine durchaus untergeordnete Rolle, das Einüben der [...] Lebensaufgaben steht im Mittelpunkt.[39]

So war Autodidaktik oft die einzige Möglichkeit für Mädchen, sich gemäß ihrer Vorlieben und Neigungen weiterzubilden; auch die in den

---

37 J. H. Campe, Väterlicher Rath für meine Tochter, in: Sämmtliche Kinder- und Jugendschriften, Bd. 36, Braunschweig 1830, S. 68, 70.

38 M. Jonach, Väterliche Ratschläge für bürgerliche Töchter. Mädchenerziehung und Weiblichkeitsideologie bei Joachim Heinrich Campe und Jean-Jacques Rousseau, Frankfurt a.M. 1997, S. 5.

39 U. Herrmann, Erziehung und Schulunterricht für Mädchen im 18. Jahrhundert; in: Wolfenbütteler Studien zur Aufklärung Bd. III, Wolfenbüttel 1976, S. 101-117, hier S. 104, 109 f.

hier anschließenden Werkanalysen vorgestellten Autorinnen haben sich teilweise selbständig ausgebildet und die Möglichkeiten, die sich aus günstigen Lebensumständen ergaben, genutzt.[40] Sieht man die Literatur im sozialgeschichtlichen Kontext und Gesellschaft und Literatur als Elemente, die »sich differenzierend in ihren jeweiligen Manifestationen und doch einander durchdringend« bedingen,[41] kann ›Bürgerlichkeit‹ über die Literatur definiert werden, mit der sich der Bürger als Leser identifiziert,[42] wobei hier Begriffe wie ›Moral‹ und ›Sittlichkeit‹ eine zentrale Rolle spielen als Kategorien, die bürgerliches von höfischem Verhalten unterscheidbar machen.[43] Empfindsame Familienromane, englischen Vorbildern wie den in den vierziger Jahren aufkommenden Briefromanen Samuel Richardsons folgend, propagierten die gefühlsbetonte Selbstaussprache als Medium bürgerlicher Identifikation. Das Lesen als ein für die kulturelle Prägung der Zeit zentrales Thema rückte somit in den Mittelpunkt, die Lesewut der bildungshungrigen Mädchen wurde diskutiert mit dem Ziel, diese durch pädagogisch richtige Anleitungen – das heißt durch Auswahl des Lesestoffes durch die Erzieher – in Bahnen zu lenken, die die pädagogischen Programme stützten, statt sie zu unterlaufen.

Die didaktische Konsequenz der Leitgedanken aufgeklärter Pädagogik war, daß »die Bildung des Menschen [...] an die Inhalte des Lebenskreises gebunden werden« sollte,[44] was sich vor allem im Bereich der belehrenden Lektüre auswirkte. Das Buch als neues Medium, das zunehmend auch einem weiblichen Publikum zur Verfügung stand, wurde genutzt zur Verbreitung und Popularisierung der gesellschaftlichen Vorstellung von einem weiblichen Ideal und somit zur Festigung von Machtstrukturen, denn »je weniger die individuelle Prägung in einem von ständisch-rhetorischen Prinzipien organisierten Raum vor sich geht, je mehr sie ihre entscheidenden Anstöße aus einsamer Lektüre mit prinzipiell un-

---

40 Vgl. zu Chancen und Möglichkeiten zeitgenössischer Bildung für Frauen: B. Becker-Cantarino, Der lange Weg zur Mündigkeit. Frauen und Literatur in Deutschland von 1500 bis 1800, Stuttgart 1987, S. 149-200 (Ausgabe dtv 1989). R. Klüger, Frauen lesen anders, München, 3. Auflage 1997, S. 220-234.

41 Vgl.: P. Michelsen, Der unruhige Bürger. Studien zu Lessing und zur Literatur im 18. Jahrhundert, Würzburg 1990, S. 9.

42 Vgl.: Kiesel/Münch, wie Anm. 1, Kap. II.5: Das Publikum, S. 154-179.

43 Vgl.: R. v. Dülmen, Kultur und Alltag in der frühen Neuzeit, Bd. 1, München 1990, S. 184-197, S. 229-240.

44 Vgl.: Blankertz, wie Anm. 7, S. 86.

kontrollierbaren Imaginationswirkungen empfängt, desto wichtiger erscheint es, die autoritative Hoheit über die Sozialisationsinstanz ›Literatur‹ zurückzugewinnen«.[45] Aufgrund dessen galten strenge Bewertungskriterien, was die Einordnung in für die Leserin geeignete und nicht geeignete Lektüre betraf; diese Selektion führte dazu, daß die empfohlenen Werke nur bedingt den zeitgenössischen weiblichen Lektürevorlieben entsprachen. Was gelesen werden sollte und was gelesen wurde, stimmte nicht überein; dies erregte den Unmut der Erzieher: Mit Dramenfiguren wie Metzger Humbrecht aus Wagners *Kindermörderin* und Musikus Miller aus Schillers *Kabale und Liebe*, die sich vehement gegen die Lektüre ihrer Töchter aussprechen, wurde die gesellschaftliche Skepsis im Hinblick auf weibliches Leseverhalten auf der Bühne inszeniert. Es entstanden vermehrt Abhandlungen, die die Notwendigkeit zur Ausbildung von Lesenden und die Frage nach pädagogisch wertvoller Lektüre diskutierten. Basedows *Elementarwerk*, welches 1774 erschien, enthält im zehnten Buch Ratschläge, die »von der vernünftigen Art, Leser zu bilden« erzählen:

[…] wenn ein Jüngling vor dem 20. Jahre und eine Jungfrau vor eben demselben Alter oder vor ihrer Verheiratung durcheinander alles lesen darf, was in die Hände fällt oder von Unverständigen angeraten wird, so weiß ich kein Mittel, die Religion, Sittsamkeit, gesunde Vernunft und Zufriedenheit […] zu unterhalten. […] Selbst Pamela, Clarissa und Grandison bedürfen solcher Abhandlungen […], damit nicht so viele Toren, Törinnen und unglückliche Ehen dadurch werden, als es bisher wirklich geschehen ist. […] Ehe man also die Jugend sich selbst überläßt, muß […] das ganze Elementarwerk […] auf mancherlei Art unter Anführung der Lehrer durchgängig genug gebraucht sein.[46]

Das *Elementarwerk* setzt fort, was Basedow bereits in früheren Schriften postulierte; in bezug auf Bildung und Lektüre findet sich schon in seinem *Methodenbuch*, das erstmals 1770 (1773 bereits in der dritten Auflage) erschien, ein Paragraph, der sich mit Schamhaftigkeit und Keusch-

---

45 So Koschorke in: ders., Geschlechterpolitik und Zeichenökonomie. Zur Geschichte der deutschen Klassik vor ihrer Entstehung, in: R. v. Heydebrand (Hg.), Kanon – Macht – Kultur: theoretische, historische und soziale Aspekte ästhetischer Kanonbildungen, Stuttgart 1998, S. 581-600, hier S. 591 f.
46 J. B. Basedow, Elementarwerk; kritische Bearbeitung in drei Bänden, hg. v. T. Fritzsch, Leipzig 1909, 2. Bd., 10. Buch, S. 526 f.

heit im Zusammenhang mit ›gefährlicher Lektüre‹ auseinandersetzt.[47] Eine Polemisierung gegen den vorehelichen Vollzug sexueller Handlungen vor allem bei der weiblichen Jugend wird gesteuert über entsprechende Leseempfehlungen, die Bücher favorisieren, deren Sujets die negativen Folgen sündiger Fehltritte drastisch aufzeigen:

> Beide Geschlechter aber sollten in diesem Alter eine Sammlung solcher Geschichten von Verführung lesen, in welchen die Aufmerksamkeit vor den Sünden selbst geschwind vorübergeführt und nur bei den entsetzlichen Folgen derselben, auch bei dem Schicksale der abscheulichen Kindermörderinnen aufgehalten würde.[48]

Noch zur Mitte des 19. Jahrhunderts fanden sich innerhalb von Veröffentlichungen von erziehungsprogrammatischen Schriften Beiträge wie der mit »Lectüre« überschriebene von Elise von Hohenhausen, über den sie selbst urteilte, er sei »einer der wichtigsten für die Erziehung junger Mädchen«.[49] Dort heißt es:

> Es wird auffallen, daß die Herausgeberin dieser Schrift, seit länger als dreißig Jahren mit der deutschen Literatur vertraut, nach Pflicht und

47 Vgl.: J. B. Basedow, Das Methodenbuch für Väter und Mütter der Familien und Völker, Dessau, 3. Auflage 1773; Erster Abschnitt, IV.: Vorbereitung zur Schamhaftigkeit und Keuschheit. – Von gefährlichen Theilen einiger guten Bücher, S. 60-62.

48 Ebda., S. 62. Ein Beispiel für die virtuose Umsetzung der Basedowschen Empfehlung ist H. L. Wagners Trauerspiel *Die Kindermörderin* (1776); das Drama beschränkt sich in der Darstellung des vorehelichen sexuellen Fehltrittes im Grunde auf eine einzige Szenenanweisung im ersten Akt, der Rest der Handlung thematisiert die Folgen des Fehltritts in allen Einzelheiten. Das Drama fand trotzdem keine Akzeptanz beim zeitgenössischen Publikum, welches die dramatische Inszenierung eines Fehltritts ablehnte, vor allem in Verbindung mit der Darstellung männlicher Gewalt gegen Frauen (vgl. Kap. III.5 dieser Arbeit).

49 E. v. Hohenhausen, Lectüre; aus: Die Jungfrau und ihre Zukunft in unserer Zeit, oder mütterlicher Rath einer Pensionsvorsteherin an ihre scheidenden Zöglinge über ihren Eintritt in die Welt, Zeitanwendung, Tageseintheilung, Lebensklugheit, Anstand und würdige Haltung, Ruf und Mädchenehre, Brautstand und richtiges Verhalten bei verschiedenen Gelegenheiten. Nebst einer hierauf bezüglichen Beispielsammlung, enthaltend: Mädchenschicksale, nach dem Leben gezeichnet. Weimar 1854, S. 51-58; wieder abgedruckt in: G. Häntzschel (Hg.), Bildung und Kultur bürgerlicher Frauen 1850-1918. Eine Quellendokumentation aus Anstandsbüchern und Lebenshilfen für Mädchen und Frauen als Beitrag zur weiblichen literarischen Sozialisation, Tübingen 1986, S. 377-381, hier S. 377.

Gewissen auf langjährige Beobachtung gegründet, der deutschen Mädchenwelt zur Bildung ihres Geistes, ihrer Grundsätze, ihres Herzens und ihrer Handlungsweise kein deutsches Buch, auch nicht ein einziges, vorschlagen kann, das nicht, ehe ihr Charakter gebildet ist gefährlich wirken könnte.[50]

Auch Goethe vertrat später diese These in ähnlicher Weise, wenn er sein Mißfallen über die seit Mitte des 18. Jahrhunderts in Deutschland populär gewordene Literatur ausdrückte:

Schon die *Richardson'schen* Romane hatten die bürgerliche Welt auf eine zartere Sittlichkeit aufmerksam gemacht. Die strengen und unausbleiblichen Folgen eines weiblichen Fehltritts waren in der *Clarisse* auf eine grausame Weise zergliedert. Lessings *Miß Sara Sampson* behandelte dasselbe Thema. […] Die französischen Dramen hatten denselben Zweck, verfuhren aber mäßiger und wußten durch Vermittelung am Ende zu gefallen.[51]

Allerdings fand auch Basedow als Vertreter der Philanthropen und führender Pädagoge der Zeit bei ihm keine Zustimmung, denn er warf ihm und den Gesinnungsgenossen vor, daß sie »geistige, ja geistliche Mittel zu irdischen Zwecken gebrauchten« und »doch auch gewisse Absichten im Hinterhalte verbargen, an deren Beförderung ihnen sehr gelegen war.« Er sei dabei noch dazu »heftig, frevelhaft, sogar plump zu Werke« gegangen, bewertete Goethe im Rückblick Basedows Verhalten.[52]

Daß bei derartigen Äußerungen zumeist auf eine konforme Verbreitung des propagierten Geschlechter-Rollenbildes geachtet wurde (und das nicht nur von Männern, sondern auch von Frauen), lassen vereinzelte Spuren vermuten, die das lesende Mädchen aus anderer Perspektive zeigen: Benedikte Nauberts Märchen *Die weiße Frau* (1792) zeigt die jugendlich-jungfräuliche Protagonistin Bertha, die mit ihrem Interesse an Geschichte gegen die zeitgenössischen Bildungsauflagen für Mädchen verstößt, gänzlich andere Lektürevorlieben hat und mit Erlaubnis ihres Oheims die Schloßbibliothek benutzen darf; im Zuge des Studierens

---

50 Ebda.
51 Vgl.: Goethe, Werke, Jubiläumsausgabe, hg. v. F. Apel u.a., Frankfurt a.M./Leipzig 1998; Bd. 5: Dichtung und Wahrheit, hg. v. K.-D. Müller, 3. Teil, 13. Buch, S. 510.
52 Ebda., 3. Teil, 14. Buch, S. 565.

eines »Chronikons« heißt es über sie: »Was zu sehr das Gepräg der Fabel trug, das behagte ihr nicht ganz, wenn es auch ihre Phantasie auf einige Stunden fesseln konnte. Hier fand sie Wahrheit.«[53] Berichte von Zeitgenossinnen relativierten diese von einer Autorin ersonnene Vision des lesenden Mädchens; Friderika Baldinger (1739-1786) beschrieb das negative Lektüreerlebnis ihrer Jugendzeit unter Verweis auf einen kaum vorhandenen Handlungsspielraum bei der Lektüreauswahl: »Bücher lesen, außer Bibel und Gesangbuch, wäre Todsünde, Müßiggang für ein Mädchen. Wie oft wurde mir meine Liebe zum Lesen nicht verbittert, manchmal die Bücher verschlossen, und ich an den Spinnroken verwiesen.«[54]

Jochen Schulte-Sasses These, die »Literatur soll(t)e ihren Lesern [...] fortan Verhaltensweisen und [...] Sinn- und Wertorientierungen unterhalb der Verstandes- und Reflexionsschwelle ›einspielen‹«, zeigt den Entwicklungsstand einer bürgerlich-literarischen Öffentlichkeit in seiner »Doppelgesichtigkeit«.[55] Der Literaturbegriff, der hier zugrunde liegt, spiegelt vor allem auch die Ansprüche, die an speziell für Mädchen konzipierte Lektüre gestellt wurden: Literatur, als Sozialisationsmedium eingesetzt, sollte mittels Manipulation dazu beitragen, daß »in der Form einer unreflektierten Aneignung vorgegebener Verhaltensmuster«[56] die Konstituierung des weiblichen Ideals entsprechend der sozialen Vorstellungen erfolgte.[57] Gegenbeispiele aus der zeitgenössischen Realität wie das der bereits im Alter von siebzehn Jahren promovierten Dorothea von Schlözer, Tochter eines Historikers und »Beweis der These ihres Vaters

---

53 B. Naubert, Neue Volksmärchen der Deutschen, dritter Band, hg. v. M. Henn, P. Mayer, A. Runge, Göttingen 2001, *Die weiße Frau*: S. 89-130, hier S. 103.

54 Vgl.: F. Baldinger, Lebensbeschreibung von Friderika Baldinger, von ihr selbst verfaßt, Offenbach 1791, S. 25. Weitere Informationen zu Friederika Baldinger sowie zu Charlotte von Einem (1756-1833) und Angelika Rosa (1734-1790) in: M. Heuser (Hg.), »Ich wünschte so gar gelehrt zu werden«: Drei Autobiographien von Frauen des 18. Jahrhunderts. Texte und Erläuterungen, Göttingen 1994. Dem Begriff der Todsünde ist in Verbindung mit weiblichem »grenzsprengendem Wissensdrang« der des Faustischen immanent (vgl.: S. Doering, Die Schwestern des Doktor Faust. Eine Geschichte der weiblichen Faustgestalten, Göttingen 2001, S. 8).

55 Vgl.: J. Schulte-Sasse, Das Konzept bürgerlich-literarischer Öffentlichkeit und die historischen Gründe seines Zerfalls, in: Aufklärung und literarische Öffentlichkeit, hg. v. C. Bürger, P. Bürger und J. Schulte-Sasse, Frankfurt a.M. 1980, S. 84-93, hier S. 84 f.

56 Ebda., S. 85.

57 Vgl.: Stollberg-Rilinger, wie Anm. 1, Kap. II/2, S. 276-279.

von der Bildbarkeit der Frau und der Widerlegung der Erziehungsmodelle von J. B. Basedow und J.-J. Rousseau«,[58] die »die betreffenden Literaturen kaum kennen [lernte], weil ihr Vater das Lesen der Dichter für Zeitverlust hielt«,[59] waren die große Ausnahme und besaßen ein negatives Ansehen in der Gesellschaft, welches auch in literarischer Form Ausdruck fand, so in Schillers 1788 veröffentlichtem Gedicht *Die berühmte Frau. Epistel eines Ehemannes an einen andern.* Theoretisch untermauert wurde dies durch Infragestellen der weiblichen Bildungsfähigkeit a priori: »Ebenso vernünftig ist es, das weibliche Geschlecht für geringer, als das männliche zu halten, weil seine Talente, im Ganzen, nicht zu Betretung der fürchterlichen Pfade des Krieges, noch zur Erforschung der Labyrinthe der Wissenschaften eingerichtet sind«, heißt es in William Alexanders *The History of Women* (1779). Eine deutsche Übersetzung des Werkes aus der Feder von Friedrich von Blankenburg erschien bereits im Jahr nach der Veröffentlichung der Schrift in England.[60]

Weibliche Bildung durch Lektüre beförderte seit den zwanziger Jahren des 18. Jahrhunderts die große Anzahl moralischer Wochenschriften, die nach englischen Vorbildern in Deutschland vor allem in protestantischen Handelsstädten herausgegeben wurden. Ihre Zielsetzung war, die Botschaft bürgerlicher Tugend auf angenehme Weise zu vermitteln. Bereits zu Beginn des Jahrhunderts erschien eine der ersten Zeitschriften, die sich an ein weibliches Lesepublikum richtete: Johann Caspar Ebertis *Eröffnetes Cabinet deß Gelehrten Frauen-Zimmers.*[61] Für die Zeit der Frühaufklärung gilt vor allem Gottsched, der das Bild der gelehrten Frau bald zu relativieren wußte, als Vorreiter für die Verbreitung moralischer Wochenschriften in Deutschland. Nach dem Vorbild des englischen *Spectator* der Herausgeber Steele und Addison begann er 1725 in Leipzig mit der Herausgabe des Blattes *Die Vernünftigen Tadlerinnen* – anonym bzw. unter dem Anschein, die Schrift sei von drei weiblichen Herausgeberinnen

---

58 Vgl.: F. Hervé/I. Nödinger, Lexikon der Rebellinnen, München 1996, S. 237.

59 Vgl.: L. v. Schlözer, Dorothea von Schlözer. Ein deutsches Frauenleben um die Jahrhundertwende. 1770-1825, Göttingen 1937.

60 Vgl.: W. Alexander, The History of Women, from the earliest antiquity to the present time; giving some account of almost every interesting particular concerning that sex, among all nations, ancient and modern« (1779), in der Übersetzung von F. v. Blankenburg (2 Bde., 1780-1781) auszugsweise wiederabgedruckt in: Stollberg-Rilinger, wie Anm. 1, S. 330-335, hier S. 333.

61 Vgl.: J. C. Eberti, Eröffnetes Cabinet deß Gelehrten Frauen-Zimmers, unveränderter Nachdruck der Ausgabe Frankfurt und Leipzig 1706, hg. v. E. Gössmann, München 1986.

konzipiert worden, wovon er sich »beim weiblichen Publikum eine größere Identifikationsmöglichkeit« versprach.[62] Das Prinzip der Identifikation spielte bei der zeitgenössischen Propaganda für die Moralischen Wochenschriften insofern eine erhebliche Rolle, als Lektüre hier im Sinne einer identitätsstiftenden Tätigkeit verstanden werden muß, welche dem (weiblichen) Bürgertum das Selbstverständnis seines eigenen Standes vermitteln sollte. Die Heterogenität der Identitätsfindung durch geeignete Lektüre erweist sich an den oben bereits kurz angesprochenen Beispielen aus den Dramentexten: Die nachfolgenden Werkanalysen beschäftigen sich nicht mit Tochterfiguren, die Moralische Wochenschriften lesen, sondern mit solchen, die ihre Identität entweder selbst als erwachsene Frau nicht gefunden haben oder dieser durch ›falsche‹ Lektüre entfliehen.

Die von Kiesel/Münch gemachte Aussage, daß »die empirische Rekonstruktion der Leserschaft für das 18. Jahrhundert so gut wie unmöglich« ist,[63] erhärtet sich angesichts widersprüchlicher Informationen über weibliche Lektüre, die sich aus der Auswertung von Lebensbeschreibungen, Lektüreempfehlungen, Theorien und nicht zuletzt aus Dramentexten als Reflexion der Realität ergeben. Dennoch ermöglichen neuere Studien über die Geschichte des Buchwesens und der Leihbibliotheken in Deutschland zumindest einen Einblick in den verfügbaren Bestand, denn sie liefern mittels Auswertung der zeitgenössischen Ausleihbücher statistische Angaben über die soziale Gruppe der Ausleihenden sowie über die Ausleihfrequenz bestimmter Bücher.[64]

---

62 Vgl. zur Verbreitung der moralischen Wochenschriften in Deutschland: Wosgien, wie Anm. 3, S. 28-41, hier S. 29; P.-A. Alt, Aufklärung, Stuttgart/Weimar 1996, S. 47 f.; A. M. Reh, Wunschbild und Wirklichkeit. Die Frau als Leserin und als Heldin des Romans und des Dramas der Aufklärung. Ein Beitrag zur Literaturpsychologie der Aufklärung, in: W. Paulsen (Hg.), Die Frau als Heldin und Autorin. Neue kritische Ansätze zur deutschen Literatur, München/Bern 1979, S. 82-95, bes. S. 84 f. Zur Funktion fiktiver weiblicher Redaktion und Herausgeberschaft vgl.: U. Weckel, Zwischen Häuslichkeit und Öffentlichkeit. Die ersten deutschen Frauenzeitschriften im späten 18. Jahrhundert und ihr Publikum, Tübingen 1998, S. 177-181.
63 Wie Anm. 1, S. 159.
64 Vgl.: A. Martino, Lektüre und Leser in Norddeutschland im 18. Jahrhundert. Zu der Veröffentlichung der Ausleihbücher der Herzog August Bibliothek Wolfenbüttel, Amsterdam/Atlanta 1993; M. Raabe, Leser und Lektüre im 18. Jahrhundert. Die Ausleihbücher der Herzog August Bibliothek Wolfenbüttel 1714-1799, München 1989. Vgl. auch: Jäger/Martino/Wittmann (Hg.), Die Leihbibliothek der Goethezeit. Exemplarische Kataloge zwischen 1790 und 1830, Hildesheim 1979.

Der soziale Druck, der auf das weibliche Lesepublikum ausgeübt wurde, führte dazu, daß dieses sich neue Wege zur Literaturbeschaffung erschloß. Der Institution der Leihbibliothek kam hier eine sozialintegrative Rolle als Vermittlungsinstanz zu, denn sie ermöglichte Lesenden verschiedener Schichten die Lektüre gleicher Literatur und trug zur Ausbreitung und Vereinheitlichung des literarischen Geschmacks bei.[65] Bei Betrachtung der Ausleihlisten zeigt sich allerdings, daß Vertreter des Bürgertums im Vergleich zu adeligen Ausleihern zwar nahezu drei Viertel der Leser stellten, jedoch ebenso, daß fast neunzig Prozent aller Ausleihenden männlichen Geschlechtes waren und daß darüber hinaus beim ohnehin schon geringen Anteil der Leserinnen die Zahl adeliger Vertreterinnen doppelt so hoch war wie die Zahl bürgerlicher.[66] Daraus läßt sich schließen, daß der private Verleih von Büchern vor allem beim weiblichen Lesepublikum einen weitaus höheren Stellenwert einnahm als die öffentliche.[67] Die Begründung hierfür liegt sicher nicht zuletzt in den auch in Dramentexten abgebildeten innerfamilialen Zensurmaßnahmen, die dem gefährlichen Wandel des Lesestils und der Abwendung von der Erbauungsliteratur entgegenzuwirken suchten:[68] Da die zeitgenössische

---

65 Vgl.: Jäger/Schönert (Hg.), Die Leihbibliothek als Institution des literarischen Lebens im 18. und 19. Jahrhundert. Organisationsformen, Bestände und Publikum, Hamburg 1980, S. 14 f., S. 262.

66 Vgl. zu der Statistik: A. Martino, wie Anm. 64, S. 5.

67 Aufmerken läßt in diesem Zusammenhang die vermehrt in den (innerhalb dieser Arbeit untersuchten) Dramentexten dargestellte Beziehung zwischen Tochter, Liebhaber und der Literatur, die aus der Hand des Liebhabers bezogen wird: Eine Bewertung des Tausches ›Buch gegen Körper‹, wenn dieser auch unter der Bedingung eines zeitgenössischen weiblichen Körperbewußtseins, d.h. im gewissen Sinne unbewußt, erfolgt, läßt die Beziehung zwischen männlicher und weiblicher Figur im Zwielicht von Abhängigkeit und Prostitution erscheinen; bezeichnenderweise existiert die lesende Mutterfigur in den Dramentexten nicht, denn die Mutter ist nicht das Objekt männlicher Begierde, hat also keinen Körper zum Tausch anzubieten (Ausnahme: Klingers Das leidende Weib, jedoch ist die Tochterfigur hier in einer Doppelperspektive, die sie gleichzeitig als Mutter zeigt, zu sehen).

68 In der Untersuchung von Kiesel/Münch heißt es hierzu: »Mit der Abwendung von der Erbauungsliteratur vollzog sich auch ein Wandel des Lesestils, nämlich der Übergang von der intensiven zur extensiven Lektüre. Damit ist Folgendes gemeint: Während sich ein durchschnittlicher Leser noch am Anfang des 18. Jahrhunderts mit einigen wenigen Büchern begnügte bzw. begnügen mußte und diese immer wieder las, wiederholte er gegen Ende des Jahrhunderts die Lektüre eines Buches seltener, sondern zog es vor, neue Bücher zu lesen«, in: dies., wie Anm. 1, S. 170. Auch: Reh, wie Anm. 62, S. 84.

Konstruktion sozialer Ordnung andererseits immer noch maßgeblich von der Beziehung des Individuums zu religiösen Glaubensvorstellungen geprägt war, kam, neben den populären moralischen Wochenschriften der religiösen Erbauungsliteratur, der Bibel und dem Gesangbuch ein hoher Stellenwert zu.

In den hier analysierten Dramen werden einige Mädchenfiguren in Relation zu einem streng an religiösen Normen orientierten Rollenbild gezeigt, welches das lesende Mädchen auf die Lektüre religiöser Schriften festzulegen sucht.[69]

Dementsprechend wurden Bücher mit religiöser Thematik allgemein favorisiert,[70] so auch Gebetbücher, die Anleitungen zum aktiven Gebet, das heißt zum intensiven Gespräch mit Gott, lieferten. Exemplarisch sei hier verwiesen auf das Gebetbuch des damals durch Mitarbeit am *Schwäbischen Magazin* hinreichend bekannten Garnisonspredigers Georg Friedrich Gaus.[71] Das Buch, im Jahr 1775 in Stuttgart bei Erhard unter dem Titel *Das Gebet aus dem Herzen, dem Gebrauch der Formeln entgegen gesetzt* erschienen, lieferte auf der Grundlage pietistischen Gedankengutes Ratschläge zu einer bedingungslosen, individuellen Begegnung mit Gott im Gebet. ›Herz‹ und ›Gefühl‹ als Schlüsselwörter des empfindsamen Diskurses finden sich nicht nur in den Dramen und Romanen der Zeit, sondern auch hier:

69 Ein Gebet- oder Gesangbuch gehörte im 18. Jahrhundert zum Besitz jeder Familie und war ein Gebrauchsgegenstand des täglichen Lebens; beispielsweise fand sich auch unter den persönlichen Besitztümern der Kindsmörderin Susanna Margareta Brandt, die bekanntlich einem unteren sozialen Stand angehörte, ein einziges Buch: Ein Gesangbuch (vgl.: S. Birkner, Leben und Sterben der Kindsmörderin Susanna Margaretha Brandt. Nach den Prozeßakten der Kaiserlichen Freien Reichsstadt Frankfurt am Main, den sogenannten Criminalia 1771 dargestellt, Frankfurt a.M. 1973, Kap. 30, S. 125:»Verzeichnis der Inquisitin Brandtin Sachen, so sich in ihrer aus ihrem Dienst Hauß auf das Amt abgeholten Kiste befunden«). Dramenfiguren wie Emilia Galotti, Gretchen oder auch Louise Millerin spiegeln die Regelhaftigkeit weiblichen zeitgenössischen Alltags im Zeichen religiöser Handlungen (Kirchgang, Gebet oder religiöse Lektüre).

70 R. v. Dülmen verweist auf die geringe Wirkung der Aufklärung in den unteren Bevölkerungsschichten sowie (unter Bezugnahme auf K. F. v. Moser) auf den Umstand, daß es durchaus zeitgenössische kontroverse Diskussionen über den Begriff der Aufklärung gab, die für eine bedingungslose Rückanbindung an religiöse Verhaltensnormen plädierten (vgl. ders., Kultur und Alltag in der frühen Neuzeit, Bd. 3, München 1994, S. 211-267, hier S. 214-216).

71 Vgl. zu Gaus: W. Müller-Seidel, Georg Friedrich Gaus. Zur religiösen Situation des jungen Schiller, in: DVJS, 26. Jg. (1952), S. 76-99.

Die Einwirkungen Gottes in uns sind lauter Licht, Wärme, Heiterkeit und Leben, sie erfordern eine zarte kindliche Seele, keine Verwirrung von Ideen, oder feyerliches Dämmern zwischen Licht und Finsterniß, sondern lebendige Gefühle und Vorstellungen [...] Das Gebet ist die einzige unmittelbare gottesdienstliche Handlung, deren wir fähig sind, welche allen übrigen ihren Glanz und Richtung gibt. Die Andacht entspringt, wie eine Flamme, aus der Wärme des Herzens, und diese Flamme dient zugleich wiederum zur Erhaltung und Vermehrung jener innerlichen Glut.[72]

Das Buch gehörte zum zeitgenössischen Lektürekanon für weibliche Jugend, Schiller empfahl es seiner Schwester Christophine im Jahr 1780.[73] Vergleicht man den im Gebetbuch vorherrschenden empfindsamen Ton mit dem diskursiven Verhalten mancher Dramenfiguren und der außerordentlichen Religiosität als Eigenschaft einer Tochterfigur wie Louise Millerin oder Emilia Galotti, zeigt sich, inwiefern die unbedingte gefühlsmäßige Hinwendung zu religiöser Praxis in Lektüre und Gebet eine von der patriarchalischen Gesellschaft erwünschte und geförderte Verhaltensweise gewesen sein muß: Mit den Figuren Louise, die mit einem Buch aus der Kirche kommt, und Emilia, die täglich im Gottesdienst »mit ihrer Seele beschäftigt ist«, wie aus dem Dialog ihrer Eltern hervorgeht (*Emilia Galotti*, II/1), wird die in Erbauungs- und Gesangbüchern formulierte Pflicht, sich zur täglichen Disziplinierung mittels religionspraktischer Übungen zu zwingen, literarisch abgebildet. Die männlichen Dramenfiguren zeigen durch ihre Kommentare, daß diese Form der Selbstdisziplinierung in direktem Zusammenhang mit der weiblichen Pflicht zur Tugendhaftigkeit steht. Ein frommes Mädchen ist auch ein ›gutes Mädchen‹; so freut sich Wurm in *Kabale und Liebe* über Louises Kirchgang: »Ich werd einmal eine fromme christliche Frau an ihr haben« (*Kabale und Liebe*, I/2).

Die Hinwendung zu religiöser Innerlichkeit als Teil pietistischer Frömmigkeit wurde hauptsächlich über entsprechende Lektüre verbreitet, die »in jedem Haushalt« zu finden war und »auf dem württembergischen

---

72 G. F. Gaus, Das Gebet aus dem Herzen, dem Gebrauch der Formeln entgegen gesetzt, Stuttgart 1775, Kap. 22: Von der Schwärmerey bey dem Gebet, S. 216-220, hier 218 f.; Kap. 1: Von dem schädlichen Kaltsinn gegen das Gebet, S. 1-18, hier S. 3.

73 Vgl.: Schillers Brief an Christophine vom 19.6.1780, in: NA 23, S. 14; auch in: H. Koopmann (Hg.), Schillers Leben in Briefen, Weimar 2000, S. 34 f.

Verlagsmarkt zur gängigsten Ware« gehörte.[74] Eine Steuerung des weiblichen Diskursverhaltens hin zum Gespräch mit religiösem Inhalt wurde ergänzend durch Schriften propagiert, die entsprechende Vorlagen präsentierten. Jeanne Marie LePrince de Beaumonts *Magazin des enfans* und dessen Fortsetzungen mit Identifikationsangeboten für die ältere weibliche Jugend enthalten altersgerechte Anweisungen zu religionspraktischen Übungen im Alltag. Die Schrift wurde im Jahr 1756 von dem Schriftsteller Johann Joachim Schwabe übersetzt und erschien als *Lehrreiches Magazin für Kinder*,[75] wurde aber von einem breiten Publikum weiterhin im französischen Original gelesen, denn auf diese Weise wollte man neben der Rezeption des erbaulichen Inhaltes zusätzlich eine Weiterbildung in französischer Sprache erreichen, worauf auch die Autorin in ihrem Vorwort verweist:»Une fille de quinze ans, qui commence à apprendre le Français, a besoin d'un stile aussi simple qu'une autre de cinq ans, qui lit dans sa langue maternelle.«[76]

›Die Beaumont‹, wie sie allgemein genannt wurde, genoß hohes Ansehen in Deutschland und wurde dem weiblichen Lesepublikum ausdrücklich empfohlen; bekannt sind diesbezügliche Schreiben Gellerts an Christiane Karoline Lucius sowie Goethes an seine Schwester Cornelia.[77] Die Empfehlungen werden nachvollziehbar anhand des Inhalts des Magazins, der neben allgemeinen Verhaltensregeln spezielle Themen wie die Wahl der richtigen Lektüre verzeichnet. Im Zusammenhang mit der favorisierten Bibellektüre vermitteln konstruierte Dialoge Bibelkenntnisse an die Protagonistinnen (die ausschließlich Repräsentantinnen der Zielgruppe des Magazins sind). Die Dialoge werden bestritten von sieben jungen Mädchen im Alter zwischen fünf und dreizehn Jahren sowie deren Gouvernante. In den sprechenden Namen der unterschiedlichen

---

74 Vgl.: P.-A. Alt, Schiller. Leben – Werk – Zeit, Bd. I, München 2000, S. 58 (genannt werden u.a. Samuel Urlspergers *Andachtsübungen* (1723), Christian Storrs *Beicht- und Kommunionstexte* (1755) und Christoph Carl Ludwig von Pfeils *Evangelische Herzensgesänge* (1763)).

75 Vgl.: W. Promies, Kinderliteratur im späten 18. Jahrhundert, in: R. Grimminger (Hg.), Hansers Sozialgeschichte der deutschen Literatur vom 16. Jahrhundert bis zur Gegenwart, Bd. 3: Deutsche Aufklärung bis zur Französischen Revolution 1680-1789, München/Wien 1980, S. 799.

76 J. M. LePrince de Beaumont, Magazin des enfans ou dialogues entre une sage Gouvernante et plusieurs de ses élèves de la première distinction, Tome Premier, Berlin 1786, Avertissement S. III-XXIX, hier S. V (die Akzentsetzung im Originaltext entspricht *nicht* der konventionellen neufranzösischen Schreibweise).

77 Vgl. ausführlicher in Kap. II.3 dieser Arbeit, Anm. 122.

Dialogpartnerinnen sind zum Teil soziale Bewertungen hinterlegt, so heißt die Gouvernante Mademoiselle Bonne, die größte Zweiflerin unter den Schülerinnen, die dem Unterricht fernbleibt, weil ihr die Lektüre mißfällt und die deswegen heftig kritisiert wird, jedoch Lady Babiole.

Der erste sowie der zweite Dialog des *Magazin des enfans* thematisiert die richtige weibliche Lektüre im allgemeinen, der dritte Dialog unterscheidet ausführlich zwischen ›histoire‹ und ›conte‹, wobei hier anzumerken ist, daß ab dem dritten Dialog regelmäßig die Erzählung einer der contes das Gespräch zwischen den Schülerinnen unterbricht. Bezeichnend für die Darstellung des weiblichen Geschlechter-Rollenbildes ist die Nacherzählung der Schöpfungsgeschichte durch ein fünfjähriges Mädchen; die »Hausaufgabe«, die sprachliche Umsetzung der mehrmaligen Lektüre des Buches Genesis, und das anschließende Abfragen des Gelesenen im Unterricht, machen deutlich, daß das Mädchen aufgrund der Bibellektüre Eva nicht primär als Frau, sondern als Mutter imaginiert, so daß bereits die Fünfjährige Frausein und Muttersein gleichsetzt: »[…] il prit une de ses côtes, & il en fit une grande femme, comme Maman.«[78] Der fünfte Dialog ist insofern von besonderer Bedeutung, als er das bis heute bekannte Märchen *La Belle & La Bête* enthält, welches der weiblichen Jugend auf subtile Weise die Heirat mit einem ungeliebten Bewerber nahelegt: Das zunächst von der Schönen verabscheute ›Biest‹, durch sein tierhaftes Äußeres die männliche Triebhaftigkeit symbolisierend, erweist sich am Schluß als ›gute Partie‹, die ein sorgloses und erfülltes weibliches Leben ermöglicht.[79]

Wenn Wolfgang Promies behauptet: »Nicht Märchen bilden daher im späteren 18. Jahrhundert den Stoff kindlicher Welt-Anschauung, sondern eine exemplarische Zeitschrift«,[80] trifft dies, wie hier anhand des genannten Beispieles gezeigt wurde, nur bedingt zu, denn die Bereiche ›Märchen‹ und ›Zeitschrift‹ sind nicht in jedem Fall zu trennen. Darüber hinaus stand die zeitgenössische Lektüre allgemein unter erheblichem Einfluß französischer Contes des Fées und anderer Märchen; im Jahr

---

78 Vgl.: J. M. LePrince de Beaumont, Magazin des enfans ou dialogues entre une sage Gouvernante et plusieurs de ses élèves de la premiére distinction, Tome premier, Berlin 1786, IV. Dialogue, seconde journée, S. 33-45, hier S. 34.

79 Vgl. zum Hintergrund des Märchens: Nachwort von M. Dessauer in: Madame LePrince de Beaumont, Die Schöne und das Tier. Ein Märchen, Frankfurt a.M., 8. Auflage 1997, S. 47-57.

80 Vgl.: W. Promies, Kinderliteratur im späten 18. Jahrhundert, S. 798, in: wie Anm. 75.

1761 erschien in Nürnberg der erste von neun Bänden des *Cabinet der Feen*, im gleichen Jahr LePrince de Beaumonts *Lehrreiches Magazin für Kinder zu richtiger Bildung ihres Verstandes und Herzens für die deutsche Jugend* mit dem Märchen *Le Prince Chéri* aus dem ersten Dialog des *Magazin des enfans*.[81] Die Märchen erfreuten sich besonders im Kreis privater Lesegesellschaften wachsender Beliebtheit;[82] daß auch die Autoren der Zeit Handlungselemente ihrer Dramen aus den Märchentexten entlehnten, zeigt das Beispiel des Prinzen von Guastalla in Lessings *Emilia Galotti*, der mit dem Prinzen Kalaf aus der orientalischen Märchensammlung *Tausendundein Tag* die grenzenlose Leidenschaft für das Bildnis der von ihm begehrten Frau teilt.[83]

Abschließend bleibt festzuhalten, daß sich der Bereich ›weibliche Lektüre‹ keinesfalls homogen gestaltet. Trotz der klaren Vorgaben, die in bezug auf Leseverhalten in Verbindung mit weiblicher Sozialisation gemacht wurden, hatte das Buch als modernes Medium eine zusätzliche Relevanz als oftmals einzige Fluchtmöglichkeit aus der ungeliebten Rolle, die die bürgerliche Lebenswirklichkeit für die Frau bereithielt. Das Spektrum reichte hier von Youngs *Nachtgedanken* und Wielands *Agathon*, die beide innerhalb von Dramentexten als das weibliche Gemüt negativ beeinflussende Lektüre angeprangert wurden,[84] bis hin zu tabuisierter erotischer Literatur, die es dem weiblichen Leser ermöglichte, durch Vertauschen von Fiktion und Wirklichkeit die eigene Sexualität auf literarischem Wege zu erkunden.[85] Der Lesevorgang selbst geriet in diesem Zusammenhang zunehmend in die Kritik, schien er doch maßgeblich an

---

81 Vgl.: Hillmann, wie folgende Anm., S. 280; Beaumont, wie Anm. 78, 3. Dialog, S. 10-33, Märchen S. 11-30.

82 Das Cabinet der Feen. Oder Gesammlete Feen-Mährchen in neun Theilen, hg. u. übers. v. F. E. Bierling, Bd. 1-9, Nürnberg 1761-1765. Hintergrundwissen sowie zeitgenössische moderne Märchentexte in: H. Hillmann (Hg.), Die schlafende Schöne. Französische und deutsche Feenmärchen des 18. Jahrhunderts, Wiesbaden, o. J.; Hillmann weist im Nachwort ausdrücklich darauf hin, daß die Märchen der Beaumont eine Besonderheit sind, weil sie,»anders als die Feenmärchen im allgemeinen, für Kinder geschrieben« sind (ebda., S. 262).

83 Vgl.: P. Ernst (Hg.), Tausendundein Tag. Orientalische Märchen, Bd. 1, Leipzig 1909; Das *Märchen des Prinzen Kalaf und der Prinzessin von China* wird gelegentlich auch im Zusammenhang mit Schillers *Turandot*-Bearbeitung aus dem Jahr 1801 erwähnt.

84 Vgl.: Kap. III.4/III.5 dieser Arbeit.

85 Vgl.: J. M. Goulemot, Gefährliche Bücher. Erotische Literatur, Pornographie, Leser und Zensur im 18. Jahrhundert, Reinbek 1993.

dem ›gestörten‹ emotionalen Verhältnis zwischen Töchtern und ihren Vätern beteiligt zu sein. Die Problematik konzentrierte sich aus heutiger Sicht auf »körperliches Erleben, das nicht (mehr) körperlich realisiert wird«, und daraus resultierend auf »den Begriff der ›körperlichen Phantasie‹«; unter dem Eindruck einer bestimmten Körpererfahrung als Teil der Texterfahrung wird ein Entfremdungsprozeß in Gang gesetzt, dessen Plausibilität zumal den Vätern aufgrund fehlender Lektüreerfahrung verschlossen blieb.[86] »Überhimmlische[n] Alfanzereien«, die Louise »wie spanische Mucken ins Blut laufen«, nennt Miller diese Bücher, deren Wirkung, wie Marinelli in bezug auf Orsina betont, nicht zu unterschätzen ist: »Mit dem lustigsten Wesen sagt sie die melancholischsten Dinge: und wiederum die lächerlichsten Possen mit der allertraurigsten Miene. Sie hat zu den Büchern ihre Zuflucht genommen und ich fürchte, die werden ihr den Rest geben.«[87]

---

86 Vgl.: E. Schön, Der Verlust der Sinnlichkeit oder Die Verwandlungen des Lesers: Mentalitätswandel um 1800, Stuttgart 1987, S. 63-97, hier S. 81, 87. Vgl. hierzu auch Kap. III.7 dieser Arbeit.

87 Vgl: F. Schiller, Kabale und Liebe, I/1; G.E. Lessing, Emilia Galotti, I/6.

I.2. Elemente der Figurenkonzeption:
Zur literarischen Modellierung von Weiblichkeit im Trauerspiel

»Der Natur gelingt manches in einer Vollkommenheit [...]; aber
manches, auch wo sie am besten wirkt, erreicht bey ihr den Grad
der Vollkommenheit nicht, den es sollte; [...] Und da erfordert
denn die Pflicht der Kunst, aus einer gesammelten Menge von Beobachtungen, [...] die Fehler der Natur zu verbessern, das Falsche
zu berichtigen [...].«

(Johann Jacob Engel, Ideen zu einer Mimik, 1785)

Der Säkularisierungsprozeß im 18. Jahrhundert ging einher mit einer
neuen Auffassung von Körper und Körperlichkeit, die in den zeitgenössischen Dramentexten abgebildet wurde. Während das Drama der Aufklärung poetologisch von den Bemühungen zeugte, die künstlerisch-stati-
schen Elemente des Barocktheaters zu überwinden, strebte die Dramatik
des Sturm und Drang vor allem nach starken szenischen Eindrücken und
Übersteigerungen, die durch die Inszenierung des Körpers innerhalb des
Handlungsgefüges potenziert werden sollten. Das Trauerspiel des Sturm
und Drang überbot die Konfliktmuster aufklärerischer Dramen durch
Integration illusionslos anmutender, gesellschaftskritischer Ansichten, die
vornehmlich von Repräsentationsfiguren des aufstrebenden Bürgertums
geäußert wurden. In der klassischen Dramenpraxis rückte im Zeichen
von Hoftheater und bürgerlicher Öffentlichkeit die Kritik an der im
»bürgerlichen« Theater so beliebten Übersteigerung der Affekte ins Blick-
feld, was sich wiederum auf die Konstruktion der Frauenbilder auswirkte.
  Für das Theater der Frühaufklärung hatte Aristoteles' *Poetik* prägende
Bedeutung.[88] Ab Mitte des Jahrhunderts wurden in Deutschland entstehende Dramen zunehmend durch französische Theorien beeinflußt: Eine
intensive Bewegungsdramaturgie mit vermehrt eingesetzter *eloquentia
corporis* resultierte aus der Auseinandersetzung der deutschen Schriftsteller mit Abhandlungen wie Denis Diderots *Lettres sur les sourds et les muets*
(1751) oder Jean-Georges Noverres *Lettres sur la danse et les ballets*, (1759).[89]

88 Vgl. innerhalb dieser Arbeit vor allem das folgende Kapitel II.1 zu L. A. V. Gottsched. Zum Einfluß der aristotelischen *Poetik* auf die Tragödientheorie der Aufklärung: P.-A. Alt, Tragödie der Aufklärung, Tübingen/Basel 1994.
89 Zu Noverre: M. Sträßner, Tanzmeister und Dichter. Literatur-Geschichten im
   Umkreis von Jean-Georges Noverre. Lessing. Wieland. Goethe. Schiller, Berlin

Geschlechterbeziehungen und Kommunikationsprozesse in dramatischen Texten des 18. Jahrhunderts reflektieren das zeitgenössische Rollenverständnis. Unterscheidet man verbale und nonverbale Kommunikation, zeigt sich, daß weibliche Dramenfiguren maßgeblich durch Elemente nonverbaler Kommunikation charakterisiert werden. In seiner Analyse zur *Anthropologie und Schauspielkunst* hat Alexander Košenina dies für bekannte Protagonistinnen des Genres wie Sara Sampson, Emilia Galotti und Louise Millerin detailliert belegt:[90]

[...] körpersprachliche Artikulationsformen bilden aber kein empfindsames Beiwerk, sondern bestimmen ganz entscheidend die dramatische Handlung [...]. Die Figuren werden durch ihre Empfindungen charakterisiert, ihre innere Verfassung stellen sie durch den willkürlichen oder unwillkürlichen Ausdruck ihrer Gefühle dar.[91]

Lessing, der seine Überlegungen zur Schauspielkunst Ende der sechziger Jahre innerhalb der *Hamburgischen Dramaturgie* formulierte, wird zu Recht »der erste moderne psychologische Dramatiker« in Deutschland genannt.[92] In der Nachfolge Lessings stand die für die Epoche des Sturm

1994, sowie: P.-A. Alt, Schiller. Leben – Werk – Zeit, Bd. I, München 2000, S. 47 f. Zu Diderot vgl.: R.-R. Wuthenow, Diderot zur Einführung, Hamburg 1994, S. 81 ff. und Košenina, wie Anm. 90.

90 Vgl.: A. Košenina, Anthropologie und Schauspielkunst. Studien zur ›eloquentia corporis‹ im 18. Jahrhundert, Tübingen 1995. Für die Louise-Figur stellte bereits W. Müller-Seidel heraus, daß eine maßgebliche Charakterisierung der Figur über eine Betrachtung der sprachlichen Ausdrucksform hinausgehen muß (in: ders., Das stumme Drama der Luise Millerin, in: Goethe. Neue Folge des Jahrbuchs der Goethe-Gesellschaft, Bd.17, hg. v. A. B. Wachsmuth, Weimar 1955, S. 91-103); Košenina verweist auf Müller-Seidels Interpretation unter Bezugnahme auf die das Schiller-Drama kennzeichnende »gestisch kompensierte »Sprachnot««« (ebda., S. 247).

91 Wie Anm. 90, S. 1.

92 Vgl.: Ebda., S. 219. In bezug auf Lessings Dramen erscheint mir darüber hinaus eine englische Vorlage relevant: Vor allem der Bereich der Mimik im Figurenbild ist entlehnt aus William Hogarths *The Analysis of Beauty*, zuerst veröffentlicht im Jahr 1753 (siehe Kap. III.1 dieser Arbeit). Darüber hinaus lassen sich Lessings Kunstbetrachtungen und anthropologische Reflexionen aus der Schrift *Wie die Alten den Tod gebildet* (1769) auf diejenigen Szenen innerhalb der Trauerspiele beziehen, in denen die Körperinszenierung der weiblichen Figur mit Todeserotik konnotiert ist. Zur Bedeutung der Todeserotik in Verbindung mit dem Todesbegriff: T. H. Macho, Todesmetaphern. Zur Logik einer Grenzerfahrung, Frankfurt a.M. 1987 (S. 249 ff., 267 ff.); sexueller Kontakt wird von Macho als Grenzerfahrung bewertet und in Beziehung zur Grenzerfahrung des Sterbens gesetzt (S. 282 f.).

und Drang charakteristische Darstellung übersteigerter Affekte im Drama im Zeichen des Interesses am Körper. Entscheidende Impulse für das letzte Viertel des Jahrhunderts resultierten aus Herders Schrift über *Plastik*, die sich mit der Wahrnehmung von Form und Gestalt auseinandersetzte,[93] Lavaters Abhandlung *Physiognomische Fragmente zur Beförderung der Menschenkenntnis und Menschenliebe* (1775-1778) sowie Abels *Einleitung in die Seelenlehre* (1786). Abels Buch enthielt als erstes deutsches Lehrbuch empirischer Psychologie[94] wegweisende Einblicke in Gesetzmäßigkeiten, die das Zusammenspiel von Körper und Seele determinieren:»Gewiße Veränderungen der Seele folgen stets auf gewiße Bewegungen des Körpers und umgekehrt«.[95] Abels auf triebstrukturtheoretischen Überlegungen beruhender Ansatz, eine Einteilung menschlicher Sinne in innere Sinne (drei Triebe zur Erhaltung des Körpers) und äußere Sinne (alle übrigen), deren »Ursache […] ausser uns« liegt (§ 59), brachte eine Einordnung des Gefühls als Teil der äußeren Sinne mit sich (§ 64). Der Gefühlsbegriff orientierte sich an medizinischen Vorstellungen von Prozessen, die auf der Oberfläche der Haut (»Nervenwärzgen«, § 64) ausgelöst und zum Gehirn weitergeleitet werden, wo sie das Gefühl entstehen lassen. Dieses»macht uns vor dem Schädlichen zurückbeben, und führt zu nützlichen Gegenständen hin […] Gefühl ist so gar der Lehrer aller übrigen Sinne […] Endlich befördert und modificirt es die stärkste der Neigungen, die Liebe« (§ 73). Die sinnlichen Eindrücke, die die Seele vom Körper empfängt (§ 40), wurden auf»die Arten und Grade der Berührung und ihre Folgen« bezogen (§ 68).

Für eine Analyse der Töchterbilder ist anzumerken, daß die Fehleinschätzung der *eloquentia corporis* in den hier analysierten Dramen im

---

93 J. G. Herder, *Plastik. Einige Wahrnehmungen über Form und Gestalt aus Pygmalions bildendem Traume* (1778). Verwiesen sei in diesem Zusammenhang auf die Aufwertung des Tastsinnes, die Herder in seiner 1768-1770 verfaßten Abhandlung vornimmt:»[…] der Körper, den das Auge sieht, ist nur Fläche, die Fläche, die die Hand tastet, ist Körper« (Herder, Werke in zehn Bänden, 4, hg. v. M. Bollacher u.a., Frankfurt a.M. 1994, S. 250; zur Entstehungszeit S. 998). Ferner zu Herders Gefühlsbegriff: Abhandlung *Zum Sinn des Gefühls* (1769), die sich mit Gesichtswahrnehmungen als Zeichen möglicher Körpererfahrung auseinandersetzt.

94 Vgl.: W. Riedel, Influxus physikus und Seelenstärke. Empirische Psychologie und moralische Erzählung in der deutschen Spätaufklärung, in: Anthropologie und Literatur um 1800, hg. v. J. Barkhoff/E. Sagarra, München 1992, S. 24-52, hier S. 26.

95 J. F. Abel, Einleitung in die Seelenlehre, Stuttgart 1786 (Nachdruck Hildesheim 1985, hier S. 17, § 29, im folgenden Text in Klammern angegeben mit Paragraphenzahl).

Kontext von Abels Seelenlehre von einer Dramaturgie des Blickes gesteuert wird; Berührungen zwischen den Kommunikationspartnern (zumeist zwischen Tochter und Vater/Liebhaber) spielen lediglich eine untergeordnete Rolle im Kommunikationsverhalten.[96]
Auf der Grundlage einer Metamorphose des Blicks im Zuge des Wandels der individuellen Körperwahrnehmung und der individuellen körperlichen Ausdrucksformen wurde eine nuanciertere Darstellung von Einzelschicksalen möglich, die es erlaubte, auch in psychologischer Hinsicht das Handeln des Einzelnen zu bewerten. Jedoch kann mit der *eloquentia corporis*, im Sinne transpersonaler Psychologie als »Metasprache« begriffen, »die Botschaften *über* die eigentliche verbale Botschaft übermittelt«, der Sinn einer verbalen Botschaft gestützt oder verkehrt werden:[97] »Um eine Botschaft richtig zu verstehen, müssen wir ihren Kontext richtig einschätzen, das heißt, wir müssen ihr eine Metabotschaft zuordnen.«[98] Daß es bei einem analytischen Blick auf die weibliche Figur nicht zuletzt darauf ankommt, mittels der Metabotschaft die eigentliche Botschaft als Manipulation des mimetisch erscheinenden Figurenbildes aufzuschlüsseln, hat Ilsebill Barta in ihrem Aufsatz über Körpersprache im 18. Jahrhundert betont,[99] wobei zu ergänzen wäre, daß die Hand-

---

96 Berührungen der Haut, die im 18. Jahrhundert als Repräsentantin des Selbst begriffen wird, können das verborgene Ich enthüllen und somit dechiffrierende Wirkung haben. Diese unterbleibt als Konsequenz der dominant eingesetzten Dramaturgie des Blickes; so bleibt das Ich der Tochter für die anderen Figuren zumeist verborgen. Košenina analysiert am Beispiel des Ferdinand aus Schillers *Kabale und Liebe* ausführlich, wie dies zu einer Mißdeutung der Gebärdensprache führt: »Ferdinand ist nicht ›geblendet‹, sondern verblendet. Er versteht weder die Sprache der Worte, noch die des Körpers« (wie Anm. 90, S. 261). Zur Bedeutung der Haut im 18. Jahrhundert: C. Benthien, Im Leibe wohnen. Literarische Imagologie und historische Anthropologie der Haut, Berlin 1998.

97 Vgl.: A. Košenina, wie Anm. 90, S. 31-57, sowie die richtungsweisenden Anmerkungen im einführenden Kapitel (vgl. ebda., S. 3).

98 Vgl. zur Körpersprache als Metabotschaft: Ken Wilber, Das Spektrum des Bewußtseins. Eine Synthese östlicher und westlicher Psychologie, Reinbek, 5. Auflage 2000, S. 146 f.

99 Vgl.: I. Barta, Le Corps discipliné: Sexuation du langage gestuel à l'époque des Lumières; in: H. E. Bödeker/L. Steinbrügge (Hg.), Conceptualising Woman in Enlightenment Thought, Berlin 2001, S. 145-188, hier S. 147: » Le corps était pour ainsi dire le théâtre de l'âme. Il était censé représenter les dispositions de l'âme. Et cette représentation pouvait – comme au théâtre – être l'objet d'une manipulation.« In diesem Zusammenhang berücksichtige man J. J. Engels hier bereits im Motto vorgestellte Formulierung aus der Schrift *Ideen zu einer Mimik*, die Fehler

lungsschemata im Bereich des nonverbalen Sprachgebrauchs hier weniger Standardsituationen spiegeln, sondern als Ausdruck eines individuellen Persönlichkeitsbildes im Sinne einer Momentaufnahme genutzt werden. Erinnert sei in diesem Zusammenhang an die von Luhmann aufgestellte These, daß das 18. Jahrhundert das Ende des Vertrauens in Körpergesten bringt, und die daraus resultierende Folgerung, damit hänge »der Zusammenbruch des ungebrochenen Vertrauens in die kognitiven und moralischen Schematismen zusammen«.[100]

Somit verschleiert vermeintlich eindeutige Körpersprache häufig das Fehlen einer gemeinsamen Sprachebene, mit der Folge für den dramatischen Dialog, daß *beide* Geschlechter keine erfolgversprechenden Kommunikationsangebote machen; die Kommunikation läuft häufig, sofern ausgehend von der weiblichen Figur, nonverbal ab und unterliegt dann Interpretationen, die aus der unterschiedlichen Sozialisation der Geschlechter resultieren:[101] Wallensteins Tochter Thekla, bleich und mit geschlossenen Augen in einem Sessel sitzend, nachdem sie vom Tod des Geliebten erfahren hat, nutzt ihr Wissen über kommunikative Defizite und über das männliche Kommunikationsverhalten aus, um beim Vater eine Erlaubnis für ein Treffen mit dem Unglücksboten, von dem sie die Todesnachricht persönlich bestätigt haben will, zu erwirken. Mit der Begründung für ihre Bitte appelliert sie geschickt an des Vaters Eitelkeit:

Ich wurde überrascht von meinem Schrecken, / Mein Herz verriet mich bei dem fremden Mann, / Er war Zeuge meiner Schwachheit,

der Natur seien zu verbessern und das Falsche sei zu berichtigen: Das Falsche, auf geschlechtsspezifische Verhaltensweise, Körpersprache und daraus resultierende Manipulation im Figurenbild bezogen, erweist sich als ein an das Weibliche gebundenes Element und ist darüber hinaus als Produkt kultureller Entwicklung zu verstehen ; für Engel ist »die Physiognomik eine der Mimik ähnliche Kunst«, somit kein natürlicher Ausdruck der Persönlichkeit (vgl.: J. J. Engel, Ideen zu einer Mimik. Zwei Teile, reprographischer Nachdruck Darmstadt 1968 (zuerst Berlin 1785/1786), Erster Brief, S. 3-14, hier S. 6 f., Zweiter Brief, S. 15-24, hier S. 17).

100 Vgl.: N. Luhmann, Liebe als Passion. Zur Codierung von Intimität, Frankfurt a.M. 1982, S. 134.

101 Wie beispielsweise abgebildet im ersten Akt von Wagners Drama *Die Kindermörderin*: Evchen kann dem Sinngehalt des Dialoges mit Gröningseck nicht folgen, weil sie die sexuellen Anspielungen nicht versteht. Vgl. zur Decodierung von Sprache und Körpersprache nach geschlechtsspezifischen Kategorien: C. Tramitz, Irren ist männlich. Weibliche Körpersprache und ihre Wirkung auf Männer, München 1995 (zuerst München 1993).

ja, / Ich sank in seine Arme – das beschämt mich. / Herstellen muß ich mich in seiner Achtung, / Und sprechen muß ich ihn, notwendig, daß / Der fremde Mann nicht ungleich von mir denke (T,IV/9).

Daß die Tochter kommunikationsstrategisch denkt – das heißt männliche Deutungen weiblicher Körpersprache antizipiert und ihre auf dem Schauplatz des Krieges nicht situationskonforme weibliche *eloquentia corporis* durch Gesprächspsychologie auszugleichen sucht, ermöglicht ihr, den Vater zu überzeugen: »Ich finde, sie hat recht […]«, antwortet Wallenstein (ebda.).[102]

Auch Thekla wird jedoch gelegentlich, was ihre Körpersprache betrifft, von ihrer eigenen Geschlechtsidentität eingeholt: Am Schluß des dritten Aufzuges von *Wallensteins Tod* etwa sinkt sie der Mutter in die Arme, während Wallenstein selbst gänzlich unbeweglich bleibt. Die Körpersprache als Spiegel des Seelenzustandes eines Menschen zu inszenieren zeugt auch in dieser Szene von der Absicht, das Geschlecht zu disziplinieren und Grenzlinien zu ziehen, die für den körpersprachlichen Ausdruck Gesetzmäßigkeiten festlegen: Entfärbungen und Ohnmachtsanfälle ›verraten‹ das weibliche Herz und lassen den Mann zum Zeugen weiblicher Schwachheit werden – so stellt sich Theklas Einschätzung ihres Zusammentreffens mit dem Todesboten im Gespräch mit dem Vater dar. Daß sie diese Reaktion zu korrigieren sucht, zeugt von ihrem Bestreben, ihr Selbstverständnis nicht auf das kulturell tradierte Geschlechtsbewußtsein zu reduzieren. Ihre selbstbewußte Haltung gegenüber den gesellschaftlichen Rollenzuschreibungen, somit die Überschreitung ihrer Geschlechtskompetenz, äußert sich zumal vor dem Hintergrund, daß ihr Erbleichen als Reaktion auf die Todesnachricht im zeitgenössischen Kontext nicht nur als Zeichen außer Kontrolle geratener Affekte, sondern auch moralisch bewertet werden konnte: (Lat.) *pallor* verstand sich als pathognomisches Zeichen und galt im Feld juristischer Semiotik bis weit ins 18. Jahrhundert hinein als Indiz der Schuld und Unglaubwürdigkeit, wobei »juristisches, religiöses, literarisches Wissen vom Menschen […] bis ins 18. Jahrhundert […] überhaupt noch nicht gegeneinander ausdifferenziert« waren, wie Manfred Schneider in diesem Zusammenhang betont.[103] Aufgrund des pathognomischen Zeichens würde somit die

---

102 Vgl.: C. Tramitz, wie Anm. 101, NA 8, T, IV/9, S. 307 f.

103 Vgl.: M. Schneider, Physiognomische und Pathognomische Zeichen vor Gericht 1532 bis 1850; in: O. Zybok (Hg.), Von Angesicht zu Angesicht. Mimik – Gebärden – Emotionen, Leverkusen 2000, S. 66-71.

Thekla-Figur, was Max' Tod betrifft, als schuldhaft codiert. Schillers bis ins Detail ausgelotetes Figurenbild ist charakteristisch für das späte 18. Jahrhundert, die Ausdifferenzierung des juristischen Codes der Glaubwürdigkeit war bereits hinreichend fortgeschritten, und juristisch geschulte Schriftsteller berücksichtigten die neuen Erkenntnisse empirischer Psychologie.[104] Die Thekla-Figur ist daher nur noch bedingt mit ihren vielen Vorgängerinnen zu vergleichen, deren gestisch-mimischer Ausdruck zumeist wenig ausdifferenziert blieb. Weibliche Körpersprache wurde vielmehr paradigmatisch als Darstellung weiblicher Schwäche auf der Bühne inszeniert und zur Charakterisierung der weiblichen Figur verstärkt zur Markierung seelischer Instabilität eingesetzt. So wird Emilia Galotti nach der Begegnung mit dem Prinzen ein Zustand der »ängstliche[n] Verwirrung« bescheinigt, der die durch sie personifizierte Furchtsamkeit noch unterstreicht.[105]

Wirkungspsychologisch sollen diese Figurenbilder den Betrachter auf die psychologischen Gesetze lenken, mit deren Hilfe die ›Anatomie der Seele‹ freigelegt werden soll.[106] Vor dem Hintergrund einer noch gefestigten und fraglos dominanten Vater-Tochter-Beziehung wird plausibel der Weg der Tochter in den Abgrund nachgezeichnet; die Ausgestaltung der Figur über die Sprachebene hinaus zeigt das psychologische Profil der geopferten Tochter, die die Herrschaft über sich selbst mehr und mehr verliert, in seiner komplexen Entwicklung. Resignation und Todessehnsucht als Ausdruck der Erfahrung fehlenden Kontrollvermögens über sich selbst spiegeln sich bis in die Semiotik des Körpers hinein: Auch Schillers Louise Millerin sinkt ähnlich wie Thekla »entfärbt und matt auf einen Sessel«, Klingers Protagonistin Malgen aus *Das leidende Weib* weint bittere Tränen über ihr ›sündiges‹ Verhalten, und Irene, die Titelheldin aus dem Trauerspiel eines unbekannten Verfassers, wird noch vor Beginn der Handlung als melancholisch-depressiver Charakter vorgestellt.[107]

Körperliche Berührungen der einzelnen Figuren untereinander werden selten, jedoch prägnant dort in Szene gesetzt, wo die Partner innerhalb einer Liebesbeziehung dargestellt werden. Der aufgrund ausbleibender

---

104 Ebda., S. 68. Zum Einfluß empirischer Psychologie auf die Figurenzeichnung auch: W. Riedel, wie Anm. 94.

105 Vgl.: LM 2, Stuttgart 1886, Emilia Galotti (II/6), S. 398.

106 Zum Begriff der psychologischen Gesetze am repräsentativen Beispiel von Lessings Dramen: P. Michelsen, Der unruhige Bürger. Studien zu Lessing und zur Literatur des 18. Jahrhunderts, Würzburg 1990, S. 163-220.

107 Vgl.: Klinger, *Das leidende Weib* V/1, S. 159, Schiller, *Kabale und Liebe* I/4, S. 22.

adäquater Berührung fehlende Liebesbeweis ist mitverantwortlich für die gestörte Kommunikation, zugleich aber auch ein erster Verweis auf eine fehlende oder verweigerte Körperlichkeit der Figuren, die es zu hinterfragen gilt.[108]
»Tag! Es wird Tag! Der lezte Tag! Der Hochzeit Tag! – Sags niemand, dass du die Nacht vorher bey Gretgen warst.«[109] – So gestaltet Goethe Gretchens Empfindung, die sie gegenüber Faust am Morgen ihrer Hinrichtung ausdrückt. Formuliert wird hier, wie sich auch an anderen Stellen des Dramas zeigt, das ganze Spektrum der Problematik der Gretchen-Figur in komprimierter Weise, unter Berücksichtigung der Polysemie dieser von Gretchen in ihrer Opferrolle gemachten Aussage: Reflektiert wird – abgesehen vom herannahenden gewaltsamen Tod, der allmählich ins Bewußtsein tritt – das soziokulturelle Fundament, auf dessen Boden Gretchens Scheitern beruht:

Aus sexualhistorischer Perspektive betrachtet verweist Gretchens Aussage auf das traditionell mit dem Tag der Hochzeit verknüpfte Ritual der Entjungferung,[110] welches seinem Sinngehalt nach dem Tod der Jungfrau gleichkommt; gleichzeitig spiegelt sie den grundsätzlichen Mechanismus eines Initiationsritus wider, durch den der letzte Tag zum ersten erklärt wird. Es ist zu vermuten, daß Gretchen im Zuge eigener Körperwahrnehmung durchaus über ein Wissen um den weiblichen Lebenszyklus und dessen Zusammenhang mit kulturellen Mustern und Normen verfügt.[111] So scheitert Gretchen nicht zuletzt an der zeitgenössischen

108 Vgl. *Kabale und Liebe*, Szenenanweisungen in I/4: Louise »steht auf und fällt ihm um den Hals«, Ferdinand verweigert sich ihr, »ihre Hand nehmend und zum Munde führend«, statt die Umarmung zu erwidern. Eine Spielart dieser Urszene mißverständlicher Kommunikation zwischen den Liebenden stellt der Beginn der fünften Szene im zweiten Akt dar: Der Zeitpunkt, zu dem Ferdinand auf Louise zueilt, sie dieses Mal tatsächlich umarmt und sie »Mein« nennt, ist zugleich der Zeitpunkt, an dem Louise sich ihres Todes gewiß wird.

109 J. W. Goethe, *Faust. Frühe Fassung*, Szene *Kercker*, S. 65, V. 1-35, hier V. 17 f.

110 Vgl.: F. Koch, Sexualität, Erziehung und Gesellschaft. Von der geschlechtlichen Unterweisung zur emanzipatorischen Sexualpädagogik, Frankfurt a.M. 2000, S. 64 f.; Koch verweist im Zusammenhang mit dem Stand des kindlichen Sexualwissens im 18. Jahrhundert auf die vor allem bei Frauen durch entsprechende Erziehung verbreitete, bis zum Tag der Hochzeit bestehende Unwissenheit über den Zeugungsakt. Zur Aufwertung des Hymens als Zeichen von Virginität im 18. Jahrhundert: E. Fischer-Homberger, Krankheit Frau, Bern 1979, S. 102-105.

111 Vgl. E. Labouvie über zeitgenössische Körperwahrnehmung: »Frauen und Mädchen besaßen spätestens ab dem gebärfähigen Alter ein tradiertes Wissen um ›cultural patterns‹, die ihnen eine systematisierende Orientierungshilfe bei der

Sexualordnung, die voreheliche sexuelle Handlungen, vor allem bei Frauen, unter Strafe stellten – bis hin zur Verhängung von Todesurteilen.[112] Es sei an dieser Stelle daran erinnert, daß Gefühle und Empfindungen durch Wahrnehmungen entstehen und daß zwischen Gretchen und Faust eine (nach Luhmanns Verständnis der Intimbeziehung)»zwischenmenschliche Interpenetration« besteht; dies wiederum bedeutet, daß innerhalb des Systemtyps für Intimbeziehungen das Sprechverhalten der Kommunikationspartner durch Regeln und Codes auf der kommunikativen Ebene dahingehend gesteuert wird, daß es vermieden wird, »Persönliches der Kommunikation zu entziehen«. Gretchens codierte Äußerung erfüllt diese Anforderung, ist jedoch zugleich Ausdruck ihres Selbstverständnisses als Mitglied eines Systemtyps, dem sie aufgrund der sozialen Norm als Unverheiratete gar nicht angehören dürfte.[113]

Deutung sichtbarer und spürbarer Zeichen, ja eine gewisse Sicherheit in der Bewertung […] ihres ›Befindens‹ geben konnten« (in: dies., Andere Umstände. Eine Kulturgeschichte der Geburt, Köln/Weimar/Wien 1998, S. 10). Auch: I. Hardach-Pinke, Bleichsucht und Blütenträume. Junge Mädchen 1750-1850, Frankfurt/New York 2000, Kap. I.2, S. 26-33. Ferner: R. v. Dülmen, Kultur und Alltag in der frühen Neuzeit, Bd. 3, München 1994, S. 154:»Das Moralsystem in der Volkskultur deckte sich nicht mit dem der Kirche, war aber nicht weniger subtil und ein Produkt bewährter Tradition. In diesem komplexen, alltagsrelevanten Wissensbestand der traditionalen Gesellschaft wuchs die Jugend mit Hilfe der älteren Menschen regelrecht hinein, eine vermittelnde Rolle spielten zudem Rituale und Erzählungen.«

112 Vgl.: Richard van Dülmen, Kultur und Alltag in der frühen Neuzeit, Bd. 1, München 1990, Kap. III.3, S. 184-197; van Dülmen verweist auf die Formen sozialer Stigmatisierung, die voreheliche Sexualität nach sich ziehen konnte, wie beispielsweise Ausschluß aus der Zunft oder Entzug der Arbeitslizenz bei den Handwerkern (auch bei Verschulden seitens der weiblichen Mitglieder der betroffenen Familien): Ein Verstoß gegen die Sexualordnung wurde generell als kriminelle Handlung bewertet und auch entsprechend bestraft (vgl: O. Ulbricht, Kindsmord und Aufklärung in Deutschland, München 1990, S. 115 f.).

113 Der Widerspruch im weiblichen Rollenbild äußert sich auch auf dieser Ebene; Sexualität wird bereits mit ihrer Bezeichnung zur kriminellen Handlung: Gretchens Ausruf ist als codierte Artikulation ihres Wunsches nach sexueller Vereinigung mit Faust zu bewerten. Es ist bekannt, daß Rituale den mythischen Zusammenhang zwischen Geburt, Sexualität und Tod entwickeln und die Hochzeitsmetapher das andere Geschlecht zur Repräsentanz des Todes deklariert (vgl. Macho, wie Anm. 92, S. 248,269). Zu Luhmann über Intimbeziehungen vgl.: N. Luhmann, Liebe als Passion. Zur Codierung von Intimität, Frankfurt a.M., 5. Auflage 1999, S. 14 f.

Die motivische Verbindung von Weiblichkeit und Tod im literarischen Text hat eine lange, zum Teil aus antiken Texten sowie Mythen resultierende Tradition[114] und ist mit der ästhetischen Kategorie der *ars moriendi* konnotiert, die die Konstruktion und Inszenierung von Sterbeszenen beeinflußt.[115] Traditionsbildende Elemente dieser Szenen resultierten im Roman und auch im Drama des 18. Jahrhunderts aus dem Fundus zeitgenössischen kulturellen Wissens, welches immer noch größtenteils auf der Basis religiöser Lektüre beruhte, die auch die Grundlage einer allgemeingültigen christlichen Sexualmoral bildete:[116] »Eine gute Frau« sei immer noch diejenige, welche ihre Lektüre auf Bibel und Gesangbuch beschränke, äußert die Hauptfigur in Klingers *Das leidende Weib*.[117] Darüber hinaus wurden in den zeitgenössischen Dramentexten Modelle des Sterbens aus der Bibel und aus apokryphen Texten verarbeitet; das weibliche Figurenbild, zumal das der unschuldigen Tochter, speiste sich aus Vorstellungen des Marientodes als Inbegriff christlichen Sterbens[118] und wurde mit der Rosensymbolik der Jungfrau und Gottesmutter Maria unterlegt.[119] Die

114 Maßgeblichen Einfluß hat das Einschlafen des Dornröschens als mythisches Grundmuster für diese besondere Form von Tod, betont D. v. Hoff (in: dies., Dramen des Weiblichen. Deutsche Dramatikerinnen um 1800, Opladen 1989, S. 112 f.).

115 Vgl.: P. Ariès, Geschichte des Todes, München [9]1999; auch für das Sterben der Tochterfiguren trifft die hier formulierte These zu: »Sie sterben durchaus nicht beliebig: Der Tod wird von einem durch Brauch und Herkommen geregelten, verbindlich beschriebenen Ritual bestimmt. Der gewöhnliche, normale Tod fällt den Einzelnen nicht aus dem Hinterhalt an, selbst wenn er – etwa im Falle einer Verwundung – als tödlicher Unfall auftritt, nicht einmal, wenn er Folge allzu großer emotionaler Verstörung ist, wie das zuweilen vorkommt« (ebda., S. 14).

116 Zu Sterbeszenen im Roman des 18. Jahrhunderts in Verbindung mit dem Begriff der *ars moriendi* vgl.: U. Wunderlich, Sarg und Hochzeitsbett so nahe verwandt! Todesbilder in Romanen der Aufklärung, St. Ingbert 1998; in der Todesauffassung und in den Sterbeszenen der (zum Teil Romane lesenden) Tochterfiguren der Trauerspiele lassen sich die Konstruktionen aus den Romantexten wiederfinden.

117 Vgl.: F. M. Klinger, *Das leidende Weib*, I/1, S. 110 (bibliogr. Ang. vgl. Kap. III.4 dieser Arbeit, dort Anm. 169).

118 Vgl.: Wie Anm. 116, S. 25 ff.

119 Vgl. Kap. III. 3, IV. 2 dieser Arbeit. Zur Blumensymbolik vgl.: G. B. Ladner, Handbuch der frühchristlichen Symbolik. Gott Kosmos Mensch, Wiesbaden 2000, S. 142 f.; Rose, Lilie und Veilchen werden schon in der Antike (Plinius' *Naturdichtung*) und später in mittelalterlicher Dichtung immer wieder zusammen genannt (vgl. ebda.). Schillers Louise bezeichnet sich selbst als Veilchen und beschreibt damit ihre demütige Haltung gegenüber Ferdinand (vgl. Kap. III. 7 dieser Arbeit, dort Anm. 404).

Auseinandersetzung mit der Antike-Rezeption, insbesondere in Lessings Untersuchung *Wie die Alten den Tod gebildet* (1769), führte dazu, daß der Tod nunmehr in Verbindung mit tröstlichen Symbolen literarisch abgebildet wurde, die »Sicherheit und Wiedergutmachung der irdischen Leiden im Jenseits« verhießen.[120] Louise Millerins Vorstellung, der Tod sei ein »holder, niedlicher Knabe«,[121] ist literarischer Ausdruck dieses Einflusses.

Lessing diskutierte in der Abhandlung unter anderem die Frage, inwiefern Amor als Liebesgott und Thanatos als Gott des Todes in ihrer Darstellung unterscheidbar seien, besaßen doch beide allegorischen Figuren die Gestalt eines Jünglings oder geflügelten Knaben – eine Frage, die gerade dann relevant wird, wenn sie vor dem Hintergrund des Liebestodes gestellt wird, für den gleichsam beide Götter verantwortlich sind. Die Betrachtung der Abbildungen auf Särgen führte Lessing zu folgenden Überlegungen: »[…] keine allegorische Figur muß mit sich selbst im Widerspruche stehen. In diesem aber würde ein Amor stehen, dessen Werk es wäre, die Affekten in der Brust des Menschen zu verlöschen. Ein solcher Amor, ist eben darum kein Amor.«[122]

Wenn jedoch Amor von der weiblichen Figur im Drama offensichtlich durch Thanatos substituiert wird und die zwei Götter auf der Ebene weiblicher Imagination austauschbar werden, muß es in der Vorstellungswelt beispielsweise Louise Millerins, die das Bild des Knaben zitiert, gemeinsame Merkmale der Bezugsfelder ›Liebe‹ und ›Tod‹ geben, die den von Lessing beanstandeten Widerspruch aufheben und aus denen sich die Austauschbarkeit der beiden Götter konstituiert. Bedenkt man die Bedingungen zeitgenössischer weiblicher Sozialisation, verbunden mit Identitätsverlust und Existenzaufgabe als Preis für eine Liebe, die nicht zuletzt aufgrund der in den hier analysierten Dramen gezeigten Problematik nur innerhalb einer ehelichen Verbindung sexuell ausgelebt werden darf,[123] verwundert die in den Töchterbildern verankerte Todesaffinität nicht. Tod kommt dem Leben insofern nahe, als er denselben

---

120 Vgl.: Wie Anm. 29, S. 93, unter Bezugnahme auf Richardsons Roman *Clarissa or the history of a young Lady* als ars moriendi.

121 F. Schiller, *Kabale und Liebe*, NA 5N, V/1, S. 154.

122 G.E. Lessing, *Wie die Alten den Tod gebildet*; in: LM 11, Stuttgart 1895, S. 11.

123 Der ›Mißbrauch des Geschlechtes‹ wird verurteilt in einer »geschwätzigen Literatur«, die »systematisch geschürte Ängste« verbreitet; vor allem die Medizin und Pädagogik des 18. Jahrhunderts kritisiert »die bloße sexuelle Verausgabung – ohne Fruchtbarkeit und ohne Partner« (so M. Foucault, Sexualität und Wahrheit, 2. Bd., Frankfurt a.M. 1986, S. 24 f.).

Tribut fordert – nur auf einer anderen Ebene: »[…] setze das äußerste, daß ich sterben müsse: bin ich darum verloren? […] wenn das, was ich empfinde, Annäherungen des Todes sind, – so sind die Annäherungen des Todes so bitter nicht«, formuliert die sterbende Sara Sampson.[124] Die Darstellung weiblicher jugendlicher Schönheiten in motivischer Verbindung mit Elementen aus den Bereichen ›Tod‹ und ›Vergänglichkeit‹ findet sich in deutlicher Abgrenzung zu frühaufklärerischen Dramen vermehrt in der zweiten Hälfte des 18. Jahrhunderts, bevor das Bild vom Tod und dem Mädchen zu einem zentralen Sujet romantischer Literatur wird. Dabei ist eine perspektivische Dopplung zu beobachten, mit der die Motivverschränkung im Text verankert wird, denn neben der bereits geschilderten Perspektive der Tochterfigur auf sich selbst und den eigenen Tod nimmt die Perspektive der männlichen Figur auf das Sterben der Protagonistin zunehmend größeren Raum ein. Dies geschieht häufig aus dem Blickwinkel zweier männlicher Figuren heraus, dem des Liebhabers und dem des Vaters.

Die zeitgenössische Debatte über Sexualität wurde begleitet von einer literarischen Inszenierung weiblichen Sterbens im Trauerspiel, die auf den für das ausgehende 18. Jahrhundert charakteristischen repressiven Umgang mit einer eigenständigen weiblichen Sexualität verweist. Sobald diese im dramatischen Diskurs präsent ist, stirbt die Heldin, es wird ihr gleichsam vorenthalten, ihre eigene Geschlechtlichkeit im Dialog zu entwickeln. Statt dessen wird mit symbolträchtiger männlicher Rede ein geschlechtsloses Gegenbild entworfen, dessen Schönheit mit Eintreten des Todes zum Inbegriff eines im Grunde unwirklichen weiblichen Ideals zu erstarren scheint: Die Ambivalenz, die sich, wie Elisabeth Bronfen formuliert, aus dem weiblichen Körper als »Allegorie für die Gefährlichkeit sexueller Lust, unkontrollierbarer Leidenschaft und Spontaneität« ergibt,[125] löst sich auf zugunsten einer neuen Definition des Weiblichen jenseits des irdischen Zwangs der Lust.

Die männlichen Figuren sind in ihrem diskursiven Verhalten darum bemüht, dem weiblichen Gegenüber einerseits materielle Qualitäten abzusprechen, andererseits an ihm eine Transparenz zu konstruieren, die maßgeblich über den Begriff des Engels gesteuert wird. Die Bezeichnung der Mädchenfigur als Engel ist ein häufig verwendetes Motiv, welches die Protagonistin als Grenzgängerin erscheinen läßt. Das Engelsmotiv als

---

124 G. E. Lessing, *Miss Sara Sampson*, LM 2, V/6, V/7, S. 344 f.
125 E. Bronfen, Nur über ihre Leiche. Tod, Weiblichkeit und Ästhetik, München,
      2. Auflage 1994, S. 100.

Metapher psychischer und physischer Bewegung, in der sich eine archaische Ausdrucksweise manifestiert, markiert die Grenze zwischen himmlischer und irdischer Sphäre; die Engelsgestalt bildet eine gleichsam transparente Fläche, auf die Wunschbilder und Begierden projiziert werden können, die realiter nicht umzusetzen sind: »[…] wenn es an Leben, an realer Präsenz fehlt, so ist das nur ein Zeichen dafür, daß es sie anderswo oder in einem anderen Sinn doch gibt.«[126] Mellefont liebt nicht Sara Sampson, sondern »den Engel«, wie er sich selbst eingesteht (IV/2), und Franz, der Bruder der ehebrechenden Gesandtin aus Klingers *Das leidende Weib*, rechtfertigt seine Forderung nach Strafe für seine Schwester mit dem gleichen Bild, als ob er sich so der Verantwortung für sein Handeln gegenüber der ›realen‹ Person entziehen könne: »War sie nicht ein Engelweib? Und sie betrog dich – Engel müssen weinen – eine verfluchte Ehebrecherin« (V/2,161). An der Aussage von Franz läßt sich nachvollziehen, wie sich die zumeist mit Tizian in Verbindung gebrachte und maßgeblich in der Malerei vollzogene ikonographische Revision des Bildmotivs des Engels auch im 18. Jahrhundert und in den hier untersuchten Dramentexten niederschlug. Im Zuge eines sensualistischen Sprachbewußtseins, das sich an Lockes *essay concerning human understanding* orientierte, änderte sich in bezug auf den Engelsbegriff auch das Verhältnis von Sprache und Bild:[127] Das in der traditionellen Mariendarstellung verbreitete Bild des Engels als Heilsbringer und Bote Gottes wurde nun von Bildern aus dem Bereich des Triebhaften und Dämonischen als Ausdruck des Spezifisch-Weiblichen überlagert.[128]

Der bürgerliche Blick auf den nackten weiblichen Körper war ein Blick auf den toten Körper. Der Motivkomplex ›Weiblichkeit und Tod‹ wurde um die Kategorie des Erotischen erweitert; so wurde trotz Kon-

---

126 Vgl.: H.-G. Held, Engel: Geschichte eines Bildmotivs, Köln 1995, S. 13.

127 Vgl. zu Historie und konkreter Wortbedeutung des Begriffes ›Engel‹: W. Krauss, Studien zur deutschen und französischen Aufklärung, Berlin 1963, S. 9-39.

128 Vgl. Anm. 126: Das erotisierte Sujet, S. 129 ff. Maßgebliche Bedeutung erhält dieser ikonographische Kontext im Bild der Gretchen-Figur aus Goethes *Faust. Frühe Fassung* in Verbindung mit dem Motivkomplex des Lilith-Mythos (vgl. Kap. III.6 dieser Arbeit). Die selten existente Einbindung des Engelsbegriffs in die weibliche Figurenrede folgt hingegen *nicht* dem Anspruch einer Erotisierung des Bezeichneten, sondern ästhetisiert das Todesbild, um es weniger abstoßend erscheinen zu lassen. So formuliert H. L. Wagners Kindermörderin, wenn sie beim Anblick ihres durch ihre Gewalteinwirkung sterbenden Kindes formuliert: »Schläfst du, mein Liebchen, schläfst? – wie sanft! bald beneid ich dich Bastert, *so* schlafen Engel nur« (6. Akt).

notation des Sexuellen eine unverbindliche Reflexion der Schönheit des weiblichen Körpers möglich, die als Ersatzbefriedigung fungieren konnte: »Die einfache Betrachtung einer Statue – und das ist eine der zentralen ästhetischen Praktiken, die den bürgerlichen Blick auf den nackten Körper codieren – läßt Schönheit als erloschene Lebendigkeit genießen«;[129] das schöne Mädchen wird nicht zuletzt durch die Abwesenheit seines Sprechens zum idealen Kunstobjekt.[130] Der gesteigerte Anteil der *eloquentia corporis* gegenüber dem der Sprache im weiblichen Figurenbild ist somit als Vorstufe zum Kunstwerk einer im Tod erstarrten Weiblichkeit zu sehen. ›Ansehen‹ heißt jedoch *nicht* ›Berühren‹, das Andere als Ausdruck des Weiblichen, Schönen und Erotischen ist zugleich das Jenseitige: Die literarische Modellierung einer weiblichen Geschlechtlichkeit im Dramentext geht einher mit der Verdrängung der ›lebendigen‹ weiblichen Sexualität und der weiblichen Libido ins Irreale.

Mit Philippe Ariès' *Geschichte des Todes* könnte die Darstellung weiblichen Sterbens im Drama als Teil des gesellschaftlichen Bemühens um die Stützung des Schutzwalls gegen die Natur interpretiert werden: Nach Ariès hat die Gesellschaft »alles, was sie konnte, getan, um die Heftigkeit der Liebe und die Aggressivität des Todes abzuschwächen. Sie hat die Sexualität in Verbote eingeschlossen, die von einer Gesellschaft zur anderen variierten, aber immer versucht haben, ihren Gebrauch einzuschränken, ihre Macht zu vermindern, ihre Abweichungen zu unterbinden.«[131] Der Gebrauch der Lüste orientierte sich im 18. Jahrhundert nach Foucault an »der binären Form des Erlaubten und Verbotenen« und nicht mehr an den Variationen der alten Diäten.[132] Das heißt, daß sich Machtstrukturen herausbildeten, die geschlechtsspezifische Ordnungen sexueller Hierarchie konstruierten und zum Ende des 18. Jahrhunderts in Bildern wie demjenigen der persischen Rätselprinzessin Turandot gipfelten, die »als durch die Ästhetik des Bösen faszinierender, bis zum Exzeß über den Mann herrschender Partner«[133] in ihrer Weiblichkeit gerade durch ihren Freiheitswillen und den damit verbundenen Tod des männlichen

129 A. Koschorke, Körperströme und Schriftverkehr. Mediologie des 18. Jahrhunderts, München 1999, S. 146.

130 Auch: D. v. Hoff, wie Anm. 114.

131 Wie Anm. 115, S. 501.

132 M. Foucault, Sexualität und Wahrheit, Bd. 2, Frankfurt a.M. 1989, S. 150.

133 R. Wehse, Die Prinzessin, in: S. Früh/R. Wehse (Hg.), Die Frau im Märchen, Kassel 1985, S. 9-17, hier S. 13. Zur Konfiguration von Weiblichkeit und Tod auch: Karl S. Guthke, Ist der Tod eine Frau? Geschlecht und Tod in Kunst und Literatur, München 1997.

Helden fragwürdig erschienen. Über Inszenierungen von Disziplinie-
rungsgeboten wurde die Neuformulierung geschlechtsspezifischen Sexu-
alverhaltens im 18. Jahrhundert fixiert; frühere Texte wie der nachste-
hend beschriebene bewirkten eine Umkehrung der Sexualmoral hin zur
Prüderie:

Im Frühjahr 1671 kam in London ein Drama mit dem Titel *The Amourous Prince; or, The Curious Husband* zur Aufführung, in Szene gesetzt
von der Duke's Company. Bemerkenswert war neben der weiblichen
Autorschaft das Sujet: Es geht um sexuelle Freiheit, der soziale und
sexuelle Ideologien entgegenstehen. Die Problematik wird nicht direkt
angesprochen, kommt jedoch gleich zu Beginn deutlich zum Ausdruck
mittels einer Szenenanweisung, die der Eröffnungsszene des Dramas
vorangestellt ist. Dort heißt es: »The Chamber of Cloris. Enter Cloris
drest in her Night Attire, with Frederick dressing himself.«[134] Wie dem
Figurenverzeichnis zu entnehmen ist, handelt es sich bei den hier beschriebenen Figuren um zwei einander begehrende, jedoch keinesfalls
miteinander verheiratete Personen, die (so wird es mit dem nachfolgenden Dialog bekräftigt) nach vollzogenem Liebesakt gezeigt werden.

Freie Partnerwahl und voreheliches Ausleben sexueller Bedürfnisse, inszeniert auf der Bühne, spiegelten »die Verderbtheit und Ruchlosigkeit
der englischen Schaubühne« im England des ausgehenden 17. Jahrhunderts wider (so die Bewertung des Zeitgenossen Jeremy Collier). Ob-
szöne Sexualität, zugleich dargestellt und kritisiert, entsprach auch in
Dramen der Norm.[135] Die dramatische Umsetzung des Themas durch die
Autorin Aphra Behn wurde indes nicht begrüßt: Keine Frau durfte sich
anmaßen, die Überschreitung sozialer Normen darzustellen.[136]

Der wachsende Einfluß bürgerlicher Moral änderte im nachfolgenden
Jahrhundert nachhaltig den Geschmack des Publikums:[137] »Die ›Victo-
rianische‹ Prüderie ist falsch benannt, sie ist ein Produkt des 18. Jahrhun-

---

134 A. Behn, The amourous Prince, in: The Works of Aphra Behn, ed. by M. Summers, Vol. IV, London/Stratford-upon-Avon 1915, S. 117-213, hier S. 124. Ferner
zu Behn und zum Text: F. M. Link, Aphra Behn, New York 1968.

135 I. Evans, Geschichte der englischen Literatur, München 1983, S. 148 f. (im Jahr
1698 erschien Jeremy Colliers Stellungnahme zur Situation der englischen
Schaubühne unter dem Titel *Short View of the Immorality and Profaneness of the
English Stage*). Ferner: B. Fabian (Hg.), Die englische Literatur, Bd. 1: Epochen,
Formen, München 1991, S. 403-414.

136 Vgl. hierzu Breitingers Kritik an der *Panthea* der Gottschedin, Kap. II.1 dieser
Arbeit.

137 Vgl.: Evans, wie Anm. 135, S. 149.

derts«, stellt Luhmann fest.[138] Was in England nicht mit dem Kanon konform ging, wurde erst recht nicht in der zeitgenössischen deutschen Literatur zum Thema; nur »Französisches dient als Kontrastfolie«,[139] die französischen Texte des 17. Jahrhunderts waren keineswegs aus dem literarischen Bewußtsein getilgt: La Fayettes *La Princesse de Clèves* (1678) war beliebt und über die Leihbibliotheken greifbar.[140] Dies zeigt, daß breit rezipiert wurde, was bürgerlichen Zeitgenossinnen verboten war.[141] Zudem weist der Text eine nicht untypische weibliche Handschrift bei der literarischen Abbildung von Sexualität auf: Der sexuelle Code ist nicht der Ebene der sprachlichen Kommunikation eingeschrieben, sondern der Beschreibung belangloser, jedoch sexualsymbolisch verschlüsselter Handlungen – eine Technik, der sich auch Christiane Karoline Schlegel bediente.[142] Mit Luhmann läßt sich festhalten, daß »wichtige Fälle, etwa die Princesse de Clèves« den Liebescode verlebendigten.[143]

138 Vgl.: N. Luhmann, wie Anm. 100, S. 144.
139 Ebda., S. 126.
140 Vgl.: A. Martino, Lektüre und Leser in Norddeutschland im 18. Jahrhundert. Zu der Veröffentlichung der Ausleihbücher der Herzog August Bibliothek Wolfenbüttel, Amsterdam/Atlanta 1993, S. 254, 296; auch die *Contes* von J. de La Fontaine (Paris 1669), die u.a. die Liebe zwischen Psyche und Cupido (Amor) thematisieren, gehören in die Liste (ebda., S. 297). Zur Verbreitung der Fülle französischer erotischer Literatur des 17. und 18. Jahrhunderts (einschließlich der bei Martino aufgeführten Titel) vgl.: J. M. Goulemot, Gefährliche Bücher. Erotische Literatur, Pornographie, Leser und Zensur im 18. Jahrhundert, Reinbek 1993, S. 21-39. Unter Bezugnahme auf die Leihbibliothek der Goethezeit weisen Schönert und Jäger auf den funktionalen Wandel der Leihbibliothek hin: »Auf die ursprüngliche aufklärerische Funktion, das gesamte Wissen zu vermitteln, verzichten die Leihbüchereien jetzt weitgehend. Sie werden zu Vermittlungszentren der belletristischen Produktion, die durchschnittlich ¾ ihrer Bestände ausmacht« (vgl.: G. Jäger/ J. Schönert (Hg.), Die Leihbibliothek als Institution des literarischen Lebens im 18. und 19. Jahrhundert. Organisationsformen, Bestände, Publikum, Hamburg 1980, S. 16).
141 Vgl. zur Thematik des verbotenen Lesens Kap. I.1 dieser Arbeit.
142 Vgl.: M.-M. de La Fayette, *La Princesse de Clèves*, Ausgabe Paris 1958 (Éditions Gallimard), S. 201 f. Deutsche Ausgabe: *Die Prinzessin von Clèves*, Stuttgart 1983, S. 169; erste deutsche Übersetzung: S. Mereau im *Göttinger Roman-Kalender für das Jahr 1799* als dessen Mitherausgeberin (vgl. hierzu: M. Lehmstedt (Hg.), Deutsche Literatur von Frauen, CD-ROM Berlin 2001, link *Mereau, Sophie*, 49552). Zur Darstellung von Sexualität und Begierde durch sexualsymbolisch verschlüsselte Handlung vgl. C. K. Schlegels Trauerspiel *Düval und Charmille* (Kap. II.3 dieser Arbeit).
143 Vgl.: Luhmann, wie Anm. 100, S. 12.

Spätestens ab Mitte des Jahrhunderts zeichneten sich, nicht zuletzt unter dem Einfluß der tugendbetonenden Romane Richardsons, Veränderungen in der Codierung von Sexualität im dramatischen Dialog ab. Waren zur Zeit Gottscheds Liebe und Tugend noch voneinander abhängig und sich gegenseitig bedingend, setzten Lessing und Pfeil andere Maßstäbe: Sir Sampson möchte »lieber von einer lasterhaften Tochter, als von keiner, geliebt seyn wollen«, Lucie Woodvil betont gegenüber ihrem Vater: »Ich wünsche lieber mit Ihrem Sohne lasterhaft als mit seinem Vater tugendhaft zu sein«.[144] Sexualität wurde in Verbindung mit dem Tugendbegriff ein zentrales Thema der zeitgenössischen Diskussion; der weibliche Körper wurde im Zuge des empfindsamen Diskurses nun auch bewertet im Hinblick auf eine spezifisch weibliche Empfindungswelt,[145] wobei es zur Regel wurde, »die psychischen Eigentümlichkeiten des Weibes aus dem Somatischen abzuleiten. Der schwächere Körper *bedeutete* a priori das schwächere Geistesvermögen, die weicheren Fibern wiesen auf den weicheren Charakter hin.«[146] Sarganecks 1740 erschienene Schrift über ›Unreinigkeit‹ entwickelte eine ›Theorie des schwächeren Geschlechts‹ und »subsumiert[e] den weiblichen Körper als Rippenstück Adams einfach unter den männlichen.«[147]

Die androzentrische Abbildung weiblicher Sexualität ist im Trauerspiel vor allem des späten 18. Jahrhunderts zu beobachten, etwa ab Lessings *Emilia Galotti*: Wo immer weibliche Sexualität ihren literarischen Aus-

---

144 Lessing, *Miss Sara Sampson*, LM 2, S. 265-352, hier I/1, S. 268. Pfeil, *Lucie Woodvil*, IV/10, S. 249 (Brüggemann-Ausgabe Darmstadt 1964).

145 Dies ist vor dem Hintergrund zu sehen, daß erst im 18. Jahrhundert im Zuge des Ausbaus patriarchalischer Machtstrukturen ein vermehrtes Interesse am weiblichen Körper aufkommt, wodurch nach und nach das in den vorhergegangenen Jahrhunderten verbreitete Monopol der Frauen bei der Überwachung im Bereich der Untersuchung von Frauen fällt. Der weibliche Körper gerät mehr und mehr unter männliche Kontrolle, beispielsweise finden sich erst in Quellentexten des 18. Jahrhunderts vermehrt Berichte über Abtreibungen, obwohl sich eine weibliche Kontrollpraxis bis ins 16. Jahrhundert nachweisen läßt (vgl. E. Labouvie, Andere Umstände: Eine Kulturgeschichte der Geburt, Köln 1998, S. 89, 96, 98 ff.; ferner: O. Ulbricht, Kindsmord und Aufklärung in Deutschland, München 1990, S. 208-216; C. Honegger, Die Ordnung der Geschlechter. Die Wissenschaften vom Menschen und das Weib 1750-1850, Frankfurt/New York 2. Auflage 1991, S. 202-212.

146 Vgl.: Honegger, wie Anm. 145, S. 206.

147 K. Braun, Die Krankheit Onania. Körperangst und die Anfänge moderner Sexualität im 18. Jahrhundert, Frankfurt a.M. 1995, S. 211.

druck findet, wird sie in der Regel durch den männlichen Blick inszeniert, das heißt, es werden von den Tochterfiguren Vorstellungen erotischer Liebe formuliert, die die Autoren sich über Formen weiblicher
Sexualität machten.[148] In Dramen von Autorinnen bleibt der Themen-
komplex der weiblichen Begierde gänzlich ausgespart; hier wurde lediglich das Ausleben männlicher Sexualität als Ausdruck von Gewalt gegen
die Frau literarisch abgebildet.[149] Die Autoren schienen nicht die weibliche Sexualität als solche zu thematisieren, sondern vielmehr die männliche sexuelle Phantasie, die sich an der Annahme einer Existenz eigen-
ständiger weiblicher Sexualität neu entzündete. Das zu erforschende Feld
wurde nach dem Maßstab patriarchalischer Machtstrukturen vermessen.
Schindler stellt fest, daß die Herausbildung einer kritischen *scientia se-
xualis* im Zusammenhang gesehen werden muß mit dem zeitgenössischen Blick auf das weibliche Lesepublikum:»[…] similar to eighteenth-century pedagogy, criticism became a site for educated men tal-
king and writing about (female) sexuality«.[150]

Sexuelle Begierde wurde unter Verwendung von Vokabular formuliert,
das auf die antike Säftelehre verwies[151] und darüber hinaus auf den Bereich»der tierischen Natur des Menschen«, den Schiller in seinem *Versuch über den Zusammenhang der tierischen Natur des Menschen mit seiner
geistigen* auslotete.[152]

Durch imaginierte Sexualität wurde bipolare Macht erzeugt. Erkenntnisse empirischer Psychologie wurden in der Rede weiblicher Dramenfiguren gespiegelt, Auffassungen verarbeitet, die von selbständigen Kräften

---

148 Vgl. die Aussage Barbara Becker-Cantarinos zum maßgeblich an der Bibel und
an mittelalterlicher Theologie geschulten zeitgenössischen Frauenbild:»Die Anthropologie der christlichen Kirche ist androzentrisch: der Mann ist Zentrum,
Herr und Maß aller Dinge, alles wird aus männlicher Perspektive gesehen«; in:
dies., Der lange Weg zur Mündigkeit. Frauen und Literatur in Deutschland von
1500 bis 1800, München 1989, S. 20 f. (zuerst Stuttgart 1987).
149 Vgl. die Dramen von Schlegel und Thon, siehe Kap. II.3 und II.4 dieser Arbeit.
150 Vgl.: S. K. Schindler, The Critic as Pornographer: Male Phantasies of Female
Reading in Eighteenth-Century Germany; in: Eighteenth century life 20 (3),
Baltimore 1996, S. 66-80, hier S. 69.
151 Vgl.: Louise (*Kabale und Liebe*, I/4):»[…] der Friede meines Lebens ist aus –
Wilde Wünsche […] werden in meinem Busen rasen«; Emilia (*Emilia Galotti*,
V/8):»Ich habe Blut […] so warmes Blut als eine […]«.
152 Vgl.: F. Schiller, *Versuch über den Zusammenhang der tierischen Natur des Menschen mit seiner geistigen*; in: Werke und Briefe in zwölf Bänden, hg. v. O. Dann
u.a., Bd. 8, hg. v. R.-P. Janz, Frankfurt a.M. 1992, S. 118-163, hier § 1, S. 122. Im
folgenden Text Zitatangaben in Klammern mit Paragraphen- und Seitenzahlen.

und fremden Instanzen ausgingen, die die Seele beherrschten:[153] Gretchens Äußerungen »Mein Schoos! Gott! drängt / Sich nach ihm hin« und »Das übermannt mich so sehr« sind literarisches Abbild der verbreiteten Annahme, daß von einer Herrschaft der Seele besonders in bezug auf weibliche Begierde und Sexualität nicht ausgegangen werden kann.[154] Die Überzeugung von der Ungleichheit der Geschlechter auf dem Gebiet der Sexualität wurde medizinisch begründet, Peter Villaume etwa setzte »die Schwangerschaft bei einer Frau« in direkte Beziehung zu dem »Trächtiggehen bei den Thieren«.[155]

Weibliche sexuelle Handlungen im Drama blieben die große Ausnahme. Eine diesbezügliche Szenenanweisung findet sich nicht zufällig in *Faust. Frühe Fassung*. Margarethe, die »den Kuss [Fausts] zurückgebend« gezeigt wird oder auch das Gröningseck küssende Evchen in Wagners ›*Kindermörderin*‹ werden durch die sexuelle Handlung aufgrund der verbreiteten Normvorstellungen von der Gesellschaft stigmatisiert und in den Kontext ritueller Verhaltensweisen und verbotener Triebnatur gestellt:[156] Die Kriminalisierung weiblicher Sexualität war an die aufkommende Kindsmorddebatte gekoppelt, in der Kindsmord als Folge verbotener, vorehelich praktizierter Sexualität unter Einbeziehung der Dialektik von Sünde und Gesetz verurteilt wurde.[157] Der Kuß Gretchens

---

153 Vgl.: W. Riedel, wie Anm. 94, S. 32.

154 Vgl.: *Faust. Frühe Fassung*, Szene Gretgens Stube: S. 49, Szene Marthens Garten: S. 52 (Bibliogr. Angaben siehe Kap. III.6 dieser Arbeit, dort Anm. 281).

155 Vgl.: P. Villaume, Ueber die Unzuchtsünden der Jugend; in: J.H. Campe (Hg.), Allgemeine Revision des genannten Schul- und Erziehungswesens, siebenter Theil, Wolfenbüttel 1787, S. 1-308, hier S. 259 (zitiert nach: F. Koch, Sexualität, Erziehung und Gesellschaft, S. 43).

156 Vgl.: Szenenanweisung in *Faust. Frühe Fassung*, Szene Ein Gartenhäusgen, S. 48. Zum Kuß/Zungenkuß als von der Fütterung abgeleitetes Ritual vgl.: I. Eibl-Eibesfeldt, Die Bedeutung des Grußverhaltens beim Menschen und bei Tieren, in: Meyers Enzyklopädisches Lexikon Bd. 11, Mannheim/Wien/Zürich 1974, S. 132.

157 Vgl. zur Dialektik von Sünde und Gesetz: Römerbrief 5,20; ferner: E. Rotter, Venus, Maria, Fatima: wie die Lust zum Teufel ging, Zürich/Düsseldorf 1996, S. 82-105 (unter Bezugnahme auf Augustinus und Bibelstellen (Sündenfall, Sodom etc., hierzu auch: Braun, wie Anm. 147, S. 139-174)); ferner Ulbricht, wie Anm. 145, S. 55-57. G. Saße spricht im Zusammenhang mit der Situation, in der Sara Sampson sich befindet, von »sündige[r] Ortlosigkeit zwischen der Welt des Vaters und der ihres Geliebten«, wobei der Vaterbegriff doppeldeutig gesetzt ist und sowohl ›Vater‹ als auch ›Gottvater‹ meint (vgl. ders. in: Die Ordnung der Gefühle. Das Drama der Liebesheirat im 18. Jahrhundert, Darmstadt 1986, S. 139).

ist als Chiffre für die Versprachlichung von Erotik in einen komplexen Zusammenhang gestellt, der die konkrete Wortbedeutung nicht selten überschreitet.[158] Konkretes war Bild des Unsittlichen, »das bürgerliche Literaturverständnis« ließ »Bilder der Emanzipation« nicht zu,[159] zumal nicht die Abbildung weiblicher sexueller Aktivität als emanzipatorischen Ausdruck.

---

158 Vgl.: J. Beisenherz, Der Kuß als Versprachlichung von Erotik in der deutschen Literatur zur Mitte des 18. Jahrhunderts, Marburg 1996, Einleitung S. 2: Thematisierung der »einzelnen Stufen der Verführung [...] Auf dieser »Verführungsleiter« bildet der Kuß die Grenze zum Koitus«.

159 Vgl.: H. Schlaffer, Musa iocosa. Gattungspoetik und Gattungsgeschichte der erotischen Dichtung in Deutschland, Stuttgart 1971, S. 224. Zur Bedeutung des Kusses als erotisches Zeichen vgl.: J. Beisenherz, wie Anm. 158.

II. Werkanalyse: Autorinnen

II.1. Weiblicher Reiz und weibliche Tugend: Konfiguration des Geschlechtscharakters in Louise Adelgunde Victorie Gottscheds *Panthea*

>»Schreibt, malt, dichtet wie er – fast wie er: Da gibt es die ersten feinen Risse, die man ihrer Überempfindlichkeit zugute schreibt; oder auch nicht.«
>
>(Christa Wolf, Darmstädter Rede, 1980)

I

Louise Adelgunde Victorie Gottsched ist nicht nur als Mitarbeiterin ihres Ehemannes, sondern auch als Lustspielautorin bekannt, wozu Barbara Becker-Cantarino anmerkt:

> Die Themen der Lustspiele nehmen das voraus, was in folgenden Jahrzehnten Stoff des »bürgerlichen Dramas« in Deutschland werden sollte. *Die ungleiche Heirat* (1744) behandelt den Standesgegensatz zwischen ahnenstolzem Adel und neureichen Bürgern, der auch durch eine Heirat nicht überbrückt werden kann.[1]

Daß im selben Jahr im fünften Teil der *Deutschen Schaubühne*, die ihr Ehemann Johann Christoph Gottsched herausgab, das einzige von ›der Gottschedin‹ selbst verfaßte Trauerspiel unter dem Titel *Panthea* erschien, wird allgemein wenig beachtet.[2] Dennoch ist allein die Veröffent-

---

1 B. Becker-Cantarino, Der lange Weg zur Mündigkeit. Frauen und Literatur in Deutschland von 1500-1800, München 1989, S. 269; auch: J. Greis, Drama Liebe, Stuttgart 1991, S. 22 ff.

2 In der Regel werden in bezug auf ihre Arbeiten die vielen Übersetzungsarbeiten erwähnt, die sie für ihren Mann anfertigte: Die der englischen *Moral Weeklies* »Spectator« und »Guardian« von Addison und Steele, ferner Übersetzungen von

lichung eines von einer Autorin verfaßten Trauerspiels bemerkenswert: Susanne Kord, die sich mit der dramatischen Produktion von Frauen im 18. und 19. Jahrhundert kritisch auseinandergesetzt hat, verzeichnet für beide Jahrhunderte ca. 1000 Komödien und Schauspiele, jedoch nur 86 Tragödien.[3] Die Zahlen sprechen für sich und haben ihren Grund in den Produktionsmechanismen, die ausschließlich von männlicher Hand gesteuert wurden. Es wurde allgemein nicht geschätzt, wenn Frauen ihre literarischen Arbeiten innerhalb der Kategorie ›Drama‹ verfaßten; Schauspiele und vor allem Romane als Formen »minderwertiger Genres« wurden ihnen eher zugestanden als »hohe Literatur.« Die Folge war die niedrige Zahl veröffentlichter Tragödien: »Dramen weiblicher Autoren blieben entweder unveröffentlicht [...] oder die Veröffentlichung erfolgte anonym, pseudonym, oder postum; und sie bezahlten den ästhetischen Kunstanspruch mit der ostentativen Abwendung vom Theater.«[4]

Die Veröffentlichung der *Panthea* war demnach eine seltene Ausnahme, denn die Tragödie wurde nicht nur unter dem abgekürzten Namen der Autorin publiziert, sondern darüber hinaus mit den wohlwollenden Worten des Ehemannes, an exponierter Stelle als erster Text der *Schaubühne*. Es versteht sich von selbst, daß die Umstände der Veröffentlichung ihre eigene Ambivalenz hatten: Louise Gottsched profitierte hier zwar von ihrer gesellschaftlichen Stellung als Frau des angesehenen Professors, welche ihr die Veröffentlichung der Tragödie ermöglichte, jedoch hätte

---

Texten Bayles, Molières, Voltaires etc.; oft wird noch die anonym erschienene sächsische Typenkomödie *Die Pietisterey im Fischbein-Rocke* als ihr heutzutage bekanntestes Werk erwähnt, wohingegen der Hinweis auf das Trauerspiel ausbleibt (vgl. z.B.: Deutsche Biographische Enzyklopädie Bd. 4, hg. v. W. Killy/R. Vierhaus, München 1999, S. 112). Nur gelegentlich wird der Tragödie ein Satz gewidmet: »Die Tragödie *Panthea* blieb weitgehend wirkungslos«, heißt es (Literaturlexikon. Autoren und Werke deutscher Sprache, Bd. 4: München 1989, S. 301). Auch die feministisch orientierte Literaturwissenschaft zeigt bzgl. der Rezeption des Trauerspiels oft ähnliche Tendenz, ohne Mechanismen für das »Verschwinden« des Textes aus literarhistorischer Sicht zu berücksichtigen (Ausnahme: S. Kord, wie Anm. 3 u. 15); so wird die Tragödie selbst in Becker-Cantarinos grundlegendem Werk (vgl. Anm. 1) nicht einmal mit Titel erwähnt, sondern nur aufgezählt (S. 269).

3 S. Kord, Sich einen Namen machen. Anonymität und weibliche Autorschaft 1700-1900, Stuttgart/Weimar 1996, S. 74. Ähnliches Ergebnis in der Studie von C. Mönch: Abschrecken oder Mitleiden. Das deutsche bürgerliche Trauerspiel im 18. Jahrhundert. Versuch einer Typologie, Tübingen 1993.

4 Ebda., S. 75 (S. Kord hier: »[...] sie schrieben ja keine *Dramen*, d.h. keine Literatur«).

Gottsched einem nicht seinen Vorstellungen entsprechenden Text wohl niemals zugestimmt; darüber hinaus konnte er seine pädagogischen Fähigkeiten durch die Werke seiner von ihm ausgebildeten Frau öffentlich demonstrieren.[5] Er widmete dem Drama in der Vorrede der *Schaubühne* einen immerhin fünf Seiten umfassenden einleitenden Kommentar, der den Spielraum für eine Analyse auf das genaueste festschreiben sollte.[6]

Ein erster Hinweis gilt der literarischen Quelle, die die Vorlage für den Tragödienstoff lieferte:»Das erste Stück [...] enthält eine tragische Begebenheit aus den Zeiten des Cyrus, davon in Xenophons Cyropädie der Grund zu finden ist.«[7] Auf die sachliche Information folgt eine Behauptung, die sich bei näherer Quellenanalyse nicht bewahrheitet, wie an späterer Stelle dieser Arbeit noch zu zeigen sein wird; Gottsched stellt fest:

> Aus diesem Geschichtschreiber sind auch alle Umstände und Personen dieses Trauerspiels so genau entlehnet, daß außer einigen Bedienten, und dem Tode des Araspes, nicht das geringste dazu gedichtet worden. [...] Die Charaktere sowohl des Cyrus, als der Panthea und des Abradates, sind gleichfalls der Historie vollkommen gemäß; [...].[8]

In Abgrenzung von Voltaires Drama *Mahomet*, an welchem Gottsched die überhöhte Darstellung des Lasters kritisiert, bewertet er an seiner Ehefrau vor allem positiv, daß sie sich in Anlehnung an Aristoteles»erlaubet hat, die Menschen etwas besser, als sie wirklich sind, zu schildern«.[9] Gottsched schließt den Kommentar ab mit dem Hinweis auf das im Drama verklärte Sujet der ehelichen Liebe, welches seiner Ansicht nach die

---

5 »Obwohl viele ihrer Arbeiten anonym oder unter dem Namen ihres Mannes erschienen, wurde Luise Gottsched berühmt – wovon ihr Mann z. T. mehr profitierte als sie selbst«, merkt K. Breitenfellner hierzu in einer lesenswerten Kurzbiographie an (in: Gelehrte Frauen. Frauenbiographien vom 10. bis zum 20. Jahrhundert, hg. v. Österreichischen Bundesministerium für Unterricht und kulturelle Angelegenheiten, Wien 1996, S. 125-128, hier S. 127).

6 Allein der Umfang (S. 6-11) ist bemerkenswert: Auf die verbleibenden fünf Texte dieses Bandes entfallen insgesamt nur neuneinhalb Seiten Kommentar.

7 J. C. Gottsched, Die Deutsche Schaubühne. Faksimiledruck nach der Ausgabe von 1741-1745, mit einem Nachwort von H. Steinmetz; 5. Teil, Stuttgart 1972, S. 6. Es handelt sich um einen Text des griechischen Autors Xenophon (ca. 430-354 v. Chr.): ΚΥΡΟΥ ΠΑΙΔΕΙΑ (»Die Erziehung des Kyros«, 8 Bücher, auch bezeichnet als »Kyrupädie«) als Teil der polit.-eth. Schriften über den Idealstaat und den idealen Herrscher.

8 Ebda., S. 6 f.

9 Ebda., S. 8.

Panthea über die französischen Dramen stellt,»da nun also die französische Trauerbühne insgemein nur eine romanhafte und buhlerische, zuweilen auch wohl gar eine lasterhafte Liebe vorstellet; […].«[10] Damit wies das Trauerspiel bereits auf die Problematik voraus, die die bürgerlichen Trauerspiele der zweiten Hälfte des 18. Jahrhunderts thematisierten: Dem Sujet der »ehelichen Liebe«, welches idealisiert dargestellt wurde, war die Frage nach der freien Partnerwahl bereits immanent.

II

Die Handlung der Tragödie konzentriert sich auf das Liebessujet, welches mit dem Figurenpaar Panthea und Abradates thematisiert wird. Das Geschehen setzt ein am Morgen vor der entscheidenden Schlacht gegen die Assyrer, in der der persische König Cyrus die Feinde endgültig besiegen will. Schauplatz ist das Lager des Cyrus, in dem sich mit Ausnahme zweier Boten alle Mitstreiter aufhalten. Zur Verstärkung des persischen Heeres hat Hystaspes, ein persischer Feldherr, einen unfreiwilligen Verbündeten herbeigeholt: Abradates, König der Susianer, befindet sich bereits im Kriegslager, weil Hystaspes dessen Ehefrau Panthea gewaltsam ins Lager gebracht hat. Der Zwang widerstrebt dem tugendhaften Cyrus, so gibt er Abradates noch vor Beginn der Schlacht Panthea zurück, ohne die göttlich schöne und zugleich weise Frau[11] zuvor gesehen zu haben.[12] Diese Entscheidung untergräbt Hystaspes' Autorität und verletzt dessen Stolz, was letztlich Abradates' Tod motiviert: Hystaspes verbündet sich nun mit dem jungen persischen Edelmann Araspes, der sich in Panthea verliebt hat. Ein Komplott wird vereinbart: Hystaspes soll Abradates in der Schlacht ermorden, damit Araspes sich Pantheas bemächtigen kann.

---

10 Ebda., S. 8 f.

11 Hystaspes beschreibt sie:» […] göttlich schön […] An Weisheit kann sie fast dem Cyrus selber gleichen […].« (Dramentext S. 6, hier und im folgenden Text zitiert nach: L. A. V. Gottsched, Panthea. Ein Trauerspiel in fünf Aufzügen; in: J. Chr. Gottsched, *Die Deutsche Schaubühne*. Faksimiledruck nach der Ausgabe von 1741 bis 1745, mit einem Nachwort von Horst Steinmetz, fünfter Teil, Stuttgart 1972 (reprogr. Nachdruck), S. 1-66); Angaben im Text in Klammern.

12 Daß selbst die Tugend des Cyrus ambivalente Züge aufweist, zeigt sich an seiner Äußerung gegenüber Abradates: »Die Gattin, die du liebst […] Ist wohl der beste Preis, womit man dich belohnt« (S. 11 f.), sagt er ihm, nachdem er Abradates die Frage gestellt hat, ob er willens sei, mit ihm gegen die Assyrier zu kämpfen. Er gibt Panthea also nicht um ihrer selbst willen zurück, sondern benutzt sie als Tauschobjekt, gegen welches er sich Abradates' Unterstützung sichert.

Das Geschehen wird komplexer gestaltet durch ein weiteres Figurenpaar: Gobrias, Fürst der Cadusier und Überläufer aus dem Lager des
Feindes, befindet sich mit seiner Tochter Nikothris ebenfalls am Schauplatz. Privates und öffentliches Interesse vermischen sich in der Figur des
Gobrias: Er will die Assyrer besiegen, um den Tod seines einzigen Sohnes
zu rächen; dieser wurde aus Neid vom assyrischen Prinzen, dem Nikothris
bereits als Braut versprochen war, ermordet.[13] Nun soll die einzige Tochter
– als ›Zusatzpreis‹ für eine gewonnene Schlacht – Cyrus »aus treuem
Dank« »geschenkt« werden. Cyrus lehnt dies ab, weil er »allen vor in ehelicher Treu« gehen will.[14] Er schlägt Araspes als zukünftigen Ehemann der
Nikothris vor und gibt diesem den Auftrag, während der Schlacht die
Frauen zu beschützen. Die Schlacht beginnt, schließlich bringt ein Bote
die Nachricht von Abradates' Tod ins Lager (IV/7). Panthea ersticht sich
aus bedingungsloser ehelicher Treue (»Für eine Gattinn ist die beste
Todesstunde / Die, da ihr Mann erbleicht«, (63)). Araspes begeht auf die
gleiche Art Selbstmord, jedoch gänzlich anders motiviert: Er will der
Schande entgehen, denn Nikothris entdeckt Cyrus das Komplott gegen
Abradates, dem sie durch einen falschen Boten auf die Spur gekommen
ist. Das Trauerspiel endet mit dem Beschluß des Cyrus, Panthea und
Abradates ein gemeinsames Ehrenmal zu bestellen (V/4, 66).

»In dieser Geschichte finden sich mehrere Ungereimtheiten«, betont
Susanne Kord in ihrer Analyse der *Panthea*.[15] Sie bezieht sich mit dieser
Äußerung vor allem auf das von Gottsched bereits in der Vorrede der
Schaubühne propagierte aristotelische Vorbild, welches er auch in der
Critischen Dichtkunst (1729) rezipierte. Demnach wäre Louise Gottsched
vor allem ein Verstoß gegen das »aristotelische Prinzip, ein tragischer
Held solle weder vollkommen gut noch vollkommmen böse sein«, vorzu-
werfen, denn »Panthea und Cyrus sind wahre Muster weiblicher bzw.
männlicher Tugenden«.[16]

Vor allem Panthea erweist sich vor dem Hintergrund des 13. Kapitels
der aristotelischen *Poetik* nicht nur als makellos, sondern auch als frei von
jeglichen Fehlern im Verhalten.[17] In Gottscheds *Versuch einer Critischen*

---

13 Zum Hintergrund des Mordes vgl.: *Panthea* S. 46 f.

14 Vgl. Formulierungen Gobrias/Cyrus: ebda., S. 27 f.

15 S. Kord, Ein Blick hinter die Kulissen. Deutschsprachige Dramatikerinnen im 18.
und 19. Jahrhundert, Stuttgart 1992, S. 94-96, hier S. 95.

16 Ebda., S. 95.

17 Vgl. Aristoteles, *Poetik*; hg. v. Manfred Fuhrmann, Stuttgart 1982, Kap. 13, S. 39:
»So bleibt der Held übrig, der zwischen den genannten Möglichkeiten steht. Dies
ist bei jemandem der Fall, der nicht trotz seiner sittlichen Größe ... einen Um-
schlag ins Unglück erlebt, sondern wegen eines Fehlers [...].«

Dichtkunst vor die Deutschen (1730) heißt es unter Bezugnahme auf Aristoteles:

> Das will eben Aristoteles haben, wenn er sagt, die Helden einer Tragödie müsten weder recht schlimm, noch recht gut seyn. [...] Aber auch nicht recht gut; weil man sonst die Vorsehung leicht einer Ungerechtigkeit beschuldigen könnte, wenn sie unschuldige Leute so hart gestrafet hätte.[18]

Die Abänderung der Figurenbilder gegenüber den Vorgaben der aristotelischen *Poetik* läßt sich wie folgt konkretisieren: Der Held des antiken Dramas ist hier eine Heldin, Louise Gottsched hat den Unterschied im Geschlechter-Rollenbild auf das Wort ›fast‹ in Hystaspes' Rede minimiert, wenn dieser Panthea beschreibt:»An Weisheit kann sie *fast* dem Cyrus selber gleichen« (6). Die Hierarchie der Geschlechter und Konfiguration der Charaktere der Protagonisten ist, was die aristotelische Theorie betrifft, nicht tragödienkonform; Peter Szondi merkt zum 15. Kapitel der *Poetik* an:»Der einschränkende Schlußsatz bedeutet, daß verschiedene Darstellungsweisen sich nicht gleichermaßen für die verschiedenen sozialen Gruppen eignen: die stilisierend-idealisierende, wie sie Epos und Tragödie kennen, weniger für Frauen und noch weniger für Sklaven.«[19]

Die Abweichungen waren sicher beabsichtigt und sind nicht etwa aus Unkenntnis erfolgt. In dem von Gottsched postum veröffentlichten Katalog der Bibliothek seiner Frau finden sich Exemplare der aristotelischen *Poetik* und *Rhetorik*, jeweils in französischer Übersetzung.[20] So widerlegt Louise Gottscheds Lektüre die allgemeine Annahme, die *Poetik* sei im 18. Jahrhundert mit Ausnahme von Lessing wenig rezipiert worden.

18 J. Chr. Gottsched, *Versuch einer Critischen Dichtkunst vor die Deutschen: Anderer Besonderer Theil, X. Capitel: Von Tragödien oder Trauerspielen*, § 5, S. 312 f.; in: ausgewählte Werke, 6. Bd., 2. Teil, hg. v. J./B. Birke, Berlin/New York 1973.
19 P. Szondi, Die Theorie des bürgerlichen Trauerspiels im 18. Jahrhundert. Der Kaufmann, der Hausvater und der Hofmeister, hg. v. G. Mattenklott, Frankfurt a.M. 1973, S. 37.
20 Catalogue de la Bibliothèque choisie, de feue Mme Gottsched, neé Kulmus, proprement relieé en veau doré et autres relieures Angloise, et Italiennes. Nr. 50: Aristoteles' *Rhetorik*, übersetzt von Mr. Cassandre, Ausgabe la Haye 1718; Nr. 62: Aristoteles' *Poetik*, übersetzt von Mr. Dacier, Ausgabe Paris 1692; (ferner: Nr. 32, 33: Französische Übersetzung des Xenophon-Textes,»La Cyropädie« von Mr. Charpentier; eine weitere Xenophon-Schrift ist unter Nr. 61 verzeichnet:»La retraite des dixmille de Xenophon, ou l'expedition de Cyrus contre Artaxerxes, de la

Das individuell gestaltete, in der Figurenhierarchie aufgewertete Bild der Protagonistin Panthea erlaubte es der Autorin, innerhalb des Dramas ihre Wirkungsabsicht kontrastiv zur männlichen Dramentradition zu transportieren: Panthea glaubt nicht an glückliche Fügung wie Abradates, obwohl dieser sie dazu anhält:»Verbanne, Panthea, dieß gar zu frühe Grauen;/Wer nicht verderben will, der muß dem Himmel trauen.« (III/6,40). Die Wirkungslosigkeit der Vorsehung, auf die sich menschliches Vertrauen gründet, wird hier aufgezeigt.[21]

Wie erheblich sich die Tragödie vom Quellentext unterscheidet, betonte bereits Johann Jakob Breitinger. Er veröffentlichte im Jahr 1746 seine *Beurtheilung der Panthea eines sogenannten Trauerspieles der L.A.V.G. Nebst einem Vorberichte für die Nachkommen und einer Ode auf den Namen Gottsched.*

Breitinger, einer der schärfsten Kritiker Gottscheds, gegen den er zusammen mit Bodmer einen»Literaturstreit« über unterschiedliche Konzepte der Poesie führte,[22] fand in dem Trauerspiel einen willkommenen

---

traduction de Mr. Perrot Sr. d'Ablancourt, à Paris, 1706«); alle Texte sind aufgelistet unter» I: Auteurs Grecs & Latins« (leider ohne Angabe des Anschaffungsdatums). In:»*Der Frau Luise Adelgunde Victoria Gottschedinn, geb. Kulmus, sämmtliche kleinere Gedichte, nebst dem, von vielen vornehmen Standespersonen, Gönnern und Freunden beyderley Geschlechtes, Ihr gestifteten Ehrenmaale, und Ihrem Leben, herausgegeben von Ihrem hinterbliebenen Ehegatten*«. Leipzig 1763; die Schrift enthält darüber hinaus an Gottsched gerichtete Kondolenzpost zum Tod Louises.

21 Vgl. Kord, wie Anm. 15, S. 94 zu Tragödien von Autorinnen:»Sehr im Kontrast zum vielbeschworenen Optimismus der Aufklärung allerdings versagt in ihren Tragödien die Vorsehung: der Glaube, dass der Himmel den vernünftigen und tugendhaften Heldinnen beisteht, wird hier gründlich widerlegt.« Bezgl. dieses Problemfeldes verweist Kord hier (S. 96 f.) auch auf Christiane Friederike Hubers Alexandrinertragödie *Cleveland dritter Theil, oder: Die redliche Untreu* (1756).

22 Zum sog.»Leipzig-Zürcher Literaturstreit« und zur Dichtungstheorie bei Bodmer und Breitinger vgl.: P.-A. Alt, Aufklärung, Stuttgart/Weimar 1996, S. 80-92. Auch: C. Zelle, Die doppelte Ästhetik der Moderne. Revision des Schönen von Boileau bis Nietzsche, Stuttgart/Weimar 1995, S. 108-112; Zelle stellt im Zusammenhang mit dem Streit den wichtigen Bezug zu Fénelons Dramentheorien her; diese sind bereits im ersten Teil der *Deutschen Schaubühne* (1742) abgedruckt (*Traité sur la Tragédie, Traité sur la Comédie*), und zwar in einer von der Gottschedin besorgten Übersetzung:»Fénelons ›Projet de poétique‹ versammelt auf diese Weise alle jene Paradigmen einer Wirkungspoetik der ›Herzrührung‹, mit denen [...] Bodmer und Breitinger gegen die Gottschedianische Regelpoetik opponieren sollten [...]« (vgl.: ebda., S. 109). Daß dies auch auf Texte der Gottschedin selbst (als einer Repräsentantin eben dieser Regelpoetik) zurückfällt, versteht sich von selbst; vgl. folgende Anmerkung.

Angriffspunkt. Seine Dramenkritik war entsprechend übersteigert, verbunden mit einem Ton, der den Text, die Verfasserin und deren Ehemann der Lächerlichkeit preisgab.[23] Breitinger sprach dem »elende[n] Trauerspiel«[24] jegliche Tragödienqualität ab:

> Ist ihr Werk keine Tragödie, so ist es doch ein Stük von fünf Aufzügen, deren jeder seine Anzahl Szenen hat, die mit Gesprächen versehen sind. Das ist es alles, was das Naturell der Frau Verfasserin [...] hervorbringen konnte(n) (34).

Er kritisierte die Sprache vor allem Pantheas, denn »der ironische Ton [...] zeiget wenig Ehrfurcht für die Götter [...]« (39 f.). In bezug auf den Quellentext beanstandete er allgemein die Abänderung der Figurenbilder:

> Man sieht wohl, daß die Personen, die aus Xenophons Cyropädie in ihr Stük gekommen sind, sich auf dem Wege ganz verwandelt haben. Es ist ihnen kaum etwas mehrers als die Namen übrig geblieben; die Gesinnungen, die Neigungen, das Betragen, sind ganz anders. Also betriegt man sich, wenn man den Cyrus der Frau Prof. für einen Menschen mit dem Cyrus des Xenophons hält (34 f.).[25]

23 Die Kritik gibt ein anschauliches Beispiel dafür, wie L. A. V. Gottsched mit ihrem Drama ganz offensichtlich »zwischen die Fronten« der streitenden Männer gerät – Breitinger scheint sie als Angriffsfläche, Gottsched als Schutzschild zu mißbrauchen: Die Veröffentlichung der *Panthea* als ersten Dramas in der *Schaubühne* bekommt so rückwirkend einen ganz anderen Stellenwert; es stellt sich die Frage, ob Gottsched in der zweiten Phase dieses Literaturstreites nicht ganz bewußt das Interesse auf seine Frau lenke, um die Kritik an sich selbst zu relativieren.

24 Vgl. Breitinger-Kritik S. 3, hier und im folgenden Text zitiert nach: J.J. Breitinger, *Beurtheilung der Panthea eines sogenannten Trauerspieles der Frau L.A.V.G. Nebst einem Vorberichte für die Nachkommen und einer Ode auf den Namen Gottsched.* Köln 1746; Seitenangaben im Text in Klammern.

25 An dieser Stelle sei hingewiesen auf eine weitere Bearbeitung des Quellenstoffes, welche ebenfalls erhebliche Unterschiede zum Originaltext aufweist, jedoch längst nicht einer in diesem Maße negativen Kritik ausgesetzt war: Im Jahr 1758 veröffentlicht C. M. Wieland *Araspes und Panthea. Eine Geschichte in Dialogen, nach dem Xenofon.* Abgesehen von der Verlagerung des Handlungszentrums auf die Figurenkonstellation Araspes und Panthea verändert Wieland die Gruppe der Dramenfiguren insgesamt; er erfindet drei Sklavinnen Pantheas, die die Handlung (ähnlich der Funktion des Chores in der antiken Tragödie) kommentieren, sowie die Ziehmutter Pantheas, Mandane. Der mit der Tochterfigur Nikothris

Die Figur der Panthea gab Breitinger zusätzlichen Anlaß zur Kritik aufgrund des gezeigten Geschlechter-Rollenbildes, welches sich, so Breitinger, darüber hinaus noch mit der Person der Verfasserin zu vermischen schien:

> Bey Xenophon bewunderte Cyrus den Mut dieser Dame nur; aber lobete ihn nicht. Er hätte diese Lehrsätze gewiß verworffen. (S. 31) [...] die Panthea des Trauerspieles [hat] weit mehr von dem Charakter, den Lebensregeln und Gesinnungen seiner Gattin als der Königin von Susiana [...] (4).

Die Mechanismen männlichen Denkens, die die Autorin in der Rede männlicher Figuren wie zum Beispiel Hystaspes abbildete, störte Breitinger wegen der Worte, die für die Figurensprache gewählt wurden, die »desto bedenklicher sind, weil das Trauerspiel, worinn sie stehen, von einer verheuratheten Frau verfasset ist; [...]« (8).[26]

III

Louise Kulmus zeigte schon früh ihr Interesse am Tochterbild in Dramentexten. In einem Brief an den späteren Ehemann Gottsched bewertete die Neunzehnjährige das Figurenbild der Prinzessin Tullia aus Voltaires *Brutus* (1730). Dieses mißfiel ihr, weil Tullia sich »ihrer Gewalt über ein unschuldiges Gemüth« bediente: »Ich möchte an einer Römerin nicht gerne etwas zu tadeln finden«, schrieb Louise.[27]

Die Tochterfigur des hier analysierten Dramas trägt, und dies ist charakteristisch für die Tochterfigur frühaufklärerischer Dramen, nicht den Namen Panthea in Anlehnung an den Dramentitel: Nikothris, Tochter

---

verbundene Handlungsstrang fällt weg wie die Figur selbst (vgl. in: C. M. Wieland, Sämtliche Werke, hg. v. d. Hamburger Stiftung zur Förderung von Wissenschaft und Kultur in Zusammenarbeit mit d. Wieland-Archiv Biberach u. H. Radspieler, Bd. 1-14, Hamburg 1984 (Nachdr. d. Ausg. Leipzig 1794-1798), Bd. 5, S. 181-398, hier S. 181 (Vorbericht)).

26 Breitinger bezieht sich hier insbesondere auf eine Äußerung des Hystaspes zum Nebenbuhler Araspes in II/1 (S. 21): »Wie? daß du dich so plagst!/Bedenk das schlechte Weh, warum du dich beklagst. / Ein Ehmann hat noch nie die Buhler sehr gekränkt.«

27 Vgl. Brief an Gottsched vom 30. Mai 1732, in: I. Kording (Hg.), Louise Gottsched – *mit der Feder in der Hand*. Briefe aus den Jahren 1730 bis 1762, Darmstadt 1999, S. 30.

des Gobrias, ist Nebenfigur und der Protagonistin Panthea untergeordnet. Wie beide Figuren aufeinander bezogen werden, zeigt Pantheas Äußerung, die vom ersten Treffen an eine emotionale Verbundenheit beider Frauen dokumentiert: »Es redet schon für sie ein Trieb in meiner Seelen. / Sie soll mir theuer seyn; [...]« (III/4, 39). Obwohl Nikothris als Tochterfigur hier noch nicht wie ihre Nachfolgerinnen in den Dramen der zweiten Hälfte des 18. Jahrhunderts als Protagonistin im Focus des Geschehens steht, nimmt sie innerhalb der gezeigten familialen Strukturen eine besondere Stellung ein, die bereits auf die Position der Tochter im Drama der Aufklärung und des Sturm und Drang verweist: Sie ist, so geht es aus der Handlung hervor, das einzige Kind, welches einer Gruppe von drei Ehepaaren zugeordnet ist; weder Abradates und Panthea noch Cyrus und seine (nur in dessen Rede präsente) Ehefrau Cassanda haben Kinder, Gobrias nur noch diese einzige Tochter, nachdem sein Sohn ermordet wurde.

Die Funktion der Figur für das Drama erscheint zunächst unbedeutend, so wird Nikothris in der Regel nicht einmal in Inhaltsangaben zu *Panthea* erwähnt.[28]

Ihr erster Auftritt findet sich vergleichsweise spät; erst in II/3 (sonst üblicherweise bereits in I) wird sie in verdeckter Handlung vorgestellt, bezeichnenderweise durch den Feldherrn Hystaspes, die selbe Figur, die dem persischen König Cyrus auch Panthea in I/1 beschreibt. Beide Personenbeschreibungen zeigen den gleichen Aufbau: Zunächst wird der visuelle Eindruck betont, der bei Betrachtung der beiden Frauenkörper auf Hystaspes wirkt; Panthea attestiert er göttliche Schönheit und äußeren Reiz (6), Nikothris wird von ihm folgendermaßen beschrieben: »[...] doch was uns alle rührt, / Ist seiner Tochter Reiz. Ein jeder muß gestehn, / Daß man was schöneres auf Erden nie gesehn« (25). Erst im Nachsatz geht Hystaspes auf das wesentliche charakterliche Merkmal beider Frauen ein – ihre »innere Tugend« (über Panthea, 6) bzw. ihre »innerliche Tugend« (über Nikothris, 25). Daß die Anordnung der Bewertungskriterien die an inneren Werten orientierten hinter denen des äußeren Erscheinungsbildes zurücktreten läßt, diese darüber hinaus in männlicher Rede transportiert und wiederholt werden, weil sie in zwei Frauenfiguren zugleich verankert sind, läßt sich als Merkmal weiblicher Dramenproduktion werten.[29]

---

28 Selbst bei Kord bleibt die Zusammenfassung der *Panthea* auf die Haupthandlung und deren Protagonisten beschränkt (wie Anm. 15, S. 94 f.).

29 Zu Kategorien weiblichen Schreibens vgl.: C. Gürtler: Schreiben Frauen anders? Untersuchungen zu Ingeborg Bachmann und Barbara Frischmuth, Stuttgart 1983,

Hystaspes' Frauenbeschreibungen ist darüber hinaus eine Klassifizie-
rung immanent, die über die Zuordnung der bestimmten Artikel gesteuert wird: Während er bei Panthea eine subjektivierende Formulierung
wählt (»sie ist zwar göttlich schön«, 6), weist er Nikothris die Rolle als
Tauschobjekt bzw. ›Geschenk‹, die ihr im weiteren Verlauf der Handlung
zukommen wird, bereits in der ersten Rede über sie (noch vor ihrem ersten Auftritt) zu:[30] »Daß man was schöneres auf Erden nie gesehn« (25).
Mit dieser Beschreibung konnte Louise Gottsched nicht nur die soziale
Stellung der Tochter innerhalb der Gesellschaft literarisch abbilden, sondern darüber hinaus auch, wie sich dies diskursiv äußerte. Das Liebessujet im Drama ist, wie bereits erwähnt, auf das Figurenpaar Panthea und
Abradates zentriert, die eheliche Liebe wird hier idealisiert als einzig legale
Form intergeschlechtlicher sexueller Beziehung dargestellt und noch
nicht, wie etwa ab der zweiten Hälfte des Jahrhunderts, als »Ehepro-
blem«.[31] In der Tochterfigur Nikothris wird durch Gobrias' Rede auf ein
noch ganz den Traditionen der ständischen Gesellschaft verhaftetes
Bild einer »[...] (durch Ehen gestiftete[n]) Familienverbindung(en) als
Stützpfeiler politischer, religiöser oder wirtschaftlicher Funktionen [...]«
verwiesen.[32] Entsprechend divergiert die hier gewählte Figurenkonstellation von der bürgerlicher Trauerspiele: ein Liebhaber Nikothris' ist nicht
Gegenstand eines Diskurses, geschweige denn existent.

vor allem Kap. 2: »Der *Eine* und die *Andere*. Theorien über die Weiblichkeit, S. 7-
28 (ferner Kap. 3 über weibliche Ästhetik, S. 29 ff.). Zu weiblichem Schreiben im
18. Jahrhundert vgl.: J. Blackwell, Weibliche Gelehrsamkeit oder die Grenzen der
Toleranz: die Fälle Karsch, Naubert und Gottsched; in: Lessing und die Toleranz.
Sonderband zum Lessing Yearbook, hg. v. P. Freimark, München 1986, S. 325-339.
30 Auch Panthea wird, allerdings nur an einer Stelle und nicht durchgehend wie
Nikothris, als Tauschobjekt benutzt, wie Cyrus es in I/4 formuliert im Dialog mit
Abradates; er will diesen für den bevorstehenden Kampf motivieren und spricht
von Panthea als »beste(m) Preis«, womit Abradates für seine Freundschaft im
Kampf gegen die Assyrier belohnt wird (S. 12).
31 N. Luhmann, Liebe als Passion, Frankfurt a.M. 5. Auflage 1999, S. 183-196, hier
183.
32 Ebda., S. 183 f., sowie: A. Koschorke, Körperströme und Schriftverkehr. Mediologie des 18. Jahrhunderts, München 1999, S. 20 ff. Auch in dieser Hinsicht
knüpfen Dramen der Klassik tendenziell wieder an frühaufklärerische Texte an:
Wallenstein will die Tochter Thekla aus reinem politischen Kalkül und aus repro-
duktionsideologischen Gründen verheiraten: »Sie ist die einzige, was von mir
nachbleibt / Auf Erden, eine Krone will ich sehn / Auf ihrem Haupte, oder will
nicht leben.« (*Wallensteins Tod* V. 1522-1524). Bezeichnung der Tochter analog zu
Gobrias' Rede mit bestimmtem Artikel im Neutrum.

In der Tragödie zeigt sich, was auch an anderen Texten der Gottschedin nachvollziehbar ist, jedoch nur selten in der Forschung bemerkt wird: Viele ihrer Texte beinhalten einen Subtext, über den Botschaften transportiert werden, mit denen nicht selten gegen das aufklärerische Frauenbild Stellung bezogen wird.[33] Ein Beispiel für eine derartige Analyse liefert Arnd Bohm mit seinem Beitrag zum Lustspiel *Das Testament*, welches er »als gewitzte Stellungnahme zu Autorität und Autorschaft von Frauen und als implizite Auseinandersetzung mit Gottsched als Regelpoetiker liest«.[34] Diesem Ansatz folgt auch Gabriele Ball in ihrer jüngsten Arbeit zu Johann Christoph Gottsched. In einem Kapitel, welches »Luise Adelgunde Victorie Gottsched als zentrale[r] Gestalt unter den Beiträgern des ›Neuen Büchersaals‹« gewidmet ist, weist sie nach, daß die Funktion der Beiträge sich erheblich von den persönlichen Interessen Louise Gottscheds unterscheidet, was sich nicht nur anhand ihrer Briefe zeigen läßt.[35] Die unter anderem von Günter Saße in seiner Arbeit zum Drama der Liebesheirat im 18. Jahrhundert verfolgte These, daß Gottscheds Frau »nichts anderes im Sinn [hatte], als literarisch umzusetzen, was ihr Mann an poetologischen Vorschriften erließ«, läßt sich somit durchaus widerlegen;[36] Gottsched und seine Frau »unterscheiden sich in ihren Vorlieben und Begabungen«, woraus unterschiedliche Denkansätze resultieren.[37]

Es war nicht außergewöhnlich, daß Louise Gottsched Figuren, insbesondere Frauenfiguren, nicht getreu der Vorgabe der literarischen Quelle nachzeichnete. Auch für *Die Pietisterey im Fischbein-Rocke*, die sie nach einer französischen Vorlage verfaßte,[38] trifft dies beispielsweise zu.[39] Zwei

---

33 Vgl. J. Blackwell, wie Anm. 29, S. 334.

34 G. Pailer, Luise Adelgunde Victorie Gottsched in der biographischen Konstruktion, in: 1000 Jahre Danzig in der Literatur. Studien und Beiträge, hg. v. M. Jaroszewski, Danzig 1998 (Studia Germanica Gedanensia 5), S. 45-60, hier S. 47; A. Bohm, Authority and Authorship in Luise Adelgunde Gottsched's »Das Testament«, in: LYB 15 (1986), S. 129-140.

35 G. Ball, Moralische Küsse. Gottsched als Zeitschriftenherausgeber und literarischer Vermittler, Göttingen 2000, S. 171-200, hier S. 180.

36 Vgl.: G. Saße: Die Ordnung der Gefühle. Das Drama der Liebesheirat im 18. Jahrhundert, Darmstadt 1986; S. 77-97, hier S. 77. Die These verfolgt in ähnlicher Weise auch Gerlinde Anna Wosgien in: dies., Literarische Frauenbilder von Lessing bis zum Sturm und Drang. Ihre Entwicklung unter dem Einfluß Rousseaus, Frankfurt a.M. 1999, S. 44.

37 Wie Anm. 35, S. 193.

38 Von Guillaume-Hyacinthe Bougeant (1660-1743).

39 Vgl.: N. Kaiser, In our own words. Dramatizing history in L.A.V. Gottscheds *Pietisterey im Fischbein-Rocke*; in: S. L. Cocalis/F. Rose (ed.): Thalia's Daughters.

frühe Briefe, die die neunzehnjährige Louise Kulmus an Gottsched schrieb, belegen eine Differenz zwischen beiden Briefpartnern, beruhend auf unterschiedlichen Ansätzen im Hinblick auf die Bewertung eines von Plutarch verfaßten Primärtextes:»Ich lasse Ihnen Ihren Julius Cäsar, er hatte erhabene Tugenden, und begieng wichtige Fehler«, schrieb Louise am 28. Juni 1732 und fügte hinzu:»Ich wähle den Aristides, Seneca […] *Dieses* sind *meine* Helden.« Gottsched muß – so die These Kordings aufgrund des ›Entschuldigungsbriefes‹, den Louise auf den Brief mit den ›gewagten Bewertungen‹ folgen ließ – Louises ›Alleingang‹ mit Vehemenz unterbunden haben; so ist es wenig verwunderlich, daß deren eigene Entwürfe nunmehr in entlegenen Textschichten und jenseits der Haupthandlung untergebracht wurden, um Gottscheds Widerspruch auf diese Weise zu umgehen.[40]

Breitinger, dessen Aussagen die zeitgenössische Sicht auf die Konstruktion des weiblichen Figurenbildes im Drama spiegeln, gab auch im Hinblick auf die Figur der Nikothris einen negativen Kommentar ab. Dieser ist jedoch nicht mit Aristoteles' *Poetik* zu rechtfertigen, da Nikothris ein Verhalten aufweist, welches ihrer untergeordneten Stellung innerhalb der Figurenhierarchie mit innerer Logik entspricht. So kann von ihr kein handlungssteuerndes Verhalten erwartet werden. Dies genau vermißte jedoch Breitinger am Figurenkonzept, als er beanstandete, Nikothris sei zu blaß charakterisiert und handle zu wenig bzw. zu spät.[41]

Doch ist gerade Nikothris diejenige, welcher im Drama eine besondere Funktion zukommt; ihre unauffällige Position als Nebenfigur ist in sich gebrochen, die Figur ist in bezug zum Quellentext erheblich transformiert worden. In Xenophons *Erziehung des Kyros* ist, wie Breitinger zu

German women dramatists from the Eighteenth Century to the Present, Tübingen/Basel 1996, S. 5-15, hier S. 10 f.:»The devisions come in matters of language and in the interaction with male authority […]«.

40 Vgl.: Kording, wie Anm. 27, S. 10:»Schon 1732, als sich die 19jährige Dichterin und der 32jährige Wissenschaftler schriftlich über Plutarchs Biographien antiker griechischer und römischer Helden unterhielten, bevorzugte Gottsched Feldherren oder Redner. Sie jedoch wählte, von seinen Präferenzen völlig unbeeindruckt, Staatsmänner und Dichter zu ihren persönlichen *Helden* […] Damit hatte sie allerdings ihren verehrten Freund und Lehrer […] sehr erzürnt«; Briefe hierzu: S. 31 f. (Brief 11 v. 28. Juni 1732), S. 32 f. (Brief 12 v. 19. Juli 1732). (Kursive Hervorhebung im Briefzitat v. M.S..). Gottscheds Briefe an Louise sind nicht erhalten, so kann man nur erahnen, wie zurückweisend seine Antwort auf den Brief vom 28. Juni gewesen sein muß (vgl. Kording S. 10).

41 Breitinger, wie Anm. 24, S. 30.

Recht anmerkte und Gottsched im Vorwort der *Schaubühne* zu Unrecht abstritt, die Figurenhierarchie anders strukturiert als in der *Panthea*. Das Buch 4/VI beginnt mit der Schilderung der Ankunft des Gobryas in Kyros' Lager.[42] Dieser schildert in einem langen Anfangsmonolog als Grund, warum er sich mit Kyros verbünden will, den Mord, den der Thronfolger des assyrischen Königs an seinem einzigen Sohn begangen hat (303/305). Louise Gottsched verschob den Monolog auf Nikothris, die Panthea die Umstände des Mordes in IV/1 schildert (46 f.) und dadurch als Figur funktional aufgewertet wird, was durch die Persönlichkeit verleihende Namengebung unterstützt wird. Die Namen beider Frauen sind nicht im Quellentext erwähnt, auch Panthea wird lediglich als »die Frau aus Susa [...], die als die schönste aller Frauen in Asien galt« vorgestellt.[43]

Es stellt sich die Frage, warum Louise Gottsched die beiden bei Xenophon nur beiläufig erwähnten Frauenfiguren aus ihrer Anonymität herausgelöst und dramatisch aufgewertet hat, aus Panthea gar eine Hauptfigur machte. Es zeigt sich im Vergleich der den jeweiligen Texten zugrunde gelegten Sujets, daß bei Xenophon hauptsächlich von den Kriegsvorbereitungen vor der entscheidenden Schlacht die Rede ist, wohingegen das Sujet der ehelichen Liebe und Treue bei *Panthea* im Vordergrund steht, worauf bereits Gottsched in seiner Vorrede hinwies.[44] Die dramatische Rede innerhalb der *Panthea* zeigt sich in den Dialogen

42 Hier und im folgenden Text Quellenzitate nach: R. Nickel (Hg.), Kyrupädie. Die Erziehung des Kyros (gr./dt.), Darmstadt 1992. Im Unterschied zur *Panthea* handelt es sich hier um einen Prosatext. Der Umstand, daß dieser nicht nur übersetzt, sondern dramatisch neu gefaßt ist, stützt die These, daß es sich hier um eine Arbeit handelt, die in erheblicher Weise die ›eigene Handschrift‹ der Gottschedin trägt.

43 Wie Anm. 42, S. 307; bemerkenswert ist auch, daß das Attribut des göttlich Schönen, welches Hystaspes Panthea im Drama der Gottschedin zuschreibt, hier fehlt: Araspes (nicht Hystaspes wie im Drama der Gottschedin; es handelt sich um die gleiche Stelle innerhalb der Handlung, die Figuren sind ausgetauscht worden) beschreibt sie ausdrücklich als »menschliche Schönheit«: »Da konnte man den größten Teil ihres Gesichts, ihren Hals und ihre Hände sehen, und [...] ich und alle anderen, die sie sahen, waren davon überzeugt, daß noch nie ein weibliches Menschenwesen von solcher Schönheit in Asien das Licht der Welt erblickt hat« (S. 313).

44 Um dieses Sujet zu betonen, erfindet die Gottschedin die Ehefrau des Kyros, Cassanda, die dieser als Grund angibt, warum er Nikothris als Geschenk ablehnt (vgl. II/4, S. 28). Cassanda bzw. eine Ehefrau des Kyros wird in dem Teilstück, welches die Gottschedin aus dem Xenophon-Text übernimmt und transformiert, nicht erwähnt.

zwischen männlichen und weiblichen Figuren wesentlich geprägt durch Begriffe, die im weitesten Sinn dem Wortfeld *Liebe – Ehe – Treue – Begehren – Gefühl* zuzuordnen sind. Diese Form sprachlicher Artikulation ist bei Xenophon nicht existent, keine der Frauen nimmt an Dialogen teil, die männliche Rede über die Frauen bei Xenophon beschränkt sich auf taktische Heiratsüberlegungen. Im Drama Louise Gottscheds verweigern sich die Frauen, greifen verbal ein und bestimmen für sich selbst den Ausweg in den Tod, falls es keine andere Lösung gibt: »Viel lieber wollt ich sterben, / Als mir durch dieses Band mein ganzes Glück verderben«, formuliert Nikothris, als sie Panthea über die geplante Verbindung zwischen ihr und Araspes berichtet (IV/3,52). Darüber hinaus ist es Nikothris, die am Schluß des Dramas die aus Wollust resultierende Unaufrichtigkeit des Araspes entlarvt. Die Protagonistin Panthea ist charakterstark, nicht gemütskrank wie später die Protagonistinnen der Dramen des Sturm und Drang. Sie repräsentiert mit ihrem Handeln keine Weiblichkeit, sondern Heroismus, der üblicherweise männlich konnotiert war.[45]

IV

Wie bereits erwähnt, finden sich in Werken Louise Gottscheds »beim näheren Hinsehen [...] hinter der Fassade der fast überdeutlichen Anpassung subversive Untertöne [...], die die geltenden Traditionen und Wertvorstellungen auf subtile Weise unterminieren und in Frage stellen, obwohl sie pro forma aufrecht erhalten werden«.[46] Im Hinblick auf das einzige von ihr verfaßte Trauerspiel hat diese Überlegung Relevanz, weil von der *Panthea* zwei Fassungen existieren – eine »offizielle«, in der *Schaubühne* des Ehemannes abgedruckte, sowie eine später von der Autorin abgeänderte Fassung, enthalten im dritten Teil der Briefe, die die Freundin Dorothee Henriette von Runckel herausgab.[47] Die spätere Fassung

---

45 Vgl.: R. H. Sanders, »Ein kleiner Umweg«: Das literarische Schaffen der Luise Gottsched, in: Becker-Cantarino (Hg.), Die Frau von der Reformation zur Romantik: die Situation der Frau vor dem Hintergrund der Literatur- und Sozialgeschichte, Bonn 1980, S. 170-194; zur Parallele Biographie/Trauerspiel im Hinblick auf die Protagonistin Panthea S. 188 f.

46 So K. Breitenfellner, wie Anm. 5, S. 125.

47 *Briefe der Frau Louise Adelgunde Victorie Gottsched gebohrnen Kulmus. Dritter Theil.* Dresden 1772; darin (S. 177-270): *Panthea, ein Trauerspiel in fünf Aufzügen von Louise Adelgunde Victoria Gottsched. Aufgeführet zu Wien auf dem Kayserl. Königl. privilegirten Stadt-Theater, 1751.*

bezeichnete Louise als die eindeutig bessere, »nach genauer Prüfung und strenger Veränderung« von ihr der Freundin übersendete *Panthea*.[48] Die Bewertung der Neufassung nahm sie vor anläßlich eines Briefes, den die Freundin ihr schickte und der wiederum einen Brief eines Freundes enthielt; dieser beurteilte darin die ihm von Frau von Runckel überlassenen Texte der Gottschedin überaus wohlwollend:

Panthea ist ein schönes Gedicht. Es hat starke, viele starke Stellen. Der Schauplatz wird tragisch, ohne im Blute zu schwimmen. Araspes fällt vor unsern Augen, und diesem ohngeachtet rührt uns sein Tod weniger, als der Panthea ihrer: sonder Zweifel, weil wir geneigter sind, das Mitleiden in einem höhern Grade, als den Haß zu empfinden. So vielfach und so künstlich ist in diesem Trauerspiele die Verwicklung bey weitem nicht, als in der Sophonisbe des Corneille und ihres gleichen, den Sitten der Fürsten aber ist sie zuträglicher. Dieses ist, deucht mich, kein geringer Vorzug. Wäre mir, bey den Empfindungen und Begriffen, die ich jetzt habe, der Fürstenstuhl zum Theil worden, so würde ich meinen Prinzen die große Rolle des Cyrus auswendig lernen lassen.[49]

Wie der Brief vom 15.2.1762 zeigt, war es Louises große Sorge, der Freund könne die ursprüngliche Fassung gelesen haben, von der sie sich distanzierte.[50] Bemerkenswert ist auch, daß sie sich trotz des kaum für eigene Arbeiten Spielraum lassenden Arbeitspensums, welches sie für Gottsched ableistete, Zeit für die Umarbeitung nahm.[51] Die Umarbeitung bezog

48 Vgl. ebda, 218. Brief, an v. Runckel , 15.2.1762, S. 164.
49 Ebda., Brief 217 an Louise von v. Runckel v. 5.2.1762, S. 158.
50 Wie Anm. 47; Louise schreibt:»[...] Sie haben ihm gewiß meine *Panthea* nicht so gezeigt, wie sie in ihrer ersten Jugend aussah, sondern wie ich Ihnen solche nach genauer Prüfung und strenger Veränderung überschickt habe [...].«
51 Hier ist anzumerken, daß Gottsched im »ihr gestifteten Ehrenmaale« (vgl. Anm. 20) an keiner Stelle auf ihre eigenen Arbeiten verweist, wenn er lobend ihre Mehrarbeit erwähnt. Exemplarisch sei die Anmerkung zu einer Pope-Übersetzung zitiert:»Sie hatte immer noch Lust und Muße genug übrig, auch auf etwas anders zu sinnen. Dieß bewies auch in diesem arbeitsamen Zeitlaufe der popische Lockenraub, den sie aus dem Engländischen übersetzte, und 1744 ans Licht stellete« (unpag.); für den Zeitraum von 1742 bis 1747, in dem mit Sicherheit das Trauerspiel entstanden ist, finden sich nur Hinweise auf Übersetzungen mit dem Zusatz Gottscheds, da sei »ihre Feder mir öfters hülfreich an die Hand gegangen« (unpag.).

sich im wesentlichen auf sprachliche Änderungen. Die Sprache der einzelnen Figuren wirkt markanter und eher den jeweiligen Charakter stützend statt abmildernd; dies gilt nicht nur für Nikothris, die auch im Brief des Freundes unerwähnt bleibt. Eine zeilenweise vorgenommene synoptische Gegenüberstellung zeigt, wie das Figurenbild der Tochter sich vom Schaubühnentext (S) zur Neufassung (N) ändert:

III/3: Der Vater Gobrias spricht zur Tochter Nikothris:[52]
Mein Kind, ermanne dich! du darffst nicht furchtsam seyn. (S)
Du weinst, mein einzig Kind? jetzt mußt du standhaft seyn. (N)
[...]
Du bleibst bey Pantheen, der Königinnen Preis. (S)
Halt dich zur Panthea, der Königinnen Zier! (N)
Laß die dein Vorbild seyn. Es strebe deine Jugend (S)
Die laß dein Vorbild seyn; sey in der frühen Jugend (N)
Nach einer solchen Brust voll Weisheit und voll Tugend. (S)
Groß, edel, so wie sie, durch Weisheit, Muth und Tugend. (N)
[...]
Dieß präg in deine Brust; und bist du so gesinnt, (S)
Dieß präg in deine Brust; und bist du so gesinnt, (N)
So rührest du mein Herz; sonst bist du nicht mein Kind. (S)
So bist du meiner werth; sonst warst du nie mein Kind. (N)

Im neu bearbeiteten Text werden der Tochter in bezug auf ihr Verhalten neue Attribute zugestanden: Sie soll nicht nur tugendhaft und weise, sondern auch groß, edel und mutig sein, wodurch die Figur Charakterzüge eines männlichen Helden erhält. Jedoch wird der Heldin mehr Gefühl erlaubt, sie soll sich nicht mehr »ermannen« und darf sogar weinen. Die Sicht des Vaters auf die Tochter am Schluß des Monologs ist mit der Wahl einer illusionslosen Perspektive ins Nüchtern-Realistische transformiert worden: Gobrias' Herz wird nicht gerührt, sondern es geht dem Vater allein darum, ob die Tochter seiner wert ist.[53]
Auch in IV/3 zeigt der Dialog zwischen den beiden Frauen eine geringfügige Änderung, die Louises Bewertung der Ehe zu offenbaren scheint.

---

52 Text vgl.: *Schaubühne V*, S. 38; Neufassung (in *Briefe III*), S. 228 f.
53 Zum Werteverhältnis in der Vater-Tochter-Beziehung vgl.: Lessing, *Emilia Galotti*
V/7 (vgl. Kap. III.3 dieser Arbeit). Im Vater-Tochter-Dialog in *Emilia Galotti* wird
das Werteverhältnis verkehrt; nicht der Vater, sondern die Tochter stellt dort die
Bedingungen, unter denen sie den Vater als Vater akzeptieren will.

Nikothris spricht zu Panthea über die von den Vätern geplante Verbindung zwischen ihr und Araspes:[54]

So ist er mir verhaßt. Viel lieber wollt ich sterben, (S)
So ist er mir verhaßt. Viel lieber wollt ich sterben, (N)
Als mir durch dieses Band mein ganzes Glück verderben. (S)
Als mir durch dieses Band ein elend Glück erwerben. (N)

Die Betonung der negativen Bewertung der Verbindung ist durch die umformulierte Aussage gesteigert, als ob gezeigt werden sollte, daß Nikothris schon vor der Verbindung weiß, daß sie damit ein »elend Glück« erwerben wird.

Selbst die männliche Figur des Abradates zeigt durch abgeänderte Formulierungen eine rücksichtslosere Bewertung des schuldigen Araspes (I/7, Gespräch mit Panthea); auf Pantheas Verurteilung des wollüstigen Araspes antwortet er im Brieftext ungleich eindeutiger als im Schaubühnentext:[55]

Das glaub ich fest von dir. Der Schönheit größte Schmach (S)
Ich glaub es, Theuerste, der Tugend größte Schmach (N)
Ist, wenn man glaubt, sie geh nicht strenger Tugend nach. (S)
Ist, wenn das Laster glaubt, sie steh der Schönheit nach. (N)

Durch Verschiebung der Genitivobjekte ›Schönheit‹ und ›Tugend‹ ist der Blickwinkel auf die Figur der Panthea geändert, Subjekt der 2. Zeile des geänderten Textes ist ›das Laster‹, dem in Gestalt des Araspes die Schuld nun allein zukommt, weil dieser die falsche Perspektive auf Panthea wählt, wohingegen im ersten Text die Ursache noch in Pantheas weiblicher Schönheit selbst begründet lag. So liegt die Vermutung nahe, daß Louise mit dem in der *Schaubühne* abgedruckten Text Konzessionen an Gottsched machte und nur bedingt ihrem eigentlichen Duktus folgte, was die zu anderen Texten vorliegenden Forschungsergebnisse bestätigen.

54 Text vgl.: *Schaubühne V*, S. 51 f.; Neufassung S. 249.
55 Text vgl.: Ebda., S. 18; Neufassung S. 200.

II.2. Zwischen Glückseligkeit und Pflichterfüllung: Mutterschaft als Prinzip des Weiblichen in Margareta Klopstocks *Der Tod Abels*

> »All das hätte nie so geschrieben werden können,
> wenn die Schreiber hätten befürchten müssen,
> daß ihnen unterstellt werden könnte der Gedanke
> an ihren eigenen Körper hätte ihnen die Feder ge-
> führt.«
>
> (Niklas Luhmann, Liebe als Passion, 1982)

I

Im Juni 1754 heirateten Margareta Moller und Friedrich Gottlieb Klopstock. Die Ehe, die »in späteren Zeiten als beispielhafte Verwirklichung einer Gemeinschaft in Leben und Literatur galt«,[56] war nur von kurzer Dauer: Margareta Klopstock starb 1758. Ihre *Hinterlaßne[n] Schriften* wurden bereits ein Jahr später veröffentlicht.[57] Herausgeber der literarischen Arbeiten war Friedrich Gottlieb Klopstock, der diese Form einer postumen Würdigung seiner Ehefrau dem sonst üblichen Verfassen eines Trauergedichtes vorzog.[58]

---

56 So E. Horvath in: dies., Die Frau im gesellschaftlichen Leben Hamburgs. Meta Klopstock, Eva König, Elise Reimarus; in: Wolfenbütteler Studien zur Aufklärung Bd. III, hg. v. G. Schulz, Wolfenbüttel 1976, S. 175-194, hier S. 178. Auch: H. Pape, Klopstock. Die »Sprache des Herzens« neu entdeckt: Die Befreiung des Lesers aus seiner emotionalen Unmündigkeit, Frankfurt a.M. (u.a.) 1998, S. 190 ff.

57 *Hinterlaßne Schriften von Margareta Klopstock. Hamburg, bey Johann Carl Bohn, 1759.* Im folgenden Text zitiert nach dem Nachdruck der Ausgabe 1759: Margareta Klopstock, Hinterlaßne Schriften, Karben: Wald 1996.

58 Klopstock begründet dies in seiner Einleitung: »Ich habe diejenige durch den Tod verloren, die mich durch ihre Liebe so glücklich machte, als sie durch die meinige war. Unsre Freunde wissen, was das für eine Liebe war, mit der wir uns liebten. Man wird aus dem folgenden sehen, warum ich mir jede Klage verbieten muß, und gern verbiete. Diese ist eine von den Ursachen, daß ich kein Gedicht, welches so viele von mir erwartet haben, auch alsdann nicht auf sie machen werde, wenn ich mehr, als ich es itzt bin, dazu fähig seyn werde.« (*Hinterlaßne Schriften*, S. VII). A. Koschorkes Kommentar zur Herausgeberschaft Klopstocks macht illusionslos die Ambivalenz dieser Aussage transparent: »Er tritt, scheint es, in den

Die der »Frau Geheimeräthinn von Bernstorff« gewidmeten Schriften enthalten neben einer Einleitung des Herausgebers fünf Teilstücke mit Texten, die während der letzten beiden Lebensjahre Margaretas entstanden.[59] Das erste Teilstück setzt sich aus Korrespondenz zwischen Meta und Klopstock bzw. aus Kondolenzbriefen an Klopstock nach Metas Tod zusammen.[60] Darauf folgen Texte von ihr selbst, die *Briefe von Verstorbnen an Lebendige*, das Trauerspiel *Der Tod Abels* sowie zwei kurze Sequenzen: Die *Zween geistliche Gesänge* überschriebenen lyrischen Versuche Margaretas und ein von Klopstock nochmals mit einem einleitenden Kommentar versehenes, protokollarisch verfaßtes *Fragment eines Gesprächs* zwischen ihm und seiner Ehefrau.

Margareta Moller, die gebildete und literarisch interessierte Hamburger Kaufmannstochter, jüngste von drei Schwestern, lernte ihren späteren Ehemann zunächst durch dessen Texte kennen. Der Briefwechsel dokumentiert den prägenden Eindruck, den die Lektüre der ersten drei Gesänge des *Messias* bei ihr hinterließ und der sie veranlaßte, sich durch Vermittlung des Hamburger Freundes Nicolaus Dietrich Giseke mit Klopstock zu treffen.[61] Dies fand statt im April 1751 – Margareta war gerade dreiundzwanzig Jahre alt geworden.[62] Von der Erscheinung des drei Jahre älteren Klopstock war sie beeindruckt: Er sei in ihren Augen »bis zur Vollkommenheit schön«, lautete ihre übersteigerte Reflexion (nach

Hintergrund einer dienstbaren Herausgeberschaft und läßt die Verstorbene selbst zu Wort kommen. Doch bringt seine Zurückhaltung ihn nur um so triumphaler zur Geltung.« (A. Koschorke, Geschlechterpolitik und Zeichenökonomie. Zur Geschichte der deutschen Klassik vor ihrer Entstehung; in: R. v. Heydebrand (Hg.), Kanon – Macht – Kultur: Theoretische, historische und soziale Aspekte ästhetischer Kanonbildungen, Stuttgart/Weimar 1998, S. 581-599, hier S. 582 f.).

59 Dies ist aufgrund von Klopstocks Anmerkung zu den literarischen Arbeiten seiner Frau in den *Hinterlaßnen Schriften* anzunehmen: »Man liebt gewisse Materien vorzüglich; man schreibt einige Gedanken darüber auf; und man ist geneigt, diese Papiere einigen wenigen Freunden zu zeigen, ohne dabei an eine künftige weitere Bekanntmachung zu denken. Es ist von ungefähr drittehalb Jahre her, daß Sie auf diese Art anfing, einige von ihren Lieblingsgedanken, wenn ich abwesend seyn mußte, aufzuschreiben; [...]« (Einleitung, S. VIII).

60 Die Briefe reden Margareta Klopstock mit ihrem Rufnamen *Meta* an.

61 Erstes Treffen mit Klopstock am 4.4.1751; nähere Umstände beschreibt die »Geschichte der Meta Klopstock in Briefen«, hg. v. F. u. H. Tiemann, Bremen 1962, Teil I, S. 3-18.

62 Margareta Klopstock, geb. Moller, geb. am 16.3.1728, Heirat mit Klopstock am 10.6.1754, gest. am 28.11.1758 (vgl.: E. Friedrichs, Deutsche Schriftstellerinnen des 18. und 19. Jahrhunderts. Ein Lexikon, Stuttgart 1981, S. 161).

etwa zweijährigem Abstand) über die erste Begegnung.[63] »Diese Hamburgerin, eine eigenwillige, bedeutende Persönlichkeit«, wie sie in der *Geschichte der Margareta Klopstock in Briefen* beschrieben wird,[64] lebte in den »Verhältnissen einer gebildeten Bürgerlichkeit« und war »selbst des idealen dichterischen Aufschwungs fähig«.[65] Bereits mit neunzehn Jahren wurde sie vorzeitig für mündig erklärt.[66] Sie beherrschte mehrere Sprachen, neben Französisch, Italienisch, Englisch und Latein »auch wohl gar Griechisch«, wie Klopstock Gleim gegenüber betonte.[67] Jedoch äußerte sich Margareta bereits zu Beginn des Briefwechsels mit Klopstock mit kritischer Distanz zu dieser Fähigkeit; ihr Rollenverständnis als »Frauenzimmer« spiegelt ihre – wenngleich auch mit ironischem Ton unterlegte – Reaktion auf einen Brief Klopstocks an sie, in dem er ihr eine Passage aus einem Text Anakreons in der Originalsprache übermittelt hatte: »Niemals würde ich es Ihnen vergeben, kleiner unartiger Klopstock, daß Sie den Anfang von Anacreons Taubenode an mich, an ein Frauenzimmer griechisch schreiben, wenn Sie nicht meinen Brief mit Anacreons Taube verglichen hätten.«[68]

Die literarischen Arbeiten Margaretas entstanden alle während der nur rund vier Jahre andauernden Ehe mit Klopstock; er war ihr Vorbild, und von ihm ließ sie sich nach längerem Zögern zu eigenen Versuchen motivieren. Die Impulse für das literarische Arbeiten hatten ihren Ursprung in einer wechselseitigen Kreativität. Meta nahm vor allem an der Fertigstellung der zweiten Hälfte des *Messias* Anteil, den Klopstock »der Gattin in die Feder diktiert[e] und ihrer Kritik unterbreitet[e]«.[69] Darüber hin-

---

63 Wie Anm. 61, S. 5.
64 Wie Anm. 61, S. X.
65 Ebda., S. XX, XXVI.
66 Vgl. E. Horvath, wie Anm. 56, S. 177.
67 Wie Anm. 61, S. 44. Gérard Dautzenberg, der das Leben seiner Urgroßtante Meta in den Jahren an der Seite Klopstocks unter Berücksichtigung einer Vielzahl von Briefen nacherzählt, spricht sogar von sieben Sprachen (G. Dautzenberg, Mon cœur aurait encore tant de choses à vous dire … Meta et Klopstock, un couple célèbre de la littérature allemande, Condé-sur-Noireau 1990, S. 7).
68 Wie Anm. 61, S. 29.
69 Vgl.: *Allgemeine Deutsche Biographie*, hg. v. R. v. Liliencron, 16. Band, Leipzig 1882, S. 218; E. Horvath spricht von »gegenseitiger Förderung« und davon, daß Meta »Klopstocks beste Kritikerin« gewesen sei, »die alle Verse als erste zu lesen bekam« (wie Anm. 56, S. 178). Zum Einfluß Metas auf die fortschreitende Arbeit am *Messias* auch: G. Kaiser, Klopstock. Religion und Dichtung, Gütersloh 1963, S. 18; F. Muncker, Friedrich Gottlieb Klopstock. Geschichte seines Lebens und seiner Schriften. Erster Halbband, Stuttgart 1888, S. 295.

aus sorgte sie durch mehrmaliges Abschreiben in ihren Briefen an Verwandte und Freunde für eine kommentierte Verbreitung des Textes, der wegen seiner komplexen Bezüge fundierte Bibelkenntnisse beim Leser voraussetzte.[70] Klopstock selbst berichtete Bodmer über Metas außerordentliches Verständnis des *Messias*:»O wie versteht sie ihn. Ich darf ihr eben so wenig als unserm werthen Herrn Heß trauen, daß sie mir nicht, wie Er, alles erräth, wie es kommen wird.« Die Fähigkeit Metas, seine Gedanken nachzuvollziehen, versuchte er mit der Kongruenz beider Persönlichkeiten zu erklären:»Manchmal denke ich, sie ist ich […].«[71] Vor allem während der Ehe war das Denken Margaretas auf Klopstock fixiert; selbst in Abwesenheit dominierte er ihr Schreiben:»Kl. ist eben verreist, was sollte ich also anders thun, als an dich schreiben, du mein *Unterklopstock*!«, begann sie einen Brief an die älteste Schwester Elisabeth Schmidt.[72] Wie die Briefe zeigen, war auch der intellektuelle Austausch zumeist auf Klopstocks literarisches Werk bezogen;[73] so verwundert es kaum, wenn sich davon Spuren in den *Hinterlaßne[n] Schriften* finden.

II

Am 23. August 1757 schrieb Margareta aus Kopenhagen, wo sie einige Zeit mit Klopstock lebte, an ihre Schwestern:

[…] Wenn ich nach Kl.s Arbeiten von meinen sprechen darf, so will ich euch sagen, daß das was ich neulich anfing, eine Tragödie *Abel* ist. Ich darf es itzt sagen, weil Kl mit den 1½ Acten die fertig sind zu-

---

70 Vgl.: K. Kohl, Friedrich Gottlieb Klopstock, Stuttgart/Weimar 2000, S. 32; sowie Metas Briefe vor allem an ihre Schwestern. Im Brief an die Schwestern vom 26.3.1757 schreibt sie zum gerade entstehenden 11. Gesang des *Messias*:»Es sind so viele kleine Sachen, die man nicht *ganz* versteht, wenn man nicht ihre Allusion auf die Bibel weis. Es geht mir selbst oft manchmal so, daß eine Stelle mir viel schöner wird, wenn Kl. mir ihre Beziehung erklärt.« (wie Anm. 61, S. 509).
71 Klopstock an Bodmer, 12.12.1752 (wie Anm. 61, S. 274).
72 Wie Anm. 61, S. 440. Auch vgl. Koschorke, wie Anm. 58, S. 585:»Meta jedenfalls ist durch und durch erfüllt von Klopstocks Präsenz.«
73 Dabei sind die Anmerkungen Metas zum literarischen Werk des Ehemannes immer positiv konnotiert, im Unterschied beispielsweise zu den Aussagen, die L. A. Gottsched in ihren Briefen macht. Vgl. auch Koschorke, wie Anm. 58, S. 583:»Dieses Streben nach ›Liebe und Erkenntniß‹ hat in Metas literarischen Versuchen ihre Spuren hinterlassen, und es galt vorrangig Klopstock selbst.«

frieden ist. Last mir Zeit in Hamb. sie fertig zu machen. Den Abend,
bey Morell, wie ich das Gemälde sah, empfand ich mit einmal, daß
man davon eine Tragödie machen müßte. Ich sagte es Kl. Er sagte, er
wollte mir meinen Gedanken nicht nehmen. Ich hatte lange kein Herz
dazu; Kl erinnerte mich oft, bis es neulich dazu kam. Nun sagt Kl: er
misgönnt mir mein Süjett.[74]

Diese Beschreibung, die zugleich Metas Schreibsituation und den
Schreibanlaß für die Tragödie dokumentiert sowie die Umstände, unter
denen sie es sich überhaupt erlaubte, ihre eigene Arbeit anzusprechen, ist
die einzige, die sich in den von Tiemann veröffentlichten Briefen zur
Tragödie *Der Tod Abels* findet.[75] Daß das Drama tatsächlich fertiggestellt
wurde, bestätigt nur der postum veröffentlichte Text. Das Gemälde, welches Margareta zum Schreiben der Tragödie inspirierte, wird im Brief
nicht genau benannt;[76] die Behauptung, das Trauerspiel sei allein als Seitenstück zu Klopstocks *Der Tod Adams* (1757) entstanden, um mit dem
Ehemann zu konkurrieren, läßt sich jedoch aufgrund der Anmerkung in
Metas Brief nicht bestätigen.[77]
  Der skizzenhaft anmutende Dramentext umfaßt einundzwanzig Seiten, die sich auf drei Akte verteilen.[78] Die Zahl der *dramatis personae* ist
auf fünf beschränkt, was den nach aristotelischer Gesetzmäßigkeit ein-

---

74 Wie Anm. 61, S. 539.
75 Vgl. zu den bibliographischen Daten: Ebda.
76 Möglicherweise handelt es sich um eine Arbeit des italienischen Malers und Kup-
   ferstechers Antonio Balestra, entstanden zwischen 1701 und 1703; ›Morell‹ mag
   sich beziehen auf den englischen Librettisten Thomas Morell, der das Libretto für
   G. F. Händels *Messiah* verfaßte. Zu Händels *Messiah* (1741, Uraufführung Dublin
   1742): Metzler-Komponisten-Lexikon, hg. v. H. Weber, Stuttgart/Weimar 1992,
   S. 314, sowie: Meyers Enzyklopädisches Lexikon in 25 Bänden, Mannheim 1981,
   Bd. 11, S. 391. Zu Morell, der in seine Texte Elemente aus Arbeiten Miltons und
   Shakespeares einfügte, vgl.: The New Grove Dictionary of Music and Musicians,
   Vol. 12, ed. by S. Sadie, Bd. 12, London/Washington 1980, S. 569 f.
77 Vgl. *Allgemeine Deutsche Biographie*, wie Anm. 69: »Sie trat sogar in den poetischen Wettkampf mit ihm und dichtete als Seitenstück zu seinem ›Tod Adams‹
   (1757) einen ›Tod Abels‹.«
78 Die einzelnen Auftritte scheinen nur flüchtig ausgearbeitet; so fehlen ausführliche
   Szenenanweisungen. Die Figurenbilder sind weder durch physiognomische Be-
   schreibungen noch durch andere charakterisierende Elemente konkretisiert. Der
   Auftritt II/9 ist nicht ausgearbeitet worden, es findet sich nur ein Konstruktions-
   hinweis:»Eva, Zilla, die Töchter, die Unmündigen, einige Mütter mit ihren Säug-
   lingen, anzubeten. Dieser Auftritt wird gesungen. Er sollte aus einem Gesange von

heitlich verlaufenden Handlungsstrang wie auch den Dramenaufbau begünstigt. Neben Adam und Eva treten die beiden Söhne Kain und Abel auf sowie die Tochter Zilla. Die Genealogie der Ursprungsfamilie, ausgehend von den Stammeseltern Adam und Eva mit den Söhnen Kain und Abel, wird in Margaretas Text modifiziert: Auf die geänderte Genealogie, besonders auf die Tochterfigur Zilla, welche gemäß der Bibelvorlage erst sechs Generationen später Frau eines der Nachkommen Kains wird,[79] konzentriert sich so von Beginn des Dramas an die Aufmerksamkeit des Zuschauers.

Die Handlung des Dramas setzt ein an jenem Tag der Schöpfung, an dem Gott mit Opferhandlungen für die Erschaffung des Menschen gedankt werden soll, wie Abel Zilla gegenüber im Expositionsdialog betont. Mit Beginn von I/2 wird das idyllische Plateau der Eingangsszene gestört durch das mit dem Auftritt Kains eingefügte Motiv des Bruderzwistes, welches die weitere Handlung steuert und die Sprechakte der Figuren kennzeichnet: Das Familienleben ist geprägt von Disharmonie. Der dramatische Höhepunkt, der bereits mit dem Titel des Trauerspiels präfigurierte Tod Abels, ist zwischen dem letzten Auftritt Abels in II/6 und dem Mordgeständnis Kains gegenüber Adam und Eva in III/2 in verdeckte Handlung gesetzt. Das Drama endet in III/5 nach der Flucht Kains mit dem letzten Auftritt Zillas, die in Anwesenheit von Adam und Eva vom Tod Abels erfährt.

Vor allem der erste Akt des Trauerspiels zeigt die Figur der Zilla in ihrer Hauptfunktion als Dialogpartnerin Abels. Ihr erster Auftritt erfolgt vergleichsweise früh in I/1.[80] Gemeinsam mit Abel reflektiert sie hier über die Glückseligkeit des sterblichen Menschen auf Erden, die durch unbedingte gegenseitige Liebe motiviert wird: »Ich kann niemand hassen«, äußert sie Abel gegenüber, als sie mit diesem über den Bruder Kain spricht. Sie betont bewußt die Gegensätzlichkeit beider Brüder, wenn sie über Kain sagt, er habe ein »böses Herz« (I/3,53). Abels Liebe zu ihr emp-

---

ungleichen Strophen bestehen« (II/9,62). D. E. H. Schmid beschreibt das Drama in seiner Liste der *Literatur des bürgerlichen Trauerspiels* als »ein Tr. in drei Handlungen (oder nur eine Skizze davon)« (in: Deutsche Monatsschrift, hg. v. G. N. Fischer, Leipzig 1798, 3. Bd., S. 282-314, hier S. 297, Nr. 7).

79 Vgl. 1. Mose 4.19.

80 Auch am letzten Auftritt ist sie in Abweichung von der üblichen zeitgenössischen Dramenstruktur beteiligt, zumeist stirbt die Tochter vor Ende der Dramenhandlung.

Zum seltenen Auftritt der Tochterfigur in der Eröffnungsszene eines Dramas vgl. auch Kap. IV.2 dieser Arbeit.

findet sie jedoch nicht um seiner selbst willen mit Freude, sondern weil Abel ihrem Vergleich mit seinem Vater Adam standhält:»Und zu allen diesen großen Freuden noch die, daß Abel mich liebt! daß ich mein Leben mit Abel lebe, und mit Abel mich freue. So war Adam im Paradiese, wie mein Abel ist!« (I/1,50).

Analog hierzu ist Abels Perspektive auf Zilla konstruiert; nicht ihre individuelle Persönlichkeit stellt er an ihr positiv heraus, sondern er reduziert sie in religiös verklärter Rede auf ihre Gebärfähigkeit, die ihr die Möglichkeit gibt, den Sohn Gottes austragen zu können:

Ach Zilla, er will uns einen Heiland, einen Erlöser geben! Er soll ein Weibessame seyn. O wenn du den Mann des HErrn trügst! wenn du ihn mir und dem menschlichen Geschlechte bald gebährst! O schaure vor Freude und vor Ehrfurcht, den Gedanken zu denken! (I/1,51)

Die parallele Gestaltung zum zweiten Gesang des *Messias* (V.17 f.) wird hier offensichtlich:»Selig bist du und heilig, die du den Messias gebarest, / Seliger du, als Eva, der Menschen Mutter.«[81] Darüber hinaus zeigt sich in der Rede Abels dessen Todesaffinität, denn er antwortet Zilla, es gebe»eine größre Glückseligkeit jenseits des Grabes« (I/1,50). Der weitere Dramenverlauf enthält nur spärliche Handlung und ist beschränkt auf Dialoge einzelner Figurenpaare, die von Auftritt zu Auftritt wechseln und die die Vorbereitungen zu den Opferhandlungen reflektieren. Schlüsselwort bleibt auch im zweiten Akt die ›Glückseligkeit‹, die von Zilla in direkte Verbindung mit dem Dank an Gott gebracht wird (II/1,54). Zillas und Abels dialogische Reflexionen über den Begriff der Glückseligkeit sind im Zusammenhang mit Klopstocks wenige Jahre nach Metas Tod veröffentlichten Abhandlungen über die Freundschaft im *Nordischen Aufseher* zu sehen, die in der Kopenhagener Zeit entstanden.[82] Klopstock definierte darin Freundschaft als größte Glückseligkeit menschlichen Daseins, allerdings dem Bewußtsein erfüllter Pflicht nachgeordnet; darüber hinaus stellte er das Gespräch über Gott ins Zentrum

---

81 Friedrich Gottlieb Klopstock, historisch-kritische Ausgabe, begründet v. A. Beck u.a., hg. v. H. Gronemeyer u.a., Abteilung Werke IV/1, Berlin/New York 1974, S. 21.

82 Zu den Abhandlungen und zum Begriff der Freundschaft bei Klopstock vgl.: W. Rasch, Freundschaftskult und Freundschaftsdichtung im deutschen Schrifttum des 18. Jahrhunderts. Vom Ausgang des Barock bis zu Klopstock, Halle 1936, S. 256 f.; die Abhandlungen finden sich in: J. A. Cramer (Hg.), *Der Nordische Aufseher*, Leipzig/Kopenhagen 1760 ff., 2. Bd., 95./98. Stück, 3. Bd., 139. Stück.

einer praktizierten Freundschaft, wie sie in *Der Tod Abels* durch die Beziehung Zilla/Abel abgebildet wird. So besteht die Funktion der Zilla-Figur darin, als weibliches Pendant zu Abel das Ideal der Freundschaftsbeziehung zu komplettieren – ein Ideal, welchem auch die Beziehung zwischen Margareta und Friedrich Gottlieb zu entsprechen suchte, wenn man die Briefe hier als Bewertungsgrundlage heranzieht.

Ein wichtiger Aspekt der Dialoge ist die Klärung der Schuld am Sündenfall; Adam bleibt aus Sicht Kains der allein Schuldige (I/2,52), während Eva ihre Schuld Zilla gegenüber betont. Diese Sichtweise kommt auch in Adams Rede zum Ausdruck:»Laß deine Kinder hören, daß du gesündigt hast«, fordert er von Eva am Ende des zweiten Auftrittes (II/8,61). In Korrespondenz mit der Rede Abels äußert Adam in II/5 seine Sicht auf Eva und die Töchter, deren Gebärfähigkeit sich auch für ihn als zentrales Merkmal ihrer Weiblichkeit darstellt:»Freue dich, Eva, freut euch, meine Töchter, ihr werdet den Mann, den Herrn gebären.«[83] Die Rede der männlichen Figuren spiegelt ungebrochen den zeitgenössischen Diskurs über Sexualität, der vor allem die Existenz einer (nicht rollenkonformen) weiblichen Sexualität zu bestreiten suchte.[84] Die Figuren Abel und Adam sind in ihrer Rede über Zilla mit der Figur des Hystaspes im Trauerspiel *Panthea* der Louise Gottsched vergleichbar: In beiden Trauerspielen wird die Sicht auf die Tochterfigur über die Rede männlicher Figuren transportiert.[85]

In *Der Tod Abels* wird durch gleiche Äußerungen zweier Figuren die Schuldperspektive auf Kain verengt: In III/2 konfrontiert Adam Kain mit der Bewertung seines Charakters, die Zilla ähnlich bereits in I/3 gibt:»Dein Herz ist böse.«[86] Das Ende des Dramas und die direkte Thematisierung

---

83 Wie Anm. 57, S. 59. Zur Funktionalisierung von Weiblichkeit durch den zeitgenössischen Begriff von Gebärfähigkeit und der daraus resultierenden Formulierung des»Mythos der Mutterschaft und Mutterliebe« vgl.: E. Badinter, Die Mutterliebe. Geschichte eines Gefühls vom 17. Jahrhundert bis heute, München, 4. Auflage 1999 (zuerst Paris 1980).

84 Zum Diskurs über Sexualität vgl.: S. K. Schindler, Eingebildete Körper. Phantasierte Sexualität in der Goethezeit, Tübingen 2001. L. Sharpe, Über den Zusammenhang der thierischen Natur der Frau mit ihrer geistigen. Zur Anthropologie der Frau um 1800; in: J. Barkhoff/E. Sagarra (Hg.), Anthropologie und Literatur um 1800, München 1992, S. 213-225.

85 Vgl. Kap. II.1 dieser Arbeit, S. 9; das Verhältnis der Figurenzahl ist umgekehrt, der Effekt ändert sich jedoch nicht (*Panthea*: Blick einer männlichen Figur auf zwei weibliche Figuren; *Der Tod Abels*: Blick zweier männlicher Figuren auf eine weibliche).

86 Vgl. Anm. 57, S. 53 (Zilla) u. S. 64 (Adam).

von Abels Tod beginnt mit dieser Wiederholung der Aussage Zillas durch Adam, die im ersten Akt a priori die Erklärung für den weiteren Verlauf des Geschehens liefert; Kains Gottlosigkeit wird symbolisiert durch den Begriff des bösen Herzens, hier im Gegensatz zu dem Bild aus dem ersten Gesang des *Messias* mit negativer Konnotation versehen. Dort heißt es: »Heilige Kinder. Erkennt sein Herz, ihr wart ihm das Liebste / […]«.[87] Dem Mordgeständnis Kains am Ende desselben Auftrittes folgen noch drei weitere Auftritte, in denen der Tod Abels aus unterschiedlichen Perspektiven betrachtet wird. Zunächst folgt die Bestätigung der Todesnachricht in III/3: Nach der Szenenanweisung zieht Adam einen Vorhang auf, der den Blick auf den auf dem Feld liegenden toten Abel freigibt, worauf beide Eltern zum Gebet an den Leichnam treten.[88] Symbolisch wird der Tod als Ausdruck der Allmacht Gottes dargestellt; nachdem Adam »seitwärts« vom toten Sohn weggetreten ist, hört er den Donner, der ihn erkennen läßt: »Der Herr ist nahe« (III/3,66). Es folgt ein Dialog zwischen Kain und den Eltern in III/4, in dem Kain seine persönliche Schuld relativiert, denn auf Evas Frage, ob Gott ihm erschienen sei, antwortet er: »Er ists! […] Er hat das Blut meines Bruders gefodert« (III/4,69). Der letzte Auftritt (III/5,70) zeigt Zilla, die von Eva den Tod Abels erfährt. Ihre Reaktion ist emotionslos-gefaßt und auf Gott bezogen, den Tod des Geliebten akzeptierend statt beklagend.

III

Im Jahr 1757, vermutlich etwa zur selben Zeit, in der Margareta an ihrem Trauerspiel schrieb, erschien in Kopenhagen und Leipzig Klopstocks Trauerspiel *Der Tod Adams*. Margareta hatte den Entwurf, der bereits im Jahr 1753 parallel zur Sterbeszene im VIII. Gesang des *Messias* entstand und damit als erste deutsche Prosatragödie gelten muß, offensichtlich im Jahr 1755 unter Klopstocks Papieren wiederentdeckt.[89]

---

87 Wie Anm. 81, Vers 409.

88 Margareta setzt die Sterbeszene Abels in verdeckte Handlung und folgt damit der zeitgenössischen Tradition, die seit Gottsched Sterbeszenen hinter die Bühne verlegt, um »die Todesschrecken zu mäßigen« (so R. Sexau, Der Tod im Deutschen Drama des 17. und 18. Jahrhunderts (von Gryphius bis zum Sturm und Drang). Ein Beitrag zur Literaturgeschichte, Hildesheim 1976, Nachdruck der Ausgabe Bern 1906, S. 186 ff.).

89 Vgl.: Dramenlexikon des 18. Jahrhunderts, hg. v. H. Hollmer/A. Meier, München 2001, S. 165.

Wie oben bereits angesprochen wurde, ist die in der *Allgemeinen Deutschen Biographie* aufgestellte These, Metas Trauerspiel sei ausschließlich als Seitenstück zu Klopstocks *Tod Adams* zu verstehen, nicht in jeder Hinsicht gerechtfertigt.[90] Im Vergleich beider Texte sind Unterschiede anzumerken, die das eigene Profil von Metas Text ausmachen; so findet sich die Tochterfigur Zilla im Verzeichnis der *dramatis personae* des Klopstock-Textes nicht.[91] Im Vorbericht zu seinem Drama deklarierte Klopstock ausdrücklich den Titelhelden Adam zur Hauptperson,[92] Meta hingegen schuf zwei gleichwertige Protagonisten, die in der Mehrheit der Auftritte als homogenes Figurenpaar eingesetzt werden, um die bestehende disharmonische Situation zu diskutieren. Auch Eva Horvath weist in ihrem biographisch orientierten Aufsatz in bezug auf Margaretas Drama darauf hin, daß »es sich […] um ihre selbständige Arbeit handelt, obgleich das Vorbild nicht zu verkennen ist.«[93] Parallele Gestaltungssituationen verweisen auf den offensichtlichen Zusammenhang der Texte, auch und nicht zuletzt im Hinblick auf den *Messias*: »Der Urgewalt des Todes korrespondiert die Natur durch berstende Felsen«, heißt es über den Schluß des Klopstock-Dramas,[94] welcher an den Donner am Schluß von Margaretas Tragödie erinnert oder auch an die sich auf Golgatha ereignende Sterbeszene im VIII. Gesang des *Messias*.[95] Auch Margaretas Drama ist wie das Klopstocks ein Lesedrama in drei Handlungen und war aufgrund seiner Handlungsarmut und des dürftigen religiösen Stoffes nur bedingt für eine Theateraufführung geeignet.[96] Die erzählte Zeit in *Der Tod Abels* legt es dem Leser nahe, dieses Drama als Ergänzung zu Klopstocks *Der Tod Adams* einzuordnen, denn Margareta erzählt die Ge-

---

90 Vgl. Anm. 69.

91 Vgl.: F. G. Klopstock, *Der Tod Adams*, in: Klopstocks sämmtliche Werke, Sechster Band, Leipzig 1854, S. 1-35; hier S. 2. Auch im Personenverzeichnis des in Hamburg durch mehrere Aufführungen bekannten Theaterstücks *La Morte d'Abel* von P. Metastasio (Erstaufführung: Wien 1732; Aufführung in Hamburg 1762, München 1754, Bonn 1758 lt. R. Meyers *Bibliographia Dramatica et Dramaticorum*, 2. Abt., Bd. 8, S. 191-197, Tübingen 1997) findet sich die Figur nicht, wohl aber ein Todesengel wie in Klopstocks *Tod Adams*. Es ist nicht belegt, ob Margareta den Text kannte.

92 Ebda., S. 3.

93 Wie Anm. 69, S. 178.

94 Vgl. Anm. 89.

95 Vgl.: *Der Messias*, VIII. Gesang, V. 555 f., V. 613 f. (wie Anm. 81, S. 176, 178).

96 Vgl. hierzu Anmerkung 87 (über den Vorbericht Klopstocks zu seinem Drama und die Uraufführung des Dramas im Dezember 1767 in Halberstadt). Eine Aufführung von Metas Tragödie konnte nicht nachgewiesen werden.

schichte, wie sie sich vor Einsetzen der Handlung in Klopstocks Tragödie
zugetragen haben könnte; daß sie vor allem über die Figur der Zilla eigene
Vorstellungen und Ideen umsetzte, zeigt der direkte Vergleich ihres Textes mit beiden Klopstock-Texten.

Ein Kommentar zum Drama findet sich in Munckers Arbeit zu Friedrich Gottlieb Klopstock, die Ende des 19. Jahrhunderts erschien und ver-
nichtende Kritik an Margareta übte:

> Die bedeutendste Stelle unter ihren Schriften nahmen das Trauerspiel
> ›Der Tod Abels‹ und die ›Briefe von Verstorbenen an Lebendige‹ ein.
> Ersteres entstand unter dem unmittelbaren Eindruck von Klopstocks
> Drama ›Der Tod Adams‹. Als getreue Nachahmung desselben teilte
> Metas Arbeit nicht nur ziemlich alle Schwächen ihres Vorbilds, son-
> dern übertraf sie noch. […] Ihrer Sprache fehlt jeder poetische
> Schmuck, aber auch jeder hohle Wortprunk. Mit Geßners gleichnami-
> ger Dichtung verglichen, erscheint Metas Darstellung rationalistischer
> […] Selbst nur als dialogisierte Idylle betrachtet, ist Metas ›Tod Abels‹
> künstlerisch wertlos.[97]

Unberücksichtigt blieb hier, daß eine rationalistische Darstellung, wie
Margareta sie gestaltete, in der sprachlichen Umsetzung auf »poetischen

---

97 K. Muncker, Friedrich Gottlieb Klopstock. Geschichte seines Lebens und seiner
   Schriften, Erster Halbband, Stuttgart 1888, S. 319 f. Der Vergleich mit Geßners
   Idylle ist bedingt ergiebig, weil Geßners Prosa-Epos *Der Tod Abels* im Todesjahr
   Margaretas erschien, Margareta aber bereits ein gutes Jahr früher ihren *Tod Abels*
   konzipiert hatte; allenfalls mittelbar über die Nähe zu Bodmer und zur biblischen
   Epik lassen sich Einflüsse vermuten. Der den Geßner-Text abschließende Gesang,
   der die Reaktion der verzweifelten Witwe detailliert schildert, fehlt bezeichnenderweise in Margaretas rationalistisch ausgerichtetem Konzept. Munckers Kritik
   verweist auf Bewertungskriterien für weibliches Schreiben, wie sie auch Zeitgenossen der Autorinnen im 18. Jahrhundert zumeist ansetzten: »Die direkte
   Kritik am Inhalt, wie sie z.B. Goethe für seinen *Werther* hinnehmen mußte,
   kommt in bezug auf eine weibliche Schriftstellerin selten zum Tragen. Sich mit
   dem Inhalt oder der Form en detail auseinanderzusetzen, würde wohl ein gewisses
   Ernstnehmen signalisieren, das man/Mann zu vermeiden sucht« (in: K. A. Wurst
   (Hg.), Frauen und Drama im achtzehnten Jahrhundert, Köln/Wien 1991, S. 66);
   eine Ausnahme bildete die Kritik Bodmers zum Trauerspiel Louise Gottscheds
   (vgl. Kap. II.1. dieser Arbeit). Zu Metas literarischen Arbeiten, auch zum hier analysierten Trauerspiel, findet sich ein längerer, der Kritik Munckers entsprechender
   Kommentar in: A.v. Hanstein, Die Frauen in der Geschichte des deutschen Geisteslebens des 18. und 19. Jahrhunderts, 1. Buch, Leipzig 1899, S. 195-207.

Schmuck« verzichten mußte; ihr wurde von Muncker unterstellt, daß ihr dies nicht bewußt war.

Darüber hinaus folgte sie konsequent dem ihr eigenen Sprachgebrauch, der auch ihre Briefe kennzeichnete: Bedingungslos verklärende Idyllenmalereien, wie Geßner sie schrieb, lieferte sie nicht:»Ich habe der kleinen Mollerinn Briefe wieder mit durchlesen [...] Sie schreibt so natürlich«, beschrieb Klopstock seinen ersten Eindruck von dem Ton, den sie in ihren Briefen bis zuletzt beibehielt.[98] Natürlichkeit auch im Umgang mit dem Tod prägte nicht nur die Briefe, sondern auch das literarische Werk Metas, in diesem Drama umgesetzt vor allem durch die Figur der Zilla, die den Tod Abels am Ende ohne einen Eindruck des Schreckens als von Gott gegeben hinnimmt. Margareta selbst, so zeigt es die Korrespondenz, hatte »in ihrer von tiefer und reiner Religiosität erfüllten Gedankenwelt den Tod nie furchterregend empfunden«.[99] Vor allem die Briefe des letzten Lebensjahres dokumentieren ihre »seltsamen Gedanken über Tod und Jenseits« und »daß ihr die Beschäftigung mit diesen Gedanken vertraut war«.[100] Margaretas persönliche Lebenssituation (ihre Gesundheit betreffend) macht diese Gedanken nachvollziehbar und eine autobiographische Färbung ihrer wohl letzten beiden Texte (die *Briefe von Verstorbnen* und das Trauerspiel) wahrscheinlich. Die schon zu Beginn ihrer Beziehung zu Klopstock immer wieder kränkelnde Frau, die bereits am 10.9.1752 ein Testament verfaßte, hatte im Jahr 1758 allen Grund, am glücklichen Ausgang ihrer dritten Schwangerschaft zu zweifeln und sich mit Gedanken über den Tod statt mit Mutterschaft auseinanderzusetzen.[101] Auf ihr persönliches Glück an der Seite Klopstocks war »trotz der nicht zu unterschätzenden literarisch-gesellschaftlichen Wirkung« Margaretas ganzes Streben ausgerichtet, wobei dieses Glück für sie un-

---

98 Klopstock an Gleim, 24.5.1751, in: wie Anm. 61, S. 44; über Metas »natürliche Art«, sich Freunden in Briefen mitzuteilen, vgl.: H. Pape, Klopstock. Die »Sprache des Herzens« neu entdeckt: Die Befreiung des Lesers aus seiner emotionalen Unmündigkeit, Frankfurt a.M. u.a. 1998, S. 191 f. Zum Begriff des Natürlichen im zeitgenössischen Verständnis vgl.: J.G. Sulzer, *Allgemeine Theorie der Schönen Künste* [...], Zweyter Teil, Leipzig 1775, S. 306-309.

99 E. Horvath, wie Anm. 56, S. 179.

100 Ebda.

101 Schon die frühen Briefe dokumentieren Metas Anfälligkeit für Krankheiten. Zudem sind in einem Brief Klopstocks zwei vorangegangene Schwangerschaften Metas vermerkt, die beide mit einer Fehlgeburt endeten (vgl.: Klopstock an Meta, 17.7.1751, Klopstock und Meta an Giseke, Okt. 1757, Metas Testament v. 10.9.1752, in: wie Anm. 61, S. 59, 544, 247 f.).

trennbar mit ihrem Glauben verbunden war, der »die unerschütterliche Grundlage ihrer Ehe« bildete.[102] Die Sprache, die sie in Briefen und literarischen Versuchen verwendete und aus Klopstocks Texten, sowohl aus dem *Messias* als aus den Briefen, entlehnte, war durch diese Überblendungen geprägt von religiösem Vokabular, wodurch »das diesseitige, zugleich sinnliche und spirituelle Glück als Präfiguration der ewigen Liebe« erschien.[103] Auch Klopstock, in dessen fünfzehntem Gesang des *Messias* von »mächtiger Überzeugung / Jenes ewigen Lebens«[104] die Rede ist, favorisierte die paradiesische Liebe, die die Figur der Zilla in Margaretas Drama verklärt, wenn sie im Geliebten Abel die archaische Liebe Adams im Paradies wiederzuentdecken glaubt. Adam schildert die erste Begegnung mit Eva als »Entzückung«, die ihn »mit der ganzen Ueberzeugung meines Herzens, und der ganzen Bestimmung meines Lebens« fühlen läßt, daß Eva für ihn geschaffen ist. Das für den *Messias* charakteristische »Ineinander von persönlichem Glaubensbekenntnis und persönlichem Gefühl« übernahm Margareta sowohl in der Tragödie als auch in ihren Briefen, die ebenso wie die Klopstocks eine »Verschränkung von Literatur und Leben« erkennen lassen.[105] »Das Motiv der Verbundenheit der Liebenden jenseits aller Zeit taucht im Briefwechsel immer wieder auf«,[106] wie beispielsweise in Klopstocks Brief, den er im November 1752 aus Kopenhagen an Meta schickte:

Es dünkt mir als ob du, meine Zwillingsschwester mit mir im Paradiese gebohren wärst. Gegenwärtig sind wir noch nicht da, aber wir werden dahin zurück kehren. Da wir hier schon so glücklich sind, wie viel mehr werden wir es dort seyn.[107]

---

102 E. Horvath, wie Anm. 56, S. 180, 185).

103 K. Kohl, wie Anm. 70, S. 32.

104 *Der Messias*, fünfzehnter Gesang (wie Anm. 81, Abteilung Werke IV/II, V. 439 f., S. 143).

105 Wie Anm. 57, S. 56. E. Clauss in: dies., Liebeskunst. Untersuchungen zum Liebesbrief im 18. Jahrhundert, Stuttgart/Weimar 1993, S. 17 f.

106 Frauen der Goethezeit in Briefen, Dokumenten und Bildern. Von der Gottschedin bis zu Bettina von Arnim. Eine Anthologie v. H. Haberland/W. Pehnt, Stuttgart 1960, S. 98.

107 Wie Anm. 61, S. 263. Das Motiv der auch im Jenseits vereinten Liebenden verbindet diesen Text mit Klopstocks Ode *Salem* sowie mit dem 4. Gesang des *Messias*.

Im Sprachgebrauch beider spiegelt sich der zeitgenössische Geschmack an der Verschriftlichung der Liebe, denn durch die Verwendung empfindsamen Vokabulars ließen sich die »programmatischen Elemente einer modisch gewordenen Sentimentalität«[108] wie Liebesenthusiasmus und schwärmerisches Freundschaftsideal literarisch abbilden – wobei Sexualität spiritualisiert wenn nicht gänzlich ausgeblendet wurde.[109] In Verbindung mit religiös konnotiertem Sprachgehalt wurden Emotionalität und Gefühl gegenüber dem rationalen Bewußtsein aufgewertet. Es zeigen sich hier Ansätze, die auf den empfindsamen Duktus der Figurenbilder verweisen, die ab Mitte des Jahrhunderts im bürgerlichen Trauerspiel konzipiert wurden und die bis hin zu Goethes *Werther* (1774) führten, in dem der Name *Klopstock* selbst zur Chiffre des Liebescodes in Lottes und Werthers Liebesdiskurs wurde.

Die Figur der Zilla spiegelt somit die sich abzeichnende Verschränkung der Begriffe ›Mutterschaft‹ und ›Empfindsamkeit‹ im gefühlsaufwertenden zeitgenössischen Sprachgebrauch und präsentiert die Bereitschaft zu Verzicht und Aufopferung für die Familie als maßgebliche Eigenschaft des weiblichen Ideals.

108 P.-A. Alt, Tragödie der Aufklärung, Tübingen/Basel 1994, S. 103. Zu Elementen empfindsamen Sprachgebrauchs in Klopstock-Texten ferner: P. Kluckhohn, Die Auffassung der Liebe in der Literatur des 18. Jahrhunderts und in der deutschen Romantik, Halle 1922, S. 176-217; W. Rasch, wie Anm. 82, S. 254 ff.; G. Kaiser, Denken und Empfinden. Ein Beitrag zur Sprache und Poetik Klopstocks; in: text und kritik, hg. v. H.L. Arnold, Sonderband, München 1981, S. 10-28; A. Koschorke, Die Verschriftlichung der Liebe und ihre empfindsamen Folgen. Zu Modellen erotischer Autorschaft bei Gleim, Lessing und Klopstock, in: P. Goetsch (Hg.), Lesen und Schreiben im 17. und 18. Jahrhundert. Studien zu ihrer Bewertung in Deutschland, England, Frankreich, Tübingen 1994, S. 251-264; J. Beisenherz, Der Kuß als Versprachlichung von Erotik in der deutschen Literatur zur Mitte des 18. Jahrhunderts, Marburg 1996, S. 24-35.

109 Vgl.: A. Koschorke, Körperströme und Schriftverkehr. Mediologie des 18. Jahrhunderts, München 1999, S. 449: »Der Kultus der zärtlichen Empfindungen darf sich nicht mit dem erotischen Nährgrund berühren, obwohl er dessen Gesten fortwährend evoziert; […].«

II.3. Der Preis der Lust:
Ehebruch und emotionale Abhängigkeit
in Christiane Karoline Schlegels *Düval und Charmille*

>»Wenn es so wichtig ist, Begierden und Lüste zu be-
>herrschen, wenn der Gebrauch, den man von diesen
>macht, eine solche moralische Bedeutung hat, so geht
>es nicht darum, eine ursprüngliche Unschuld zu be-
>wahren oder wiederzufinden; ... es geht darum, frei
>zu sein und es bleiben zu können.«
>
>(Michel Foucault, Sexualität und Wahrheit, 1986)

I

Christiane Karoline Schlegel, geb. Lucius, ist weniger durch die beiden von ihr verfaßten Dramen bekannt als durch ihren Briefwechsel mit Christian Fürchtegott Gellert.[110] Die im Jahr 1739 geborene »Tochter eines geh. Cabinetsregistrators«, die noch einen älteren Bruder und eine jüngere Schwester hatte, erhielt durch »sorgfältig gewählte Privatlehrer«[111] eine fundierte Bildung, die der oft abwesende Vater Carl Friedrich Lucius allen drei Kindern gleichermaßen zukommen ließ. Sie beherrschte die englische, französische und italienische Sprache und übte sich früh im Briefeschreiben.

---

110 Titel der Dramen: *Dormont und Julie: ein Schauspiel in drey Aufzügen. von einem Frauenzimmer verfaßt*, Hamburg: Schniebes 1777; *Düval und Charmille. ein bürgerlich Trauerspiel in fünf Aufzügen. von einem Frauenzimmer*, Leipzig: Weidmanns Erben und Reich 1778 (hier und im folgenden Text zitiert nach: K A. Wurst (Hg.), Frauen und Drama im achtzehnten Jahrhundert, Köln/Wien 1991, S. 96-140). *Düval und Charmille* ist in der innerhalb der Forschung kanonisch gewordenen Grundlage *Litteratur des bürgerlichen Trauerspiels* in der Liste von D.E.H. Schmid unter Kapitel IV, Nr. 87, verzeichnet (vgl. Kap. II.2, Anm. 78, hier S. 304).

111 Zitiert aus: Allgemeine Deutsche Biographie, Neunzehner Band, hg. v. R. v. Liliencron, Leipzig 1884, S. 352. Zu biographischen Daten Schlegels vgl.: S. Kord, Ein Blick hinter die Kulissen. Deutschsprachige Dramatikerinnen im 18. und 19. Jahrhundert, Stuttgart 1992, S. 310 f.; E. Friedrichs, Die deutschen Schriftstellerinnen des 18. und 19. Jahrhunderts. Ein Lexikon, Stuttgart 1981, S. 269;

Die Korrespondenz mit Gellert war prägend für die weitere Bildung der jungen Frau, die die Lektüresendungen und -empfehlungen Gellerts sorgfältig durcharbeitete und dessen im Elternhaus vorhandene Schriften genau studierte. Über den älteren Bruder, der während seiner Studienzeit in Leipzig mit Gellert »unter einem Dache«[112] wohnte, erfuhr sie manches Detail über den Professor für Beredsamkeit und Poesie: »In der That, mein lieber Herr Professor, Sie können sich's unmöglich vorstellen, wie gut ich Sie kenne, und wie viel ich von Ihnen weis«, schrieb sie ihm.[113] Der neben seiner Aufrichtigkeit unerschrockene und ironische Ton, in dem die Briefe an Gellert verfaßt wurden, dokumentiert ein außerordentliches Selbstbewußtsein der Korrespondentin, die den Professor gleich im ersten Brief bat, er solle ihre »Unbescheidenheit [...] gütigst übersehen«: »Ich bedeute zwar nicht sonderlich viel in der Welt; aber daß ich Sie so sehr liebe, ist doch wohl ein großer Beweis, daß mein Urteil nicht zu verachten ist, und daß ich Verstand habe.«[114]

Dem zeitgenössischen Höflichkeitsgebot folgend antwortete Gellert am Tag nach Erhalt des Briefes. Der »natürliche Brief«,[115] wie er jene schriftliche Empfehlung Karolines für eine Brieffreundschaft bezeichnete, mag ihn, dessen Leben zu dieser Zeit bereits maßgeblich durch Krankheit bestimmt wurde,[116] angenehm überrascht haben: Sein Urteil

---

K. A. Wurst, wie Anm. 110, S. 58; F. A. Ebert in: Briefwechsel Christian Fürchtegott Gellert's mit Demoiselle Lucius: Nebst einem Anhange,[...]. Sämmtlich aus den bisher meist noch ungedruckten Originalen herausgegeben von F. A. Ebert, Leipzig 1823, S. V-XII, hier S. X; A. v. Hanstein, Die Frauen in der Geschichte des deutschen Geisteslebens im 18. und 19. Jahrhundert, Bd. II, Leipzig 1900, S. 239-246. Ebert (S. X) und Hanstein (S. 246) verweisen auf eine Verwandtschaft mit der »Dichterfamilie Schlegel«. In der oben genannten Studie von Kord fehlt ein Hinweis auf *Dormont und Julie* (vgl. hier Anm. 111, dort S. 425).

112 So Ebert: wie Anm. 111, S. X.

113 Ebda., S. 2.

114 Ebda., S. 1. Es trifft nur bedingt zu, wenn R. Arto-Hammacher das Schreiben der Lucius als »Heraustreten aus der Isolation und Entdeckung eines ›Selbstbewußtseins‹« bezeichnet; ihres Selbstbewußtseins ist sich die Autorin Lucius spätestens von Beginn des Briefwechsels mit Gellert an bewußt, wie der erste Brief zeigt (vgl.: R. Arto-Hammacher, Gellerts Briefpraxis und Brieflehre. Der Anfang einer neuen Briefkultur, Wiesbaden 1995, S. 256 ff.).

115 Wie Anm. 113, S. 5.

116 Vgl. Tagebucheintragungen Gellerts (Januar 1761), die auf einen länger anhaltenden schlechten Gesundheitszustand schließen lassen (vgl. T. O. Weigel (Hg.), Chr. F. Gellert's Tagebuch aus dem Jahre 1761, Leipzig 1862, S. 1 ff.; auch: E. Meyer-Krentler über Gellert in: Wolfenbütteler Studien zur Aufklärung 17, hg. v. W. Martens, Heidelberg 1990, S. 205-331, hier S. 207.

über Christiane Karolines schriftstellerisches Können fiel uneingeschränkt positiv aus. Er bescheinigte seiner »Babet« eine »aufgeweckte, naive und überzeugende Sprache« und lobte die – für ihn geschlechtsbedingte – Qualität ihrer Schreibweise: »In der That kann ich mich nicht erinnern, daß ich jemals einen so lachenden und doch natürlichen Brief von einem Frauenzimmer erhalten hätte; von einer Mannsperson will ich gar nicht sagen; denn unser Witz ist nicht fein genug zu dieser Schreibart.«[117] Im Verlauf der mit kurzer Unterbrechung über einen Zeitraum von acht Jahren andauernden Korrespondenz mit Christiane Karoline suchte Gellert seine gelehrige Schülerin und liebste Briefpartnerin durch Zusendung vor allem pädagogisch-programmatischer Schriften zu beeinflussen und weiter auszubilden. Für ihn, der als Schüler Gottscheds begonnen hatte, war die Literatur eine »Möglichkeit, über den engen Bereich der Gelehrtenwelt hinaus volksaufklärerisch zu wirken«.[118] Noch im Jahr 1854 sprach die Erzieherin Elise von Hohenhausen lobend über Gellert, »dessen Schriften sämmtlich nicht nur unschädlich, sondern auch heilbringend auf ein weibliches Gemüth wirken«.[119]

Die Schriften, die Gellert Christiane Karoline zur Lektüre übersandte, waren alle von »unschädlichem« und »heilbringendem« Charakter; exemplarisch seien hier die erste sowie eine der letzten Büchersendungen aufgeführt: Im bereits erwähnten ersten Brief an Christiane Karoline ging Gellert auf ihre Bitte ein, ihr eines seiner Bücher zu schicken. Da sie, wie er wußte, »ja alle gelesen hat«, schickte er ein anderes:

[…] ich will Ihre Bibliothek durch ein Buch vermehren, das Sie vielleicht noch nicht gelesen haben, und das ich herzlich gern möchte geschrieben haben, wenn ich so viel Fähigkeit besäße, als die Frau von Beaumont. Das Magazin dieser vortrefflichen Frau ist es, das ich Ihnen schicke, und das Ihnen, ich weis es sicher, angenehm seyn muß.[120]

117 Wie Anm. 113, S. 4 f.
118 E. Meyer-Krentler, wie Anm. 116, S. 210.
119 E. v. Hohenhausen, Die Jungfrau und ihre Zukunft in unserer Zeit, oder mütterlicher Rath einer Pensionsvorsteherin an ihre scheidenden Zöglinge über ihren Eintritt in die Welt […]. Weimar 1854. Auszug in: Bildung und Kultur bürgerlicher Frauen 1850-1918. Eine Quellendokumentation aus Anstandsbüchern und Lebenshilfen für Mädchen und Frauen als Beitrag zur weiblichen literarischen Sozialisation, hg. v. G. Häntzschel, Tübingen 1986, S. 377-380, hier S. 377.
120 Wie Anm. 113, S. 5.

Bei den Magazinen der Mme de Beaumont handelte es sich um pädagogische Schriften für Mädchen und junge Frauen im heiratsfähigen Alter, die durch bibelexegetische Übungen diesen Verhaltensregeln vermitteln sollten. Die in der Schrift vorgestellten Protagonistinnen – alle Vertreterinnen der Zielgruppe der Schrift – präsentierten diese Regeln in Dialogform und wandten sie auf alltägliche Lebenssituationen an.[121] Die in Deutschland recht verbreiteten Schriften gehörten zum zeitgenössischen Schriftenkanon der ›pädagogisch wertvollen‹ Mädchenlektüre. Auch Goethe empfahl die Magazine ausdrücklich seiner Schwester Cornelia.[122]

Im Frühjahr 1768 schickte Gellert Christiane Karoline *Die Ruhe auf dem Lande* von Ludwig Christoph Schmahling (1725-1804). Die Schrift des Osterwieker Kircheninspektors und Oberpredigers verband Religionspädagogik und Naturlehre und erschien später auszugsweise im Philanthropischen Verlag; der Verlag vertrieb die Lehren der führenden Philanthropen, zu denen Basedow oder auch Campe zählten, die sich, geschult an Rousseau, unter Rückgriff auf zeitgenössische medizinische und pädagogische Theorien vehement für sexuelle Enthaltsamkeit von Frauen aussprachen.[123]

---

121 Vgl. Kapitel I dieser Arbeit.

122 Vgl. Goethe an Cornelia. Die dreizehn Briefe an seine Schwester, hg. v. A. Banuls, Hamburg 1986, S. 39 (Brief v. 7.12.1765): »[…] Sonnst kannst du auch die beyden Magazinen der Fr. v. Beaumont lesen sie sind sehr gut. Das dritte: Magasin pour les jeunes Dames lese nicht.« Bemerkenswert ist eine fehlende Begründung Goethes, warum Cornelia das dritte Magazin nicht lesen soll. Die Zielgruppe gemäß der einzelnen Titel der Magazine ist bei den ersten beiden Schriften auf *jeunes filles*, bei der letzten auf *jeunes dames* festgeschrieben, der Inhalt der dritten ist entsprechend anders konzipiert und auf das Sujet einer möglichen bevorstehenden Heirat ausgerichtet; seiner fünfzehnjährigen Schwester Cornelia wollte Goethe den Status einer *jeune dame* offenbar nicht zuerkennen.

123 Ebert (Hg.), wie Anm. 111, S. 250 f.; darin kündigt Gellert *Die Ruhe auf dem Lande* von Schmahling an; nach Eberts Anmerkung (Nr. 150) erschienen bei Hilscher in Leipzig erst 1772-1774 in fünf Bänden; diese Angabe ist falsch, die Erstausgabe erschien in Gotha bei Mevius im Jahr 1767. Später erschien die darin enthaltene *Abhandlung über die Blumen* im Leipziger Philanthropischen Verlag. Schmahling veröffentlichte darüber hinaus eine Naturlehre für Schulen (1774), 1775 in Leipzig die Schrift *Der Haus-Lehrer, oder Anweisung vor Eltern und Lehrmeister, kleine Kinder in der Religion und Naturlehre zu unterrichten*; in den 80er Jahren folgten zwei Schriften mit christlichen Predigten und über die Bestimmung des Christen. Zur philanthropischen Lehre in Verbindung mit der Kampagne für sexuelle Enthaltsamkeit vgl.: S. K. Schindler, Eingebildete Körper. Phantasierte Sexualität in der Goethezeit, Tübingen 2001, S. 56 ff.

Christiane Karolines Bewertung der Beaumont-Schrift fiel für Gellert vermutlich erwartungsgemäß aus. Im Februar 1761 schrieb sie über das Buch in einem langen Brief an ihn:

> Es gefällt mir und meiner Schwester so wohl, als es zu gefallen verdient, und wir wollen beide unser Möglichstes thun, um uns darnach zu bilden. Ich liebe die Frau von Beaumont so sehr, daß ich ihr dreyßig Jahre weniger wünsche.[124]

Mit dieser Ausführung ergänzte Christiane Karoline die im früheren Brief gemachte Aussage, sie sei »nicht unglücklich in den eifrigen Bestrebungen, [...], eine folgsame Schülerin der vortrefflichen Frau Beaumont und also ein gutes Frauenzimmer zu werden«.[125] Aus den Briefen geht hervor, daß die Schriften an einige Freundinnen weiterverliehen wurden, so daß eine Verbreitung des Erziehungsprogrammes im Sinne Gellerts gewährleistet war.

II

Der Briefwechsel Lucius/Gellert dokumentiert, daß die auf Gellerts pädagogisches Programm bezogene Lektüre der Autorin nicht direkt zur Entwicklung der literarischen Arbeit führte. Der Tod Gellerts im Dezember 1769 stellt diesbezüglich eine Zäsur dar: Die ›späte Hochzeit‹ der Fünfunddreißigjährigen mit dem Pastor M. Gottlieb Schlegel am 6. Oktober 1774 sowie das Entstehen ihres literarischen Werkes erlebte Gellert nicht mehr; sämtliche Arbeiten Christiane Karoline Schlegels, die Übersetzungen und die beiden Dramen, erschienen erst nach der Veröffentlichung eines Teils des Briefwechsels zwischen ihr und Gellert im Jahr 1775.[126] Bemerkenswert ist die erhebliche Divergenz, die inhaltlich zwischen dem über den Briefwechsel propagierten pädagogischen Programm und dem Sujet des hier zu analysierenden Trauerspiels besteht. Schlegel widersetzte sich dem weiblichen Tugendideal, nach dem Sexuelles weder gedacht, geschweige denn schriftlich thematisiert werden durfte.

---

124 Ebert (Hg,), wie Anm. 111, 4. Brief, an Gellert, 1.2.1761, S. 9-14, hier S. 12.
125 Ebda., 3. Brief, an Gellert, 28.10.1760, S. 6-9, hier S. 8.
126 Vgl.: C. W. O. A. v. Schindel, Die deutschen Schriftstellerinnen des neunzehnten Jahrhunderts. Drei Teile in einem Band. Nachdruck der Ausgabe Leipzig 1823-25, Hildesheim/New York 1978, S. 255, 259.

Sie wies textimmanent auf das Paradoxon hin, welches mit dem zeitgenössischen Geschlechter-Rollenbild untrennbar verbunden war: Tugendhaft kann nur sein, wer sich mit dem Wissen um Untugend für die Tugend entscheidet, sexuelle Enthaltsamkeit oder Mäßigung praktiziert nur, wer über das entsprechende sexuelle Wissen verfügt. Es scheint, als habe die mündig gewordene Autorin mit diesem Text beabsichtigt, den ›Erfolg‹ von Gellerts pädagogischer Arbeit an ihr durch ein ›literarisches Gegenprogramm‹ in Frage zu stellen und ihre persönliche Position zum Inhalt des Briefwechsels neu zu formulieren. Darüber hinaus provozierte sie den Widerspruch ihrer Leser nicht nur mit dem skandalösen Inhalt des Trauerspiels, sondern auch durch die Struktur des Dramas, welches als »ein bürgerlich Trauerspiel«[127] bezeichnet wird, jedoch durch dramatische Änderungen »die Vorgaben des bürgerlichen Trauerspiels geradezu in ihr Gegenteil verkehrt«.[128]

Bei den im Titel mit ihren Nachnamen aufgeführten Figuren handelt es sich um zwei der drei Protagonisten des Dramas, um Heinrich Düval, einen verheirateten Baron und Hauptmann, und um Amalie von Charmille, ein junges Waisenmädchen. Beide sind als Kammerjunker und Kammerfräulein Hofbedienstete eines nicht näher benannten Prinzenpaares. Das Sujet des Dramas zeigt die Problematik einer Dreiecksbeziehung zwischen diesen beiden Figuren und der dritten Hauptfigur Mariane, der Ehefrau Düvals. Düval, in einem Haushalt mit Mariane und dem gemeinsamen zwölfjährigen Sohn Franz lebend, hat eine Liebesbeziehung mit Mally, wie die Eheleute Amalie nennen, begonnen; diese wird im gemeinsamen Haus von ihm ausgelebt, er läßt sich dort mit Wissen Marianes von Amalie in seinem Kabinett aufsuchen. Das Drama setzt ein mit einer Szene, in der in Form eines empfindsamen Eröffnungsplateaus die bedrückende Situation aus Sicht Marianes gezeigt wird; Mariane sitzt am Tisch im Wohnraum des Hauses und läßt ihrem Kummer freien Lauf, in Anwesenheit von Franz, der die weinende Mutter zu trösten versucht.

Der Auftritt Düvals in der nächsten Szene zeigt einen unbeherrschten Patriarchen, der bestrebt ist, sich von der Familie abzusondern. Im weiteren Handlungsverlauf spitzt sich die Situation zu, weil Düval sich zunehmend dem Widerstand des Hofes gegen die Beziehung ausgesetzt sieht. Seine Ehefrau Mariane erduldet ihre schwierige Lage widerstands-

127 Vgl. Anm. 110, Epitheton des Dramas.
128 So A. Fleig in: dies., Handlungs-Spiel-Räume: Dramen von Autorinnen im Theater des ausgehenden 18. Jahrhunderts, Würzburg 1999, S. 220.

los, jedoch sucht der Prinz die seiner Meinung nach nicht länger zu tolerierende Beziehung zwischen dem verheirateten Hofbediensteten und der Jungfrau zu unterbinden.[129] Düval wird von ihm vor die Entscheidung gestellt, seinen Dienst bei Hof zu quittieren oder auf Amalie zu verzichten. Der unbeherrschte und stolze Düval setzt sich zusätzlich selbst unter Druck, denn er sieht in dem ebenfalls in Amalie verliebten Grafen Sternfeld, dem Überbringer des höfischen Befehls, einen unliebsamen Konkurrenten. Eine weitere Nebenfigur wird eingesetzt, um die Situation ins Ausweglose zu steigern: Die verwitwete Stiefmutter Mallys, Frau von Doenberg, möchte ihrer leiblichen Tochter Clare Amalies Stelle als Kammerfräulein verschaffen und sie bei Hof reich verheiraten – Grund genug für sie, eine Intrige gegen Amalie einzufädeln, die diese kompromittieren und zum Verlassen des Hofes zwingen soll. Als Düval die Intrige durchschaut und erfährt, daß die Prinzessin um Amalies Lage besorgt ist und sie vorübergehend in ein Kloster schicken möchte, eskaliert die Situation. Durch seinen Egoismus verblendet schlägt Düval Amalie einen Doppelselbstmord vor, denn er sieht sich nicht in der Lage, auf sie verzichten zu können. Als Amalie zögernd ablehnt und nach anderen Lösungswegen sucht, ersticht er sie und erschießt sich anschließend selbst.

Die Figurenkonstellation ist so angelegt, daß der männliche Protagonist Düval die obere Spitze der Dreiecksbeziehung einnimmt, wodurch die Determinanz der zwei weiblichen Hauptfiguren festgelegt und die Machtstruktur transparent gemacht wird. Beide Frauen sind von Düval abhängig, wobei für Mariane zur emotionalen eine soziale Komponente hinzukommt, eine Trennung vom Ehemann würde für sie gesellschaftliche Stigmatisierung verbunden mit sozialem Abstieg bedeuten. Mariane sieht dies als gesellschaftliches Problem, wenn sie etwa verbittert gegenüber Frau von Doenberg betont, es habe bisher keinerlei Strafe für Düvals Verhalten ihr gegenüber gegeben: »Durft' er nicht mich verlassen,

---

129 Die Dialektik des Sexuellen und Asexuellen, die die gesellschaftliche Doppelmoral kennzeichnet, kommt zum Ausdruck mit einer Formulierung Düvals, die Amalie explizit als Jungfrau ausweist: »Ich habe dir gelobt, deine Tugend unverletzt und heilig zu bewahren. Sieh! Ich habe das Gelübde gehalten!«, heißt es in V/3 (S. 133). Als ›Beweis‹ für die Öffentlichkeit reicht Düvals privates Geständnis indes nicht aus, bereits das Zusammensein mit Amalie wird als unmoralisches Verhalten bewertet. [»Die Dinge gelten nicht für das, was sie sind, sondern für das, was sie scheinen«, weiß B. Gracián bereits im Jahr 1647 (Vgl.: ders., Handorakel und Kunst der Weltklugheit, hg. v. A. Hübscher, Stuttgart 1954, 130/ S. 65)].

hintergehen, mein Vermögen an andre verschwenden, mir hart begegnen? Niemand strafte ihn!«[130]
Amalie hingegen ist ausschließlich emotional auf Düval fixiert. Sie, die Tochterfigur, die nicht als Tochter in Szene gesetzt wird, weil beide Elternteile ausgeblendet sind, wird als Figur oft alternierend mit Düval oder Mariane gezeigt. So gehen von ihr zwei unterschiedliche Perspektiven aus, die den Blick auf Düval lenken und dessen Figurenbild umreißen. Einerseits entlarvt Amalie als Verbündete Marianes Düvals brutales Verhalten seiner Ehefrau gegenüber; Szenenanweisungen wie »Mariane geht traurig ab, und Mally giebt ihr Mißfallen an Düvals Rauhigkeit zu erkennen« (I/6,101 f.) zeigen bereits im Verlauf des ersten Aktes, daß Amalies Liebe hier ihre Grenze hat und daß das Verhältnis zwischen ihr und Düval getrübt ist durch dessen Unbeherrschtheit. Andererseits ist Amalie Düval mit einer Intensität verfallen, die ihr selbst den eigenen Tod erstrebenswerter erscheinen läßt als Düvals Abkehr von ihr. Der erste Impuls für ihre spätere Tötung geht, versteckt im Dialog im ersten Akt, von ihr selbst aus, nicht von Düval: »Grausamer! – rede nicht so! lieber tödte mich!«, formuliert sie und provoziert so die extreme Schlußfolgerung Düvals, der dies als Zustimmung, sie zu töten, begreift: »Ist das dein Ernst? Recht so, meine Mally! ich wartete auf diese Bitte« (I/8, 104). Die emotionale Disposition Düvals wird hier in Verbindung mit dem kriminellen Potential abgebildet, das er in sich trägt. Der später ausgeführte Mord an Amalie ist keine reine Affekthandlung, ihr Tod ist bereits zu diesem frühen Zeitpunkt fest von ihm einkalkuliert, denn er gibt Amalie »ein kleines wohlschmeckendes – ein jedes Herzweh heilendes Pulver« (I/8,104), mit dem sie sich umbringen soll, wenn man sie von ihm trennt und ins Kloster bringt. Der Wert von Amalies Leben ist sowohl für sie als auch für Düval bestimmt durch den Grad ihrer unbedingten emotionalen Abhängigkeit von ihm.

Unter moralischen Gesichtspunkten wird das Figurenpaar Düval und Amalie polarisierend bewertet. Äußerungen Graf Sternfelds und Marianes weisen Düval allein die Schuld zu; Graf Sternfeld ermahnt ihn zur Prinzentreue und zeigt ihm gleichzeitig seine Laster auf:

O Herr Baron! Spotten Sie des Prinzen, so wie Sie der Gesetze, der Tugend, der Heiligkeit der Ehe, und selbst des armen verführten Fräuleins spotten? Der Prinz ist nicht der Mann, der sich spotten läßt (I/9, 104).

---

130 Primärtext zitiert nach: K. A. Wurst (Hg.), wie Anm. 110; hier S. 107.

Amalie wird von Sternfeld als ein Mädchen mit einem »von unordentlicher Leidenschaft bestürmten Herz[ens]« charakterisiert (II/5,111). Mariane, die Amalie als ihre Freundin ansieht, formuliert den Unterschied zwischen der jetzigen und den früheren Geliebten ihres Ehemannes: »Sie ist ganz Liebe, ganz sich hingebende Zärtlichkeit; und so rein und durchsichtig ihr Herz, wie ein klarer Bach. Ohne buhlerische Künste, lauter rührende Einfalt und sich selbst vergessende Güte« (II/5,111). Düval bringt die Charakterisierung Amalies mit der Bezeichnung »Schöne Seele« auf den Punkt (V/3,137). Das zeitgenössische Bild der tugendhaften, entsexualisierten Weiblichkeit trifft auf Amalie allerdings nur bedingt zu; der verklärende Blick auf die Figur bringt deren Ambivalenz um so deutlicher zum Ausdruck:

Scheint Mally auf den ersten Blick ähnlich wie Lessings Sara eine geopferte ›Unschuld‹ zu verkörpern – noch im letzten Akt ist ihre »Tugend unverletzt und heilig« –, so unterscheidet sie sich doch auch von dieser. Geht Sara von der Ungebundenheit Mellefonts aus, so weiß Mally, daß ihr Geliebter verheiratet ist und daß sie in eine bestehende Beziehung einbricht.[131]

Dies macht sie sich zwar bewußt, wenn sie Düval die Frage »Was vergaß ich nicht alles für dich?« stellt (V/3,134), doch nach den Aussagen Sternfelds und Marianes ist Amalie »Die arme Verführte«, die »bloß von Liebe zu ihm vergiftet« ist (I/4,99). Amalie gesteht Mariane ebensowenig wie sich selbst eine eigene Identität zu, sondern sieht ihre Gefühle für Mariane in direkter Abhängigkeit zu Düval: »Ich würde […] Sie doch blos darum lieben, daß Sie ein Herz für ihn haben – seinen Namen führen – […]« (I/5,100). Ein ausgeprägtes Persönlichkeitsprofil innerhalb der triadisch aufgebauten Figurenkonstellation der Protagonisten wird einzig über die Figur des Düval exponiert und dadurch komprimierter Kritik ausgesetzt; der Protagonist weist sich durch sein unbeherrschtes, triebgesteuertes und mit melancholischen Zügen gepaartes Verhalten als Held des Sturm-und-Drang-Dramas aus. Sein egozentrisch ausgerichteter Liebesdiskurs verweist auf die Figur des Ferdinand in Schillers *Kabale und Liebe* (1784): »Mally's Augen sind für mich die ganze Welt«,

---

131 So G. Pailer in: dies., Gattungskanon, Gegenkanon und ›weiblicher‹ Subkanon. Zum bürgerlichen Trauerspiel des 18. Jahrhunderts. In: R. v. Heydebrand (Hg.), Kanon – Macht – Kultur: theoretische, historische und soziale Aspekte ästhetischer Kanonbildung, Stuttgart/Weimar 1998, S. 365-382, hier S. 373.

formuliert Düval (V/3,131), alle Verantwortung, die über die engen Grenzen dieser Zweierbeziehung hinausgeht, vehement von sich weisend: »[…] Liebe ist nicht das Werk unsers Willens. Willenlose Verbrechen – wenn's auch eines gewesen wäre, zu lieben – straft kein weiser und gerechter Richter […] ich bin, Gott weiß es – zu allen meinen Pflichten untüchtig« (V/3,135 f.).

III

Die Verkehrung struktureller Elemente des bürgerlichen Trauerspiels zeigt sich vor allem an Düval; in der Figur sind die üblicherweise getrennten Figurenbilder des Liebhabers, des Ehemannes und des Vaters vereint. Der Patriarch entzieht sich gänzlich den normativen Verhaltensmustern und gesellschaftlichen Rollenerwartungen und erscheint daher in jeder Hinsicht unfähig. Er »übernimmt keinerlei erzieherische Funktion«, was seinen Sohn Franz betrifft; »statt für seine Familie zu sorgen, zerstört er sie durch seine Liebesaffären«:»Schlegel gestaltet ein anderes Vaterbild«, merkt Gaby Pailer in diesem Zusammenhang an; »Der einzige Vater, der überhaupt auftritt, ist Düval selbst, und dieser ist zugleich Verführer.«[132] An Sternfeld als Vertreter des Hofes offenbart sich die Verkehrung des Tugend-Laster-Schemas. Das Laster ist in der Familie verankert, der Hof wird als Kritiker der innerfamilialen Zustände eingesetzt, wo üblicherweise die Darstellung der Familienharmonie dazu diente, Hofkritik zu äußern. Einzig Frau von Doenberg repräsentiert märchen-stereotypisch die Figur der bösen Stiefmutter. Die Kinderfigur Franz, Sohn Düvals und Marianes, wird funktional eingesetzt; sie ersetzt die vakant gewordene Rolle des Familienoberhauptes und Beschützers Marianes, deren einziger Halt der zwölfjährige Franz ist. Dieser verkörpert aufgrund des Alters keine stereotype Kinderfigur wie etwa Fränzgen in Klingers *Das leidende Weib.*

Als eine weitere Funktion der Figur erweist sich darüber hinaus der in ihr möglicherweise versteckte Kommentar Schlegels zum zeitgenössischen Diskurs über weibliches Leseverhalten: Wenn Franz seinem Vater sagt:»[…] ich lese die hübschen Fabeln, die mir das Fräulein Charmille dieser Tage geschenkt hat« (III/11,124), kommt das einer Absage der erwachsenen Leserin an die entsprechende Lektüre gleich: Die »hübschen

132 Ebda., S. 371 f.

Fabeln«, die Düval ihr schenkte, scheinen nur noch dem kindlichen Anspruch zu genügen.[133] Mit vielen weiteren auffälligen Details konstruiert Schlegel, wie auch schon in dem ein Jahr zuvor veröffentlichten Schauspiel *Dormont und Julie*, ein Familienbild, das als Zerrbild der allgemein auch in der Literatur der Zeit propagierten Familienidylle erscheint:[134] »Während sich normalerweise Ehe, zärtliche Liebe und Treue zu einer Liebessemantik verbinden, die das Kulturkonstrukt Ehe legitimieren, funktioniert der Plot dieses Dramas wie eine Negativfolie dazu.«[135] Die Kernfamilie Düval besteht aus einer Fassade, hinter der Kulisse spielt sich eine Familientragödie ab, die durch viele Laster determiniert wird. Im Subtext wird die Bewältigung alltäglichen Lebens durch religiöse Übungen in Frage gestellt. Die Leerstellen des Textes verweisen auf die eigentliche Katastrophe der sexuellen Erpreßbarkeit, des erotischen Abhängigkeitsgefühls und des Ehebruchs, der in den Mittelpunkt der Handlung rückt, weil

133 Vgl. Kap. I.2 dieser Arbeit (zu zeitgenössischer Lektüre).

134 *Dormont und Julie*, 1777 anonym mit dem Zusatz »von einem Frauenzimmer verfertiget« veröffentlicht, zeigt von Beginn an einen höchst sozialkritischen, ungewöhnlichen Ansatz, was die Darstellung der Familie betrifft; auch hier gibt es keine Idylle, der Protagonist Dormont ist vor Einsetzen der Handlung vom Vater aufgrund der Heirat mit Julie von der Familie ausgeschlossen worden, denn diese wurde ohne Zustimmung des Patriarchen geschlossen. Hofkritik verbunden mit der Darstellung von Gefühlskälte des Adels gegenüber Andersdenkenden und Andershandelnden verstärkt die Problematik; der aufgrund seines Familienausschlusses mittellos gewordene Dormont findet keine Anstellung als Hofmeister, weil er der Jugend falsche Grundsätze lehren würde: »[…] ich finde, daß Sie sich zu dem Amte, meine Kinder zu erziehen, nicht schicken […] Die Geburth berechtigt meine Söhne, ihr Glück bey Hofe zu suchen; – und das, was Sie ein weiches, gefühlvolles Herz nennen, würde Ihnen da sehr im Wege seyn« (vgl.: Schlegel, Dormont und Julie, wie Anm. 110, S. 6).

135 D. v. Hoff, Von der Tugendhaften zur Heldin. Aspekte der Dramenliteratur von Frauen; in: I. Bubenik-Bauer/U. Schalz-Laurenze (Hg.), Frauen in der Aufklärung »… ihr werten Frauenzimmer, auf!«; ein Lesefestival, Frankfurt a.M. 1995, S. 302-314, hier S. 305. Die Aussage ist im Zusammenhang mit der inhaltlichen Divergenz zwischen Briefwechsel und Trauerspiel relevant. Die Familienbilder in den Schriften, die Gellert Lucius empfohlen hatte, entsprechen einem positiv konnotierten Bild, welches das Kulturkonstrukt Ehe mit gleicher Konnotation einschließt. Ein ähnlich disharmonisches Familienbild findet sich selten, beispielsweise in Klingers *Das leidende Weib*, wobei hier alle Schuld bei der Frau liegt, die durch den schlechten Einfluß von Lektüre den Bezug zur Realität verliert (vgl. Kap. III.4 dieser Arbeit).

aus Marianes Perspektive erzählt wird.[136] Karin Wurst faßt zusammen, was den – für Zeitgenossen sicher skandalösen – Effekt des Dramas ausmacht:

> Schlegels Stück bildet mimetisch ab, was Frauen zu sagen und zu tun (nicht) möglich war, und entzieht sich dem Anspruch eines präskriptiven Eingreifens in die Tugend-Laster-Diskussion, sowie der Forderung nach Didaxe, die dem weiblichen Schreiben immer nahegelegt wurde.[137]

Die in der Vorrede vom männlichen Herausgeber gemachte Aussage, das Stück basiere auf einer wahren Begebenheit, welche der Autorin den Stoff zu ihrem Drama geliefert habe, ist als Legitimationsversuch zu bewerten:[138] Die Deutung Gaby Pailers, die die Vorrede als einen »auf das Geschlecht der Autorin bezogenen Entmündigungsprozeß« bewertet,[139] ist nachvollziehbar, jedoch handelt es sich gleichzeitig um eine Strategie, das Verfassen eines Trauerspiels durch eine Frau zu begründen, um damit die gesellschaftliche Zensur und Stigmatisierung der Autorin zu unterlaufen.[140] Der fingierte Schreibanlaß bietet eine sichere Legitimationsmöglichkeit für die Verfasserin, da er den Wahrheitscharakter des fiktionalen Textes behauptet. Indem die Autorin quasi »Geschichte« nacherzählt, schützt sie sich vor dem Vorwurf, »unschickliche Gedanken« zu haben und zu verschriftlichen; der tragische Ausgang der Geschichte berechtigt sie zum Verfassen eines Trauerspiels.[141] Die Bedeutung der kom-

---

136 Vgl. v. Hoff, wie Anm. 132, S. 305, 307, sowie: G. Pailer,»Laßt uns die Ketten soviel als möglich unter Rosen verbergen ...«. Zum Problem der »Zensur« in Dramen von Autorinnen des 18. Jahrhunderts; in: Rundbrief 44, hg. v. D. v. Hoff/ I. Stephan/U. Vedder, Hamburg 1995, S. 39-44, hier S. 42. Zu den Leerstellen vor allem: K. A. Wurst, wie Anm. 110, S. 64.

137 K. A. Wurst, wie Anm. 110, S. 96.
Bruce Duncan weist bezüglich Schlegels Drama darauf hin, daß unter den männlichen Autoren des Sturm und Drang nur Lenz und Wagner eine vergleichbar realitätsnahe Perspektive auf weibliche Lebensumstände gestalten (B. Duncan, Lovers, parricides, and highwaymen. Aspects of Sturm und Drang drama, Rochester 1999, S. 30).

138 Vgl. K. A. Wurst, wie Anm. 110, S. 96.

139 G. Pailer, wie Anm. 133, S. 39; auch Wurst, wie Anm. 110, S. 67 ff.

140 Vgl. D. v. Hoff, wie Anm. 135, S. 304.

141 Eine eindeutige Festlegung dahingehend, ob der Schreibanlaß fingiert ist oder nicht, bietet die Forschung bisher nicht. Von Hoff stellt diesen in Frage (vgl. wie Anm. 132, S. 303), ebenso Wurst (vgl. wie Anm. 110, S. 66), Fleig bleibt neutral in

positorischen Idee und schriftstellerischen Einzelleistung wird dadurch zwar relativiert, es mag jedoch für Autorinnen kaum andere Möglichkeiten gegeben haben, ein solches Trauerspiel zu veröffentlichen. Susanne Kord merkt diesbezüglich an, daß es »sehr wenige Trauerspiele von Frauen gibt und [daß] bei den wenigen, die es gibt, eindeutig der Versuch gemacht wurde, sie durch die Autorität historischer oder realer Begebenheiten zu legitimieren«.[142] Auch Texte anderer Gattungen wurden für den Druck mit Vorreden männlicher Herausgeber versehen, wie beispielsweise Margareta Sophia Liebeskinds *Maria. Eine Geschichte in Briefen.* Der Briefroman wurde erstmals anonym 1784 in Leipzig veröffentlicht.

Dramentypologisch gesehen weist Schlegels Trauerspiel Parallelen zu Pfeils Drama *Lucie Woodvil* auf, in dem ebenfalls eine lineare Eskalation des Lasters aus einer Ursache heraus beschrieben wird und es Entsprechungen in den Verbindungen einzelner Figurenbilder gibt. Schlegel setzt das negative Bild Düvals dem seiner Ehefrau kontrastiv entgegen, so daß deren Tugend verstärkt zur Geltung kommt.[143] Ähnlich ist bei Pfeil der Kontrast zwischen den Figuren Lucie und Amalia gestaltet. Auffällig ist zumal die fehlende Familienanbindung der beiden Waisen Amalie und Lucie, die den Abstieg ins Laster zu begünstigen scheint, weil der das Geschehen üblicherweise kontrollierende leibliche Vater ausgeblendet ist.

Das Motiv der Locke, die Amalie als Zeichen der Unterwerfung oder auch Entmachtung abgeschnitten wird, verbindet das Sujet dieses Dramas, welches die körperliche Gewalt gegen den Anderen thematisiert, mit der in der Bibel (im Buch der Richter) enthaltenen Erzählung von Simson und Delila oder auch mit dem lyrischen Text *The rape of the lock*

---

ihrer Bewertung und verweist auf die Information v. Schindels (siehe unten); Pailer nimmt an, daß »das Stück auf einem realen Vorfall basiert« (vgl. Pailer, wie Anm. 131, S. 370). Nachforschungen bezgl. entsprechender Berichte über einen solchen Mordfall am 26.12.1777 in zeitgenössischen Periodika und Anzeigern im Staatsarchiv Dresden und in der Sächsischen UB/LB Dresden blieben ergebnislos (Anm. der Verf.).
Von Schindel schreibt: »Die von ihrer Schwester ihr gemeldete Geschichte einer am dritten Weihnachtsfeiertag des Jahrs 1777 in Dresden verübten Mordthat ergriff sie so, daß sie einen Versuch machte, diese Geschichte mit einigen eingewebten Dichtungen in einem Trauerspiel […] zu bearbeiten« (vgl. wie Anm. 126, S. 256).

142 S. Kord, Ein Blick hinter die Kulissen. Deutschsprachige Dramatikerinnen im 18. und 19. Jahrhundert, Stuttgart 1992, S. 93.

143 Vgl. von Hoff, wie Anm. 135, S. 307.

(1712) von Alexander Pope. Hier wird männliche Gewalt allerdings in ironisch überzogener Weise dargestellt und bagatellisiert. Die bildhafte Verschränkung von Hochzeit und Tod (formuliert durch Düval, IV/ 7,130) verweist auf Shakespeares *Romeo and Juliet* (1597),[144] die Problematik der Dreiecksbeziehung findet sich in ähnlicher Weise in *Luise*, einer bürgerlichen Idylle, die Johann Heinrich Voß im Jahr 1795 verfaßte. Es zeigt sich, daß »der feste Platz, der für Mütter und Töchter in der wirtschaftlich aufstrebenden bürgerlichen Gesellschaft [...] reserviert ist, [...] in der damaligen Literatur oft doppelbödig reflektiert« wurde;[145] »die moralische Superiorität des Standes wird besonders vom Sein und Lebenswandel der bürgerlichen Frau getragen und durch sie versinnbildlicht«,[146] jedoch verliert die Frau im Zuge dessen mit Beginn der ersten Mutterschaft ihre erotische Ausstrahlung, die mit dem zeitgenössischen Rollenbild nicht konform geht. Die Figur der postpubertären Tochter rückt als Objekt erotischen männlichen, vielmehr väterlichen Begehrens an die Stelle der Mutter; betont werden muß hier, daß dies »ein unterschwelliger Vorgang [ist], der wegen des Inzest-Tabus oft nur verschleiert in der Literatur Ausdruck findet«.[147]

Der biblische Text in Richter 16.19 verweist auf den Verlust der eigenen Kraft durch den Verlust des eigenen Haars.[148] Daß im Haar die Kraft liegt und der Besitz einer Haarlocke eines Menschen diesen durch einen Zauber untrennbar an den Besitzer der Locke bindet, sind Elemente des Volksglaubens, die als Subtexte im vorliegenden Primärtext hinterlegt

---

144 Vgl. hier vor allem die Textstelle, die die Peripetie im Drama markiert. In IV/5 formuliert Capulet, nachdem er Juliets Zimmer betreten hat: »All things that we ordained festival, / Turn from their office to black funeral; / Our instruments to melancholy bells, / Our wedding cheer to a sad burial feast, / Our solemn hymns to sullen dirges change, / Our bridal flowers serve for a buried corse, / And all things change them to the contrary.« (Vgl.: The complete works of William Shakespeare, ed. by W.J. Craig, London 1984, Romeo and Juliet: p. 826-859, hier p. 854)

145 Vgl.: H. Kraft, Idylle mit kleinen Fehlern. Zwei Frauen brauch ich, ach, in meinem Haus: *Luise* von Voß und *Stella* von Goethe; in: H. Kraft/E. Liebs (Hg.), Mütter – Töchter – Frauen. Weiblichkeitsbilder in der Literatur, Stuttgart/Weimar 1993, S. 73-89, hier S. 73.

146 Ebda.

147 Ebda., S. 74.

148 Nach: Die Multimediabibel, Deutsche Bibelgesellschaft (Hg.), Hänssler 1997 (CD-ROM); darin: Jerusalemer Bibellexikon; links: »Delila«, »Simson«, »Gottgeweihte(r) (Nasiräer)«.

sind.[149] Schlegels Text zeigt eine zum Bibeltext spiegelverkehrte Beziehung zwischen Handlung und Geschlecht: aus der aktiven Delila wird die passive Amalie. Die grenzenlose Opferbereitschaft kennzeichnet die Protagonistin Amalie in ähnlicher Weise wie die Figur der Zilla im Drama Margareta Klopstocks. Opferbereitschaft als maßgebliche weibliche Eigenschaft macht auch hier die Substanz der Figur aus. Diese findet symbolischen Ausdruck im Verlust des Haars: »Das Haar [...] vertritt als Teil den ganzen Körper.«[150] Es kommt einer bedingungslosen Resignation und Kapitulation gleich, wenn Amalie sich widerstandslos zwei Haarlocken von Heinrich Düval abschneiden läßt.[151] Daß Düval sich in dieser Weise an Amalie vergeht, entlarvt die Motivation, die dieser scheinbar platonischen Beziehung zugrunde liegt: Das Aneignen des Fetischs in Form von Amalies Haarlocke ersetzt den sexuellen Kontakt, der Düval vorenthalten bleibt.[152] Das Verschlüsseln dieser Botschaft durch den Umstand, daß auch Mariane eine Locke Amalies erhalten soll, gehört zum Werkzeug zeitgenössischer Autorschaft; durch Codierung von Sexualität wird die Bedingung zur Veröffentlichung des Textes geschaffen.

149 Handwörterbuch des Deutschen Aberglaubens, Bd. III, Leipzig/Berlin 1930/31, Stichwort »Haar«, Sp. 1239-1288.
150 Vgl.: Ebda., Sp. 1271.
151 Vgl. V/3, S. 136: Die Aktion Düvals wird verstärkt durch Amalies im Anschluß folgende Reaktion: Sie legt ihren Schmuck ab und übergibt diesen Düval.
152 Vgl. hierzu: S. Freud, Fetischismus; in: Gesammelte Werke, hg. v. A. Freud; Bd. 14: Werke aus den Jahren 1925-1931, London 1948, S. 311-317. Die sich durch das Handlungsdetail des Haareabschneidens als sexuell darstellende Beziehung zwischen Düval und Charmille komplettiert das Figurenbild Düvals, dessen paranoide Gewalt nun als Folge unkontrollierten Sexualtriebes erscheint (Vgl.: Schindler, wie Anm. 123, S. 53-71).
Das Verhalten Düvals ist auch als krankhaft im Sinne einer Zwangsneurose deutbar, wenn man die Locke nicht als Fetisch, sondern als Reliquie denkt: »Die Reliquie ist das, was von dem Toten aufbewahrt wird, damit es im Namen der Realität dafür garantiere, daß er nicht wiederkehrt. Das heißt schon, daß dem mit dem Reliquienkult verknüpften Ritual – im individuellen Mythos wie im kollektiven Glauben – die Allmacht der Verschwundenen durchaus gegenwärtig ist.« (P. Fédida, Die Reliquie und die Trauerarbeit; in: J.-B. Pontalis (Hg.), Objekte des Fetischismus, Frankfurt a.M. 1972, S. 371-379, hier S. 371).

II.4. Weibliche Ohnmacht – Männliche Macht: Zur Inszenierung von Gewalt in Eleonore Thons *Adelheit von Rastenberg*

»Der Konflikt zwischen dem Zwang der Eltern
und der Liebe der Jungen bildet eines der organi-
sierenden Themen, die sich nicht nur dichterisch
ausprägen, sondern im Zeichen wachsender
Selbstverwirklichungsansprüche aus der Literatur ins Leben einzuwandern beginnen.«

(Albrecht Koschorke, Körperströme und Schriftverkehr, 1999)

I

1788, vier Jahre nach Schillers *Kabale und Liebe*, erschien in Weimar das einzige von Eleonore Sophie Auguste Thon veröffentlichte Trauerspiel unter dem Titel *Adelheit von Rastenberg*. Die 1753 geborene Autorin stammte aus einer adeligen Familie und war die älteste Tochter des herzoglichen Kammersekretärs August Friedrich Röder in Eisenach. Um ihre für eine Frau außerordentlich umfangreiche und fundierte Bildung und Erziehung kümmerte sich mit Erlaubnis der Eltern die Patin Fräulein von Schlotheim, die auch die Prinzessin von Sachsen-Gotha erzog. Eleonore Röder heiratete erst vergleichsweise spät, mit neunundzwanzig Jahren im Jahr 1782 den herzoglichen Kammerrat Johann Karl Salomon Thon. Die vermutlich erste Arbeit erschien zwischen 1780 und 1783: *Julie von Hirtenthal. Eine Geschichte in Briefen* (Eisenach, 1.-3. Sammlung, 1780-83).[153] Zum Teil unter dem Pseudonym *Jenny*, zum Teil anonym erschienen in den Folgejahren Thons Gedichte, Übersetzungen und Aufsätze in verschiedenen Periodika.[154] Eleonore Thon zog einen Sohn groß,

---

153 In der Einleitung zum Trauerspiel weist K. A. Wurst hin auf Sophie von
 LaRoches *Geschichte des Fräuleins von Sternheim* (1771) als mögliche Vorlage für
 Julie von Hirtenthal (Wurst (Hg.), Eleonore Thon. Adelheit von Rastenberg. The
 original German text, New York 1996, S. ix).
154 Vgl.: Journal von und für Deutschland, hg. v. L. F. G. v. Göckingk/S. v. Bibra.
 Ellrich 1784-92, 9 Jge. (zu je 2 Bdn.), 6. Jg., 7.-12. Stück, Ellrich 1789: »Neuer

Heinrich Christian Kaspar Thon; erst fünfundvierzigjährig starb sie am
22. April 1807 an den Folgen einer schweren Krankheit.[155]
Zum Zeitpunkt der Veröffentlichung ihres Dramas im Jahr 1788
war Eleonore Thon bereits verheiratet und fünfunddreißig Jahre alt. Im
Vergleich mit Christiane Karoline Schlegel zeigen sich hier auffällige
Gemeinsamkeiten im Zusammenhang mit Lebensalter und Familien-
stand der Autorin bei der Veröffentlichung des einzigen Trauerspiels:
Zu den Bedingungen weiblichen Schreibens gehörten insbesondere die
durch die Ehe gegebenen Lebensumstände. Neben vielen, hinreichend
bekannten negativen Auswirkungen auf den weiblichen Handlungs-
Spielraum[156] konnte dies auch soziale Absicherung bedeuten, die nicht
nur Freiraum für die schriftstellerische Tätigkeit, sondern oft auch für die
Gattungswahl gewährte. Die verheiratete Autorin, die mit Erlaubnis und
Unterstützung des Ehemannes schrieb, war nicht auf wirtschaftlichen
Ertrag durch ihre Veröffentlichung angewiesen und nahm daher, was die
Form der Texte anging, nicht unbedingt auf den Publikumsgeschmack

---

Beytrag zum Verzeichnis der jetzt lebenden Deutschen Schriftstellerinnen«,
S. 466 ff. (21 Namen), hier S. 467: »Thon, Cammerräthin, geborne Rondern zu
Eisenach, hat bis jetzt geschrieben: Leuckfords Briefe. Adelheit von Rastenberg,
ein Trauerspiel. Gedichte, Uebersetzungen, und prosaische Aufsätze, die theils
unter dem angenommen Namen Jenny, mehrentheils aber ohne Namen, in
Musenalmanachen, der Olla Potrida, den Cahiers de lecture und andern periodi-
schen Schriften zerstreuet sind.« Thons Trauerspiel ist auch unter dem Titel *Adel-
heid von Rosenberg* bekannt; so benannt in Schmids *Litteratur des bürgerlichen
Trauerspiels*, Kap. IV, Nr. 168 (in: Deutsche Monatsschrift, hg. v. G. N. Fischer,
Leipzig 1798, 3. Bd., S. 309). In der Arbeit von C. Mönch ist das Trauerspiel in
der Liste der Primärtexte mit beiden Titeln verzeichnet (Mönch, Abschrecken
oder Mitleiden. Das deutsche bürgerliche Trauerspiel im 18. Jahrhundert. Versuch einer Typologie, Tübingen 1993, S. 378).
155 Vgl. zu biographischen Daten Thons (1753-1807): K. A. Wurst (Hg.), wie Anm.
153, S. Viii ff.; D. von Hoff, Von der Tugendhaften zur Heldin. Aspekte der
Dramenliteratur von Frauen; in: I. Bubenik-Bauer / U. Schalz-Laurenze (Hg.),
Frauen in der Aufklärung »ihr werten Frauenzimmer, auf!«; ein Lesefestival,
Frankfurt a.M. 1995, S. 302-314, hier S. 307; E. Friedrichs, Die deutschsprachigen Schriftstellerinnen des 18. und 19. Jahrhunderts. Ein Lexikon, Stuttgart 1981,
S. 311; C. W. O. A. v. Schindel, Die deutschen Schriftstellerinnen des neunzehnten Jahrhunderts. Drei Teile in einem Band, Hildesheim/New York 1978 (Nachdruck des Ausgabe Leipzig 1823-25), Zweiter Theil, S. 367 ff.
156 Vgl.: B. Becker-Cantarino, Der lange Weg zur Mündigkeit. Frauen und Literatur in Deutschland von 1500-1800, München 1989 (zuerst Stuttgart 1987), S. 259-
278.

Rücksicht.[157] Auch Louise Gottsched und Margareta Klopstock schrieben ihre Trauerspiele als verheiratete Frauen und mit ausdrücklicher Zustimmung der Ehemänner. Thons Trauerspiel rechtfertigt sich darüber hinaus mit dem Zusatz im Vorbericht, es handele sich hierbei um eine »wahre altdeutsche Familiengeschichte« (S. 253), wodurch Spekulationen über eine »verwerfliche Phantasie« der Autorin, die lediglich die »wahre« Geschichte nacherzählt, Einhalt geboten werden sollte.[158]

Inhaltlich finden sich Parallelen im Text vor allem zu Schlegels Drama, denn in beiden Texten wird Gewalt gegen Frauen dargestellt,[159] sowie zu Klingers Trauerspiel *Das leidende Weib*. Auch dort muß die Tochter gegen ihre eigene Wahl eine Ehe nach dem Willen des Vaters eingehen; beide Dramenhandlungen setzen erst einige Zeit nach der vollzogenen Eheschließung ein.[160] Formen sozialer Gewalt, deren Movens »unsinnige Leidenschaft« (II/4,275) und »die verführerischen Reize der Lieb und Wohllust« (V/3,310)[161] sind, werden im Drama vorgestellt: Aus der unkontrollierten Leidenschaft resultiert hier emotionale Entgleisung. Wie noch aufzuzeigen sein wird, kommt auch Schillers *Kabale und Liebe* auf-

---

157 Wie S. Kord anmerkt, entsprach die Veröffentlichung eines Trauerspiel-Textes einer Autorin durchaus nicht dem zeitgenössischen Geschmack; das Genre des Trauerspiels im 18. Jahrhundert war eine durchgehend männlich besetzte Domäne (Kord, Sich einen Namen machen. Anonymität und weibliche Autorschaft 1700-1900, Stuttgart/Weimar 1996, S. 74 f.). Zu den Lebensumständen und Arbeitsbedingungen literarisch tätiger Frauen ferner: U. Weckel, Zwischen Häuslichkeit und Öffentlichkeit. Die ersten deutschen Frauenzeitschriften im späten 18. Jahrhundert und ihr Publikum, Tübingen 1998, S. 216 ff.

158 Vgl. zum Vorbericht: S. Kord, Ein Blick hinter die Kulissen. Deutschsprachige Dramatikerinnen im 18. und 19. Jahrhundert, Stuttgart 1992, S. 102 (hier biographische Daten zu Thon, S. 318 f.).

159 Wobei in diesem Drama sowohl männliche als auch weibliche Gewalt dargestellt wird (die Frau mit aggressivem Gewaltpotential ist die Figur der Bertha, die die Protagonistin ermordet).

160 Vgl. Kap. III.4 dieser Arbeit. Es fällt hier die unterschiedliche, geschlechtsspezifische Darstellung des Ehezwanges auf: Während Klinger dies im Drama nur kurz erwähnt, gestaltet es Thon mit detaillierter Beschreibung aus; bei beiden Dramen ist es die Tochterfigur selbst, die den auf sie vom Vater ausgeübten Zwang zur Ehe anspricht.

161 Das Trauerspiel wird hier und im folgenden Text zitiert nach: Adelheit von Rastenberg. Ein Trauerspiel in fünf Aufzügen; in: Deutsche Schaubühne. Neunter Band, Augsburg 1789, S. 251-318 (nach dem Exemplar Weimar 1788); eine Neuausgabe des Textes liegt vor in: K. A. Wurst (Hg.), wie Anm. 1. Diese Ausgabe entspricht dem 1788 in Weimar erschienenen Text, jedoch wurde die Schreibweise modernisiert.

grund ähnlicher Zeichnungen der Figurenbilder als Vorlage für Thons Text in Frage. Der Inhalt des heute weitgehend unbekannten Dramas sei hier zum besseren Verständnis der sich anschließenden Analyse kurz zusammengefaßt:

Adelheit, verheiratete von Rastenberg, macht ihren täglichen Spaziergang in Einsamkeit und Schwermut versunken in einem Wäldchen unweit der von ihr und dem Ehemann sowie dessen Sohn Franz bewohnten Burg; es ist ihr vierter Hochzeitstag. Genau an diesem Tag sucht sie dort ihr ehemaliger Geliebter, Adelbert von Hohenburg, auf, der gerade vom Kriegsschauplatz zurückgekehrt ist, um sie zu befreien: Aus einem Brief Adelheits und durch Erzählungen ihres Bruders weiß er, daß sie während seiner Abwesenheit auf einem Kreuzzug von ihrem Vater gegen ihren Willen mit Robert von Rastenberg verheiratet wurde, ihn jedoch immer noch liebt. Beim ersten Wiedersehen versucht von Hohenburg, Adelheit zur Flucht zu überreden und ihr unglückliches Dasein auf diese Weise zu beenden. Doch Adelheit lehnt ab, weil sie es als ihre Pflicht ansieht, als Ehefrau an der Seite von Rastenbergs auszuharren und die Erfüllung des persönlichen Glückes zurückzustellen. Von Hohenburg bleibt keine Zeit, auf Adelheits Einwand zu reagieren, denn das Treffen wird unterbrochen von Adelheits eifersüchtigem Ehemann, der von Hohenburg zum Kampf auffordert. Von Hohenburg kann von Rastenberg vor dem anstehenden Duell von Adelheits Unschuld überzeugen, worauf beide Männer am Leben bleiben. Folglich sperrt von Rastenberg daraufhin seine Ehefrau im Turm der Burg ein, damit sie auch während seiner unmittelbar bevorstehenden Reise von von Hohenburg getrennt bleibe. Die Verfügungsgewalt über sie überträgt er für die Zeit seiner Abwesenheit auf seinen erwachsenen, unehelichen Sohn Franz. Handlungsverwicklung im weiteren Dramenverlauf, Peripetie und die aus beiden Komponenten resultierende Katastrophe, die in dem Mord an Adelheit gipfelt, werden herbeigeführt durch zwei Nebenfiguren, die durch Unaufrichtigkeit und Intrige das Geschehen steuern: Zu Curt, dem Diener von Rastenbergs, der sich mit Geld bestechen läßt und unaufrichtig handelt, gesellt sich Bertha, eine verwitwete Gräfin, die es nicht verwinden kann, von von Hohenburg, den sie begehrt, abgewiesen worden zu sein, und die sich mit allen Mitteln an ihm rächen will. Sie ist es, die Adelheit später aus Rachsucht ermordet, um von Hohenburg den für ihn schmerzlichsten Verlust zuzufügen. Das Geschehen wird textimmanent kommentiert durch die Figur eines Einsiedlers, der den Maßstab moralischen Handelns repräsentiert und am Schluß des Dramas demaskiert wird als von Rastenbergs frühere Geliebte und Mutter seines Sohnes, die dieser, statt sein Heiratsversprechen einzulösen, wegen eines sexuellen Fehltrittes verstoßen und ins Kloster gebracht hatte. Aus dem Tod Adelheits zieht von Rastenberg schließlich die Konsequenz für seinen eigenen weiteren Lebensweg: Nachdem er Franziska, der Mutter von Franz, verziehen und Franz als seinen Erben legitimiert hat, will er sich aus dem Leben in ein Kloster zurückziehen.

II

Die triadische Figurenkonstellation im Drama ist ähnlich wie bei Schlegel gestaltet, wenn auch der Konflikt der Tochterfiguren zunächst gänzlich anders erscheint, weil Schlegels Protagonistin als Waise keinem Vater-Tochter-Konflikt ausgesetzt ist. In beiden Dramen wird jedoch ein gleichermaßen kompliziertes Liebesverhältnis gezeigt, in dem sich die geliebte Frau als Protagonistin und Beziehungspartnerin vergeblich einer stabilen sozialen Position zuzuordnen sucht. Mit dieser Konstellation wird die Ortlosigkeit weiblicher Existenz versinnbildlicht; die Problematik sozialer Verortung resultiert aus Adelheits Position zwischen zwei Männern, daraus, daß sie zugleich »Rastenbergs Weib« und »Hohenburgs Geliebte« ist (I/2,256). In beiden Dramen wird die Handlung dominiert und vorangetrieben durch die männlichen Protagonisten, die aufgrund patriarchalisch geprägter Rollenvorstellungen die Frauen zu unbedingter Unterordnung ihrer persönlichen Belange bis hin zur Selbstaufgabe nötigen. Darüber hinaus ist das für das bürgerliche Trauerspiel übliche Problemfeld um das Thema des Ehebruchs erweitert, in dieser Hinsicht sind die Dramen Schlegels und Thons als ›weibliche Version‹ der Gattung anzusehen. Entsprechend ist die Inszenierung von Gewalt gegen die Frau auf der Bühne zu werten;[162] ebenso kann die spezifische »Darstellung der Verderblichkeit der menschlichen Leidenschaft«, auf die sich die Handlung konzentriert, als typisch angesehen werden für »Stücke von Frauen, die zeitlich parallel zum Sturm und Drang liegen«.[163]

Die für von Autorinnen verfaßte Dramen typische Gestaltung der Geschlechterbeziehung, die sich von männlicher Gewalt geprägt zeigt,[164]

---

162 Vgl.: D. v. Hoff, Dramen des Weiblichen. Deutsche Dramatikerinnen um 1800, Opladen 1989, S. 49.

163 S. Kord, wie Anm. 158, S. 100.

164 J. G. B. Pfeil mit *Lucie Woodvil* und der Thematisierung geschwisterlichen Inzests bildet in der Reihe der Autoren eine bemerkenswerte Ausnahme, jedoch ist die Protagonistin bei Pfeil nicht gänzlich frei von eigenem Gewaltpotential dargestellt wie die Protagonistinnen bei Gottsched, Schlegel und Thon; vgl. Kap. III.2 dieser Arbeit.

findet sich auch in Thons Texten. Durch die schonungslose Darstellung dessen, was Frauen allein aufgrund ihres Geschlechtes angelastet und zugemutet wurde, stellte Thon bereits in *Julie von Hirtenthal* die zeitgenössische Rollenfestschreibung mit provozierender Offenheit zur Disposition:[165] Im ersten Brief berichtet Carl von Hirtenthal Wilhelm Tamm von seiner Schwägerin, die ihren Mann aufgrund ihres Fehltritts in den Tod trieb, denn der von ihm bei ihr aufgefundene Liebesbrief löste bei ihm »heftigste[s] Fieber« aus, »das ihn in wenigen Tagen verzehrte«: Durch diese »strafbare Frau«, die »ihn ohne Rührung leiden« sah, »und ob sie gleich die unglückliche Ursache seines Todes ist, auch ohne Rührung sterben«(S. 12), scheinen die Gesetze der Physiognomik bestätigt. Mit Aussagen wie »man sieht's ihr gleich im ersten Augenblick an, daß ihre Seele eben so häßlich als ihr Gesicht schön ist«, oder sie sei »ein widriges boshaftes Geschöpf« (S. 10 f.) werden im Text die Kategorien aufgezeigt, durch die die Frauen stigmatisiert werden.[166]

Die Polarisierung von weiblicher Ohnmacht und männlicher Macht, die Eleonore Thon in *Adelheit von Rastenberg* vornimmt, verweist auf die Unausweichlichkeit weiblichen Scheiterns im patriarchalisch geprägten Umfeld. Thon stellt dies in einen sozialpolitischen Kontext, der die Menschenrechtsproblematik thematisiert: Die offensichtlich schuldlose Adelheit muß sterben, noch dazu durch eine Vertreterin ihres eigenen Geschlechts, die dem Bild der in *Julie von Hirtenthal* gezeigten ›unmoralischen‹ und durch Leidenschaft verblendeten Frau entspricht und das zeitgenössische stereotype Bild der von Emotionen gesteuerten Frau abruft:

> Die Moral von der Geschichte läßt sich schon aus dem Ausgang des Stückes entnehmen, die männlichen Figuren überleben ohne Ausnahme; die weiblichen sterben, mit einziger Ausnahme der Vertrauten Adelheits, die in keinerlei Liebeshändel verwickelt ist.[167]

---

165 Die folgenden Stellen aus dem Primärtext werden zitiert nach: Eleonore Thon, *Julie von Hirtenthal. Eine Geschichte in Briefen.* Erste Sammlung, Eisenach 1780; Seitenangaben im Text in Klammern. K. A. Wurst über diesen Text: »Thon's novel explores the psychological preconditions that make women susceptible to the advances of men« (in: dies. (Hg), wie Anm. 153, S. iX).

166 Wobei der sprachliche Ausdruck die inhaltliche Aussage stützt. So wird der Name des Liebhabers der Schwägerin mit »Baron von Bär« angegeben (S. 11); auch Schiller bedient sich in *Kabale und Liebe* der Tiermetaphorik in Verbindung mit der Namengebung, um den Bereich der menschlichen Triebhaftigkeit vordergründig im Figurenbild zu konnotieren (Wurm, Hofmarschall von Kalb).

167 S. Kord, wie Anm. 159, S. 103.

Indem sie die Figur des ›Machtweibes‹ durch die des ›leidenden Weibs‹ ersetzt, kommentiert Eleonore Thon in ihrem Drama das Genre des Ritterdramas. Diese Perspektive verfolgten auch Autorinnen wie Elise Bürger (*Adelheit Gräfinn von Teck*, 1799) oder Amalie von Helvig (*Die Schwestern von Corcyra*, 1812). Orientiert an Goethes *Götz von Berlichingen* (1773) als bekanntestem Vorläufer des Ritterdramas entstanden Texte von Autorinnen, die diese Vorlage bzw. einzelne Details daraus entscheidend variierten oder ins Gegenteil verkehrten.

Entsprechend sieht Dagmar von Hoff Thons Protagonistin als »weibliche Gegenfigur zu der Adelhaid aus Goethes Ritterdrama«.[168] Adelhaid von Walldorf, der »höchst moderne Charakter im *Götz*«, von Borchmeyer als »eine Lulu des 18. Jahrhunderts« bezeichnet,[169] hat mit ihrer Körperlichkeit, sinnlichen Ausstrahlung und erotischer Attraktion kaum Gemeinsamkeiten mit Thons introvertierter Adelheit, der darüber hinaus auch die Überlegenheit den männlichen Figuren gegenüber fehlt: Intellektuelles Vermögen, verbunden mit dem Mut, gegen die Männer in ihrem persönlichen Umfeld zu agieren, ist keine Eigenschaft Adelheits, wohl aber von Goethes Protagonistin, die ihre intellektuelle Überlegenheit im Schachspiel gegen den Bischof selbstbewußt unter Beweis stellt.[170] Von der Frau als »Krone der Schöpfung«,[171] wie sie im *Götz* ge-

---

168 D. v. Hoff, wie Anm. 155, S. 65; allerdings gibt es keinen Beleg, daß Thon Goethes Drama als Vorlage benutzt hat. Die Namensverbindung der Frauenfiguren hat somit nicht dieselbe Qualität wie die der Louise-Figuren aus Schillers *Kabale und Liebe* und Abels *Beytrag zu einer Geschichte der Liebe* (vgl. hierzu Kap. III.7 dieser Arbeit).

169 D. Borchmeyer, Goethe. Der Zeitbürger, München/Wien 1999, S. 28.

170 Vgl.: J. W. Goethe, Geschichte Gottfriedens von Berlichingen/Götz von Berlichingen mit der eisernen Hand, Szeneanweisung vor 2. Aufzug/2. Act; in: J. W. Goethe. Gedenkausgabe der Werke, Briefe und Gespräche, hg. v. E. Beutler, Zürich/Stuttgart ²1962; Bd. 4, S. 549, 674. Daß Adelhaid das Schachspiel gewinnt, zeugt von ihrer Überlegenheit (»Schach dem König und nun ist's aus«, formuliert sie (S. 551, 676)). Das Schachspiel als »Kampfspiel mit geistigen Mitteln« ist als »Symbol des Kampfes zweier gegensätzlicher Parteien […] mit den Grund-Gegensätzen Männlich-Weiblich« zu verstehen (Meyers Enzyklopädisches Lexikon, 25 Bde., Bibliographisches Institut (Hg.), Mannheim/Wien/Zürich, 9. Auflage 1977, Nachdruck 1981, Bd. 20, S. 786; U. Becker (Hg.), Lexikon der Symbole, Frechen 1992, S. 251 f.). Zur Figur der Adelhaid auch: U. Frieß, Buhlerin und Zauberin. Eine Untersuchung zur deutschen Literatur des 18. Jahrhunderts, München 1970, S. 72-116.

171 E. Beutler (Hg.), wie Anm. 170, S. 523.

nannt wird und im Falle Adelhaids als Charakter im Werk Shakespeares vorgebildet ist,[172] kann in Thons Drama keine Rede sein. Thon stellt die Frauenfiguren durchgehend als schwache Persönlichkeiten dar. Dies gilt auch für Bertha, die innerhalb des Dramas die Gegenfigur zu Adelheit verkörpert, da sie sich gänzlich von ihren Leidenschaften beherrscht zeigt.

III

Noch bevor sie in I/2 erstmals die Bühne betritt, wird Adelheit von von Hohenburgs Diener Wenzel mit Distanz betrachtet: »Ein schönes Weib ist auch der Feinde gefährlichster« (I/1,255), formuliert er seinem Dienstherrn gegenüber, als er Adelheit herannahen sieht. Er stellt sie so allein aufgrund von Geschlecht und Aussehen als die maßgeblich Schuldige am Ausbruch unkontrollierter männlicher Leidenschaft dar. Das Motiv wird später fortgeführt mit Franziska, der früheren Geliebten von Rastenbergs und Mutter von Franz, die ihm untreu wird,[173] und mit Bertha, die den Stiefsohn Adelheits eine »kurze traurige Geschichte« lehrt, in der verführerische weibliche »Reize der Lieb und Wohllust« (V/3,310) die zentralen Elemente sind. Jede männliche Figur des Dramas definiert gefährliche Leidenschaft zunächst als Eigenschaft der Frau, was sich im weiteren Handlungsverlauf nicht bestätigt.[174]

Daß Adelheit ihren ersten Auftritt »in einem Wäldchen ohnweit Rastenbergs Burg«[175] hat, in dem sie »langsam« spazierengeht und »schwermüthig vor sich hin« sieht (I/2,256), trägt entscheidend zur Charakterisierung der Figur bei. Zu Recht wird auf Thons Trauerspiel als »das weitaus pointierteste Drama, das den Konflikt der Heldin räumlich ver-

---

172 Ebda., Einführung zum *Götz*, S. 1075 (Verweis auf Shakespeares Cleopatra).
173 Vgl.: S. Kord, wie Anm. 158, S. 103. Die Figur der Mutter als weiblicher Eremit ist ein Sonderfall im Kanon der *dramatis personae*. Allein durch ihre Geschlechtszugehörigkeit bricht die Mutter von Franz als verkleideter Einsiedler das traditionelle Bild des Eremiten. Thon verarbeitet hier die etwa ab Mitte des Jahrhunderts aufkommende antiklerikale Einstellung, die sich in der Literatur auch im Konzept der Figur des Einsiedlers niederschlug: »Wo er seit Mitte des Jahrhunderts erschien, geschah es in kritischer Beleuchtung, auch in exotischem oder historischem Gewand« (E. Frenzel, Motive der Weltliteratur, Stuttgart, 2. Auflage 1980, S. 142).
174 Kord, wie Anm. 173.
175 Szenenanweisung zu I/1, S. 255.

sinnbildlicht«, hingewiesen.[176] Die räumliche Gestaltung des Schauplatzes hat symbolischen Charakter und zeigt Adelheit zunächst (in Verbindung von ›Natur‹ und ›Weiblichkeit‹) im Freien und nicht innerhalb der Burg Rastenberg, die ihr zugleich Wohnort und Gefängnis ist.[177] Der tägliche Aufenthalt im Wäldchen ist einerseits Ausdruck ihres Freiheitsdranges, der sie aus der Enge der Burg hinaustreibt, andererseits auch Abbild ihres vermeintlich ›natürlichen‹ Charakters, der sie als »Prototyp einer braven deutschen Frau«[178] ausweist: »[...] ich bin ein braves deutsches Weib, und keiner Verstellung fähig«, sagt Adelheit über sich selbst (I/8,267). Ihre Haltung zu der erzwungenen Ehe, die sie mit Fassung zu ertragen sucht, ist für den Ehemann die Ursache für die freudlose Situation, in der beide leben müssen. Den Umstand, daß Adelheit »keiner Verstellung fähig« ist, lastet er ihr als Schuld an, denn so muß er zwangsläufig an ihrem Unglück teilhaben. Auf ihre Aussage hin, sie sei »nicht zur Freude gebohren«, befiehlt er ihr, sich ihm gegenüber zu verstellen:

Jedes Geschöpf ist zur Freude gebohren, aber, du stössest sie von dir, wie meine Liebe. [...] erquicke mich wenigstens durch süsse Täuschung, heuchle mir Zärtlichkeit. Solltest du das nicht können? bist ja mein Weib (I/8,267).

Das Bild Adelheits als das einer nicht rollenkonformen Ehefrau, die den Ehemann ablehnt und dadurch schuldig wird, wird durch die bestehende Kinderlosigkeit vervollständigt. Adelheit bleibt von Rastenberg nicht nur ihre Liebe, sondern auch das gemeinsame Kind als Liebesbeweis schuldig, versagt sich ihm in ihrer Hauptfunktion als Ehefrau:

Nach der christlichen Glaubenslehre galt das Gebären von Nachkommen und ihre Erziehung als selbstverständliche Aufgabe der Ehefrau, die laut Thomas von Aquin Gehilfin des Mannes, vor allem aber »Gehilfin beim Werk der Zeugung« sein sollte.[179]

---

176 V. Hoff, wie Anm. 162, S. 65.
177 Zur symbolischen Bedeutung der Räume auch Kap. III.6 dieser Arbeit.
178 Wie Anm. 176.
179 E. Labouvie, Andere Umstände. Eine Kulturgeschichte der Geburt, Köln/Weimar/Wien 1998, S. 35. Auch: G. Bock, Frauen in der europäischen Geschichte. Vom Mittelalter bis zur Gegenwart, München 2000, S. 32: »Als Pflichten der Frau galten [...] Fruchtbarkeit, eheliche Treue, Häuslichkeit und die Sorge für die Keuschheit der Töchter.«

Lesley Sharpe verweist auf die spekulative, aber verbreitete medizinische Diagnose der Sterilität als Ausdruck der Abneigung gegen den Ehemann, denn im 18. Jahrhundert galt insbesondere für die Patientin »die Idee der Reizbarkeit«: »Jede Störung im Leben einer Frau, ob geistig oder physisch, vermochte pathologische Symptome hervorzubringen.«[180] So liest sich das Drama als Plädoyer gegen die vom Vater verordnete Zwangsheirat, da es die Aussichtslosigkeit dieser Ehe für beide Beteiligten vorführt. Mit Franz als unehelichem Sohn wird dies offen angesprochen, wenn er von Rastenberg mit Bezug auf seine leibliche Mutter fragt: »[...] bin ich nicht der lebendige Beweis ihrer Zärtlichkeit für Euch?« (I/6,263).

Neben einer hauptsächlich auf der Form- und Strukturebene gegebenen Nähe zu Schlegels Trauerspiel *Düval und Charmille* erinnern die Figurenbilder des Thon-Textes mit ihrem sprachlichen Ausdruck an Figuren aus Schillers *Kabale und Liebe*. Vor allem von Hohenburg zeigt Züge Ferdinand von Walters, wenn er sein persönliches Liebesevangelium formuliert: »Sieh das Zeichen des Himmels [...] Sieh mich hier geleitet [...] durch dessen Hand, der unsre Herzen band, ehe noch ein Priester vor'm Altar seine Gottheit vertrat«, so lautet seine Begründung, mit der er Adelheit zur Flucht mit ihm überreden will. Seinen Besitzanspruch sieht er durch die Äußerung von Adelheits Bruder bekräftigt: »Indem er fiel, drückt er mir die Hand, und sprach ›dieß ist für Adelheit, und sie ist dein.‹« (I/3,258 f.). Die Metaphorik des Tausches, der sich die Figuren in *Kabale und Liebe* bedienen, findet sich ansatzweise in von Hohenburgs Äußerung, Adelheits Bruder sei »in einer bessern Welt, wo er den Lohn seiner Tapferkeit empfängt« (I/3,258). Der Fluchtvorschlag des Geliebten, der abgelehnt wird, findet sich als Motiv sowohl in Lessings *Miss Sara Sampson* als auch in *Kabale und Liebe*.

Schillers Figur der Louise Millerin weist wie Thons Adelheit ein passives und damit verbunden auch sprachlich rezessives Verhalten auf. Adelheit kommentiert zudem die First-Contact-Szene mit dem Geliebten in ähnlicher Weise wie Louise: »Hier ist ein gewaltiger Aufruhr«, bekennt sie dem Dienstmädchen Elisabeth, indem sie auf ihr Herz deutet und nachdem sie zur Tür hineingestürzt ist (I/5,261).[181] Ihr Monolog in I/9

---

180 Vgl.: L. Sharpe, Über den Zusammenhang der tierischen Natur der Frau mit ihrer geistigen. Zur Anthropologie der Frau um 1800; in: J. Barkhoff/E. Sagara (Hg.), Anthropologie und Literatur um 1800, München 1992, S. 213-225, hier S. 222 f.

181 Vgl. Louise in *Kabale und Liebe* (I/3): »Als ich ihn das erste Mal sah – [...] und mir das Blut in die Wangen stieg [...] und mein Herz den Immermangelnden erkannte [...].«

zeigt, daß sie den gleichen Weg gehen will wie Louise. »Leite meine Schritte, und lehre mich den grossen Sieg über mich selbst« (S. 269), betet sie und entsagt von Hohenburg für diese Welt: »In jener bessern Welt werd ich ewig dein sein, aber [...] in dieser müssen wir uns trennen« (II/5,277).

Unterschiede zur Figur der Louise verweisen auf Merkmale der Dramenproduktion von Frauen: Das Aussehen, welches im Figurenbild der »Blondine« Louise Millerin eine nicht unerhebliche Rolle spielt, bleibt, wie in vielen Texten von Autorinnen, bei Thons Protagonistin fast gänzlich unbeachtet. Die weibliche Persönlichkeit wird von Dramenschriftstellerinnen zumeist unabhängig von ihrem äußeren Erscheinungsbild dargestellt. Adelheits Sprache ist an vereinzelten Stellen schärfer und entlarvender als die Louises. So scheut die um ihre Handlungsunfähigkeit wissende Adelheit sich nicht, das Wissen über von Rastenbergs Macht auszudrücken: »Warum nicht, bist ja Herr zu thun was dir gefällt«, antwortet sie dem Ehemann auf dessen Frage, ob sie mit seinen Plänen zufrieden sei (I/8,267), und signalisiert damit ihre mangelnde Bereitschaft zu weiterer Kommunikation. Der sprachliche Konsens der beiden Liebenden wird mit dem Begriff des Herzens verbunden, den beide gebrauchen, um der Liebe für den anderen Ausdruck zu verleihen;[182] dort, wo sich ihr Gefühl in die Seele einschreibt, bedienen sich beide des Bildes »von der Inschrift in die Seele oder das Herz«, welches »zum Urbestand der abendländischen Metaphorologie« gehört.[183]

Das Drama Thons verweist, abgesehen von der Darstellung der Folgen der Zwangsehe, die am Beispiel des Lebensweges der Protagonistin Adelheit abgebildet werden, mit der Figur des Franz auf ein weiteres gesellschaftliches Problem: das der unehelichen Geburt. Der erwachsene Sohn beklagt sich beim Vater über seine innerfamiliale Position als illegitimer Nachfahre, der für die Lasterhaftigkeit seiner Mutter büßen muß. Seine Aussage beleuchtet den gesellschaftlichen Stand unehelicher Kinder, der als lebenslanges Stigma deren Existenz überschattete: »[...] warum muß ich Unschuldiger mit für die Schuldige büssen? Warum muß ich der Welt zum Spotte als Bastard umhergehen?« (I/6,264). Die Figur erinnert hier an Pfeils Lucie Woodvil im gleichnamigen Drama, die ihre ungewisse Herkunft als emotionale Belastung empfindet. Im Unterschied zu Lucies Vater klärt von Rastenberg Franz jedoch auf dessen Drängen über

---

182 V. Hohenburg, I/1,255: »Wie mir das Herz schlägt [...]«; Adelheit, I/2,256: »O Herz wie verräth'st du dich!«; vgl. Anm. 181, Louises Rede.

183 A. Koschorke, Körperströme und Schriftverkehr. Mediologie des 18. Jahrhunderts, München 1999, S. 323.

die Mutter und die Vorfälle, die zum Bruch mit ihr führten, auf. Franz macht dem Vater klar, daß der Makel der unehelichen Geburt nur durch nachträgliche Legitimierung durch den Vater beseitigt werden kann. Dieser betont zunächst wie Woodvil seinen Einsatz für das uneheliche Kind:

Habe ich das Unrecht deiner Geburt nicht durch die liebreichste Sorgfalt gut zu machen gesucht? Hab ich dich nicht auf meinen Armen in diese Burg getragen; bist du hier nicht unter meinen Augen aufgewachsen ohne irgend einen Mangel zu fühlen? Thu ich nicht noch immer viel für dich? (I/6,264).

Franz' Antwort fällt eindeutig aus:

Viel, aber nicht alles. Bin ja bey all' Euren grossen Wohlthaten doch nur ein Bastard. O! wenn Ihrs fühlen könntet wie mein auflodernder Muth so schrecklich durch den auflodernden Gedanken niedergedonnert wird »bist ein Bastard« – Vater, wenn ihrs fühlen könntet, Ihr erbarmtet Euch mein (I/6,265).[184]

Der Diskurs über die problematische Lebenssituation einzelner Figuren, der eingesetzt wird, um soziale Defizite aufzuzeigen, ist zumal als Thema männlicher Dialoge bemerkenswert. Das Unglück der zwangsverheirateten Frau als Sujet männlichen Diskurses auf der Bühne macht die bislang nur innerfamilial eine Rolle spielende Problematik zum öffentlichen Thema mit der Folge, daß hiermit auch die absolute patriarchale Autorität zur Disposition gestellt wird.[185] Adelheits Bruder widersetzt sich der väterlichen Entscheidung, wenn er Adelheits Brief an den Geliebten überbringt und kurz vor seinem Tod von Hohenburg seine Schwester

---

184 Zur Unbescholtenheit der persönlichen Ehre und deren Stellenwert in der Gesellschaft vgl.: R. v. Dülmen, Der ehrlose Mensch. Unehrlichkeit und soziale Ausgrenzung in der Frühen Neuzeit, Köln/Weimar/Wien 1999, S. 1-17.
185 Vgl. I/6,262, Franz konfrontiert den Vater mit der Wahrheit: »Adelheit hat euch nie geliebt«; v. Rastenberg: »Traurige Wahrheit […] Dies Weib […] macht mich unaussprechlich elend.« Der Dialog ist relevant im Hinblick auf Klingers Drama, welches die gleiche Problematik der Zwangsverheiratung zwar in ihren Folgen abbildet, jedoch aus gänzlich anderer Perspektive: Die Protagonistin Malgen wird als am Familienunglück Schuldige ausgewiesen, ihre persönlichen Eindrücke über Zwang und Gewalt ihr gegenüber im Zusammenhang mit ihrer Zwangsverheiratung werden nicht thematisiert. (Vgl. Kap. III.4 dieser Arbeit).

zuspricht, obwohl der Vater sie mit von Rastenberg verheiratet hat. Es ist ihm ein persönliches Anliegen, das bestehende Ehetrauma zu beenden. Kritik am Verhalten des Vaters zeigt auch von Hohenburgs Urteil, Adelheits Vater sei hart und geizig (I/3,257), und die Schilderung Adelheits von der erzwungenen Heirat:

> [...] endlich schleppt er mich selbst zum Altar, »wähle hier«, sprach er, und sein Auge rollte fürchterlich – »wähle hier Rastenbergen oder meinen Fluch!« [...] Der Vater drückte gewaltsam unsre Hände zusammen (I/3,257 f.).

Eleonore Thon stellte mit ihrem Drama die Bedingungen einer solchen Wahl zur Diskussion und gab somit einen deutlichen Hinweis dahingehend, daß der wachsende Selbstverwirklichungsanspruch des weiblichen Individuums über die Literatur als Medium ins Leben einzuwandern begann.

III. Werkanalyse: Autoren

III.1. Mienenspiele:
Gefühlskultur und höfische Etikette
in Gotthold Ephraim Lessings *Miss Sara Sampson*

>»And how are our eyes riveted to the aspects of
>kings and heroes, murderers and saints; and as we
>contemplate their deeds, seldom fail making appli-
>cation to their looks.«
>
>(William Hogarth, The Analysis of Beauty, 1753)

I

Im Sommer 1755 wurde in Frankfurt/Oder mit Lessings *Miss Sara Sampson* »das erste deutschsprachige Trauerspiel, das die Gattungskriterien erfüllt(e)«,[1] uraufgeführt. Das Bühnenstück hatte beachtliche Wirkung auf das zeitgenössische Publikum. So schrieb Karl Wilhelm Ramler an Johann Wilhelm Ludwig Gleim: »[...] die Zuschauer haben drey und eine halbe Stunde zugehört, stille geseßen wie Statüen, und geweint.«[2] Friedrich Nicolai, der eine Berliner Aufführung sah, war währenddessen »ungemein gerührt« und hat »öfters geweint«.[3]

Das Drama, »einer der größten Weinerfolge des 18. Jahrhunderts«[4] und ein »auffallendes Beispiel für gefühlsmäßige Lenkung des Zuschau-

---

1 So bezeichnet in: M. Fick (Hg.), Lessing-Handbuch, Stuttgart/Weimar 2000, S. 132; Uraufführung des Stückes am 10.7.1755.
2 Ebda., S. 133, (zitiert nach: Daunicht 1977, S. 88); auch: P.-A. Alt, Tragödie der Aufklärung, Tübingen/Basel 1994, S. 191.
3 Wie Anm. 1, Zitat aus einem Brief Nicolais an Lessing vom 3.11.1756.
   Zur Wirkung auf das zeitgenössische Publikum auch: W. Barner, »Zu viel Thränen – nur Keime von Thränen«. Über »Miß Sara Sampson« und »Emilia Galotti« beim zeitgenössischen Publikum. In: Das weinende Saeculum. Colloquium der Arbeitsstelle 18. Jahrhundert, Gesamthochschule Wuppertal, Heidelberg 1983, S. 89-105.
4 Ebda., S. 89.

ers«,[5] appelliert bereits mit der Eingangsszene an die Empfindungsfähigkeit des Publikums: Der Diener Waitwell erinnert Saras Vater Sir William Sampson an die Kindheit »Sarchens«, des »beste(n), schönste(n), unschuldigste(n) Kind(es), das unter der Sonne gelebt hat« (I/1,267).[6] Dem Publikum werden sowohl dialogisch verarbeitete Fakten zum bestehenden Konflikt als auch eine Beschreibung der emotionalen Disposition Sir Sampsons präsentiert. ›Herz‹ und ›Zärtlichkeit‹ als Schlüsselwörter des empfindsamen Diskurses beschreiben mit der Rede Sir Sampsons das emotionale Feld, welches die Vater-Tochter-Beziehung markiert und auf dem die weitere Handlung verläuft. Hinzu kommt der Verweis auf den Ort der Handlung, der die Protagonistin in einem ungewöhnlichen Umfeld zeigt: Die Tochter im 18. Jahrhundert hatte ihren Platz im Elternhaus, nicht in einem »elenden Wirthshause« (I/1,267).[7] Darüber hinaus beschreibt der Text ein Verhalten Sir Sampsons seiner »ungehorsamen« Tochter gegenüber, welches nicht der zeitgenössischen sozialen Realität entsprach. Der vielzitierte Satz »Ich würde doch lieber von einer lasterhaften Tochter als von keiner geliebt sein wollen« (I/1,268) exponiert die Nachsichtigkeit, mit der er der Tochter im weiteren Handlungsverlauf begegnet,[8] sowie eine grundsätzlich der normativ ausgerichteten, tugendstrengen Erziehung entgegengesetzte Position des Erziehers.

Sir Sampson nimmt die Bewertung der Tochter nach individuellen Kriterien vor statt wie damals üblich durch Orientierung an gesellschaftlichen Postulaten. Seine Opposition gegen soziale Schranken und Kon-

5 D. Kafitz, Grundzüge einer Geschichte des deutschen Dramas von Lessing bis zum Naturalismus, Frankfurt a.M., 2. Auflage 1989, S. 63.

6 Der Dramentext von *Miss Sara Sampson* ist hier und im folgenden Text zitiert nach: G. E. Lessings sämtliche Schriften, hg. v. K. Lachmann. Dritte, auf's neue durchgesehene und vermehrte Auflage, besorgt durch F. Muncker. Zweiter Band, Stuttgart 1886, S. 265-352.

7 Dieser Umstand beinhaltet auch eine rechtliche Komponente. Noch im 1794 in Kraft getretenen Gesetz »*Allgemeines Landrecht für die preußischen Staaten*« hieß es: »Eine unverheiratete Tochter kann, auch wenn sie großjährig ist, nicht anders, als durch ausdrückliche Erklärung der väterlichen Gewalt entlassen werden« (2. Teil, 2. Titel, § 230; III, 122). Vollständig abgedruckt im Anhang in: W. Wächtershäuser, Das Verbrechen des Kindesmordes im Zeitalter der Aufklärung. Eine rechtsgeschichtliche Untersuchung der dogmatischen, prozessualen und rechtssoziologischen Aspekte, Berlin 1973.

8 Daß Sampson dieser »lasterhaft gewordenen« Tochter nachreist, um sie zurückzuholen, war ein realitätsfernes Handlungskonstrukt. Lenz griff dieses Motiv im »Hofmeister« wieder auf.

ventionen, die er nicht nur in bezug auf Sara, sondern auch bei Waitwell, Arabella und Mellefont artikuliert,[9] ist jedoch für die Tochter eine fragwürdige Unterstützung. Im Verlauf der Handlung wird klar, daß für Sara gerade diese liberale Haltung des Vaters zum Problem wird, denn sie ist weitaus stärker als Sampson einem sozial geprägten Geschlechter-Rollenbild verpflichtet. So stellt sich der Familienkonflikt mit dem seiner Tochter verzeihenden Sampson als im Grunde nicht existent dar. Karin Wurst merkt hierzu an, es sei »bezeichnend, daß der Konflikt nicht in direkter Konfrontation ausgetragen wird, sondern lediglich vermittelt zur Darstellung kommt«.[10] Der Konflikt ist allein der Saras, es besteht kein interaktiver Konflikt zwischen Vater und Tochter wie beispielsweise jener zwischen Louise und Miller in Schillers *Kabale und Liebe*, denn Sara kommuniziert nicht mit ihrem Vater bis kurz vor ihrem Tod.[11] Statt

9 In III/7 bietet er dem Diener als Dank für dessen Treue die Freiheit an, in V/11 nimmt er die uneheliche Tochter der Marwood an Kindes Statt an. Beides waren keine für die Zeit üblichen Handlungen: Jemand, der sich nicht normenkonform verhielt, stigmatisierte sich selbst.
Sampsons Entscheidung am Schluß des Dramas (V/11), beide in einem Grab zu bestatten, steht gegen die kirchlichen Konventionen, einem Selbstmörder wie Mellefont kein christliches Begräbnis zuteil werden zu lassen (vgl. M. Fick, wie Anm. 1, S. 131).

10 K. A. Wurst, Familiale Liebe ist die ›wahre Gewalt‹. Die Repräsentation der Familie in G. E. Lessings dramatischem Werk, Amsterdam 1988, S. 102. Ähnlich gestaltete Lessing auch die Beziehung zwischen Odoardo Galotti und Emilia; auch hier haben, mit Ausnahme der Szene V/7 kurz vor Emilias Tod, Vater und Tochter nur mittelbar über Claudia Galotti Kontakt (wenn auch der Konflikt einer anderen Motivation unterliegt).

11 Der Konflikt wird im Drama Schillers von Beginn an zum Gegenstand der Kommunikation zwischen Vater und Tochter. Louise offenbart sich dem Vater, erfüllt somit »die Norm uneingeschränkter Kommunikation«, die die familialen Beziehungen bestimmte; Claudia Galotti verletzt diese Norm, indem sie Emilia überredet, die Begegnung mit dem Prinzen für sich zu behalten, was fatale Folgen für die Familie hat (zum Begriff innerfamilialer Kommunikationsnorm.: F. A. Kittler, »Erziehung ist Offenbarung«. Zur Struktur der Familie in Lessings Dramen, in: JBDSG 21 (1977), S. 111-137, hier S. 115). Hinsichtlich des Konflikts Sampson/Sara sei hingewiesen auf die Unterscheidung zwischen geistiger Beredsamkeit und körperlicher Beredsamkeit, auf die A. Košenina unter Bezugnahme auf Lessings fragmentarischen Text *Der Schauspieler* (1754) hinweist. Lessing machte hier die Modifikation des körperlichen Ausdrucks zum Gegenstand seiner Überlegungen, weil diese seiner Meinung nach die Wirkung auf das Publikum verstärkte. (Košenina, Anthropologie und Schauspielkunst. Studien zur »eloquentia corporis« im 18. Jahrhundert, Tübingen 1995, S. 31 f.). Der Konflikt ließe sich nur mittels sprachlicher Kommunikation lösen, auf die

eine Konfliktlösung durch Kommunikation anzustreben, steigert sie sich durch vielschichtige Selbstreflexion in eine unlösbare Konfliktsituation hinein, gibt sich die Schuld am Tod der Mutter (IV/1,316) und meint, durch ihr Fehlverhalten den des Vaters zu »beschleunigen« (III/3,302).

Mit seiner Protagonistin thematisierte Lessing die »immanente Problematik des individualistischen Menschenbildes«,[12] denn oft scheiterte der Individualitätsanspruch des aufgeklärten Menschen noch am persönlichkeitsprägenden Verhaltenskodex, den das soziale Umfeld vermittelte.[13] So kann sich Sara über den versöhnlichen Ton im Brief des Vaters, den Waitwell ihr in III/3 überbringt, nicht freuen, sondern bezeichnet den Brief als »grausam« und reflektiert über diese Reaktion des Vaters auf ihr Fehlverhalten:

Und das ist es eben, was ich fürchte. Einen Vater wie ihn, zu betrüben: dazu habe ich noch den Mut gehabt. Allein ihn durch eben diese Betrübnis, ihn durch seine Liebe, der ich entsagt, dahin gebracht zu sehen, daß er sich alles gefallen läßt, wozu mich eine unglückliche Leidenschaft verleitet: das, Waitwell, das würde ich nicht ausstehen (III/3,303 f.).

Die Wortwahl Saras spiegelt ihren Blick auf den abwesenden Vater; die ihr immanente Passivität verkehrt das genormte Rollenbild des Patriarchen und Hausvaters, wenn man Familie und patriarchalische Herrschaftsform begreift als »ein Netz strukturiert von zwischenmenschlichen Beziehungen, darin zwischenmenschliches Verhalten nach festen Rollenmustern mit moralisch-normativem Anspruch eingeübt und vorgeschrieben wird«.[14] Durch das neu formulierte Herrschaftsverhältnis zwischen

---

beide Figuren nicht zurückgreifen. In ähnlicher Weise gestaltete Pfeil den Konflikt zwischen Vater und Tochter: Wesentliches Movens der Katastrophe ist die fehlende sprachliche Kommunikation, denn der Vater verheimlicht der Tochter ihre wahre Identität (vgl. Kap. III.2 dieser Arbeit).

12 D. Kafitz, wie Anm. 5, S. 77.

13 Zum Konfliktpotential und dem Widerspruch zwischen »Individualisierung der Person und Nahweltbedarf«: N. Luhmann, Liebe als Passion. Zur Codierung von Intimität, Frankfurt a.M., 5. Auflage 1999, S. 16 ff. Zur entscheidenden Formulierungsphase des Begriffs der Individualität in der zweiten Hälfte des 18. Jahrhunderts: G. Kaiser, Krise der Familie. Eine Perspektive auf Lessings »Emilia Galotti« und Schillers »Kabale und Liebe«. In: Recherches Germaniques 14 (1984), S. 7-22.

14 B. A. Sørensen, Herrschaft und Zärtlichkeit. Der Patriarchalismus und das Drama im 18. Jahrhundert, München 1984, S. 16.

ihr und dem Vater ist Sara irritiert, was am Ende des Auftritts durch ihre Frage deutlich wird: »Er bittet mich? Ein Vater seine Tochter? seine strafbare Tochter?« (III/3,308). So wird aus der Sicht Saras die familiale Ordnung zu einer Unordnung, die sie selbst durch ihre Flucht mit Mellefont motiviert hat und worin letztlich ihre massiven Schuldgefühle begründet sind. Ihre Formulierung, sie habe der Liebe ihres Vaters entsagt (s.o.), zeigt Saras emotionale Unerbittlichkeit, mit der sie sich an sozialen Normen orientiert: Mit ihrer Flucht aus dem Elternhaus hat sie sich nicht nur »gegen die ›Tugend‹ entschieden«,[15] sondern auch gegen die Liebe des Vaters. Sie ist sich der Ausschließlichkeit des Verhältnisses zu Mellefont bewußt; daß die Heirat, eine in ihren Augen »heilige Handlung« (I/7,278), immer noch aussteht, bedeutet für sie soziale Ausgrenzung und Stigmatisierung zur »Verbrecherinn« (ebda.).[16] Nur durch eine List gelingt es Waitwell, daß Sara den Brief liest. »Wenn mein Vater durch mich unglücklich sein muß, so will ich selbst auch unglücklich bleiben«, sagt sie (III/3,305), und nicht etwa »so will ich selbst auch unglücklich sein«. Mit dieser Aussage formt sie selbst den gegenwärtigen Zustand des Unglücklichseins um zu einem in Zukunft allgemeingültigen Postulat, dem sie bedingungslos Folge leisten will.

II

Die Titelheldin steht mit ihrem beklagenswerten Gemütszustand im Focus des Publikumsinteresses. Zu Beginn des Dramas werden nicht nur ihre Tugenden im Diskurs männlicher Figuren formuliert, sondern Sara wird darüber hinaus durch Einbeziehung des Traummotivs als empfindsamer Charakter vorgestellt. Der Traum (I/7,274 f.), der sie ihren Tod voraussehen läßt, offenbart die Beschaffenheit ihres Urteilsvermögens, welches von Gefühl, Herz und Gewissen statt durch Verstand gesteuert wird.[17] Durch das an religiösen Normen orientierte Gewissen hört sie

---

15 U. Frieß, »Verführung ist die wahre Gewalt«. Zur Politisierung eines dramatischen Motivs in Lessings bürgerlichen Trauerspielen; in: Jahrbuch der Jean-Paul-Gesellschaft 6 (1971), S. 102-130, hier S. 107.

16 Vgl. ebda.: »[…] ihre »Ehre« als soziales Attribut eines adeligen Fräuleins« verliert sie bereits mit der Flucht aus dem Elternhaus«.

17 Vgl.: M. Schenkel, Lessings Poetik des Mitleids im bürgerlichen Trauerspiel ›Miß Sara Sampson‹: poetisch – poetologische Reflexionen. Mit Interpretationen zu Pirandello, Brecht und Handke, Bonn 1984, S. 83.

»strafende Stimmen«, deren Existenz sich ihr durch ihr Fehlverhalten erklärt: »Klage Sie den Himmel nicht an! Er hat die Einbildungen in unserer Gewalt gelassen. Sie richten sich nach unsern Thaten [...]«.[18] Aus
dem Resultat des Zusammenspiels von Mitleidsempfinden und moralischem Handeln[19] und durch die mit wirkungspsychologischer Intention
inszenierten Emotionen seiner Titelheldin sollte beim Publikum die Fähigkeit, Mitleid zu fühlen, erweitert werden: Lessing sah dies im Hinblick auf dramentheoretische Überlegungen als »Bestimmung der Tragödie« an.[20] Obwohl das Drama nicht vor dem Hintergrund einer eigenen
komplexen Dramentheorie verfaßt wurde,[21] lassen sich im Vergleich in
Miss Sara Sampson Parallelen finden, die die Nähe zu Bearbeitungen der
Theorien anderer Autoren aufzeigen, die Lessing vor Entstehung des
Dramas beendet hatte und die Überlegungen zur *comédie larmoyante*
enthielten.[22] Relevanz haben die beiden Schriften, die er für das erste
Stück der »*Theatralischen Bibliothek*« (1754) übersetzte: *Réflexions sur le
Comique larmoyant* von Pierre Mathieu Martin de Chassiron (zuerst: La
Rochelle 1749) sowie die Antrittsvorlesung Christian Fürchtegott Gel-
lerts *pro comoedia commovente* (Leipzig 1751).[23]

18 »Die Vision der eigenen Ermordung bezeichnet eine Strafphantasie, mit der die
   Protagonistin den Verlust ihrer Unschuld seelisch zu verarbeiten sucht«, formu-
   liert P.-A. Alt diesbezüglich in seinem Aufsatz *Der Schlaf der Vernunft. Traum und
   Traumtheorie in der europäischen Aufklärung* (in: Das achtzehnte Jahrhundert.
   Zeitschrift der Deutschen Gesellschaft für die Erforschung des achtzehnten
   Jahrhunderts, Jahrgang 25, Heft I, Wolfenbüttel 2001, S. 55-82, hier S. 75; zum
   Figurenbild der Sara in Verbindung mit dem Traummotiv und Lessings Wir-
   kungspoetik der Hinweis auf Lessings 1755 veröffentlichte *Seneca*-Studie (S. 74)).
19 Vgl. zu Lessings Dramenpoetik: M. Schenkel, wie Anm. 17, S. 74 f., 113 f., 130 f.
   P.-A. Alt, Tragödie der Aufklärung, Tübingen/Basel 1994, S. 193 f. Ferner: H.-J.
   Schings, Der mitleidigste Mensch ist der beste Mensch. Poetik des Mitleids von
   Lessing bis Büchner, München 1980.
20 Vgl. Lessings Brief an Nicolai, Nov. 1756: »[...] die Bestimmung der Tragödie ist
   diese: sie soll *unsre Fähigkeit, Mitleid zu fühlen,* erweitern.« In: U. Profitlich (Hg.),
   Tragödientheorie. Texte und Kommentar vom Barock bis zur Gegenwart, Reinbek 1999, S. 56.
21 Vgl.: V. Richel, G.E. Lessing, Miss Sara Sampson. Erläuterungen und Dokumente, Stuttgart, 2. Auflage 1999, S. 28: »Lessings Äußerungen zur Theorie des bürgerlichen Trauerspiels stammen alle aus der Zeit nach dem Erscheinen seiner ›Sara‹.«
22 Zu Elementen der *comédie larmoyante* in *Miss Sara Sampson* vgl.: L. Pikulik, Bürgerliches Trauerspiel und Empfindsamkeit, Köln/Graz 1966, S. 60 ff.
23 Vgl. zu den Titeln: wie Anm. 10, S. 26; Text der Übersetzungen Lessings nachfolgend zitiert aus: LM 6, S. 6-53. Zum Einfluß Gellerts auf dieses Drama Lessings

In der ersten Bearbeitung *Betrachtungen über das weinerlich Komische, aus dem Französischen des Herrn M.D.C.* wird gleich zu Beginn die exponierte Stellung einer weiblichen Hauptfigur betont, in Abgrenzung von griechischen und lateinischen Lustspielen:

> Wir haben in der That kein Stück, weder im Griechischen noch im Lateinischen, dessen Gegenstand unmittelbar das Frauenzimmer sey. [...] Plautus und Terenz haben uns nichts als das schändliche und feile Leben der griechischen Buhlerinnen vorgestellt. Diese häßlichen Schilderungen können uns keinen richtigen Begrif von der häuslichen Aufführung des römischen Frauenzimmers machen; [...] (S. 10 f.).

Kritisiert werden Plautus, Aristophanes und Menander als Vertreter des griechischen Theaters. Begründet wird dies mit der fehlenden Wirkungsabsicht der Autoren, Mitleid durch Rührung erregen zu wollen:

> Es ist ganz und gar nicht die Weichmachung der Herzen, die Plautus zum Gegenstand seiner Lustspiele gewählt hat. [...] kein einziger von seinen Charakteren ist dazu bestimmt, daß wir Thränen darüber vergießen sollen (S. 15).

In der übersetzten Antrittsvorlesung Gellerts finden sich ergänzend zum ersten Text ähnlich kritische Äußerungen in bezug auf das antike Theater:

> Wenn man keine anderen Komödien machen darf, als solche, wie sie Aristophanes, Plautus und selbst Terenz gemacht haben; so glaube ich schwerlich, daß sie den guten Sitten sehr zuträglich seyn, und mit der Denkungsart unserer Zeiten sehr übereinkommen möchten. [...] In Dingen, welche empfunden werden, und deren Werth durch die Empfindung beurtheilet wird, sollte ich glauben, müsse die Stimme der Natur von größerm Nachdrucke seyn, als die Stimme der Regeln (S. 42).

vgl.: P.-A. Alt, wie Anm. 19, S. 192, 194, sowie: ders.: Aufklärung, Stuttgart/Weimar 1996, S. 214; G. A. Wosgien, Literarische Frauenbilder von Lessing bis zum Sturm und Drang, Frankfurt a.M. 1999, S. 164 f., 181. Die formale Nähe zur comédie larmoyante zeigt sich im Hinblick auf das Figurenbild im Text, abgesehen von der inhaltlichen Nähe zu den englischen Dramen (vor allem Lillos *The London Merchant* (1731) und Richardsons *Clarissa, or The History of a Young Lady* (1747/48)).

Darüber hinaus nahm Gellert Stellung zur Ständeklausel:

Ein Schauspiel, welches ein Mägdchen von geringem Stande, Zierlich-
keit, Witz und Lebensart geben wollte, würde den Beyfall der Zuschauer wohl nicht erlangen. [...] Allein wenn man voraussetzt, dieses
Mädchen sey, von ihren ersten Jahren an, in ein vornehmes Haus gekommen, wo sie Gelegenheit gefunden habe, ihre Sitten und ihren
Geist zu bessern: so wird alsdann die zuerst unwahrscheinliche Person
wahrscheinlich (S. 46 f.).

Lessing knüpfte vier Jahre später an diese Überlegungen an: Mit Sara
Sampson wurde kein bürgerliches Mädchen aus dem Volk, sondern die
Tochter eines Adeligen dargestellt.[24] Die für das barocke Trauerspiel noch
entscheidende Fallhöhe wurde so zwar relativiert, jedoch nicht gänzlich
unberücksichtigt gelassen.[25]

Arabella, die zweite Tochterfigur dieses Trauerspiels, geht genau den
Weg, den Gellert vorgab. Am Ende des fünften Aktes verläßt sie mit
William Sampson als »Vermächtnis« (S. 352) seiner Tochter die Bühne
und erfährt durch den Wechsel in »ein vornehmes Haus« (Formulierung
Gellerts, s.o.) gesellschaftliche Aufwertung. Die Kinderfigur, Tochter
Marwoods und Mellefonts, erfüllt im wesentlichen zwei Funktionen.
Zusammen mit der Figur Mellefonts zeigt sich hier das Bild des lieben-
den, dennoch versagenden Vaters, der sich nicht ausreichend um seine
Tochter kümmert.[26] Darüber hinaus verweist ihr Verhalten auf die mögliche Wirkungsabsicht Lessings, sie als »das schönste Werkzeug die Zuschauer zu rühren« einzusetzen, wie Christian Adolf Klotz in den *Episto-
lae Homericae* (1764) schrieb.[27]

---

24 Zum Epitheton »bürgerlich«, welches sich auf »den Ethos, den das Drama trägt«,
bezieht: K. Eibl, Gotthold Ephraim Lessing. Miss Sara Sampson. Ein bürgerliches
Trauerspiel. Frankfurt a.M. 1971, S. 139, sowie: P. Szondi, Tableau und coup de
théâtre. Zur Sozialpsychologie des bürgerlichen Trauerspiels bei Diderot (1973/
1978); in: D. Rieger (Hg.), Das französische Theater des 18. Jahrhunderts, Darmstadt 1984, S. 339-357.
25 Vgl.: P.-A. Alt unter Bezugnahme auf J.G.B. Pfeils Tragödientheorie *Vom bürgerlichen Trauerspiele*: »Prämisse der Tragödientauglichkeit einer Figur ist hier nur
noch eine gemäßigte Fallhöhe – Besitz von Wohlstand und Ehre –, nicht aber
mehr die aristokratische Herkunft« (in: ders., Der Held und seine Ehre. Zur
Deutungsgeschichte eines Begriffs im Trauerspiel des 18. Jahrhunderts, JBDSG
XXXVII/1993, S. 81-108, hier S. 95).
26 G. A. Wosgien, wie Anm. 23, S. 181.
27 Vgl.: V. Richel, wie Anm. 21, S. 46.

Vor allem durch den Aufruf, durch Darstellung des ›Allgemein-Menschlichen‹ die Distanz zum Publikum abzubauen und statt dessen Identifikation und Mitempfinden anzustreben, lassen sich von der Übersetzung Parallelen zur dramatischen Wirkung ziehen:[28]

Diejenigen wenigstens, welche Komödien schreiben wollen, werden nicht übel thun, wenn sie sich unter anderm auch darauf befleißigen, daß ihre Stücke eine stärkere Empfindung der Menschlichkeit erregen, welche so gar mit Thränen, den Zeugen der Rührung, begleitet wird (S. 48).[29]

Die Auswirkungen der dramentheoretischen Ansätze finden sich im Konzept der Figurenzeichnung. Protagonisten werden, entgegen den Vorbildern in klassizistischen Tragödien, als »der bürgerliche Held« gezeigt, »der Gefühle zulässt und pflegt«.[30] Im Kontext hierzu ist das neue Verständnis des Ehrbegriffs zu sehen, wodurch die »moralische Dimension der Ehre«[31] betont wurde. Zugleich erfuhr das Sujet der Handlung einen Wandel hin zur Thematisierung von Familienkonflikt und Privatsphäre; es ging nicht primär darum, bürgerliche Verhältnisse und deren Verbesserung abzubilden, sondern um die »Darstellung einer Utopie der reinen Menschlichkeit«.[32] Dies hatte innerhalb der Hierarchie der Dramenfiguren eine Aufwertung der Tochterfigur zur Folge; statt eines Sohnes trat nun eine weibliche Hauptfigur in den Vordergrund. Während die Komödien Lessings »der Repräsentation der bürgerlichen Wertewelt« dienten, in der der Sohn »der Nachfolger des Vaters« war und es »in erster Linie um seine ideologische Sozialisierung im Sinne des Bürgertums« ging, standen nun in den Tragödien vor dem Hintergrund wirkungspsychologischen Kalküls Tochterfiguren im Mittelpunkt der Aufmerksamkeit:

Sobald sich die Wirkungsintention des Schauspiels von der Darstellung bürgerlicher Verhältnisse und deren Verbesserung hin zur Darstellung einer Utopie der reinen Menschlichkeit verschiebt, verlagert sich der Schwerpunkt auf die Darstellung einer Vater-Tochter-Beziehung.[33]

28 Zur Wirkungsabsicht bei Lessing vgl.: M. Fick, wie Anm. 1, S. 124.
29 Vgl. A. Košenina, wie Anm. 11.
30 M. Fick, wie Anm. 1, S. 124.
31 P.-A. Alt, wie Anm. 25, S. 86.
32 K. A. Wurst, wie Anm. 10, S. 105.
33 Ebda.

So ist auch der Ehrbegriff Sara Sampsons noch anderen als gesellschaft-
lich-konventionellen Werten verpflichtet. Im ersten Akt des Dramas
zeigt Sara im Dialog mit Mellefont,»daß sie nicht aus Gründen der äußeren Reputation, sondern aus moralischem Pflichtgefühl auf eine Heirat
drängt«, denn»Ehre besteht allein darin, daß sie das tut, was mit den als
richtig erkannten moralischen Prinzipien übereinstimmt«.[34] Daß diese
vor allem an religiösen Normen orientiert waren, betont Günter Saße:

> [...] wenn sie auf Heirat drängt, dann nicht aus gesellschaftlichen,
> sondern aus religiösen Gründen: Ihr Seelenheil steht auf dem Spiel,
> die ewige Verdammnis droht ihr, [...], wird ihre Liebesbeziehung
> nicht durch das Sakrament der Ehe legitimiert.[35]

Als konstituierend für den in diesem Trauerspiel formulierten Ehrbegriff
erweist sich darüber hinaus eine figurenbezogene Dialektik von»un-
konventionellem Moralismus bei Sara« und»moralischem Konventiona-
lismus bei der Marwood«.[36] Die Bezeichnung der Frauen in der Rede
männlicher Figuren verweist auf die moralische Disposition, die beiden
Frauen zugrunde liegt: Während der Wirt von dem»Frauenzimmer«
Sara spricht (I/2,269), wertet Mellefont seine ehemalige Geliebte Marwood als»Weibsbild« ab (I/4,271). Die polarisierende Bewertung der beiden Frauen wird gestützt durch die Abbildung sexuellen Bewußtseins,
die textimmanent zum Ausdruck kommt: Während die Liebe Saras ase-
xuell erscheint, weil Sara Sexualität weder artikuliert noch (etwa durch
Berührungen Mellefonts) erfährt, schildert Marwood den ersten Liebesakt mit Mellefont im Vokabular des höfischen Liebesdiskurses (II/3,288)
und betont Mellefonts»feurige Umarmungen«. Das Sprechverhalten beider Frauenfiguren ist auf den»Transfer von der Trieb- zur Tugendnatur«
zu beziehen; Albrecht Koschorke unterscheidet diesbezüglich eine erste
Natur (Triebnatur) und eine zweite Natur (Tugendnatur):»Die ›Hand
der Tugend‹ schafft eine zweite Natur, die keinen Hinweis auf ihre Her-

---

34 P.-A. Alt, wie Anm. 18, S. 92, unter Bezugnahme auf den Dramentext in I/7:»Ich,
   Mellefont, denke darauf nicht, weil ich in der Welt von keiner Ehre wissen will, als
   von der Ehre, Sie zu lieben. Ich will mit Ihnen um meiner selbst willen verbunden
   sein [...]«.
35 G. Saße, Die Ordnung der Gefühle. Das Drama der Liebesheirat im 18. Jahrhundert, Darmstadt 1996, S. 120.
36 So P. Michelsen in: Die Problematik der Empfindungen. Zu Lessings»Miß Sara
   Sampson«, in: ders., Der unruhige Bürger. Studien zu Lessing und zur Literatur
   des 18. Jahrhunderts, Würzburg 1990, S. 163-220 (hier S. 208, Anm. 110).

kunft enthält, die Illusion einer Realität ohne Mangel hervorbringt, aber der ersten und affektiven Natur auf strikte Weise opponiert.«[37] Inge Stephan weist in ähnlichem Kontext darauf hin, daß dies zu einem »Wechselbad von Sexualisierung und Entsexualisierung« führt, in dem die Frau »zerrieben« wird.[38] Sara und Marwood spiegeln als antipodisch geformte Figuren durch ihren Stand und mit ihrem Verhalten den Gegensatz zwischen Privatem und Öffentlichem, stellvertretend für die Begriffe des Bürgerlichen und Höfischen, die hier vor allem die unterschiedliche Moralauffassung markieren.[39] Durch diese Polarität der weiblichen Charaktere – Bürgermädchen und femme fatale – wird Saras Schwäche gegenüber ihrer Rivalin, durch deren Intrige sie letztlich auch stirbt, betont.

Mit dem Bild Saras als »schönes Landmädchen« (II/3,285) zeichnete Lessing Wesenszüge nach, die Rousseaus ›Sophie‹ vorgab: Natürlichkeit und Naivität bestimmten das zeitgenössische Paradigma von Weiblich-

37 Zur figurenbezogenen Darstellung von Sexualität vgl.: A. Koschorke, Körperströme und Schriftverkehr. Mediologie des 18. Jahrhunderts, München 1999, S. 434 f.; zur Tabuisierung weiblicher Sexualität, wie sie auch in der Sara-Figur hinterlegt ist, heißt es: »Das Verbot, etwas zu tun, hat sich zu dem Verbot ausgeweitet, es auch nur zu bezeichnen« (S. 439). Ferner: G. A. Wosgien, wie Anm. 23, S. 168 ff. Wosgien verbindet die Figur der Marwood zusätzlich mit dem Motiv der Erotik des Blickes, in negativer Konnotation zusammenhängend mit dem biblischen Text, der vor weiblicher Erotik des Blickes warnt (Sirach 26, 9 ff.).

38 I. Stephan, »So ist die Tugend ein Gespenst«. Frauenbild und Tugendbegriff im bürgerlichen Trauerspiel bei Lessing und Schiller, in: LYB XVII (1985), S. 1-20, hier S. 17. Sehr aufschlußreich ist auch die vergleichende Gegenüberstellung der Figuren Marwood/Sara im gleichen Aufsatz (S. 8-12).

39 Eine psychoanalytische Deutung der beiden Figuren zeigt I. Pracht-Fitzell: Über die Lichtmetaphorik hell/dunkel werden Sara/Marwood als ›gutes‹ und ›minderwertiges‹ Element einer Gefühlsganzheit gesehen und dem ›gespaltenen Weiblichen‹ in den Konfigurationen Eva und Lilith zugeordnet. (dies.: Blendung und Wandlung. Lessings Dramen in psychologischer Sicht, New York 1993, S. 101 ff.). G. Scheit bringt das Theater des 18. Jahrhunderts in Verbindung mit dem Begriff der *femme fatale*: »Die Bilder für den schillernden Ruf des Theaters könnten aus der Dramaturgie des Jahrhunderts extrapoliert werden. In ihr nämlich kristallisiert sich jene überaus kennzeichnende Polarität weiblicher Charaktere aus: die Lady und die Miss – die femme fatale und das Bürgermädchen« (ders.: Dramaturgie der Geschlechter. Über die gemeinsame Geschichte von Drama und Oper, Frankfurt a.M. 1995, S. 70). Zu bedenken im Hinblick auf Mellefonts Beziehung zu beiden Frauen ist zumal das von E. Frenzel dargestellte Motiv »Mann zwischen zwei Frauen«, welches die Aussage Marwoods (II/3,286), Mellefonts Beziehung zu Sara sei nur vorübergehend, stützt (E. Frenzel, Motive der Weltliteratur, Stuttgart, 2. Auflage 1980, S. 506).

keit,[40] dementsprechend ist Saras natürliches Mienenspiel dem kalkulierten Marwoods positiv gegenübergestellt.[41] Die Charakterisierung beider Figuren in Verbindung mit der Mimik und der Physiognomie des Gesichtes verweist vor allem mit dem Bild der Marwood auf Lessings Auseinandersetzung mit William Hogarths *Analysis of Beauty* (1753). Im Jahr 1754 rezensierte er den Text für die *Berlinische privilegierte Zeitung*;[42] im selben Jahr erschien in Berlin und Potsdam anonym eine – gelegentlich ihm zugeschriebene – Übersetzung, deren Vorwort allerdings der Journalist und Schriftsteller Christlob Mylius, der Freund aus der Leipziger Studienzeit, unterzeichnete.[43] Im Text, der einzelne Figuren in siebzehn Hauptstücken einer Detailanalyse unterzog, wurden auch die mimischen Elemente als Teil des Figurenkonzeptes berücksichtigt:

> Wir haben täglich viel Beyspiele, welche die insgemein angenommene Meinung bekräftigen, daß das Gesicht der Verräther des Gemüths ist. […] Aber ein böser Mensch kan, wenn er ein Heuchler ist, seine Muskeln, indem er sie lehrt, seinem Herzen zu wiedersprechen, so regieren, daß man von seinem gesetzten Ansehen nicht viel von seinem Gemüthe urteilen kann.[44]

Die Entsprechungen in der Figurenzeichnung von Sara und Marwood sind offensichtlich: Marwood, als böser, heuchelnder Mensch dargestellt, steht Sara gegenüber, die die »ganze Seele im Gesicht« trägt, wie Sampson weiß.[45]

---

40 Zur Konfiguration von Weiblichkeit durch die Begriffe ›Naivität‹ und ›Natürlichkeit‹: U. Geitner, Die Sprache der Verstellung. Studien zum rhetorischen und anthropologischen Wissen im 17. und 18. Jahrhundert, Tübingen 1992, S. 294 f. Ferner: U. Frieß, wie Anm. 15, S. 111.

41 III/1,299 (Sampson über Sara):»Gieb auf all ihre Mienen Acht, wenn sie meinen Brief lesen wird. In der kurzen Entfernung von der Tugend, kann sie die Verstellung noch nicht gelernt haben […]«. IV/5,324 (Marwood über sich selbst):»[…] Kann ich unbemerkt einmal Athem schöpfen, und die Muskeln des Gesichts in ihre natürliche Lage fahren lassen? – Ich muß geschwind einmal in allen Mienen die wahre Marwood seyn, um den Zwang der Verstellung wieder aushalten zu können.«

42 P.-A. Alt, Aufklärung, Stuttgart/Weimar 1996, S. 105.

43 Zergliederung der Schönheit, die schwankenden Begriffe von dem Geschmack festzusetzen, geschrieben von Wilhelm Hogarth, Berlin/Potsdam 1754. Lessing revidierte die Myliussche Übersetzung (vgl.: Košenina, wie Anm. 11, S. 31).

44 Ebda., Fünfzehntes Hauptstück. Von dem Gesichte. 2. In Ansehung des Charakters und des Ausdrucks, S. 72 f.

45 III/1,299; zum Vergleich Marwood/Sara unter Berücksichtigung von Hogarths Abhandlung: Košenina, wie Anm. 11, S. 59-61.

III

Liest man *Sara* und *Emilia* mit sozialpsychologischem Ansatz als Dramen, die vor allem die Problematik einer intensiven Vater-Tochter-Beziehung spiegeln, zeigt sich bei beiden Texten der szenische Rahmen als ein zentrales Element, das die Beschaffenheit der Beziehung kennzeichnet.[46] Wie die gestörten innerfamilialen Beziehungen durch literarisch erzeugte Raumvorstellungen abgebildet werden, zeigt beispielsweise das Drama Eleonore Thons (vgl. Kap. II.4 dieser Arbeit). Die Mutter Adelheit von Rastenbergs lebt als Einsiedlerin zunächst unerkannt vor den Toren des Familiensitzes, denn aufgrund eines Fehltritts mußte sie die Kernfamilie verlassen. In ähnlicher Weise ist die Lucie-Figur in Pfeils Drama räumlich von der nicht standesgemäßen Mutter getrennt.[47] In den Dramen des Sturm und Drang ist hingegen mittels der Raumvorstellung eine andere Beziehung – die zwischen Tochter und Liebhaber – abgebildet. Der geschlossene Raum in Abgrenzung vom Aufenthalt in der Natur spielt hier eine entscheidende Rolle.[48]

Bei Lessing ist mit der Raumsymbolik der Vater-Tochter-Konflikt verbunden. Sowohl Sara als auch Emilia bleiben nahezu während des gesamten Dramenverlaufs räumlich von ihren Vätern getrennt; die direkte Kommunikation zwischen Vater und Tochter als steuerndes Element der patriarchalischen Herrschaft entfällt. Im Hinblick auf Sara hat der Ort, an dem die Eingangsszene des Dramas spielt, für die Darstellung des Vater-Tochter-Konfliktes zentrale Bedeutung und ist ein realitätsfernes Konstrukt.[49] Selbst Zeitgenossen erschien die Ortsbeschreibung nicht plausibel:

Erstlich, wo ist die Scene? In einem *elenden Wirthshause* in einem Städtchen. Im Trauerspiele selbst sollte man glauben, daß dieses Wirthshaus ein *Palast* war. […] nun hatte *Mellefont* noch einen Diener; wo Herr *Lessing* diesen in einem elenden Wirthshause lassen wird,

---

46 Frieß, wie Anm. 15, S. 104: Die Bedeutung von *Miss Sara Sampson* liegt »freilich nicht im politischen Gehalt, sondern in der reichen psychologischen Gestaltung der dramatis personae«.

47 Vgl. Kap. III.2 dieser Arbeit.

48 Vgl. Kap. III.4 bzw. III.6 dieser Arbeit; ferner zum Goethe-Text: U. Gaier, Goethes Faust-Dichtungen. Ein Kommentar. Bd. 1: Urfaust, Stuttgart 1989, S. 204-211.

49 Mit Entsprechungen gestaltet: Die Eingangsszene in H. L. Wagners *Die Kindermörderin*, die im Wirtshaus »Zum gelben Kreutz« spielt (vgl. Kapitel III.5 dieser Arbeit).

das weis ich nicht; genug, er muß seine Schlafstelle haben; das zehnte Zimmer. In der That ein elendes Wirthshaus in einem Städtchen![50]

Die Beschreibung des Wirtshauses gibt Anlaß zu näherer Betrachtung. Eine Bemerkung des Wirtes, der Sampson und Waitwell in I/2 begrüßt, fällt bezüglich der Vater-Tochter-Beziehung auf:»Kommen Sie. Nur eine Wand wird Sie von dem Frauenzimmer trennen, das Ihnen so nahe geht [...]« (I/2,269). Es ist eine große Disziplin erforderlich, will man dem Menschen, der im Zimmer nebenan wohnt, nicht (zufällig) begegnen, wobei dies unabhängig davon bleibt, inwiefern die Beschreibung des Wirtshauses zutrifft. Eine Kongruenz von lokaler und emotionaler Nähe konstruiert Lessing mit der Anrede, die Sampson im Brief an Sara formuliert: Die Bezeichnung »Einzige geliebteste Tochter!« (III/3,305) offenbart »eine absolute dramatische Konzentration«[51] auf die ohne Geschwister in die Kernfamilie gestellte Figur. Auch Emilia Galotti wird als »einzige geliebte Tochter« bezeichnet (II/4,396).[52] Es stellt sich die Frage, warum sich Sara und Sampson *trotzdem* nicht treffen, oder warum sich beide *bewußt* nicht treffen. Sørensen gibt den Hinweis, daß sich im Drama hinter den äußeren Effekten die innere Handlung kontrastiv dazu abspielt.[53] So besteht, trotz oberflächlicher Kongruenz durch räumliche/emotionale Nähe, eine Disharmonie in der Vater-Tochter-Beziehung, die Sara offensichtlich vor Sampson zurückschrecken läßt. Die Verwendung des Superlativs »geliebteste« in Sampsons Anrede benennt die Außerordentlichkeit als Merkmal dieser Beziehung aus des Vaters Sicht. Jedoch erscheint die Beziehung nicht allein aus der Perspektive der Tochter, die über sprachliche Reflexionen Saras über ihren Vater vermittelt wird, negativ konnotiert. Die wertende Darstellung bekommt den Charakter von Allgemeingültigkeit durch Aussagen Sampsons, mit denen dieser sich selbst entlarvt. Wurst untersucht die Figur Sampsons im Hinblick auf die Ambivalenz des gezeigten Persönlichkeitsbildes und bezeichnet die Handlungsweise als »Spielart des Egoismus«;[54] sie verweist auf den oft über-

---

50 J. J. Dusch, zwei Briefe zu »Miß Sara Sampson«, in: »Vermischte kritische und satyrische Schriften, nebst einigen Oden auf gegenwärtige Zeiten«, Altona 1758; zitiert aus: V. Richel, wie Anm. 21, S. 44 f.

51 G. A. Wosgien, wie Anm. 23, S. 181.

52 Wobei es problematisch ist, diesen Begriff in Verbindung mit der Vater-Tochter-Beziehung zu parallelisieren (so bei Wosgien, wie Anm. 35, S. 181). In *Emilia Galotti* ist es nicht Odoardo, sondern Claudia, die den Begriff prägt.

53 B. A. Sørensen, wie Anm. 14, S. 80.

54 K. A. Wurst, wie Anm. 32, S. 112.

sehenen Satz aus I/1 (S. 268): »Ich kann sie länger nicht entbehren; sie ist die Stütze meines Alters […].« Des Vaters Suche nach der Tochter erscheint so in einem ambivalenten Licht:

> […] das Objekt, an das er Bedingungen und Erwartungen stellt und von dem er fordert, ist seine Tochter. Die Versöhnung wird nicht um der Tochter Willen angestrebt, sondern die Einsamkeit des Vaters ist das auslösende Moment.[55]

Darüber hinaus betont Wurst, daß die Liebe des Vaters hier mit der Bedingung der Gegenliebe und somit dem emotionalen Zwang des Liebesgebots verknüpft ist.[56] Peter-André Alt weist mit Blick auf Sampsons Verhalten auf »Strenge‹ im falschen Moment« hin und gibt dem ehemals unnachgiebigen Vater die Schuld am tragischen Ende: »Der milde, gerührte Vater war früher ein autoritärer Hausherr, der durch seine fehlende Flexibilität die unheilvollen Ereignisse fast zwangsläufig auslöste.«[57] Sampsons »Unerbittlichkeit«, auf die er in III/1 selbst verweist (S. 299), ist letztlich Movens für das Scheitern der Beziehungen Saras zu beiden Männern: Seine Wunschvorstellung »[…] wenn ich ihn von dem Geliebten meiner Tochter trennen könnte […]«[58] bleibt nicht realisierbar und bringt die Tochter in die ausweglose Lage, sich zwischen einem der beiden geliebten Männer entscheiden zu müssen.

---

55 Ebda., S. 111.
56 Ebda., S. 113 f.
57 P.-A. Alt, wie Anm. 2, S. 196; G. A. Wosgien, wie Anm. 35, S. 182.
58 III/1, S. 299.

III.2. Rache der Tugend und geschürte Angst:
Zur Eskalation des Lasters in
Johann Gottlob Benjamin Pfeils *Lucie Woodvil*

>»Alles hingegen ist wider den Stolz. Der Himmel
>und die Erde, die Vernunft und die Religion.
>Alles erklärt ihn für Lügen und Diebstal, für
>Unsinn und Plage. Er verderbt unser Herz, und
>blendet unsern Verstand.«
>
>(Chr. F. Gellert, Moralische Vorlesungen, 1770)

I

Johann Gottlob Benjamin Pfeils *Lucie Woodvil* (1756) bietet einen radikal gestalteten Gegenentwurf zu Lessings gemäßigt-sanftem Tochterbild. Da beide Dramen in zeitlich geringem Abstand erschienen, beziehen sich Textanalysen immer wieder auf die Frage, ob Sara Sampson als eine Schwester der Lucie Woodvil zu bezeichnen sei.[59] Bereits Rose Götte betont den Konsens der Forschung im Hinblick auf das Figurenbild der Protagonistin Pfeils:»Lucie ist [...] gerade keine Schwester der Sara«, sondern»vielmehr die Verkörperung des nicht-empfindsamen Menschen«. Schon auf makrostruktureller Ebene des Figurenbildes wird offensichtlich, wie»grundverschieden [...] die Haltung beider Frauen zu ihrem Schicksal« ist.[60] Pfeils egozentrische Heldin verfügt nicht über das Reflexionsvermögen Sara Sampsons.[61]

---

59 Vgl.: R. Götte, Die Tochter im Familiendrama des 18. Jahrhunderts, Bonn 1964; Brigitte Kahl-Pantis, Bauformen des bürgerlichen Trauerspiels: Ein Beitrag zur Geschichte des deutschen Dramas im 18. Jahrhundert, Bern 1977; N. Metwally, Johann Gottlob Benjamin Pfeils *Lucie Woodvil* – Eine»Schwester der Sara«? in: ZDPH 1984 (Bd. 103, H. 2, S. 161-177); C. Mönch, Abschrecken oder Mitleiden. Das deutsche bürgerliche Trauerspiel im 18. Jahrhundert. Versuch einer Typologie, Tübingen 1993. Die Formulierung»Schwester der Sara« findet sich bei Brüggemann, der Pfeils Drama 1934 herausgab (in: Die Anfänge des bürgerlichen Trauerspiels in den fünfziger Jahren, Leipzig 1934 = Deutsche Literatur. Sammlung literarischer Kunst- und Kulturdenkmäler in Entwicklungsreihen. Reihe Aufklärung, Bd. 8, S. 191:»Uns bleibt es dem ungeachtet ein bezeichnendes Dokument seiner Entstehungszeit, in der es den Zeitgenossen als die»Schwester der Sara« galt [...]«).
60 R. Götte, wie Anm. 59, S. 102 f.

Der Begriff »Schwester der Sara« sollte nicht auf die Entwicklungslinie der Hauptfigur des Dramas, sondern aufgrund bestehender motivischer Parallelen festgeschrieben werden: Bezieht man ihn auf die Dramenfiguren, so kennzeichnet Amalie »als Figur die eigentliche Schwester Saras«, Lucie hingegen kommt »dramengeschichtlich einer ›Schwester der Marwood‹« gleich.[62] Cornelia Mönch beginnt ihre Dramenanalyse unter Bezugnahme auf andere Arbeiten mit der These, daß *Miss Sara Sampson* und *Lucie Woodvil* »wirkungsästhetisch unterschiedliche Strukturtypen des bürgerlichen Trauerspiels repräsentieren«.[63] Anhand der dramentheoretischen Abhandlung Pfeils über das bürgerliche Trauerspiel weist sie im Vergleich mit Lessings wirkungsästhetischen Ansätzen überzeugend nach, warum allein aufgrund erheblicher Divergenzen in den theoretischen Grundlagentexten die strukturelle Verwandtschaft beider Figurenbilder nicht anzunehmen ist.[64] Daß nach dem Erscheinen von *Miss Sara Sampson* eine »Flut von bürgerlichen Trauerspielen«[65] einsetzte, bedeutet demnach eher, daß als Reaktion auf das Drama eine »Flut von Gegenentwürfen« entstand; allerdings betont Mönch, daß »gerade die Anfangsphase des bürgerlichen Trauerspiels in Deutschland [...] sehr experimentell ausgerichtet« war.[66]

61 Vgl.: P.-A. Alt, Tragödie der Aufklärung, Tübingen/Basel 1994, S. 220: »Aus der Diskrepanz zwischen Anspruch und Wirklichkeit entspringt ihr Leiden; daß sie dieses Leiden nicht wie Sara immer wieder neu reflektiert, sondern zum Anlaß für Rachephantasien und destruktive Handlungen werden läßt, unterscheidet sie von Lessings Titelheldin auf gravierende Weise.«

62 K. Eibl: G. E. Lessing, Miss Sara Sampson. Ein bürgerliches Trauerspiel, Frankfurt a.M. 1971, S. 164 f. Entsprechend als Trauerspiel, »das wesentliche Anregungen für die Entwicklung dieser Gattung bot«, stellt die *Deutsche Biographische Enzyklopädie* das Drama dar (W. Killy/R. Vierhaus (Hg.), München 1999, Bd. 7, S. 643 f.).

63 Mönch, wie Anm. 59, S. 13.

64 Ebda., S. 18.

65 So Eibl, wie Anm. 62, S. 164.

66 Vgl. Mönch, wie Anm. 59, S. 300. Die Figur der Sara diente hingegen oft als Vorlage, bis hin zu Schillers Louise in *Kabale und Liebe* (vor allem im Hinblick auf typische Eigenschaften wie Passivität und mangelndes Kommunikationsvermögen). Eibl bezeichnet sie als »Stammutter der Emilia Galotti, der Stella, der Luise Millerin und der jüngeren Sentimentalen« (wie Anm. 62, S. 165).

II

Das Figurenbild der Lucie, analysiert unter Berücksichtigung der dramentheoretischen Ansätze Pfeils, weist schon in seinen Grundzügen Unterschiede zu Lessings Sara auf: Bestand ein hauptsächliches Interesse Lessings in der Erregung von Mitleid, so galt Pfeils Aufmerksamkeit anderen Mechanismen, die er in der 1755 verfaßten Abhandlung *Vom bürgerlichen Trauerspiele* darstellte. Er beabsichtigte, unter Beibehaltung der aristotelischen »drey Einheiten [...] die Tugend verehrungswürdig und beliebt und das Laster verächtlich und verabscheuungswürdig zu machen«, weil somit »die Schaubühne alsdenn wenigstens einer Schule der Sitten noch ähnlicher seyn würde«.[67] Vor allem die Erzeugung von Abscheu gegenüber dem Laster als wichtigstes Element der Dramentheorie wurde von ihm favorisiert, wodurch die Thematisierung der Fehlbarkeit des Individuums in den Vordergrund rückte:

> In dem bürgerlichen Trauerspiele hingegen erblicken wir unsere eigenen Laster. Wir sehen, daß uns oft nur noch einige wenige Schritte fehlen, um eben der Bösewicht zu seyn, der uns auf dem Theater vorgestellt wird. Wir können nicht anders, wir müssen anfangen, wegen unserer eigenen Person zu zittern, so bald wir ihn gestraft sehen. Unser Stolz, der in dem heroischen Trauerspiele Laster erblickete, die ihm fehleten, wird gedemüthiget, da er uns in dem bürgerlichen Trauerspiele uns genauer kennen lehret.[68]

Die hier zitierte Passage aus Pfeils Theorie enthält das entscheidende Schlüsselwort, das den Dramentext im Hinblick auf die charakteristischen Eigenschaften der Protagonisten dominiert: Es ist von »Stolz«, welcher »gedemüthiget« werden soll, die Rede. Der Stolz, der Lucies Ver-

---

67 J. G. B. Pfeil, Vom bürgerlichen Trauerspiele; wiederabgedruckt in: K. Eibl, Gotthold Ephraim Lessing. Miss Sara Sampson. Ein bürgerliches Trauerspiel (= Commentatio. Analysen und Kommentare zur deutschen Literatur, hg. v. W. Frühwald, Bd. III), Frankfurt a.M. 1971, S. 173-189, hier § 4, S. 177. Quelle: [J. G. B. Pfeil], Vom bürgerlichen Trauerspiele, in: Neue Erweiterungen der Erkenntnis und des Vergnügens. 31. Stück, Leipzig 1755, S. 1-25; Zur Quellengeschichte vgl.: C. Mönch, wie Anm. 59: S. 13, Anm. 1 sowie S. 18, Anm. 14 f. Die Abhandlung läßt sich hiernach eindeutig Pfeil zuordnen; in einer neueren Arbeit wird hingegen von Pfeil nur als »der mutmaßliche Verfasser« gesprochen (M. Luserke, Sturm und Drang. Autoren – Texte – Themen, Stuttgart 1997, S. 86).

68 Wie Anm. 67, hier § 9, S. 184.

halten leitet, ist weder ein Element des Figurenbildes von Lessings Sara noch von Emilia Galotti. Lessing konzipierte seine weiblichen Hauptfiguren nach anderen Gesetzmäßigkeiten, wie die Dramentheorie zeigt:

[…] Zweitens ist der Stolz eines Weibes noch unnatürlicher als der eines Mannes. Die Natur rüstete das weibliche Geschlecht zur Liebe, nicht zu Gewaltseligkeiten aus; es soll Zärtlichkeit, nicht Furcht erwecken; […].[69]

In Pfeils Drama sind Stolz und Eitelkeit als Wesenszüge des Persönlichkeitsbildes ausschließlich in den Figurenbildern der Protagonisten verankert, die letztlich aufgrund ihrer inakzeptablen Verhaltensweise scheitern. So zeichnen sich Sir Willhelm, Karl und Lucie durch ihren Stolz aus. Pfeil verband den Ansatzpunkt seiner Kritik mit dem entsprechenden Thema:

Im Trauerspiel Pfeils werden nicht fragwürdige Gesellschaftsformen kritisiert, sondern fragwürdige Verhaltensweisen […] Es geht vielmehr um ethische Antinomien, um mitmenschliches, soziables Verhalten hier und rücksichtsloses, egoistisches Verhalten dort.[70]

Bereits in der Eingangsszene fällt der Begriff ›Stolz‹, wenn Lucies Vater Willhelm sie seinem Freund Robert beschreibt:»Selbst dieser ihr so natürliche Stolz, dieser einzige Fehler, den ich an ihr zu verbessern suche […].«[71] Der Wesenszug ist vererbt, wie sich im Subtext offenbart. Der Stolz erweist sich auch als Regent Willhelm Southwells: Der Vater Lucies ist darauf bedacht, seine»Verbrechen«, die er in»jüngeren Jahren« begangen hat,»zu verbergen«. Dies geschieht mit dem egoistischen Anspruch, durch Verheimlichen seines früheren Fehlverhaltens zu vermeiden, von

---

69 G. E. Lessing, Hamburgische Dramaturgie, 30. Stück, 11.8.1767; in: ders., Gesammelte Werke in zehn Bänden, hg. v. P. Rilla, sechster Band, Berlin/Weimar, 2. Auflage 1968, S. 156.

70 Kahl-Pantis, wie Anm. 59, S. 94.

71 J.G.B. Pfeil, Lucie Woodvil, I/1, S. 193; hier und im folgenden Text zitiert nach: F. Brüggemann (Hg.), Die Anfänge des bürgerlichen Trauerspiels in den fünfziger Jahren, Leipzig 1934 (= Deutsche Literatur. Sammlung literarischer Kulturdenkmäler in Entwicklungsreihen. Reihe Aufklärung, Bd. VIII, S. 191-271). Stolz als Kern von Lucies Wesen betont auch N. Metwally in: wie Anm. 59, S. 167, allerdings, wie bereits Alt anmerkt, ohne den Kontext der zeitgenössischen Affektpsychologie in die Analyse mit einzubeziehen (vgl. Alt, Tragödie der Aufklärung, Tübingen/Basel 1994, S. 216 ff.).

Lucie gehaßt und verabscheut zu werden.[72] Zugleich formuliert South-well seine scheinbare Schuldlosigkeit am Verhalten der Tochter: Ihm er-scheint Lucies Stolz natürlich; daß seine Tochter mit ihrem Verhalten ihm als Vater einen Spiegel vorhält, übersteigt Southwells Reflexionsver-mögen. Durch die Äußerung Southwells wird die Handlung von Beginn an negativ konnotiert und die dramatische Zuspitzung des Konfliktes gesteuert: Die Tugend wird als Scheintugend entlarvt, die nicht wirklich, sondern nur vor gesellschaftlicher Kulisse besteht.[73] Die Beziehung zwi-schen Vater und Tochter ist a priori von Unaufrichtigkeit geprägt, so daß nur noch ein erheblich eingeschränkter Spielraum für den weiteren Handlungsverlauf zur Verfügung steht.

Die Figurenkonstellation ist triadisch ergänzt durch Karl, den Sohn Southwells und Halbbruder Lucies. Eine auf »eine besondere psychische Disposition« gestützte Genealogie, durch die alle drei Figuren »in hohem Maße beherrscht« werden, offenbart sich hier.[74] Vor allem durch das Motiv ›Mann zwischen zwei Frauen‹,[75] welches Karl als wankelmütigen Charakter ausweist, erinnert diese Figur an Mellefont aus Lessings *Miss Sara Sampson*. Amalie, als »ideale Tochter« Kontrastfigur zu Lucie, cha-rakterisiert Karl als Persönlichkeit, die eine »gewisse Leichtsinnigkeit, Eigenliebe und Wankelmut« kennzeichnet (III/1,224).

Wie der Vater reizt auch Karl Lucie durch seine stolze Haltung aufs äußerste und löst bei ihr affektgesteuerte Reaktionen aus, wenn er ihr selbstgefällig anbietet, die Rolle der Mätresse statt die der Ehefrau ein-zunehmen (I/5,202). Über diesen Konflikt wird im weiteren Handlungs-verlauf eine ›Hierarchie des Stolzes‹ nachgezeichnet, auf deren Basis er letztlich ausgetragen wird. Sowohl Southwell als auch Karl weigern sich aufgrund der eigenen Eitelkeit, sich Lucies Stolz zu beugen, und maßen sich darüber hinaus Positionen als »berufene Kritiker Lucies« an:[76] Karl empfindet eine »Furcht des Stolzes, von ihr zuerst verlassen zu werden« (II/1, 208), welche ihm die Motivation gibt, durch eine Hinwendung zu Amalie Lucies »stolze[n] Fesseln« zu zerbrechen (ebda., 209).

---

72 I/1, S. 192.

73 Zur Ambivalenz des zeitgenössischen Tugendbegriffs: A. Koschorke, Körper-ströme und Schriftverkehr. Mediologie des 18. Jahrhunderts, München 1999, S. 434 ff.

74 Alt, wie Anm. 71, S. 216 (zur psychischen Disposition von Vater und Tochter Southwell). Zu Karl vgl. ebda., S. 217: »[…] erscheint […] als Zerrbild seines Va-ters, in dem sich dessen Schwächen überdeutlich abzeichnen«.

75 Vgl.: E. Frenzel, Motive der Weltliteratur, Stuttgart, 2. Auflage 1980, S. 501 ff.

76 Kahl-Pantis, wie Anm. 59, S. 91.

Mit Southwell als Ritter wird unter Reflexion auf das Figurenbild des Helden im Ritterdrama[77] die psychische Disposition eines Patriarchen hinterfragt, der sich von übersteigerter Ehrsucht leiten läßt und sich dadurch selbst als im Grunde ehrlos entlarvt.[78] Über die Eigenschaft des Stolzes im Figurenbild wird darüber hinaus eine polarisierende Darstellung möglich, die die Geschlechter-Rollenbilder festschreibt. Ihr Stolz wird Lucie von den sie umgebenden männlichen Figuren als negativer Wesenszug angelastet, den es zu verändern gilt,[79] während Karl und Southwell bei sich selbst die stolze Haltung als Ausdruck von Männlichkeit legitimieren; auch Karls Diener Jakob bagatellisiert den Stolz der Dienstherren als einen ihrer »kleinen Fehler« (II/1,209).

In bezug auf die literarische Quelle, deren »kritischer Grundton Pfeils Charaktergestaltung entschieden beeinflußt haben dürfte,« verweist Alt auf Gellerts *Moralische Vorlesungen*, die Pfeil, seit 1752 Student in Leipzig, »mit einiger Gewißheit [...] besucht haben« dürfte.[80] Vor allem der Passus über den Stolzen, der »lieber das Leben verlieren« würde »als zu(zu)geben, daß die Welt seine Irrthümer und begangenen Thorheiten, seine Fehler, seine unedlen und kindischen Neigungen, seine kriechenden Absichten und seine heimlichen Laster erführe [...]«, ist von Relevanz.[81]

---

77 P. Corneilles *Le Cid* (1637) in Anbindung des Ehrbegriffs an die spanische Tradition ist hier als Beispiel zu nennen. Stoffe und Figuren, entlehnt aus der mittelalterlichen Ritterthematik, bestimmen die Vorstellung des Ehrbegriffs, nicht zuletzt orientiert am Standes- und Berufsethos (vgl.: H.-J. Lope, Französische Literaturgeschichte, Heidelberg, 2. Auflage 1984, S. 88 f.). Erinnert sei in diesem Zusammenhang an Herders *Der Cid*, der 1805 erschien und Stolz als fragwürdige Charaktereigenschaft abbildete: »Rückwärts, rückwärts, Don Rodrigo! Deine Ehre ist verloren! Rückwärts, rückwärts, stolzer Cid!« heißt hier die Warnung der Infantin Uraka (in: Der Cid. nach spanischen Romanzen besungen durch J. G. Herder, Stuttgart 1869, 28., S. 43).

78 Vgl. P.-A. Alt in: Der Held und seine Ehre. Zur Deutungsgeschichte eines Begriffs im Trauerspiel des 18. Jahrhunderts; in: JBDSG XXXVII/1993, S. 81-108, hier S. 98: »Die Ehrlosen und die Ehrgeizigen hält man im 18. Jahrhundert gleichermaßen für verwerflich. Gesteigerte Ehrsucht gilt als besondere Form der Ehrlosigkeit, die ihren Nährboden in ungezügeltem Egoismus und fehlender Menschenliebe findet.«

79 Vgl. Southwell: S. 197, Karl: S. 208, Jakob: S. 209. Karl legitimiert seine stolze Haltung mit geschlechtsbezogenen Äußerungen wie: »Bin ich nicht Karl Southwell? Ist sie nicht ein Frauenzimmer? Welches Frauenzimmer ist jemals gegen mich und ihre Neigungen unüberwindlich gewesen?« (II/1,210).

80 Alt, wie Anm. 71, S. 216.

81 Passus aus den »Moralischen Vorlesungen« zitiert nach Alt, wie Anm. 78, S. 217.

III

Der Passus aus Gellerts Vorlesung läßt sich auch auf die Charakterzeichnung Lucies beziehen. Ähnlich wie Sara befindet Lucie sich in einem Geflecht der emotionalen Abhängigkeit von Vater und Liebhaber, orientiert ihre Denkweise aber am gesellschaftlichen Schein: Ihr sind, im Gegensatz zu Sara, welche nur auf die »Ehre«, Mellefont zu lieben, fixiert ist,[82] gesellschaftliche Konventionen wichtig. Ihr Interesse gilt der »Welt« und dem Bild, welches diese sich von ihr macht: »Gott! was wird aus Lucie werden! Die Welt wird meine Schande erfahren. Sie wird mich verachten, nicht weil ich lasterhaft bin, sondern weil ich mein Laster habe bekannt werden lassen« – so äußert sie ihre Bedenken gegenüber Betty (I/4,199).[83] Ihr Stolz, den sie als ihren »Abgott« (II/10,221) bezeichnet, hat sie so verblendet, daß sie nur noch degenerierter Emotionen fähig ist und selbst die Heirat als Mittel, ihre Eitelkeit im persönlichen Umfeld auszuleben, betrachtet:

Aus Stolz sei er mein Gemahl, mich der Schande zu entreißen, die mir droht, mich der Finsternis meiner Geburt zu entziehen und meinen Ehrgeiz zu sättigen; nicht eine Amalie über mich triumphieren zu sehen, die ich hasse, weil ich sie keiner Laster beschuldigen kann (II/10,222).

Lucies detailliertes psychopathologisches Persönlichkeitsprofil macht ihren Weg ins Laster nachvollziehbar. Sie, die als Protagonistin im Zen-

---

82 Vgl. *Miss Sara Sampson*, I/7,276 (LM2): »Ich, Mellefont, denke darauf nicht, weil ich in der Welt weiter von keiner Ehre wissen will, als von der Ehre, Sie zu lieben.«

83 Kahl-Pantis weist auf die im Dramentext häufig wiederkehrende Wendung »Augen der Welt« hin, deren sich bezeichnenderweise ausschließlich die Hauptpersonen Lucie, Karl und Southwell bedienen: »Auffällig sind die Hauptfiguren des Trauerspiels in gesellschaftliche Rücksichten und Vorstellungen verstrickt, die ihr Verhalten bestimmen« (wie Anm. 59, S. 88 f.). Lucies Aussage verweist auf die Lebens- und Sittenlehren der Renaissance, auf die Dialektik zwischen Dummheit und Fehltritt, die schon B. Gracián formulierte: »Dumm ist nicht, wer eine Dummheit begeht, sondern wer sie nachher nicht zu bedecken versteht. Seine Neigungen soll man unter Siegel halten; wieviel mehr seine Fehler [...]« (ders., Handorakel oder Kunst der Weltklugheit, hg. v. A. Hübscher, Stuttgart 1954, 126, S. 63). Brisanz im Hinblick auf die Spannungssteigerung der Handlung erhält die Aussage, wenn man sie auf das Verhalten Southwells bezieht: Gerade weil er seinen persönlichen Fehler, die Vaterschaft an Lucie, verschweigt, kommt es zur Katastrophe.

trum der Handlung steht und eine tragische Entwicklung durchlebt, ist die leibliche Tochter von Sir Willhelm Southwell und Karls Halbschwester. Über dieses Wissen verfügt sie jedoch nicht, da Willhelm Southwell sich seiner früheren, lasterhaften und vorehelichen sexuellen Beziehung zu Lucies Mutter schämt und Lucie ihre wahre Identität deshalb verschweigt. Der Umstand des Verschweigens des eigenen Lasters führt letztlich zur Katastrophe, denn »allein die Weigerung Sir Willhelms, Karl und Lucie die Wahrheit zu sagen, löst den traurigen Gang der Handlung aus«.[84] Das Verschweigen wird hier als ein die inzestuöse Handlung begleitender Mechanismus thematisiert, »die quälende Informationsverweigerung im Bereich einer Sexualität, von der im bürgerlichen Haus die Rede abgezogen worden ist, und die Erfahrung des Inzestverbots als einer harten Barriere für die bewegte Individualität« sind als Problemfelder hinterlegt.[85] Zu verweisen ist ferner auf die mythologische Komponente, die in der Inzestthematik hinterlegt ist. Mit dem dramatischen Motiv der Verhüllung konnte aus einer wenig spannenden »eine mitreißende Erzählung« konstruiert werden.[86]

Auch die übersteigerte Eitelkeit Lucies und ihre heftigen Gefühlsausbrüche sind als Reaktion auf die ihr vorenthaltene Identitätsfindung zu bewerten. Durch Willhelms Schweigen ist Lucie »von Anfang an als sozial nicht integrierte Figur gezeichnet«,[87] was sie als großen persönlichen Mangel empfindet: Sie sei »ein Mädchen von einer unbekannten Geburt, alles desjenigen beraubt, was in den Augen der Welt Hochachtung verdienet«, beklagt sie sich gegenüber Karl (I/5,200). Sie fordert von Southwell das »Recht der Natur«, ihren leiblichen Vater kennenzulernen (I/2,196). Die reduzierte Familienstruktur im bürgerlichen Trauerspiel verweist auf die Problematik der vaterlos aufwachsenden Tochter:

Außerhalb der väterlichen Obhut stehen, heißt aber auch außerhalb der göttlichen Weltordnung stehen, denn die väterliche Autorität ist nach dem Weltbild des 18. Jahrhunderts irdisches Abbild der göttlichen Autorität; [...] Daher ist es zu verstehen, daß Mädchen ohne

---

84 Alt, wie Anm. 80, S. 215.
85 P. v. Matt, ... fertig ist das Angesicht. Zur Literaturgeschichte des menschlichen Gesichts, München/Wien 1983, S. 82.
86 Vgl.: W. Kiefl, Das Inzest-Thema in der Mythologie. Überlegungen zur Systematisierung verschiedener Ansätze der Mytheninterpretation, Regensburg 1991, S. 22. Zur gleichen Thematik vgl. auch Kap. IV.1 dieser Arbeit.
87 S. Komfort-Hein, »Sie sei wer sie sei«: das bürgerliche Trauerspiel um Individualität, Pfaffenweiler 1995, S. 145.

Familie als Menschen ohne soziale, rechtliche und christliche Bindungen betrachtet werden, daß man ihnen äußerst mißtrauisch begegnet und sie jedes Lasters für fähig hält. [...] Ein »gefallenes Mädchen« gar kann in bürgerlichen Augen der damaligen Zeit nichts anderes sein als eine ehrlose, berechnende, verführerische Buhlerin.[88]

Pfeils Figur bedient jedoch nicht alle Klischees. Obwohl Lucie als Schuldige und nicht (wie Lessings Sara) als zu bemitleidendes Individuum dargestellt wird, blendet die Handlung die Ursache von Lucies Verhalten und ihre Einstellung dazu nicht aus. Mit der Vorgeschichte, die im Drama immer wieder zur Sprache kommt, wird klar, daß Lucie, die »sonst alle Menschen glücklich zu sehen wünschte« (I/4,198), die »Tiefe«, in die sie »gesunken« ist, und ihre »ausschweifende Hitze« (I/6,204) im Grunde ablehnt.

Amalie, die zweite Tochterfigur des Dramas, steht in korrelativem Verhältnis zu Lucie: »Amalie zeigt das Idealbild und Lucie den Prozeß einer Entfernung davon.«[89] Sie, die »keinen einzigen Menschen hassen kann« (II/3,213), zeigt den lasterhaft gewordenen Figuren ihre Unzulänglichkeiten auf. So attestiert sie Lucie ein »allzu hitziges Herz« (I/6,205) und lastet Karl sein rollentypisches Konfliktverhalten an: »[...] es ist die Gewohnheit Ihres Geschlechts, dem unsrigen alle die Fehler, die das Ihrige selbst beging, aufzubürden« (III/1,223). Ihre Einsicht am Schluß des Dramas faßt das Geschehene mit einem Satz zusammen, der allein den männlichen Hauptfiguren die Schuld zuweist: »Was für fürchterliche Folgen hat die unerlaubte Liebe des Sir Willhelms und seines Sohnes gehabt!« (V/10,269). Die geschlechtsbezogene Allianz, die Amalie hier mit Lucie eingeht, zeigt sich auch im Handlungsverlauf, wenn sie Karl trotz ihrer Liebe zu ihm abweist und so ihre Pflicht als Tochter verletzt, denn ihr Vater hat ihre Heirat mit Karl bereits mit Southwell vereinbart (I/1,194).

Die Tochterfiguren und deren Beziehungen zu ihren Vätern haben durch ihren Dualismus große Wirkungskraft, durch Gegenüberstellung beider Beziehungen wird gezeigt, wie sich das ideale Verhältnis zwischen Vater und Tochter gestalten sollte. Da es Pfeil jeweils ausschließlich um die Abbildung dieses dialektischen Verhältnisses ging, ist die Mutterfigur

---

88 Götte, wie Anm. 59, S. 93 f. Parallel gestaltet ist die Struktur des Figurenbildes im um den Vater reduzierten Familiengefüge bei Gretchen in Goethes *Faust. Frühe Fassung* (vgl. Kap. III.6 dieser Arbeit).

89 Wie Anm. 87, S. 144.

in beiden Familienstrukturen nicht berücksichtigt. So ist das Verhältnis von Amalie und Robert, der als Gegenfigur Southwells diesen warnt, seine lasterhafte Vergangenheit rechtzeitig vor seinen Kindern einzugestehen, vor allem durch bedingungslose Offenheit der Tochter gegenüber dem Vater geprägt. Amalie »geht restlos in der Identität des Vaters auf«:[90] »Verzeihen Sie, gütigster Vater, daß ich nur einen Augenblick gezögert habe, offenherzig zu sein. Lesen Sie in meiner Seele [...]« (II/3,213), lautet Amalies Aufforderung an Robert, als er sie drängt, ihr »Geheimnis« preiszugeben (ebda.). Kein »Seufzer« der Tochter bleibt ihm verborgen (ebda.).[91] Das über zeitgenössische Normen transportierte Profil des Patriarchen als Stellvertreter Gottes prägt diese Beziehung und äußert sich, wenn Amalie Robert bittet, sie zu segnen: In Erinnerung an die »Pflichten«, die er seinem »Schöpfer schuldig« ist, sieht Robert sich als Ausführer göttlichen Segens, wenn er auf Amalies Bitte antwortet: »Gott segne dich, mein Kind, meine beste Tochter« (II/3,212).[92]

Im Gegensatz zu Lucie ist Amalie in der Lage, sich bezüglich ihrer Emotionen einer ständigen Selbstkontrolle zu unterwerfen. Ihr kontrolliertes und gemäßigtes Wesen stimmt mit der Auffassung von weiblicher Identität, die die männlichen Figuren äußern, viel eher überein als das hierzu in scharfem Kontrast stehende unbeherrschte Auftreten Lucies. Karl favorisiert das zeitgenössische Frauenideal mit seinem Standpunkt, daß die Frau, die er an sich bindet, eine »gemäßigte Seele« haben muß.[93]

---

90 Ebda., S. 147. Bemerkenswert ist hier, daß Stolz, der in Verbindung mit Lucie als negative weibliche Eigenschaft gekennzeichnet ist, mit der Figur der Amalie positiv konnotiert wird. Amalie ist nicht auf sich selbst, sondern auf ihren Vater Robert stolz – was als legitimes Verhalten erscheint:»Hat nicht oft der segnende Beifall derer, die Sie glücklich gemacht haben, die glückliche Tochter des Sir Roberts stolz gemacht?« (Amalie zu Robert, II/3, S. 212).

91 Vgl. Kap. III.3 dieser Arbeit: Emilia Galottis Schweigen dem Vater und dem Bräutigam gegenüber, welches ihr von der Mutter auferlegt wird, hat maßgeblichen Anteil am tragischen Verlauf des Geschehens, denn das verheimlichte Zusammentreffen Emilias mit dem Prinzen läßt Appiani arglos ins Verderben laufen.

92 Parallele Gestaltung im Figurenkonzept Amalia von Fromhausens; Lucie ist ebenso gottlos wie diese, durch die Gegenüberstellung mit der frommen Amalie tritt dies deutlich hervor. Beide Figuren sind darüber hinaus über das Inzestmotiv miteinander verbunden, in beiden Dramen wird ihnen allein von männlicher Seite die Schuld dafür zugesprochen (vgl. Kap. IV.1 dieser Arbeit).

93 Die Hierarchie der männlichen Bewertungskriterien hat sich in bezug zum Drama der Gottschedin entscheidend geändert: Karl stellt die Tugend der Frauen als Bewertungskriterium vor ihre Schönheit, bei Hystaspes war dies noch umgekehrt (vgl. Kap. II.1 dieser Arbeit).

Sein Wunschbild von einer Ehefrau und Roberts Anforderungen an seine Tochter spiegeln die zeitgenössische Vorstellung von einem »Wesen in aller Geradheit, Schlichtheit und Einfachheit«,[94] dem Amalie im Gegensatz zu Lucie entspricht:[95]

> Was ist Lucie gegen Amalien? Ihre Schönheit ist vorzüglicher. Aber ihre Seele? Wird sie nicht so oft von diesem Stolze, von dieser Hitze und von diesem Zorne, der nicht selten in Wut ausartet, sich selbst unähnlich gemachet? Und ist Amaliens ihre nicht jederzeit sich selbst gleich, jederzeit liebenswürdig? (II/1,208).

Anders als die hier abgebildete idealisierte Vater-Tochter-Beziehung zwischen Amalie und Robert ist jene zwischen Lucie und Southwell von Schein und Unaufrichtigkeit geprägt. Bedingungsloses Vertrauen ist wegen der verschwiegenen »unehelichen Vaterschaft« Southwells ausgeschlossen.[96] In einem langen Monolog in I/2 beklagt Lucie sich bei Southwell über dessen Verschwiegenheit. Southwell reagiert – ähnlich wie der empfindsame Sir Sampson – mit einem Tränenausbruch und wirft Lucie die schwere Seelenqual, die sie ausgelöst hat, vor:

> Lucie, Lucie, was für einen Sturm haben Sie auf meine Seele getan! Mein Herz hat bei jedem Ihrer Worte blutige Tränen geweint. Warum quälen Sie mich, Ihnen eine Sache zu entdecken, die ich Ihnen nicht entdecken kann? (ebda., 196).

Southwells Emotionen werden beherrscht von einer durch gesellschaftlich vorgeprägtes Rollenverhalten geforderten Unnachgiebigkeit gegenüber der Tochter: Die elterliche Vorbildfunktion kann er nur durch Verschweigen des Lasters aufrechterhalten. Er unterliegt dem gesell-

---

94 Das idealisierte Frauenbild zeigt: J. H. Campe, Sämtliche Kinder- und Jugendschriften. Bd. 36: Vätherlicher Rath für meine Tochter, Braunschweig 1830 (zuerst 1788), hier S. 66.

95 Die dramatische Spannung, die zu Lucies maßlosem Verhalten beiträgt, resultiert aus dem Zeitmotiv: Der Zeitdruck wird, ähnlich wie in Wagners *Die Kindermörderin*, durch die fortschreitende Schwangerschaft aufgebaut – ein Umstand, der Amalie nicht betrifft und ihr gemäßigtes Auftreten erklärt. Vgl.: P. Pütz, Die Zeit im Drama. Zur Technik der dramatischen Spannung, Göttingen 1970.

96 Die Bezeichnung Southwells als »unehelicher Vater« spricht ihm die Schuld am Geschehen zu. Zur Schuld Southwells als »der uneheliche Vater Lucies« vgl.: P.-A. Alt, wie Anm. 61, S. 216 ff.

schaftlichen Zwang und bleibt – für Lucie nicht nachvollziehbar – ihr und Karl die Heiratserlaubnis schuldig, statt sich durch Offenbarung seines eigenen Lasters auf gesellschaftlicher und familialer Ebene als nicht tugendhaft ausweisen zu müssen. Als Southwell erkennt, daß eine Bitte allein Lucie und Karl nicht voneinander abbringt, setzt er seine patriarchale Macht ein, auch physisch, wenn er Lucie mit Gewalt aus Karls Armen reißt (IV/6,245). Als Folge davon eskalieren die Affekthandlungen Lucies, und es kommt zum endgültigen Bruch der Beziehung – eine Voraussetzung, die aus psychologischer Sicht Lucies Entwicklung zur Mörderin forciert.

Der dramatische Konflikt wird zugespitzt durch Pfeils gleichsam archaische Konstruktion des Inzestmotivs als Sinnbild schuldhafter Verstrickung –»so bezeichnet das Inzestmotiv eine neue Dimension des Tragischen, die nicht mehr den individuellen Fehler, sondern die moralische Ohnmacht des Menschen als Gattungswesen berührt.«[97] Die literarische Abbildung inzestuöser Beziehung in ihrer diskursiven Bedeutung für die Selbstheroisierung des Bürgertums erschließt am Beispiel äußerster Ich-Verstrickung des Helden, wo die über die bestehenden Konventionen triumphierenden Lösungsmuster einer freiheitlichen Lebensordnung ihre Grenzen haben. Aus gegenseitigem Verfallensein als Ausdruck übersteigerter Selbstheroisierung resultieren soziale Kontaktlosigkeit, Selbstmord und Wahnsinn.[98]

Die lineare Eskalation des Lasters macht aus der Mörderin eine Vatermörderin und zeigt Lucie durch den ihr bekannt gewordenen Tatbestand der ›Blutschande‹[99] illusionslos die durch ihre Schwangerschaft bestehende Unmöglichkeit einer Konfliktlösung auf.

---

97 Ebda., S. 221.
98 Zum Motiv des Inzests: E. Frenzel, Motive der Weltliteratur. Ein Lexikon dichtungsgeschichtlicher Längsschnitte, Stuttgart, 2. Auflage 1980, S. 401-421; O. Rank, Das Inzestmotiv in Dichtung und Sage, Wien, 2. Auflage 1926. Ferner (zum sozialgeschichtlichen bzw. phylogenetischen Hintergrund): R. Middleton: Brother-Sister and Father-Daughter Marriage in ancient Egypt, in: American Sociological Review 27 (1962), No. 5, p. 603-611.
99 Zur Blutschande als Straftat in bezug auf die *Constitutio Criminalis Carolina* (1532): F. X. Eder, Kultur der Begierde. Eine Geschichte der Sexualität, München 2002, S. 46 f., 55 f., 61.

IV

Vergleicht man die Figur der Lucie mit Frauenfiguren in anderen Texten Pfeils, finden sich einige motivische Parallelen. Sie sind in Verbindung mit der Inzest- und Kindsmordproblematik als einem zentralen Thema mehrerer Arbeiten zu sehen, die die Wirkungsabsicht Pfeils spiegeln, an Extremfällen gesellschaftliche Mißstände aufzuzeigen. Der Duktus der *Lucie Woodvil*, der vor allem an der Hauptfigur mit ihrer verabscheuungswürdigen Charakterzeichnung sichtbar wird, setzt sich auch in den Nachfolgetexten fort. Pfeil arbeitete mit »Häufung und Verstärkung, d.h. Verzerrung der Motive«, die ihm »die führenden Schriftsteller« vorgaben.[100] So veröffentlichte er in zeitlich unmittelbarer Nähe anonym seinen empfindsamen Familienroman *Die Geschichte des Grafen von P.*[101] Der Text, der gleichsam wie seine Vorlage (Gellerts *Leben der schwedischen Gräfin von G.****, 1747-48) unter dem Einfluß der Romane Richardsons[102] entstand und eine Nähe zu Prévosts *Manon Lescaut* aufweist,[103] nimmt die Inzestproblematik als Handlungselement wieder auf.[104] Stolz als konflikterzeugende Eigenschaft des Menschen ist hier erneut thematisiert und im Vorwort bereits betont, ähnlich wie schon in der dramentheoretischen Abhandlung:

100 Vgl. Allgemeine deutsche Biographie XXV, Leipzig 1887, S. 656.

101 Divergierende Angaben zum Veröffentlichungsjahr: Wie Anm. 100, S. 657: 1756; R. Grimminger, Hansers Sozialgeschichte der deutschen Literatur vom 16. Jahrhundert bis zur Gegenwart, Bd. 3, hg. v. R. Grimminger, München/Wien 1980, S. 684: 1755.

102 Zum Einfluß Richardsons/Gellerts auf Pfeil vgl.: Alt, Aufklärung, Stuttgart/Weimar 1996, S. 287. Ferner: Wie Anm. 100, S. 657.

103 Zur Nähe zu Prévost vgl.: Rolf Grimminger: ›Roman‹, wie Anm. 101, S. 635-715, hier S. 684 sowie Anm. 86 (S. 911) u. Anm. 96 f. (S. 912). S. 684: Pfeil »schreibt im Mittelteil seines Romans Prévost mit einer Deutlichkeit ab, die trotz aller Veränderungen verblüfft«. [Abbé Antoine-François Prévost d'Exiles: La véritable histoire du chevalier Grieux et de Manon Lescaut, 1731; erste deutsche Übersetzung: 1756 (nach Grimminger S. 911)]. Ferner: Wie Anm. 100, S. 657. Sowie: E. Meyer-Krentler, Ein Plagiat macht sich selbständig. Pfeils »Geschichte des Grafen von P.« im Verhältnis zu Prévost und Gellert. In: ZDPH 96 (1977), S. 481-508.

104 Weibliche Figur hier: Die dreizehnjährige Caroline, Tochter seines Onkels, in die der Held (Sohn des Grafen) sich verliebt. 1762 erscheint in Leipzig bereits die vierte Auflage des Romans. Auch der Ödipus-Stoff ist mit zwei anderen Figuren im Roman verarbeitet.

Der Stolz des Menschen wird wenig Schmeichelhaftes für sich in den folgenden Blättern finden. Er findet darinne das menschliche Herz mehr nach seinen Schwächen als nach seiner oft eingebildeten Größe gezeichnet. Ich weis nicht, welches zum Unterricht des Menschen nützlicher ist, das Herz des Menschen so zu schildern, wie es wirklich ist, oder wie es seyn sollte. So viel aber weis ich, daß der menschliche Stolz mehr gedemüthiget als gereizt zu werden nöthig hat.[105]

Auch hier ist von Pfeil wieder das sich gegenseitig ausschließende Begriffspaar ›Herz – Stolz‹ in den Mittelpunkt der Argumentation gestellt. Er weist sich damit als Vertreter zeitgenössischer Anthropologie aus, die sich zum Ziel gesetzt hatte, mittels einer bestimmten Semantik, die sich auf metaphorologisch altbewährte Begriffe stützte, bis zur Seele des Menschen vorzudringen.[106]

Pfeils *Versuch in moralischen Erzählungen* (1757)[107] zeigt mit der zwölften und letzten Erzählung *Der Wilde* in Fortsetzung der innerfamilialen Problematik der Familie Southwell ein utopisches Familienportrait:[108]

105 Pfeil, *Die Geschichte des Grafen von P.*, Leipzig, 4. Auflage 1762, [S. 4], Vorrede des Herausgebers.

106 Vgl. Koschorke., wie Anm. 73, S. 323 ff.

107 Zum moralistischen Gattungstypus allgemein und zur Textsammlung Pfeils vgl. Alt, wie Anm. 102, S. 272 ff. Nach Alt (hier S. 272) gehen die »moralischen Erzählungen« Pfeils zurück »auf das Vorbild der 1761 geschlossen publizierten, vereinzelt jedoch schon früher im »Mercure de France« veröffentlichten *Contes moraux* Jean François Marmontels«.

108 Zum Inzestmotiv als ein Motiv, das »bei Pfeil wiederholt auftaucht«, sowie in diesem Zusammenhang auf die »Moralischen Erzählungen« verweisend, die Mercier »weidlich ausbeutet«, vgl. Kahl-Pantis, wie Anm. 1, S. 105. Ferner: T. E. Annandale, Johann Gottlob Benjamin Pfeil and Louis-Sebastien Mercier. In: RLC 44 (1970), S. 444-459; W. Engler, Merciers Abhängigkeit von Pfeil und Wieland, in: arcadia 3 (1968), H. 3, S. 251-261.
Verstärkt herausgearbeitet ist bei Mercier der in der zeitgenössischen Liebessemantik zentrale Begriff des Herzens, den er vor allem in den erotisch aufgeladenen Szenen einsetzte. Mercier orientiert sich an dem von Pfeil aufgestellten Gegensatzpaar »Stolz« und »Herz«; leitmotivisch heißt es im Text: »Le cœur insensible est un cœur dépravé«. Amalie kritisiert die stolze Lucie wegen ihres »allzu hitzigen Herzes« (I/6,205), welches nicht dem empfindsamen Herzen entspricht. Zitat Mercier nach dem Originaltext: L.S. Mercier, L'homme sauvage. Histoire traduite de … par M. Mercier, Paris 1767, S. 32.

Die Kernfamilie, einem peruanischen Inkastamm angehörend,[109] lebt nach einer Ausrottung des Stammes durch die spanischen Kolonialherrscher ohne die zurückgebliebene Mutter in völliger Abgeschiedenheit in einer Höhle. Pfeil zeichnet, allerdings mit kritischem Anklang, ein naturnahes Plateau nach und schildert die Erziehung des Sohn Zizem und der Tochter Xaca durch Vater Azeb:[110]

> Kurz Azeb hatte den Entwurf gemacht uns nach der bloßen Leitung der Natur aufzuziehen. Er kannte die Sitten und Religionen der verschiedenen Völker. Er kannte den Misbrauch und die Unbequehmlichkeiten die aus beyden zu entstehen pflegen. Er glaubte, dieselben zu vermeiden, wenn er sie uns gar nicht kennen lehrte. Allein er bedachte nicht, daß der menschliche Verstand einige Klippen der Torheit haben muß, an denen er scheitern kann. Er sucht sie selbst auf, wenn sie vor ihm verborgen sind.[111]

Das Projekt scheitert, und zwar, weil der Vater seinen Kindern – ähnlich wie Southwell – Wissen vorenthält, welches zur Vermeidung einer Katastrophe zwingend notwendig gewesen wäre: Infolge der vom Vater fehlgesteuerten Persönlichkeitsentwicklung der Kinder kommt es aufgrund fehlenden sexuellen Bewußtseins zum Inzest zwischen den Geschwistern. Beider Lebensweg wird infolgedessen zum Irrweg. Pfeils »Tragödie des unaufgeklärten Menschen« als »Exempel gescheiterter Erziehung im Zeichen fehlender Affektbeherrschung und falschen Stolzes«[112] findet auch hier ihre Fortsetzung wie in nahezu allen anderen der *moralischen Erzählungen*: Die dritte Erzählung *Beytrag zu der geheimen Geschichte der menschlichen Tugenden* thematisiert den »voreheliche(n) Beischlaf«, »aus Sicht des Aufklärers Pfeil Folge vorsätzlicher Untugend«.[113] Die mit lasterhaften Zügen ausgestattete Figur »Jungfer Susanne« ist als Gegenfigur »Hannchen« (als »Leipziger Aufwartmädchen« eine »andere Pamela«)[114] zur Seite gestellt. Auffällig ist hier Pfeils Bewertung der Schwanger-

109 Informationen sowie Seitenzitate hier und im Folgenden entnommen aus: J. G. B. Pfeil, Versuch in moralischen Erzählungen, Leipzig 1757; hier (zur peruanischen Abstammung der Familie): S. 455 f.

110 Vgl. Engler, wie Anm. 107, S. 254: »Pfeil deutete für das Geschwisterpaar ein naturnahes Erziehungsprogramm an, das in nuce Rousseau, und zwar den *Emile* wie das selbstkritische Fragment *Emile et Sophie* vorwegnimmt«.

111 Wie Anm. 108, S. 466.

112 So Alt in: Wie Anm. 61, S. 222.

113 Ebda., S. 221.

114 So genannt im Primärtext S. 56.

schaftsproblematik, die er auch später in *Die glückliche Insel* und in der Antwort auf die Mannheimer Preisfrage[115] fortsetzt: Die voreheliche Schwangerschaft, die Lucie noch zum Verhängnis wird, obwohl auch in ihrem Fall Southwell und Karl Schuld haben, erfährt eine Entkriminalisierung; darüber hinaus werden Lösungsmuster angeboten, in deren Verbindung die Schuldfrage eindeutig den Verführern zugeschrieben wird, was nicht der zeitgenössischen gesellschaftlichen Meinung, geschweige denn der Rechtsauffassung folgt.[116]

Auch in der im Jahr 1768 in Leipzig veröffentlichen juristischen Dissertation setzt Pfeil seine Argumentation fort: Hinter dem Titel *De legum criminalium caussis* verbirgt sich eine detaillierte Auseinandersetzung mit dem zeitgenössischen Strafrecht, welche die nach Meinung Pfeils wichtigsten zu beanstandenden Punkte in der Gesetzgebung diskutiert. Nach einem einleitenden Rückblick auf das römische Recht (Livius, Cicero) und einigen allgemeinen Anmerkungen zur Kriminalgesetzgebung findet sich ein erster bezeichnender Hinweis:»Consideranda enim primum est hominis natura moralis, deinde physica.«[117] Pfeil ordnete den

---

115 Vollständige Titel beider Texte: *Die glückliche Insel oder Beytrag zu des Captain Cooks neuesten Entdeckungen in der Südsee aus dem verlohrnen Tagebuch eines Reisenden,* Leipzig 1781; *Boni mores plus quam leges valent,* in: Drei Preisschriften über die Frage: Welches sind die besten ausführbaren Mittel dem Kindermorde abzuhelfen, ohne die Unzucht zu begünstigen?, Mannheim 1784, S. 1-77.

116 Vgl. Gesetzesvorschlag aus der ›glücklichen Insel‹ (in: wie Anm. 115, S. 247):»Ein anderes Gesez des Regenten Albert Julius IV. welches bemerkt zu werden verdient, war dasjenige, welches jeden unverehelichten Verführer eines unbescholtenen Mädchens, der ihre Schwächen gemißbraucht hatte, schlechterdings nöthigte, ohne Unterschied des Standes, der Güter, oder einer anderen Entschuldigung der Sache, die Geschwächte zu heyrathen«; vgl. Preisfrage (wie Anm. 115, S. 60 f.):»Nach der natürlichen Ordnung der Dinge muß zur Erhaltung der Keuschheit und Sittsamkeit eines Volkes Schande, durch Gesetze bestimmte Schande, der Lohn eines jeden Verführers seyn, der weibliche Reinigkeit entweihete und besudelte.« Auch Hannchen in den»Moralischen Erzählungen« wird unterstützt durch den Stiefvater ihres Verführers (vgl. Text S. 70):»Herr Seufzer erklärte nach einer geheimen Unterredung mit Hannchen, seinen Mündel für strafbar, und nöthigte ihn, der verführten Hannchen und dem Kinde das von ihr gebohren werden würde, jährlich 200 Thaler auszusetzen.« Ferner zum Vergleich mit zeitgen. Rechtsprechung: O. Ulbricht, Kindsmord und Aufklärung in Deutschland, München 1990, W. Wächtershäuser, Das Verbrechen des Kindesmordes im Zeitalter der Aufklärung. Eine rechtsgeschichtliche Untersuchung der dogmatischen, prozessualen und rechtssoziologischen Aspekte, Berlin 1973.

117 Vgl. Pfeil, *De legum criminalium caussis,* Leipzig (Lipsia) 1768, § 3: observanda est natura hominis moralis, S. 4-6, hier S. 4.

Körper dem Geist nach, erst der nachfolgende Paragraph behandelt die »natura hominis physica«.[118] Die Abhandlung ist in ihrem Gesamt darauf ausgerichtet, das Strafmaß zu individualisieren und bei jeder Straftat die jeweilige *hominis natura moralis* zu berücksichtigen. Der Begriff des Errors wird ebenso formuliert wie Pfeils Anliegen, keine befangenen Zeugen zuzulassen. Vor allem der Schlüsselbegriff der *inscitia* hat zentrale Bedeutung im Hinblick auf den Tatbestand des Kindsmordes und somit auch im Rückblick auf *Lucie Woodvil*, geht es doch hier mittelbar auch um das Wissen oder Nichtwissen von Körpervorgängen wie Schwangerschaft und Geburt und im Zusammenhang damit um eine bewußt oder unbewußt ausgeführte Straftat.[119]

Demnach wird man Pfeils Figur der Lucie nicht gerecht, wenn man diese ohne Berücksichtigung der anderen Texte betrachtet, ist sie doch prototypisch für eine Thematik, die der Justizrat Pfeil in verschiedenen Textformen über einen Zeitraum von dreißig Jahren kritisch zur Diskussion stellte.

---

118 Ebda., § 4, S. 7 f.
119 Ebda., S. 4, 8, 17.

III.3. Miß-Klänge:
Sinnlichkeit und bürgerlicher Moralkodex
in Gotthold Ephraim Lessings *Emilia Galotti*

> »[…] nicht meine heroischen Gesinnungen machen mich
> unglücklich. Das, was man an mir als Schönheit erhebet,
> und ich als ein vergängliches Geschenk betrachte, ist die
> wahre Quelle meiner Noth.«
>
> (G. E. Lessing, Auszug aus dem Trauerspiele Virginia, 1754)

I

Der Erkenntnisprozeß, über den sich für Emilia Galotti die eigene Identität und deren Kontrast zum tradierten weiblichen Ideal erschließt, resultiert aus dem Zwiespalt zwischen Sinnlichkeit und Moral, der charakteristisch für die zeitgenössische bürgerliche Lebenswelt ist. Am Ende entscheidet sich Emilia gegen die Aufopferung ihrer Weiblichkeit und zahlt dafür den hohen Preis des eigenen Lebens – ganz bewußt und eigenverantwortlich, was sie von vielen ihrer Schwestern unterscheidet. Lessing zeigte seinem Publikum mit ihr ein radikales Profil weiblicher Existenz, antiken Stoff und individuellen Charakter der Figur zum Konstrukt formend, welches nur idealiter reproduzierbar war.

Obwohl sich Emilia Galotti von Sara Sampson oder auch Louise Miller dahingehend unterscheidet, daß ihrem geplanten Weg von der Herkunfts- in die Zeugungsfamilie keine Dissonanz zwischen dem Vater und dem von ihr gewählten (Ehe-)Mann entgegensteht,[120] scheitert Emilia, denn auch sie kann letztlich nicht dem vom Vater auf sie projizierten Bild einer idealen Tochter entsprechen.

Lessing selbst legte Emilia mit einer Anspielung den Verweis auf die literarhistorische Quelle für sein Drama in den Mund: »Ehedem wohl gab es einen Vater, der seine Tochter vor der Schande zu retten, ihr den ersten, den besten Stahl in das Herz senkte.«[121]

---

120 Vgl. G. Saße, Die Ordnung der Gefühle. Das Drama der Liebesheirat im 18. Jahrhundert, Darmstadt 1996; zu »Emilia Galotti« S. 139-160, hier S. 140.
121 G. E. Lessing, *Emilia Galotti. Ein Trauerspiel*, hier und im Folgenden zitiert nach: G. E. Lessing, Sämtliche Schriften. 23 Bde., hg. v. K. Lachmann. Dritte, auf's neue durchgesehene und vermehrte Auflage, besorgt durch F. Muncker,

Die in der Literaturwissenschaft verbreitete These, die Figur der Emilia sei eine durch »bürgerliche Modernisierung« neu geformte Virginia, resultiert neben Lessings eigenen Aussagen zum Text aus der motivischen Parallele zur Virginia-Geschichte aus dem fünften vorchristlichen Jahrhundert, jener Quelle, auf die Emilia im Drama verweist. Die Überlieferung des römischen Geschichtsschreibers Titus Livius, Ende des ersten Jahrhunderts v. Chr. aufgezeichnet (*ab urbe condita libri*, 3. Buch),[122] erzählt von dem gescheiterten Versuch des Decemvirn Appius Claudius, sich mittels einer List der unschuldigen, bereits mit einem anderen Mann verlobten Tochter eines seiner plebejischen Untertanen zu bemächtigen. Der Versuch scheiterte nur deshalb, weil der Vater das Mädchen tötete. Er sah darin die einzige Möglichkeit, die Tugend seiner Tochter zu retten.

Die literarische Bearbeitung des Virginia-Stoffes hat eine lange Tradition; eine Bühnenbearbeitung existiert bereits aus dem Jahr 1563. Für das 18. Jahrhundert ist Vittorio Graf Alfieris *Virginia* zu erwähnen; die Tragödie, die den Begriff der Freiheit thematisierte, erschien 1783 im Kontext von Lessings *Emilia Galotti*.

Lessings literarische Bearbeitung des Virginia-Stoffes begann im Jahr 1749 mit der Übersetzung der Virginia-Tragödie Crisps. Das Drama selbst läßt sich bezüglich des Stoffes noch mit zwei Bearbeitungen aus den 1750er Jahren in Verbindung bringen. Vor allem ist die 1750 erschienene klassizistische Tragödie *Virginia* von Agustin de Montiano y Luyando (1697-1764) zu nennen, von der eine von Lessing aus dem Französischen übersetzte und kommentierte Inhaltsangabe 1754 im ersten Stück der *Theatralischen Bibliothek* erschien. Diese dokumentierte Lessings intensive Auseinandersetzung mit dem Virginia-Stoff und in Verbindung damit auch mit Montiano y Luyandos Tragödientheorie: Beide Texte Luyandos wurden 1750 in Madrid zusammen veröffentlicht.[123] Die

Stuttgart 1886 ff., Nachdruck: Berlin 1968; Bd. 2 (= LM 2), S. 377-450; Zitat hier S. 449 (V/7).

122 Anmerkungen zum Text in: G. E. Lessing, Emilia Galotti. Ein Trauerspiel in fünf Aufzügen, mit Anmerkungen versehen von J.-D. Müller, Stuttgart 1994, S. 93., sowie M. Fick (Hg.), Lessing-Handbuch, Stuttgart/Weimar 2000, S. 317.

123 Montiano veröffentlichte das Drama *Virginia* 1750 in Madrid zusammen mit seiner Theorie *Discurso sobre las tragedias españolas* (Vgl.: H. C. Jacobs, Schönheit und Geschmack. Die Theorie der Künste in der spanischen Literatur des 18. Jahrhunderts, Frankfurt a.M. 1996, S. 264-266). Aus der *Virginia* Montianos entlehnte Lessing die Darstellung des Machtverhältnisses zwischen dem Decemvirn und Lucio Virginio, der bereits im Verzeichnis der dramatis personae im Gegensatz zu den anderen Männern, die als ›Decemviro‹, ›Cliente‹ oder ›Senadores‹ bezeichnet wurden, nur den Zusatz ›Padre de Virginia‹ erhielt. Die Theorie

Gottschedianer legten im Jahr 1755 eine in Alexandrinern gefaßte Bearbeitung vor, die unter dem Namen ihres Verfassers Johann Samuel Patzke als dessen erste Tragödie veröffentlicht und von Lessing im 101. Stück der *Berlinischen privilegierten Zeitung* (1755) lobend erwähnt wurde.[124] Lessing setzte die ›bürgerliche Modernisierung‹ des Stoffes um, indem er auf die antike römische Kulisse verzichtete und die Handlung in eine jüngere Zeit setzte. Schauplatz seines Dramas war nun der Hof von Guastalla, ein italienischer Hof, mit dem das Leben im Versailles Ludwigs XIV. nachgezeichnet wurde. Daß die in Guastalla herrschende absolute Autorität des Prinzen deutsche Verhältnisse spiegelte, sahen bereits die Zeitgenossen:»Guastalla liegt in Deutschland!«, lautete die allgemeine Reaktion auf das Drama.[125] Die hofkritische Tragödie wurde erstmals in Braunschweig anläßlich des Geburtstages der Herzogin Philippe Charlotte am 13. März 1772 aufgeführt, offenbar mit großem Erfolg.[126] Lessing hatte im Vorfeld mit einem Brief an den Herzog Carl von Braunschweig negativen Deutungen des Inhalts vorgebeugt, indem er dem Drama scheinbar jeglichen Bezug zum Staatsinteresse absprach – eine Behauptung, die es zu hinterfragen gilt:

Man tut gut daran, diese Selbstcharakterisierung kritisch zu durchleuchten und ihre Worte sorgfältig zu wägen. Im Vordergrund muß dabei die Frage stehen, ob nicht gerade die ›moderne Einkleidung‹ ein neues ›Staatsinteresse‹ erschließt, freilich ein subtileres, als das, welches die Überlieferung tangierte.[127]

Montianos, die einen literarhistorischen Ansatz hatte, verwies in bezug auf die Klärung des Tragödienbegriffs mit leitenden Formulierungen wie ›Accion con mayor union‹, ›las passiones estàn muy al vivo‹ oder ›un error capital contra el character […] que no puede haber en la Accion‹ auf wichtige Ansätze, die sich auch bei Lessing finden (Vgl.: Discurso sobre las tragedias españolas de Don Agustin de Montiano y Luyando, Madrid 1750; Personenverzeichnis ohne Seitenangabe, sonst S. 30-33).

124 Zu den literarischen Bearbeitungen des Virginia-Stoffes: E. Schmidt, Lessing. Geschichte seines Lebens und seiner Schriften. Dritte, durchgesehene Auflage, Bd. II, Berlin 1909, S. 2 ff.; B. A. Sørensen, Herrschaft und Zärtlichkeit. Der Patriarchalismus und das Drama im 18. Jahrhundert, München 1984, S. 91. Barner/Grimm/Kiesel/Kramer (Hg.), Lessing. Epoche – Werk – Wirkung, München, 6. Auflage 1998, S. 203 ff., S. 152 (zur Veröffentlichung von Patzke).

125 Schmidt, wie Anm. 124, S. 51.

126 Ebda., S. 44.

127 P.-A. Alt, Tragödie der Aufklärung, Tübingen 1994, S. 253 (zur Uraufführung und zum Brief Lessings an C. v. Braunschweig; Brief in: LM18, S. 23, datiert

Auch die oft in der Fachliteratur zitierte Anmerkung Lessings zum Drama in einem Brief an Nicolai,»daß das Schicksal einer Tochter, die von ihrem Vater umgebracht wird, dem ihre Tugend werther ist, als ihr Leben, für sich schon tragisch genug« sei und daß darauf nicht ein »Umsturz der ganzen Staatsverfassung«[128] folgen müsse, ist demnach ambivalent zu sehen. Man sollte berücksichtigen,»daß jedoch die einseitige Betonung antiaristokratischer Zielsetzungen für eine Interpretation des dargestellten tragischen Geschehens zu kurz greift«.[129]

Die spanische Vorlage (und ebenso deren Zusammenfassung) bot noch einen weiteren, eindeutigen Hinweis auf die Kritik an absolutistischen Machtstrukturen: In V/5, einem Monolog, den Virginius im Anschluß an die Tötung Virginias spricht, ist ausdrücklich von »offenbare[m] Mißbrauch der obersten Gewalt« die Rede.[130] Darüber hinaus ist der Bezug zum Begriff des Staatsinteresses im Dramentext hinreichend kaschiert, dies wohl vor dem Hintergrund des Anlasses, zu dem das Stück uraufgeführt wurde. Es ist der Prinz selbst, der seine Rolle als absolutistischer Herrscher mit Aussagen über sich in Frage stellt:»Mein Herz wird das Opfer eines elenden Staatsinteresses (I/6,386) [...] Und es ist meine Art, daß ich Leute Dinge verantworten lasse, wofür sie nicht können!« (III/1,411)

Anfang März 1772). Zur konsequenten Aktualisierung des antiken Virginia-Stoffes auch: E. Frenzel, Stoff- Motiv- und Symbolforschung, Stuttgart 1963, S. 71, sowie Sørensen (wie Anm. 124, S. 92):»Die Tatsache, daß die emotionalen und sittlichen Beziehungen zwischen Vater und Tochter [...] hier mit einer inneren Logik bis zur tödlichen Konsequenz führen konnten und vielleicht führen mußten, weist allerdings über sich selbst und über den familialen Rahmen hinaus auf das dahinterstehende, sie bewirkende politische System.«

128 Lessing, Brief an Nicolai, 21.1.1758, in: LM 17, S. 133 (Lessing bezog sich im Schreiben auf Nicolais Preisausschreiben in dessen»Bibliothek« Ende 1757; Lessings Virginia-Tragödie war zunächst für das Preisausschreiben konzipiert, aber nicht rechtzeitig fertiggestellt worden (vgl. Alt, wie Anm. 127, S. 253)).

129 So D. Mayer in einer detaillierten Analyse der Vater-Tochter-Beziehung im vorklassischen Drama:»Vater und Tochter. Anmerkungen zu einem Motiv im deutschen Drama der Vorklassik. In: Literatur für Leser 1980, S. 134-147, hier S. 135. Zur Intention Lessings: J. Schillemeit, Deutsche Dramen von Gryphius bis Brecht, Frankfurt a.M. 1965, S. 50:»Lessing war zutiefst durchdrungen vom Zeitgeist der 60er Jahre mit seiner Mischung aus nationalem Stolz und sozialer Verbitterung. Tyrannenfeindliche Satire lag in der Luft. Viele hatten sich schon theoretisch in dieser Richtung geäußert. Aber Lessing blieb es vorbehalten, ein ganzes Drama dem mächtigen Gefühl bürgerlicher Würde zu widmen.«

130 G. E. Lessing, Auszug aus dem Trauerspiele Virginia, in: LM 6, Stuttgart 1890, S. 70-120; hier S. 118.

Die Formulierung Lessings, Emilia werde »von ihrem Vater umgebracht«, stellt den Blick des Rezipienten in einer Weise perspektivisch fest, die im Zusammenhang mit dem Sprechverhalten Emilias nicht unbedingt gerechtfertigt bleibt.[131] Man muß hier die Umstände von Emilias Tod bedenken, die zeigen, daß die Tochter sich als praktizierende Christin und somit unter Vermeidung der höchsten Sünde des Selbstmordes ohne Gegenwehr vom Vater erstechen läßt.[132] Die zu hinterfragende Perspektive verweist auf die Struktur der bürgerlichen Familie und die konfliktbelastete Vater-Tochter-Beziehung sowie auf die Psychologie der einzelnen Figuren: Lessing beschränkte sich bewußt auf einen Handlungsstrang, der das tragische Schicksal der Protagonistin Emilia in den Mittelpunkt stellte.

Eine scheinbar durch Anbindung an die Religion gefestigte Persönlichkeit der Heldin zeigt sich nur an der Oberfläche des Figurenprofils. Dort, wo sie sich artikuliert, erweist sich die Figur der Emilia als Charakter, dessen bedenkliches psychopathologisches Profil besonders deutlich wird: Beim ersten Zusammentreffen mit dem Bräutigam (II/7), zu einem Zeitpunkt kurz vor der Hochzeit, der eigentlich Anlaß zu erwartungsvoller Vorfreude sein könnte, kippt die Stimmung jäh aufgrund der düsteren Äußerungen Emilias, mit denen sie ihre drei Träume schildert. Der prophetische Traum vom Brautgeschmeide, dessen Steine sich in Perlen verwandeln, offenbart eine andere Emilia. Bereits hier ist der Figur immanent, was diese erst kurz vor der Sterbeszene artikuliert: Die »strengsten Uebungen der Religion«, mit denen sie den »Tumult« in der Seele zu »besänftigen« sucht, vermögen Emilias Innerstes nicht zu erreichen. Im Traum zeigt sich, daß Emilias Denken nicht der Religion, sondern dem Aberglauben verpflichtet ist. Ihre Äußerung ist zwar die einer praktizierenden, jedoch nicht die einer auf Gott vertrauenden Christin; daß Perlen für sie Tränen bedeuten (II/7,404), verrät die ambivalente Gesinnung

---

131 Sieht man den Tod Emilias aus anderer Perspektive, erscheint dieser als Opfertod, wie es die Formulierung Lessings nahelegt. Vgl. B. Prutti, Bild und Körper. Weibliche Präsenz und Geschlechterbeziehungen in Lessings Dramen: Emilia Galotti und Minna von Barnhelm, Würzburg 1996, S. 5 f. Prutti spricht von »sich opfernden Töchtern«, wodurch der reflexive Charakter des Tötungsaktes deutlich in den Vordergrund rückt. Es kann nicht die Rede davon sein, daß Odoardo seine Tochter opfert; die subjektiv auf Emilia gerichtete Perspektive ist hier entscheidend, weil sie das weibliche Selbstverständnis der Figur spiegelt.

132 Sexau sieht Odoardo als »Werkzeug zum Selbstmord Emilias« (ders., Der Tod im Deutschen Drama des 17. und 18. Jahrhunderts, Bern 1906 (Nachdruck Hildesheim 1976), S. 83).

und die Scheinhaftigkeit der Religiosität Emilias.[133] Dieser Aspekt ist relevant, wenn man im Rekurs auf sozialhistorische Studien Emilia als Stellvertreterin für bürgerliche Werte und Verhaltensnormen betrachtet. Nicht nur van Dülmen gibt in seiner Arbeit über *Kultur und Alltag in der frühen Neuzeit* den Hinweis, daß die deutsche Aufklärung im Gegensatz zur gesamteuropäischen Aufklärung einen »stark gelehrt-akademischen Charakter« hatte und daß aufgrund dessen Aufklärung als Reform gesellschaftlicher Zustände und des menschlichen Lebens auch im Hinblick auf Befreiung von Aberglauben und Tradition die meisten Bevölkerungsschichten zunächst gar nicht oder nur sehr bedingt erreichte.[134] Ulbricht formuliert:

Die Erwähnung von Strafen hat bereits angedeutet, daß die kurz skizzierten christlichen Normen und Werte nur ein Teil der historischen Wirklichkeit waren. Sie waren zwar weiten Schichten der Bevölkerung bekannt, aber das Verhalten wurde oft von eigenen Traditionen und Wertevorstellungen bestimmt, ohne daß man sich deshalb als weniger christlich empfand.[135]

---

133 Vgl. Meyers enzyklopädisches Lexikon in fünfundzwanzig Bänden, Mannheim/
Wien/Zürich 1976, Bd. 18, S. 411:»Im Aberglauben hält man Perlen für Tränen;
Verliebte und Brautleute dürfen sich deshalb keine Perlen schenken.« Analog hierzu: Handwörterbuch des deutschen Aberglaubens Bd. VI, Berlin/Leipzig 1934/35,
S. 1496 f. Das Traummotiv verweist auf Gryphius' Drama *Katharina von Georgien*
(1. Abh., V. 330 ff.), ebenso das Bild der gebrochenen Rose (1. Abh., V. 317). Zu
den Motiven vgl.: A. Gryphius, Dramen, hg. v. E. Mannack Frankfurt a.M. 1991,
Stellenkommentar zu *Katharina v. Georgien*, S. 941. Einzelne Bausteine der motivischen Triade Steine-Perlen-Tränen verweisen darüber hinaus auf P. C. Hoofts
Einfluß auf Gryphius (z.B. *Achillis en Polyxenas, Treur-spel,* Rotterdam 1614, in:
P. C. Hooft, Alle de gedrukte Werken (1611-1738), Deel 2, 2. Toneelspelen 1613-
1633, Amsterdam 1972, S. 107-159; hier S. 146). Zum Einfluß Hoofts auf Gryphius: B. Asmuth, Die niederländische Literatur, in: E. Lefèvre (Hg.), Der Einfluß
Senecas auf das europäische Drama, Darmstadt 1978, S. 235-275, bes. 250 ff.
134 R. v. Dülmen, Kultur und Alltag in der frühen Neuzeit. 3. Band, München 1994,
S. 211-267, hier S. 212. Vor allem Studien, die sich mit Kindesmord als Ausdruck
gesellschaftlicher Mißstände auseinandersetzen, bestätigen diesen sozialhistorischen Hintergrund; der aufkommende Diskurs über die Existenz einer weiblichen Sexualität war negativ konnotiert durch Anbindung an durch Aberglauben
gesteuerte Verhaltensmuster (vgl. Ulbricht, Kindsmord und Aufklärung in
Deutschland, München 1990; ferner Wächtershäuser, Das Verbrechen des Kindesmordes im Zeitalter der Aufklärung, Berlin 1973). Auch: B. Stollberg-Rilinger, Europa im Jahrhundert der Aufklärung, Stuttgart 2000, S. 100, 104.
135 Ulbricht, wie Anm. 134, S. 114.

Emilia stirbt keinen Märtyrertod, sondern sie fordert den Vater dazu auf, sie zu töten, weil das Wissen um ihre eigene Sinnlichkeit ihr ein Weiterleben unmöglich erscheinen läßt. Ihr wird zum Problem, »daß die kämpferische Verteidigung der eigenen Tugend notwendigerweise eine gewisse Vertrautheit mit dem Laster und den von ihm ausgehenden Versuchungen einschließt«.[136] Der gegenüber dem Vater provokativ artikulierte Wunsch, von ihm getötet zu werden, kommt einer Selbsttötung nahe, wodurch die Figur in die Nähe des Lucretia-Stoffes rückt. Lessing entwarf vermutlich im Jahr 1756 den Plan einer Tragödie namens *Das befreite Rom*, dem dieser Stoff zugrunde lag.[137] Die römische Selbstmörderin Lucretia, deren seit der Antike oft literarisch verarbeitetes Schicksal wie auch die Virginia-Erzählung im Quellentext von Livius nachzulesen ist (*ab urbe condita libri*, 1. Buch), verlieh als Vorbild von Keuschheit und ehelicher Treue der Protagonistin Emilia vor allem die Standhaftigkeit, mit der sie unter Beachtung des christlichen Selbsttötungsverbots ihre Ehre verteidigte.[138] Die zeitliche Nähe, mit der Lessing an beiden Tragödien arbeitete, macht in bezug auf die Konzeption der Emilia-Figur eine Überschneidung von Virginia- und Lucretia-Motiv für den Zeitraum der frühen Arbeitsphase nachvollziehbar.

II

Der Vergleich mit der Virginia-Figur aus Luyandos Trauerspiel zeigt, daß Lessing nur wenige Elemente in das Figurenkonzept der Emilia übernommen hat. An Luyandos weiblicher Hauptfigur arbeitete Lessing offensichtlich heraus, wie seine Protagonistin *nicht* konzipiert sein sollte. Obwohl er nicht mit dem Original, sondern mit einer französischen Ausgabe des Textes von d'Hermilly aus dem Jahr 1754 arbeitete, setzte er sich sehr genau mit dem Duktus der Figurenzeichnung im spanischen Text

---

136 A. Koschorke, Körperströme und Schriftverkehr. Mediologie des 18. Jahrhunderts, München 1999, S. 437.
137 Vgl.: M. Fick, wie Anm. 122, S. 316.
138 Zur literarischen Verarbeitung des Lucretia-Stoffes von der Antike bis zur frühen Neuzeit: C. Jäger, Lucretia – der Tod einer Tugendheldin? Zu den Selbstmorddarstellungen in der sächsischen Weltchronik; in: Trauer, Verzweiflung und Anfechtung: Selbstmord und Selbstmordversuche in mittelalterlichen und frühneuzeitlichen Gesellschaften, hg. v. G. Signori, Tübingen 1994, S. 91-111.

auseinander, was die umfangreiche Darstellung in der *Theatralischen Bibliothek* belegt.[139] Die mit heroischen Zügen ausgestattete Virginia dieser beiden Dramen ist in entscheidender Weise wesensverschieden von Lessings Emilia; die Divergenzen im Figurenbild verweisen auf die von Lessing vorgenommenen Modifizierungen. Die abgeänderte Familienstruktur spielt eine wichtige Rolle im Hinblick auf die Darstellung der Erziehung des Mädchens, weil sich hierdurch der historische Wandel der Vaterrolle spiegelt. Während Virginia in ständiger Begleitung ihrer Amme Publicia auftritt und vom Vater aufgezogen wurde, wie sie selbst betont,[140] steht an Emilias Seite die sie negativ beeinflussende Mutter, die die Erziehungsgrundsätze des tugendstrengen Vaters mit ihrem Handeln untergräbt, die familiale Ordnung gefährdet und den Vater seiner Schutzfunktion als Patriarch der Familie beraubt.[141]

In beiden Texten wird der unmoralische Antrag, dem sich die Tochter ausgesetzt sieht, in Form von verdeckter Handlung geschildert, jedoch mit unterschiedlichem Ansatz: Während Virginia gewarnt ist, weil sich der Annäherungsversuch des Appius *vor* Beginn des geschilderten Handlungsverlaufs ereignet und sie dadurch sehr wohl weiß, was sie auf dem Marktplatz zu erwarten hat, ist bei Lessing der emotionale Druck auf die Figur komprimiert: Emilia Galotti hat kein Reflexionsvermögen, so daß sie in der Kirche gänzlich unvorbereitet auf den Prinzen trifft, obwohl auch sie ihn bereits zum zweiten Mal sieht.[142] Dies hat auf sie eine vergleichbar heftige Wirkung: Sowohl die Szenenanweisung als auch die Sprache Emilias und ihrer Mutter dokumentieren in II/6 die völlige Orientierungslosigkeit, die das unvorhergesehene Treffen bei Odoardos

---

139 Zu der von Lessing verwendeten Textvorlage vgl.: LM 6, Stuttgart 1890, S. 72; Lessing gab eine Ausgabe von d'Hermilly (2 Bde., Paris 1754) an.

140 Wie Anm. 121, S. 75 f. (I/1).

141 Claudia Galotti vertritt eine typische Mutterfigur; entweder ist die Mutter vor Einsetzen der Dramenhandlung bereits gestorben, oder sie wird wie hier durchgehend negativ konnotiert. Vgl. Sørensen, wie Anm. 124, S. 17.

142 Daß es zwischen ihr und dem Prinzen bereits vorher zu einem Treffen gekommen sein muß, geht aus der Rede des Prinzen in I/6,390 hervor; dort erzählt er Marinelli in bezug auf Emilia:»Alle meine Mühe ist vergebens gewesen, sie ein zweitesmal zu sprechen.« Auch Emilias Äußerung über den Prinzen in II/6,400 kann man so deuten; sie äußert gegenüber Claudia, sie habe ihn»Nach dem Blicke […] erkannt«. Erotik des Blickes und gefühlsbetontes Wahrnehmungsvermögen Emilias belegt der Zusatz ihrer Äußerung: (nach dem ersten Blick)»hatt' ich nicht das Herz, einen zweyten auf ihn zu richten.«

Tochter auslöst. Der Vorfall allein reicht aus, Emilia die emotionale Kontrolle über sich zu nehmen:»Und blickest so wild um dich? Und zitterst an jedem Gliede?« fragt Claudia sie verständnislos (II/6,399). Emilia zeigt sich in dieser psychischen Verfassung jeglicher Objektivität beraubt und bezeichnet sich aufgrund dessen ihrer Mutter gegenüber als»Mitschuldige« (II/6,399). Sie vermag weder über sich noch über ihren Vater zu sprechen (im Gegensatz zu Claudia über ihren Ehemann); Virginia hingegen, sich ihrer Schönheit bewußt und diese als Makel begreifend, zeigt durch ihr Artikulationsvermögen die grundsätzliche Fähigkeit, Problemlösungen durch Offenbarung persönlicher Eindrücke anzustreben. Dies schließt auch ein den Vater betreffendes wertendes Urteil nicht aus:

> Wenn ich erwäge, wie eyfersüchtig mein Vater auf seine Ehre ist; mit was für Hitze er alle Gefahren verachtet [...] wie außerordentlich argwöhnisch und zugleich unbeweglich er ist; [...] wenn ich erwäge, daß er mein Vater ist, welcher mich auferzogen hat und mit der äußersten Zärtlichkeit liebt [...] Wozu würde er in der That nicht fähig seyn [...]?[143]

Emilia ist jedoch nicht in der Lage, die Tragweite ihres Zusammentreffens mit dem Prinzen einzuschätzen. Sie versucht nur ein einziges Mal, ihre problematische Situation zu artikulieren, scheitert aber an der Mutter. Diese untersagt ihr, Appiani von dem Vorfall in der Kirche zu erzählen (II/6,401) – was ihm, wie sich später zeigt, unter Umständen das Leben gerettet hätte.

Der wesentliche Unterschied zwischen Virginia und Emilia liegt darin, daß der eigenverantwortlichen und selbständigen Persönlichkeit, dargestellt in der Figur Luyandos (die bereits in I/2 ihren gewaltsamen Tod voraussieht), eine Emilia gegenübersteht, die sich in einem Geflecht von emotionaler Abhängigkeit befindet. Durch diesen Eingriff in den ursprünglichen Duktus der Figurenzeichnung machte Lessing den Anspruch geltend, sich die»Geschichte der Virginia [...] zu Nutze« zu machen.[144] So war es ihm möglich, Emilia von den anderen Dramenfiguren zu separieren, um ihre isolierte Stellung im gesellschaftlichen Gefüge aufzuzeigen. Die Isolation spiegelt die Ortlosigkeit der weiblichen Existenz des Mädchens. Emilia ist ausschließlich auf den Vater fixiert, im Hause der Grimaldi darf sie sich ebenso wenig wie im Elternhaus von eigenen

---

143 Wie Anm. 140.
144 Diesen Anspruch betont er in bezug auf Luyando (wie Anm. 121, S. 73).

Bedürfnissen leiten lassen. Erst kurz vor ihrem Tod ist sie bereit und in der Lage dazu, sich und ihrem Vater ihre diesbezügliche Niederlage einzugestehen, die sie als einen gewaltsamen Eingriff in ihre vom tugendstrengen Vater vorgeformte Persönlichkeit begreift: »Verführung ist die wahre Gewalt. […] Auch meine Sinne sind Sinne. […] es erhob sich so mancher Tumult in meiner Seele, den die strengsten Übungen der Religion kaum in Wochen besänftigen konnten!«[145]

Die Aussage zeigt, mit welcher Vehemenz sie selbst gegen sich anzukämpfen versucht hat; auch *dieses* Scheitern dokumentiert ihr fehlendes Durchsetzungsvermögen.

III

Die eng gesetzten Grenzen, innerhalb deren Emilia sich nicht zu einer eigenständigen Persönlichkeit entwickeln kann und soll, werden im Text hauptsächlich durch die beiden Elternfiguren Odoardo und Claudia aufgezeigt und komplementär durch Raumsymbolik gestützt. Emilias starke Bindung an die katholische Religion wird durch die Schilderung ihres Wohnortes abgebildet: Sie wohnt »Unfern der Kirche Allerheiligen« (I/6,388), die Kirche ist mit »wenigen Schritten« jederzeit von ihr alleine zu erreichen (II/1,394). Als das den Ort der Untugend symbolisierende Gebäude wird das Haus des Kanzlers Grimaldi Emilias Elternhaus gegenübergestellt: Für Emilia ist es »das Haus der Freude« (V/7,449), für Odoardo hingegen (wie dieser ironisch betont) ein Haus, welches »die liebenswürdigen Töchter dieses edeln Paares […] Wer kennt sie nicht?«, beherbergt (V/5,445). Odoardo Galotti sieht in seiner in Zurückgezogenheit lebenden Tochter ein Ideal, welchem die stadtbekannten Grimaldi-Töchter nicht entsprechen. Der Tugendbegriff wird hier auf den Begriff weiblicher Enthaltsamkeit eingeengt. Noch am Schluß des Dramas achtet Odoardo darauf, was seiner »Tochter in ihren itzigen Umständen einzig ziemet«, und beruft sich auf die Religion als Züchtigungsmittel gegen erwachendes sexuelles Bewußtsein: Er wünscht für Emilia »Entfernung aus der Welt« und Unterbringung in einem Kloster, um sie unter Kontrolle zu halten (V/5,442).[146]

---

145 V/7,77.
146 Koschorke, wie Anm. 136, S. 435 f.: Das »Wegschließen« Emilias hat demnach folgende Funktion: »[…] die anfängliche Natur muß entweder stillgelegt oder zerstört werden, um ihre Stelle im System an eine nachgestellte, das heißt künstliche Ursprünglichkeit abzutreten.«

Demgegenüber ist Emilias Mutter diejenige, die sie in das »Haus der Freude« hineinführt. Die dominierende Claudia stellt den Kontrapunkt zu Odoardos Erziehungskonzept dar: »Vermenge dein Vergnügen nicht mit ihrem Glücke«, wirft er ihr vor, wohl wissend, daß seine Ehefrau »das Geräusch und die Zerstreuung der Welt« mehr interessiert als »die Notwendigkeit, […] eine anständige Erziehung« Emilias zu gewährleisten (II/4,396). Die Figur der Claudia ist mit dem Element literarischer Hofkritik besetzt, welches mit dem ›Hof-Land-Schema‹ die antihöfische Moralität propagiert.[147] Gegen den Einwand Claudias, daß nur die Stadterziehung Emilia zur Braut des Grafen Appiani habe werden lassen, kann Odoardo nichts einräumen. Wo hätte sie auf dem Land »diesen würdigen jungen Mann« finden sollen?[148] Die triadische Gruppe der Kernfamilie Galotti zeigt sich mit einer fragwürdigen, patriarchalisch ausgerichteten Hierarchie versehen: Die eigentliche Macht hat Claudia, die, »fern von einem Manne und Vater«[149], die Tochter nach ihren Interessen lenkt.[150] »Ich habe keinen Willen gegen den Ihrigen«, bekennt Emilia freimütig in ihrer Gegenwart (II/6,402).

Die gesellschaftliche Isolation der Tochter resultiert somit auch aus einer Abhängigkeit von der Mutter: Emilia fragt im Handlungsverlauf beständig nach ihr (vgl. III/4, III/5, V/3). Odoardos Reaktion auf den Alleingang in die Kirche (»Aber sie sollte nicht allein gegangen sein«, II/2,394) bestätigt das Wissen des Vaters um die Unsicherheit der Tochter, wenn dieser die mütterliche Begleitung fehlt.

Wie bereits in *Miss Sara Sampson* bilden Vater und Tochter mit ihrer engen Beziehung auch in diesem Drama die Hauptachse, auf der die Handlung verläuft.[151] Über die Achse dieser Beziehung wird die Determiniertheit beider Figuren abgebildet. Ergänzend hierzu werden zwei männliche Figuren um die Kernfamilie gruppiert; bezogen auf eine bestimmte motivische Konstante bildet jede für sich mit Emilia und Odoardo eine neue triadische Figurenkonstellation. So möchte der Graf Appiani fortführen, was der Vater mit Emilias religiöser Sozialisation be-

---

147 Zur literarischen Hofkritik in *Emilia Galotti*: H. Kiesel, ›Bei Hof, bei Höll‹. Untersuchungen zur literarischen Hofkritik von Sebastian Brant bis Friedrich Schiller, Tübingen 1979, S. 221 ff. Auch: Barner/Grimm/Kiesel/Kramer (Hg.): Lessing. Epoche – Werk – Wirkung, München, 6. Auflage 1998, S. 209 ff.

148 II/4,396.

149 Ebda.

150 Zur Verschiebung der innerfamilialen Ordnung und dem damit verbundenen Machtverlust des Hausvaters vgl. Dieter Mayer, wie Anm. 129, S. 136.

151 So Sørensen, wie Anm. 124, S. 81 f.

gann: »Was ich mit der zärtlichsten Bewunderung wieder von ihm gehört habe. – So recht, meine Emilia! Ich werde eine fromme Frau an Ihnen haben; […]« (II/7,403).

Emilia selbst hat verinnerlicht, was der Vater ihr vorgibt, »kooperiert faktisch mit ihrem tugendstrengen Vater«.[152] Ihr Begriff von Strafe ist dem der kirchlichen Buße gleichgesetzt, die sie als Abwehrmechanismus gegen das Leben begreift.[153] Der zukünftige Schwiegersohn, der mit Emilia »in seinen väterlichen Tälern sich selbst zu leben gedenkt« (II/4,396), paßt gut in Odoardos Konzept, was den weiteren Lebensweg der Tochter betrifft. In ihrer Vorstellung versucht Emilia den Unterschied zwischen beiden Männern bis ins kleinste Detail hinein zu minimieren. Auch sie setzt Odoardos an gesellschaftlichen Normen orientierte Maßstäbe an, was ihren künftigen Ehemann betrifft. Dies zeigt sich im Dialog mit Appiani über ihre Hochzeitsgarderobe, in dem sie sich entschieden gegen Appianis Wunsch wehrt, sie »so wie sie da ist«, das heißt ohne »Putz«, zu heiraten (II/7,403). Das Gespräch korrespondiert mit jenem aus Gellerts empfindsamem Roman *Leben der schwedischen Gräfin von G**** (1747/ 48). Die Protagonistin schildert dort ihre Heirat mit dem Grafen. Sie, zu diesem Zeitpunkt gerade sechzehn Jahre alt, wird am Hochzeitsmorgen vom Bräutigam in ihrem Zimmer aufgesucht. Ihre Garderobe besteht aus einem »leichten, aber wohl ausgesuchten Anzug«, der dem Grafen »vortrefflich« gefällt, weil er »nach Ihrem Körper gemacht« ist.[154] Im Gegensatz zu Emilia folgt die Gräfin den Wünschen des zukünftigen Ehemannes und antwortet ihm: »Wenn ich Ihnen gefalle, mein lieber Graf […] so bin ich schön genug angeputzt«.[155] Im Vergleich bilden die

---

152 G. Bauer, Gotthold Ephraim Lessing: »Emilia Galotti«, München 1987, S. 66.

153 Zum Religionsbegriff Emilias vgl. Saße, wie Anm. 120, S. 144; sowie unter Berücksichtigung eines psychoanalytischen Ansatzes: C. G. Jung, Die Archetypen und das Kollektive Unbewußte: »Religiöse Vorstellungen sind nun […] von höchster suggestiver und emotionaler Kraft. […] Die Psychologie weiß, wie viel religiöse Ideen mit den Elternimagines zu tun haben. […] Wir wissen aus der psychologischen Erfahrung, […] daß mit den Elternimagines theistische Vorstellungen assoziiert sind.« In: C. G. Jung, Gesammelte Werke 9, hg. v. L. Jung-Merker/E. Rüf, Freiburg 1976, S. 76 f.

154 Zitiert nach: Chr. F. Gellert, Leben der schwedischen Gräfin von G***, nach der zweiten Ausgabe (Leipzig 1750) herausgegeben von J.-U. Fechner, Stuttgart, 2. Auflage 1985, hier S. 12. Entscheidend ist die Perspektive des Blickes: Der Aussagekern verweist auf ein Interesse am Körper der Protagonistin, nicht auf ein Interesse an deren Kleidung,; der Blick ist auf den Körper *unter* der Kleidung fixiert.

155 Ebda.

beiden Äußerungen den Unterschied zwischen beiden Figurenbildern ab; es zeigt sich der Kontrast zwischen beiden Texten mit einer empfindsamen und an sinnlichen Kategorien orientierten Tochterfigur neben der durch Odoardos Erziehungsgrundsätze streng auf gesellschaftliche Normen fixierten Emilia, die den Vorstellungen des Vaters bis hin zur Kleiderordnung zu entsprechen sucht.[156]

Die Figur des Malers Conti ist die zweite männliche Figur, die mit Odoardo und Emilia in Beziehung steht, diesmal im Zusammenhang mit ästhetischen Bewertungskriterien. Das Attribut der Schönheit wird hinsichtlich Emilias äußerer Erscheinung zum dominierenden Motiv ausgeweitet. Die ›Conti-Szene‹ (I/2-4) ist hier als Schlüsselszene zu werten, in der das Motiv in die Handlung eingefügt wird. Mit der Bildbeschreibung, die Conti von Emilias Portrait gibt, stellt er die Außerordentlichkeit ihrer Schönheit als weibliches Ideal dar. Für ihn ist Emilia »so, wie sie ist, bereits das Optimum der Erscheinungen, identisch mit der ›Idee‹ der Natur von ihr«.[157] Gleichzeitig betont er aber, daß es sich bei der Arbeit, die er dem Prinzen anbietet, um eine Kopie handelt, wodurch sich textimmanent eine ambivalente Zuordnungsmöglichkeit bezüglich des Gesprächsgegenstandes ergibt: Das Bild ist Produkt männlicher Imagination; mit Ende der Conti-Szene existieren die ›reale‹ Emilia, das Abbild von ihr, welches Odoardo besitzt, sowie eine zweite Ausführung dieses Portraits, eine Kopie der Kopie. Der Diskurs, den Conti und der Prinz führen, ist ein Diskurs über ein repräsentatives Bild, in dem sie ihre materialisierten Wunschvorstellungen äußern. Für Conti ist das Portrait eine Entsprechung der vollkommenen Einzigartigkeit weiblicher Schönheit, ein »Bild der Unschuld und Schönheit der Natur« und eine »Idee des Ganzen«.[158] Für den Prinzen präfiguriert sich Emilia im Portrait als Objekt seines erotischen Begehrens.[159] Hettore Gonzaga setzt

---

156 Auch Sara Sampson folgt dem empfindsamen Tochterbild; Lessing orientiert sich mit seinem frühen Drama an ähnlichen Vorbildern wie Gellert (Richardson, Prévost), ist mit Gellert-Texten darüber hinaus vertraut (vgl. Kap. III.1 dieser Arbeit).

157 Bauer, wie Anm. 152, S. 68.

158 B. Prutti, Bild und Körper. Weibliche Präsenz und Geschlechterbeziehungen in Lessings Dramen: *Emilia Galotti* und *Minna von Barnhelm*, Würzburg 1996, S. 14. Der Text verweist hier bereits auf die motivische Überhöhung der Natur, die charakteristisch für Dramen des Sturm und Drang sein wird (vgl.: G. Kaiser, Krise der Familie. Eine Perspektive auf Lessings »Emilia Galotti« und Schillers »Kabale und Liebe«. In: Recherches Germaniques 14/1984, S. 7-22).

159 Die Macht der visuellen Stimulanz, die Lessing in bezug auf die weibliche Schönheit in der *Hamburgischen Dramaturgie* formulierte, wird hier themati-

hier wider besseres Wissen und mit verschiedenen Maßen messend eine Entsprechung von idealisiertem Substitut und dem Original voraus:»Ihr Bild, ist sie doch nicht selber. […]« (I/3,381; auf Orsina bezogen) »Dieses Ihr Studium der weiblichen Schönheit, Conti, wie könnt' ich besser tun, als es auch zu dem meinigen zu machen?« (I/4,384; auf Emilia bezogen; jedoch meint er Emilia selbst, nicht ihr Abbild, mit dem Conti sein Studium umsetzt).[160] Die Raumsymbolik verdeutlicht die Fixierung auf das Objekt des Begehrens. Während der Prinz für Orsinas Portrait einen Platz in der Galerie vorsieht, verbleibt das Emilias in seinen Privatgemächern »bei der Hand« (I/4,385). Die Stimulation erotischen Begehrens durch Verbleiben des Substitutes in persönlicher Nähe ist in Klingers Drama *Das leidende Weib* motivisch ähnlich gestaltet, allerdings ohne die Anbindung an visuelle Stimulanz, die konstant männlichen Figuren zugeordnet wird:[161] Hier dient der Protagonistin ein Roman Richardsons als Substitut für die reale Liebesbeziehung; sie bewahrt das Buch in ihrem Zimmer auf.[162]

siert: »Die Natur rüstete das weibliche Geschlecht zur Liebe, […], nur seine Reize sollen es mächtig machen […]«, heißt es dort (30. Stück, zitiert nach: G. Bauer, Gotthold Ephraim Lessing: »Emilia Galotti«, München 1987, S. 64 f.). Auch vgl. die ähnliche Gestaltung bei Louise Gottsched (vgl. Kap. II.1 dieser Arbeit): Das Frauenbild ist hier aus männlicher Perspektive dargestellt und primär mit dem Begriff ›Reiz‹ verbunden. Die Rede des Prinzen verweist auf die frühe Entstehungsphase des Dramas und auf W. Hogarths Abhandlung *The Analysis of Beauty*: »Denn sagen sie selbst, Conti, läßt sich aus diesem Bilde wohl der Charakter der Person schließen? Und das sollte doch« (vgl. Kap. III. 1 dieser Arbeit). Mögliche Vorlage für die Szene ist auch die zumeist mit Schillers *Turandot* (1801) in Verbindung gebrachte *Geschichte des Prinzen Kalaf und der Prinzessin von China* (*Tausendundein Tag*, Ernst (Hg.), Leipzig 1909). Das Märchen lag in Deutschland seit 1730 in einer frz. Fassung vor (Martino, Lektüre u. Leser in Norddeutschland im 18. Jahrh., Amsterdam/Atlanta 1993, S. 260).

160 Zur Ambivalenz der Aussage in der »Conti-Szene« vgl. Bauer (wie Anm. 152, S. 69): »Conti gesteht sich erst bei seinem Abgang ein, daß der fürstliche Mäzen ihn vielleicht für »noch etwas anderes« entlohnt als für »die Kunst«. In der Szene aber spielt er schon ständig mit der Doppeldeutigkeit des Wohlgefallens an weiblicher Schönheit.«

161 Zur Unterscheidung geschlechtsspezifischer Wahrnehmungsform vgl. S. Bovenschen, Die imaginierte Weiblichkeit. Exemplarische Untersuchungen zu kulturgeschichtlichen und literarischen Präsentationsformen des Weiblichen, Frankfurt a.M. 1979. Zur Veranschaulichung der konstitutiven Rolle der Kunst in der Genese des weiblichen Liebesobjektes ist Pruttis Bezugnahme auf Mozarts »Zauberflöte« (»Dies Bildnis ist bezaubernd schön«!) aufschlußreich. (Exkurs in: wie Anm. 159, S. 14 ff.).

162 Vgl. Kap. III.4 dieser Arbeit.

Auch für Odoardo als einem weiteren Interessenten am Portrait Emilias scheint die substituierende Bildfunktion wichtig zu sein. Wie sonst ließe sich erklären, daß er das Portrait der Tochter gerade zu jenem Zeitpunkt, unmittelbar vor der Hochzeit und damit gleichzeitig mit dem anstehenden Entlassen Emilias aus der Herkunftsfamilie, in Auftrag gibt. Der Vater möchte die Tochter ebensowenig verlieren wie die Mutter, auch wenn Odoardo die entsprechende Formulierung Claudias (vgl. II/4,396) ablehnt in der Erwartung, Appiani endlich seinen Sohn nennen zu dürfen. Die Perspektive des Blickes belegt die aus psychosozialer Verwurzelung resultierende Symmetrie, die zwischen Vater und Tochter existiert; die oben geschilderte Reaktion Emilias in II/6 entspricht in V/6 der Odoardos, kurz bevor er seine Tochter tötet.[163] Es ist ein Zustand höchster Erregung, in dem die Emotionen hier außer Kontrolle geraten. Dies ist Folge einer Irritation familialer Ordnung, die dennoch die Vater-Tochter-Beziehung nicht zu destruieren vermag. Die Situation am Ende des Dramas ist parallel gestaltet zu der in den Dramen *Miss Sara Sampson* und *Nathan der Weise*, wie Sørensen betont: Es »behauptet sich auch hier am Ende des Stückes die innerliche Verbundenheit von Vater und Tochter«.[164] Dabei versichert sich jeder ausdrücklich der Identität des anderen; im Diskursprofil zeigt sich, inwiefern Vater und Tochter sich gegenseitig als strukturierende Elemente der patriarchalisch ausgerichteten Familienordnung bedingen.[165] Der Gehalt der Vater-Tochter-Beziehung wird nicht durch Emotionen bestimmt, sondern durch die sowohl Odoardo als auch Emilia eigenen Vorstellungen der Anbindung an ein familiales Wertesystem. Dies gibt den Handlungsspielraum eines jeden Familienmitgliedes präzise vor und wird durch ein bipolares Machtverhältnis gesteuert. Infolgedessen erwartet Emilia nicht nur von Appiani als zukünftigem Ehemann, sondern auch von Odoardo als Vater pflichtgemäßes Handeln und Entscheidungsfähigkeit, wenn sie feststellt: »Ich allein in seinen Händen? – Nimmer-

---

163 Szenenanweisung V/6: »*Blickt wild umher*«; Claudia zu Emilia (II/6,399): »Und blickest so wild um dich?«
164 Sørensen, wie Anm. 124, S. 93.
165 Vgl. zur im diskursiven Verhalten gespiegelten familialen Struktur: Ebda., S. 17. Ferner sei mit Blick auf Luhmann darauf hingewiesen, daß Vater und Tochter sich durch die zwischen ihnen funktionierende Kommunikation als kleinstes soziales System ausweisen und die hier gezeigte Vater-Tochter-Beziehung sich somit durch die mögliche Einordnung in die Kategorie ›soziales System‹ zu legitimieren scheint (vgl. N. Luhmann, Liebe als Passion. Zur Codierung von Intimität, Frankfurt a.M., 5. Auflage 1999, S. 21 ff.).

mehr, mein Vater. – Oder Sie sind nicht mein Vater.« (V/7,448).[166] Die
Polarisierung der Geschlechtscharaktere äußert sich im Dialog von Vater
und Tochter über den Mord bzw. Selbstmord:»Mir, mein Vater, mir geben Sie diesen Dolch. […] Kind, es ist keine Haarnadel. […] So werde
die Haarnadel zum Dolche!« (V/7,448). Mit der Haarnadel als Attribut
des Weiblichen schreibt Emilia sich selbst den Mord zu, symbolisiert die
Übernahme des männlichen Tötungsaktes des Erdolchens durch ihren
Ausspruch, die Haarnadel werde zum Dolch. Sie signalisiert somit ihrer-
seits die Bereitschaft zur Überschreitung der Geschlechtskompetenz, was
Odoardo jedoch nicht zuläßt.

Sein rollenspezifischer Moralbegriff bedingt den auf die Tochter fixierten Tugendbegriff.[167] Dieser findet, was voreheliche Sexualität angeht,
symbolischen Ausdruck in der Artikulation des Rosenmotivs, welche die
Auffassung beider gleichermaßen spiegelt: Am Ende des Dramas ist die
Rose nicht entblättert, sondern gebrochen (vgl. V/7, V/8).

Emilia wird bis in den Tod von patriarchalischen Richtlinien begleitet.
Sie solle»mit keiner Unwahrheit aus der Welt gehen« (V/8,450), gibt ihr
der Vater mit auf den Weg. Anstelle der Trauer wird hier der väterliche
Sieg über Emilias unkontrolliert hervortretende Sinnlichkeit focussiert,
verbunden mit dem Triumph über den Konkurrenten:»Gefällt sie Ihnen
noch? Reizt sie noch ihre Lüste?« (V/8,450). So endet das Drama mit
einem gesellschaftskritischen Akzent: Die höfischen Sitten werden der
mit äußerster Standhaftigkeit verteidigten bürgerlichen Moral kontrastiv
gegenübergestellt, so daß letztlich beide sozialen Polarisierungen fragwürdig erscheinen.

---

166 Auch hier findet sich, wie beim bereits erwähnten Roman Gellerts, eine Umkehrung im Diskursverhalten der Tochterfigur: Während in der *Panthea* der Gottschedin Gobrias seiner Tochter Nikothris mitteilt, sie sei nicht sein Kind, wenn
sie nicht tugendhaft gesinnt sei, ist es hier die Tochter, die sich vom Vater distanziert, falls dieser nicht ihren Rollenerwartungen entspricht (vgl. Kap. II.1 dieser
Arbeit).

167 Vgl. Mayer, wie Anm. 129, S. 138.

III.4. Perspektivenwechsel:
Ordnung der Ehe und Tochterbild
in Friedrich Maximilian Klingers *Das leidende Weib*

> »Et Emma cherchait à savoir ce que l'on entendait
> au juste dans la vie par les mots de félicité, de pas-
> sion et d'ivresse, qui lui avaient paru si beaux dans
> les livres.«
>
> (Gustave Flaubert, Mme. Bovary, 1856)

I

In der Rezension, die Christian Friedrich Daniel Schubart in seiner Zeitschrift *Deutsche Chronik* im Jahr 1775 veröffentlichte, bewertete er die
ersten beiden Dramen Friedrich Maximilian Klingers überaus positiv:
Klinger habe sich damit »als ein vortrefflicher Kopf gezeigt«.[168] Der
Kommentar Schubarts blieb eine Ausnahme unter den Kritiken der Zeitgenossen; die negative Resonanz gipfelte in einem Pasquill von Johann
Gottlieb Göntgen, das den Autor des zunächst anonym veröffentlichten
Trauerspiels der Unzucht bezichtigte.[169] Der Leipziger Verleger Wey-
gand, der auch Texte von Goethe und Lenz in seinem Programm hatte,
wußte um die Nähe zu Lenz' *Hofmeister* und ging mit einer Verlagsan-
zeige in die Offensive:

> Nur dies einzige bitte ich, es nicht sogleich Nachahmung zu schelten,
> wenn im Durchblättern Regellosigkeit sichtbar ist, wenn Spott über
> die Belletristen, Eifer über die Schädlichkeit der Romane, ein humo-

---

168 Zitiert nach: Kollektiv für Literaturgeschichte (Hg.), Sturm und Drang. Erläuterungen zur deutschen Literatur, Berlin 1988, S. 184.

169 Titel des Pasquills: *Die frohe Frau. Ein Nachspiel schicklich aufzuführen nach der
leidenden Frau*, Offenbach/Frankfurt 1775; Klingers Antwort darauf erschien in
den Frankfurter Gelehrten Anzeigen am 11.8.1775 (S. 531-535) als vehemente Verteidigung seiner moralischen Position (Angaben hierzu sowie alle Zitate aus
dem Primärtext nach: F. M. Klinger. Werke. Historisch-kritische Gesamtaus-
gabe, hg. v. S. L. Gilman u.a.; Bd. I, hg. v. E. P. Harris: Otto, Das leidende Weib,
Scenen aus Pyrrhus Leben und Tod, Tübingen 1987; zum Titel des Pasquills und
der Antwort Klingers: S. XVI f.).

ristischer Schulmeister, ein verführtes Frauenzimmer, ein Geheimderath, verschiedne Schwärmereien und verschiedne Paradoxa, wie im Hofmeister vorkommen. Nur dies bemerke ich, dass der Verfasser mehr Skizzen von Charakteren giebt, als sie, wie Lenz, mit starken Farben darstellt.[170]

Der Eindruck einer skizzenhaften Komposition des Dramas wird nicht allein durch die Konzeption der Charaktere hervorgerufen, sondern noch verstärkt durch knappe Szenenanweisungen, in denen weder zur Gestik noch zur Mimik der Figuren Angaben gemacht werden.[171] Rasche Szenen- und Ortswechsel lassen keinen Raum zum längeren Verweilen in einer Situation, die Handlung wird durch den Text getrieben. Die Figuren spiegeln dies mit ihrem sprachlichen Ausdruck wider: Vor allem die weibliche Hauptfigur in Gestalt der Gesandtin beklagt die ihr fehlende Ruhe:»[…] nur ein bisgen Ruh macht mich glücklich, so viele Ruhe, ich kanns nicht sagen, wie wenig; und doch wär mir geholfen damit.«[172]

Das leidende Weib ist das zweite der neun Dramen, die zu Klingers Jugendwerk, verfaßt im Alter zwischen zweiundzwanzig und fünfundzwanzig Jahren, gezählt werden. Wie die anderen ist auch dieses Drama gefärbt von den Gedanken der Geniebewegung, unter Reflexion auf Shakespeare, Rousseau und Lenz. Der intertextuelle Bezug zum Lenz-Drama Der Hofmeister, oder Vorteile der Privaterziehung, 1774 erschienen wie auch Lenz' Dramentheorie Anmerkungen übers Theater, ist aufgrund mehrerer Details offensichtlich. So existiert eine dem Protagonisten Läufer aus dem Hofmeister namensverwandte Figur (Läufer), darüber hinaus wird Lenz' Drama im Handlungsverlauf ausdrücklich erwähnt (III/2). Die Textverweise geben Grund zur Annahme, Klinger habe hiermit die geistige Nähe zu Lenz dokumentieren wollen:»Die moralische Tragödie Das leidende Weib lehnt sich an den kritischen Realismus von Lenz an.«[173] Auch die Dramensujets ähneln sich: Beide Texte benennen das im Sturm und Drang formulierte Kernproblem, welches Roy Pascal unter Verweis

---

170 Wie Anm. 169, S. XIV (nach: Almanach der deutschen Musen auf das Jahr 1776, S. 35 f.).

171 Der Hinweis, Klinger habe das Drama in vier Tagen um Neujahr 1775 niedergeschrieben, unterstützt den Eindruck eines skizzenhaften Textes (es finden sich unausgeführte Handlungsstränge, Motive und Charaktere). Vgl. Anm. 169, S. XVI.

172 I/7,124.

173 C. Hering, Friedrich Maximilian Klinger. Der Weltmann als Dichter, Berlin 1966, S. 40.

auf Lenz und Klinger so treffend »den unheilbaren Antagonismus zwischen dem innersten Anliegen des Menschen und der Gesellschaft« nannte.[174] Die durch Lenz' »wichtigste dramentheoretische Programmschrift des Sturm und Drang«[175] neu festgeschriebene dramatische Form, die die Einheit des klassischen Dramas sprengte, ist auch in Klingers Text als Folie hinterlegt und strukturiert das Drama, bei aller Regellosigkeit, als ein die über dreiunddreißig Szenen verteilte Handlungsfülle ordnendes Prinzip. Abgesehen von aristotelischen Grundsätzen, die für ihn kaum noch Relevanz hatten, kam es Lenz und in dessen Gefolge auch Klinger und Wagner darauf an, die Figur »mit eben der Genauigkeit und Wahrheit darzustellen, mit der das Genie sie erkennt«. Lenz erklärte:

> Wenigstens mußt du mir ein Brett zuwerfen, Dichter, woran ich halten kann, wenn du mich auf diese Höhe führst. Ich fordre Rechenschaft von dir. Du sollst mir keinen Menschen auf die Folter bringen, ohne zu sagen warum.[176]

Diesen Anspruch, der neben dem focussierenden Blick auf das Individuum auch sozialkritische Überlegungen postulierte, setzten Lenz und Klinger in unterschiedlicher Weise um: Lenz formulierte eindeutig, wo Klinger eher zitierte und Abstand hielt, ohne daß sein Text jedoch dem von Lenz an Wirkungskraft nachstand.[177] So war »sein dichterisches

---

174 R. Pascal, Der Sturm und Drang, Stuttgart 1963, S. 367. Ferner P. Weber unter Bezugnahme auf Lessings *Miss Sara Sampson*: »Das bürgerliche Trauerspiel erfährt mit der dramatischen Gestaltung des Antagonismus von ständischer Gesellschaft und Persönlichkeitsanspruch eine entscheidende Wandlung: es wird zur Tragödie. Ein Drama wie Helferich Peter Sturz' *Julie* aus dem Jahr 1767 kennzeichnet bereits den Übergang zu den tragischen Gestaltungen im Werk der Lenz, Klinger und Wagner« (ders., Das Menschenbild des bürgerlichen Trauerspiels. Entstehung und Funktion von Lessings »Miß Sara Sampson«, Berlin, 2. Auflage 1976, S. 218 f.).

175 So bewertet in: J. M. R. Lenz, *Anmerkungen übers Theater*, in: U. Profitlich (Hg.), Tragödientheorie. Texte und Kommentare. Vom Barock bis zur Gegenwart, Reinbek 1999, S. 82.

176 Zitate aus: J. M. R. Lenz, Anmerkungen übers Theater (1774), wie Anm. 175, S. 77, 80.

177 Hering, wie Anm. 173, S. 33: »Der Unterschied zu seinen Jugendgenossen, die schnell einen eigenen Stil fanden, ist offensichtlich. Während sich Wagner auf den strengen Naturalismus im Abschildern Wiener und Straßburger Sozialverhältnisse beschränkte, Lenz mit kritischem Realismus besondere Schwächen der damaligen Gesellschaftsordnung darstellte und Reformen vorschlug, […] hat sich Klinger auf keinen eigentlichen Stil festgelegt […].«

Schaffen bewußt auf die Gestaltung von Extremen gerichtet und nicht inhaltlich bestimmter Befreiungsakt«,[178] zentrales Anliegen blieb aber die Darstellung einer menschenfeindlichen Gesellschaft im Hinblick auf den Selbstverwirklichungsanspruch des Individuums.

II

Bereits der Titel des Dramas zeigt, auf welche Weise Klinger hier die Gestaltung von Extremen umsetzte: Durch den Begriff ›Weib‹ im Titel wird der Blick des Betrachters hier nicht wie sonst üblich auf die Figur der jugendlichen Unschuld gelenkt. Der Perspektivenwechsel barg nicht zuletzt deshalb die Brisanz des Extremen, weil er mit der Beschreibung des durch Ehebruch verursachten Familiendesasters einem beliebten Sujet des Romans des 19. Jahrhunderts vorgriff.

Wie sich im Handlungsverlauf herausstellt, verweist die Perspektive eindeutig auf die Schuld des Vaters, der seine Tochter zur Ehe mit einem Mann seiner Wahl zwang. Dies formuliert von Brand, der vom Vater abgelehnte Bewerber und Geliebte der unglücklich verheirateten Tochter: »Hatt ich nicht ein Recht auf dich, eh dein Mann kam? nur dein Vater war Schuld. Gab mir deine Liebe nicht ein Recht?«[179]

Die Gesandtin qualifiziert das vermeintliche Recht von Brands auf sie mit den Worten ab, dies sei »Eine Ursach, federleicht«.[180] Ihre Reaktion verdeutlicht, wie sie sich selbst und den von ihr mit von Brand begangenen Ehebruch bewertet. Die bestehende Liebesbeziehung ist aus ihrer Sicht keinesfalls die Legitimation dafür, diese weiterhin ausleben zu wollen. Ihr Verhalten sieht sie als Sünde, über die sie weint (I/7) und für die sie büßen will, um sich von der Last der Schuld zu befreien: »In Staub, Asche, und Sack gehüllt, Busse thun, mit meinen Füßen nackend über Dornen gehen!«[181] Bezeichnenderweise sucht sie die Schuld nur bei sich selbst, den Anteil des Vaters an ihrer unglücklichen Lage verkennt sie gänzlich, obwohl dieser erheblich ist.

Die Vater-Tochter-Beziehung gibt auch in diesem Text Hinweise auf Erziehungsfehler, als deren Folge die Situation letztlich eskaliert. Die vom Vater unterbundene Ehe mit von Brand bleibt innerhalb des Dramas als

---

178 Ebda., S. 37.
179 I/7,123.
180 I/7,124.
181 IV/7,155.

fragwürdige und unbegründete Fehlentscheidung des Vaters stehen. Durch die reduzierte familiale Struktur hat allein der Vater den Erziehungsauftrag für die mittlerweile erwachsenen Kinder Franz und Malgen; die Mutter bleibt gänzlich ausgeblendet, wird nicht einmal im Rückblick auf die vergangene Kindheit erwähnt. Das Verhalten des Geheimderaths als Vater von Franz und Malgen ist durch Inkonsequenz gekennzeichnet. Gegenüber der Tochter, die mit einsetzender Dramenhandlung als verheiratete Gesandtin und Mutter dreier Kinder vorgestellt wird, zeigt er sich einerseits als strenger Patriarch, andererseits aber mit einer dazu im Kontrast stehenden, ausgeprägten Großzügigkeit. Im Rückblick auf Lessings Drama *Miss Sara Sampson* sei erinnert an den sich letztlich fatal auswirkenden, überaus freundlichen Umgang Sir Sampsons mit Mellefont. Der großzügige Spielraum, der Mellefont im Hause Sampson eingeräumt wird, ermöglicht den intimen Kontakt zur Tochter. Im Drama Klingers findet sich eine parallele Begegnungssituation,[182] denn von Brand pflegt »als Hausfreund«[183] auch nach der Heirat Malgens intensiven Kontakt zur Familie und wird zum Nachtessen an den Tisch der Familie geladen. Der Kontakt des Liebhabers zur Familie ist in überzogener Weise ausgestaltet, so daß die Figur des Geheimderaths gerade dort lächerlich wirkt, wo sie sich patriarchalisch präsentiert. Ein markantes Beispiel hierfür gibt die oben genannte Szene aus I/6: Die Familie nimmt gemeinsam mit von Brand das Nachtessen ein; während von Brand sich in dieser Situation alles andere als wohl fühlt (»Herr v. Brand, trinken Sie doch! Was suchen Sie in dem Teller? Lieber Gott, seyn Sie doch munter!«), bekommt die Großzügigkeit des unwissenden Hausherrn in makaberer Weise Ambivalenz: »Sie sind in meinem Haus, alles ist Ihr, wie mein«, sagt der Geheimderath zu von Brand, ohne zu ahnen, daß dieser sich bereits der Tochter bemächtigt hat. Das Wissen, das dem Publikum zugestanden, dem Patriarchen und allen anderen Figuren außer den beiden Beteiligten jedoch vorenthalten wird, erzeugt eine Distanz zur Figur des Hausvaters und den über sie repräsentierten patriarchalischen Verhaltensnormen. Diese werden hier in Frage gestellt, darüber hinaus wird dem Vater eine realistische Bewertungsfähigkeit der Situation abgesprochen.

---

182 Lessings Drama beschränkte den engen Kontakt des Liebhabers zum Elternhaus des verführten Mädchens noch auf die Zeit vor dem sexuellen Kontakt; danach wurde das Geschehen ausgelagert an den Ort eines Wirtshauses. Hier verbleiben die Ehebrechenden im häuslichen Umfeld, als sei nichts geschehen; vgl. auch die Analyse zum Figurenbild der Amalie von Fromhausen in Kap. IV.1 dieser Arbeit.

183 Hering, wie Anm. 173, S. 54.

In der Vorstellung des Geheimderaths scheint die Tochter in der kindlichen Entwicklungsphase zu verbleiben, was entsprechend codierte Äußerungen zeigen. Die Kommunikation zwischen Vater und Tochter ist auf die Ebene des kindlichen Dialogs beschränkt, ohne daß sie jemals der neuen Lebenssituation angepaßt wurde:»Nicht wahr Maidel, ich muß dich immer so heißen, kleines zartes Ding? Lieber Papa [...] Soll ich's Frühstück holen? [...] Thu's, mach mir ein Butterbrod, Malgen! [...] Recht gern.«[184]

Daß hier nur scheinbare Beziehungsharmonie herrscht, wird mit dem entlarvenden Verhalten des Geheimderaths gegenüber seiner Tochter zu Beginn von II/2 klar. Die Szene zeigt das Ehepaar in einem Dialog über die offensichtlich schwermütige Gemütslage der Gesandtin. Der Geheimderath tritt hinzu, die Tränen der Tochter werden ihm als Freudentränen interpretiert. Die Reaktion des Vaters fällt anders aus, als man bei einem emotional gebundenen Verhältnis erwarten könnte, und entlarvt die Oberflächlichkeit der Beziehung: Der Vater vermag weder die Täuschung aufzudecken, noch fragt er die Tochter nach dem Grund ihrer

---

184 Dialog zwischen der Gesandtin und ihrem Vater in II/2,134. Der Dialog Vater-Tochter erfolgt über typisierte Aussagen, die die genealogisch festgelegte Hierarchie der beiden Gesprächspartner vorgibt. An dieser Stelle sei verwiesen auf das dritte Tochterbild, welches das Drama zeigt. Da es sich um die Tochter der Gesandtin handelt, die mit dem Handlungsverlauf wenig in Beziehung steht, gibt es in der Sekundärliteratur kaum Hinweise auf sie. Dennoch repräsentiert diese Figur das bestehende Geschlechterrollenbild, wie auch o.g. Dialog zeigt. Die Tochter heißt Malgen wie die Gesandtin selbst (I/6,120), was die Verbindung »Blutsverwandtschaft – Namensgleichheit – Wesensgleichheit« aufzeigen soll. Die beiden Söhne der Gesandtin, Franz, der Empfindsame, und Gorg, klug und gefühlskalt, werden in I/3 in die Handlung eingeführt, im Dialog mit Vater und Großvater. Von der Tochter ist erst im Auftritt danach die Rede, sie spielt in bezug auf die Brüder eine untergeordnete Rolle. Nicht aber im Hinblick auf die Gesandtin, ihre Mutter. Diese scheint sie den Söhnen vorzuziehen, was mit geschlechtsspezifisch geprägten Erziehungsgrundsätzen zusammenhängen mag; aufgrund ihres Geschlechtes ist die Tochter ihr näher als die Söhne. Beim Nachtessen in I/6 fordert die Gesandtin die Tochter, nicht einen der Söhne auf, sich auf ihren Schoß zu setzen. In I/4 verhält die Tochter sich geschlechtstypisch, wenn sie sich über die wilde Umgangsform des Bruders beschwert. In der Zeit vor dem Tod ist die Tochter es, die an der Seite der Mutter ist, Franz kommt erst später dazu und überreicht symbolisch die Rose, die an die Sterbeszene der Emilia Galotti erinnert (I/1). Gorg, der Mutter am wesensfernsten, bleibt ausgeblendet. Im Schlußplateau, das Familienharmonie dokumentieren soll, ist die Kinderzahl auf zwei männliche Kinder reduziert, mit dem Tod der Mutter scheint auch die Existenz der Tochter, für die hier kein Platz mehr ist, ausgelöscht.

Freudentränen. Statt dessen schildert er seine eigene Unzufriedenheit, noch dazu mit einem Satz, der die Tochter in ihrem persönlichen Unglück zutiefst treffen muß:»Man muß jede Stunde nehmen, das Leben zu fühlen.«[185] Die Tochter befindet sich in einer ausweglosen und gesellschaftlich inakzeptablen Lage, gerade weil sie den vom Vater formulierten Individualitätsanspruch für sich einlösen wollte. Ihr Bruder bildet repräsentativ die zu erwartenden gesellschaftlichen Reaktionen ab:»Hure […] Ehebrecherin […] blutige Rache […] Keiner Hur' ihr Bruder.«[186]

Die literarische Diskussion um das geltende Strafrecht, die in Wagners und Goethes Dramen über die Kindsmordproblematik thematisiert wird, ist auch hier präsent mit der Erwähnung des Richters als strafender Instanz. Noch während der zweiten Hälfte des 18. Jahrhunderts verhängte man für Ehebruch als Unzuchtsdelikt an beide Beteiligten eine unverhältnismäßig hohe Strafe. In der Regel war dies Staupenschlag, Zuchthausstrafe oder die durch das Schwert zu vollstreckende Todesstrafe.[187] Die Sanktionen, die die Gesandtin aufgrund des Ehebruches zu erwarten hat, sind somit mitverantwortlich für ihren Todeswunsch und ihre Hoffnung, dem weltlichen Richter entgehen zu können (V/3). Auch von Brand nimmt mit seinem Selbstmord an Malgens Grab seine Bestrafung durch andere vorweg.

III

Warum es abgesehen von der primär festgeschriebenen Ursache des Ehezwanges zum Fehlverhalten der Gesandtin kommt, zeigt das zentrale Motiv, welches die Handlung der weiblichen Hauptfigur dominiert: Klingers Protagonistin liest Bücher, deren Lektüre die gleiche Wirkung zeigt, die bereits Louise Gottsched im Jahr 1750 beschrieb:

---

185 II/2,133.
186 V/2,160 f. Vgl. auch die Figur des Bruders in: Goethe, *Faust. Frühe Fassung*; Szene *Nacht. Vor Gretgens Haus*, V. 1372 ff.
187 W. Wächtershäuser, Das Verbrechen des Kindesmordes im Zeitalter der Aufklärung. Eine rechtsgeschichtliche Untersuchung der dogmatischen, prozessualen und rechtssoziologischen Aspekte, Berlin 1973, S. 136 f., bzw. Zitat aus der Kurfürstlich Sächsischen Landesordnung v. 1. Sept. 1666, noch bis Ende des 18. Jahrhunderts in Kraft (hier S. 155):»Da einer eines andern Eheweib beschlaeffet, er sey gleich ein Ehemann, oder ein lediger Geselle, so sollen sie beyde mit dem Schwerdt vom Leben zum Tode gestraffet […]«.

Ich behaupte sogar, daß eine tiefe Unwissenheit, zumal bey unserm Geschlecht, viel eher zu entschuldigen und zu heben, als eine Kenntnis gefährlicher Bücher, die gleich einem schleichenden Gift, im Verstande und Herzen unheilbare Wunden zurücklassen.[188]

Der im Drama thematisierte Konflikt, die »Auseinandersetzung zwischen Gefühl und Vernunft, zwischen Leidenschaft und Pflicht«[189], wird mittels literarischer Zitate und Anspielungen dargestellt. Diese sollen die Gefahr der durch falsche Lektüre motivierten Verführung als Ursache für falsches Verhalten plausibel machen. Das Motiv der die weibliche Figur dominierenden Lektüre wird bereits in der Eröffnungsszene durch Nebenfiguren eingeführt, ehe Klinger es auf die Figur der Gesandtin überträgt. Die Szene zeigt Sußgen als eine der drei Tochterfiguren im Dialog mit ihrem Geliebten Läufer und mit ihrem Vater, einem Magister. Zentrales Thema des Dialogs ist die Rede über den schlechten Einfluß der Literatur auf das weibliche Lesepublikum. Als Vertreter der sogenannten ›schöngeistigen Literatur‹ treten zwei »Schöne Geister« auf: Klopstocks Übersetzungen von Batteux' Abhandlung *Die schönen Künste, aus einem Grundsatz hergeleitet* wird ebenso angesprochen wie Gellerts *Briefe zur Verteidigung des Theaters*. Der Magister will Läufer als Verteidiger dieser Literatur fortjagen; er solle »sein Maidel« nicht »begrandisonen«, beschimpft er ihn, in Anlehnung an Samuel Richardsons empfindsame Familienromane, die damals vor allem beim weiblichen Teil der Leserschaft sehr beliebt waren.[190] Für den Magister sind es »Pestbücher«, nach denen er das Zimmer der Tochter absucht. Um seine Beschimpfungen vor der Tochter zu legitimieren, bringt er die verstorbene Mutter ins Spiel, die ihm »auf dem Todbette ihr Grandisonenfieber vor dem Geistlichen bereuen musste« und die, »einen Roman in den Pfoten, nicht von der Stelle zu bringen war«, so daß er sich seine »Suppe selbst kochen« mußte.[191]

Richtiges Verhalten wird die Tochter durch die entsprechende Lektüre lernen:»Bleib du bey deinem Gesangbuch, liebes Sußgen, und deiner

---

188 Brief vom 9.8.1750, in: I. Kording (Hg.), Louise Gottsched – *Mit der Feder in der Hand. Briefe aus den Jahren 1732-1760*, Darmstadt 1999, S. 152.

189 So benannt in: H. M. Wolff, Der Rousseaugehalt in Klingers Drama *Das leidende Weib*, in: The Journal of English and Germanic Philology (XXXIX) 1940, S. 355-375, hier S. 356.

190 S. Richardsons Roman *The History of Sir Charles Grandison* (1753) mit dem gleichnamigen Protagonisten ist der Begriff »begrandisonen« (bzw. »Grandisonenfieber«) entlehnt.

191 Alle Zitate, des Magisters Rede betreffend, aus I/1, S. 108 ff.

Bibel, da wirst du eine gute Frau.«Auch hier ist das Bild der Hausmutter zugunsten der Darstellung der Intensität der Vater-Tochter-Beziehung durchgehend negativ konnotiert, ähnlich wie in Lessings *Emilia Galotti* oder Schillers *Kabale und Liebe*. In Klingers Drama ist die Mutterfigur nur in der Rede des Vaters präsent: Sußgen kann nach den Aussagen des Vaters froh sein, daß ihre Mutter tot ist.»Gott hab sie selig; sie hätte dich gewiß verdorben«, heißt das abschließende Urteil, die abschreckenden Äußerungen des Magisters erzielen die beabsichtigte Wirkung:»Ich will nie wieder was lesen«, beteuert Sußgen, und die Harmonie zwischen Vater und Tochter scheint zunächst wiederhergestellt.

Das Gespräch über Lektüre ist auch im Dialog zwischen der Gesandtin und ihrem Dienstmädchen Louise Gegenstand der Diskussion. Das Dienstmädchen steht seiner Herrin in bezug auf literarisches Wissen nicht nach. Die Lektürevorlieben unterscheiden sich nicht aufgrund des gesellschaftlichen Standes der Frauen; das Lesen derselben Bücher zeichnet alle Frauen gleichermaßen aus.[192] Franz als Bruder der Gesandtin formuliert hier mit geschlechtsbezogenem Vorurteil:»Meine Schwester Hure geworden? Kein Weib denn, die keine ist!«[193]

Die Dialoge der Frauen verweisen auf die Lektüre der Gesandtin. Das Dienstmädchen zitiert Wielands Erzählung *Juno und Ganymed* und charakterisiert die Gesandtin durch zahlreiche weitere Anspielungen als Wieland-Leserin.[194] Darüber hinaus vergleicht sie von Brand aufgrund seiner äußeren Erscheinung mit Agathon, dem schönen Jüngling und Protagonisten aus Wielands gleichnamigem Entwicklungsroman *Geschichte des Agathon* (1766/67), schlägt der Gesandtin außerdem vor, das Buch»von der Toilette« zu holen, um nachzulesen,»wie Agathon die Danae schlafend fand«, und enthüllt so weitere Details des Lektürever-

---

192 Klinger bildete hier mit der lesenden bzw. über Literatur reflektierenden Dienstmagdfigur soziale Realität ab. Van Dülmen zeigt anhand seiner für die Untersuchung über *Kindsmord in der frühen Neuzeit* erhobenen Daten, daß Dienstmägde zwar oft»die Töchter von Taglöhnern und kleinen Handwerkern, die sich schon von früh an in fremden Häusern verdingen mußten, weil sie im eigenen Elternhaus nicht ernährt werden konnten« waren, daß es jedoch auch gebildete Mägde aus gehobenen Familien gab, die aufgrund eines Schicksalsschlages in der Familie (Tod oder Kriminalität (= Berufsverbot) des Vaters und Ernährers) gezwungen waren, selbst zu arbeiten (ders., Frauen vor Gericht. Kindsmord in der frühen Neuzeit, Frankfurt a.M. 1991, S. 77 f.).

193 V/2,160.

194 I/4,116. Zur Bezugnahme auf *Juno und Ganymed*: W. Kließ, Sturm und Drang, Velber 1966, S. 80.

haltens: Der erotisch gefärbte Text wird in den privaten Räumen der Gesandtin gelesen. Die Raumsymbolik unterstützt hier das Motiv der Lektüre als Hauptbestandteil des »Paarbildungsrituals«.[195] Gelesen wird an einem Ort, wo ungestörte Lektüre verbotener Bücher möglich ist. Im weiblichen Diskurs werden Aussagen über von Brand mit solchen über Wieland-Texte (insbesondere des ›Agathon‹) miteinander verschränkt, wodurch eine relative Verbindung beider Figuren deutlich wird. Die Reaktion der Gesandtin auf den Vorschlag des Dienstmädchens fällt ablehnend und heftig aus. Sie bezichtigt sich nun selbst der Schuld am sexuellen Fehltritt und sieht diesen als Folge der verbotenen Lektüre: »Ich will nichts mehr von ihm wissen, vom ganzen nichts. Ein weiblich Aug sollte nicht hineinschauen. Hätt mich Gott bewahrt; mit dem Brand wär ich nie so weit gekommen.«[196]

Wie die Wirkung der Lektüre auf sie in Verbindung mit dem realen Erscheinungsbild von Brands dargestellt wird, zeigt sich am Vergleich von Textpassagen aus dem Roman mit der Äußerung Louises über von Brand. Der Eindruck, den Louise in bezug auf von Brand artikuliert, ist vor allem an visuellen Kategorien orientiert. Im wesentlichen dominiert hier der Begriff der Schönheit der Erscheinung in Verbindung mit Bewegung, oder konkreter: in Verbindung mit Tanz:

Wenn Sie's erlauben, bin ich verliebt in ihn. Großer Gott! wie vergiengen mir die Sinnen auf der letzten Redoute! All das idealische, überirdische; jede Bewegung Grazie – wenn er tanzte! gnädige Frau, ich hab manchen schönen Mann gesehn.[197]

Im zweiten Kapitel der *Geschichte des Agathon* wird der Held im Hinblick auf seine außerordentlich schöne Erscheinung wie folgt beschrieben:

Agathon war von einer so wunderbaren Schönheit, daß die Zeuxis und Alkamenes seiner Zeit, weil sie die Hoffnung aufgaben, eine vollkommnere Gestalt zu erfinden oder aus den zerstreuten Schönheiten der Natur zusammen zu setzen, die seinige zum Muster zu nehmen

---

195 Lektüre als »Paarbildungsritual« sieht Koschorke (ders., Körperströme und Schriftverkehr. Mediologie des 18. Jahrhunderts, München 1999, S. 158).
196 I/4,117.
197 Wie Anm. 196. Zum Tanz als Form körperlicher Selbstentgrenzung: G. Brandstetter (Hg.), Aufforderung zum Tanz. Geschichten und Gedichte, Stuttgart 1993, S. 401-424.

pflegten, wenn sie den schönen Apollo oder den jungen Bacchus darstellen wollten.[198]

Vollkommenheit als eine das Wesentliche der Gestalt beschreibende Kategorie wird in Klingers Drama durch Louises Schilderung transformiert:
Der Begriff des Idealen ist hier mit der Synthese von Schönheit und Bewegung verknüpft, wodurch gezeigt werden soll, wie Imagination zunächst durch das Lesen eines Textes aktiviert und dann in Verbindung
mit der konkreten Sinneswahrnehmung übersteigert wird: Louises Bild
des tanzenden von Brand ist ein Konstrukt, sie selbst benutzt den Ausdruck »überirdisch« (I/4,116). Der durch die Lektüre verstellte Blick der
Frauen wirkt sich dahingehend aus, daß das ideale Bild für die Bewertung der Realität zum Maßstab wird. Albrecht Koschorke formuliert
diesbezüglich:

> In den meisten empfindsamen Textdokumenten tritt die Tatsache, daß
> die ätherisch Liebenden sich ihrerseits von dichterischen Fiktionen
> animieren lassen, unübersehbar zutage. Und so besteht auch eine der
> Lieblingsbeschäftigungen liebender Buchhelden in Lektüre. Im Motiv
> des Buches im Buch reflektiert die Literatur sich selbst als wirklich-
> keitsbestimmenden Faktor. Sie verzeichnet in der Art einer *mise en abî-
> me*, wie bestimmte Wunschbehinderungen den Zugriff auf Dichtung
> als Umwegkommunikation habituell werden lassen, wie diese Dich-
> tung der Semantik des Seelenhaften zuarbeitet und den hochgradig
> formalisierten Zeremonien des Einswerdens der Seelen gleichsam von
> außen Stoff und Fülle zuträgt, und wie auf solche Weise der Komplex
> Dichtung/Seele seinerseits der Ökonomie der Handlungshemmung
> phantasmagorische Nahrung gewährt. Auf diese Weise werden die
> Schriftzeugnisse selbst zu Fetischen der Empfindungskultur.[199]

Die Folgen dieser Fetischisierung und Fehleinschätzung werden im Dramentext durch die sich hierzu äußernden Männerfiguren im Umfeld der
liebenden Heldinnen formuliert. Der Magister hat als Vater von Sußgen
vor allem ein Interesse daran, seine Tochter standesgemäß zu verhei-

---

198 Wieland, Geschichte des Agathon, I.1, 2. Kap., S. 31; in: C.M. Wieland, Sämtliche Werke Bd. 1, Hamburger Stiftung zur Förderung von Wissenschaft und
   Kultur (Hg.), Hamburg 1984.
199 Koschorke, wie Anm. 195, S. 157 f.

raten.[200] Seine Bedenken im Hinblick auf die Lektüre der Tochter äußert er entsprechend: »Die hängen dir den Kopf voll, und das taugt nichts [...] Ist dir kein Mann mehr recht, und ein rechtschaffner Kerl nimmt dich nicht.«[201] Auch der Gesandte als betrogener Ehemann wird kontrastiv zu den Helden der Lektüre, vor allem zu von Brand, dargestellt.[202] Seine Rolle als disziplinierter, pflichtbewußter Familienvater kann auf der emotional-sinnlichen Ebene, für die die Frauen durch die Lektüre besonders empfänglich zu sein scheinen, keinesfalls mit der Rolle von Brands konkurrieren, zumal jegliche Angaben zur Physiognomie von Brands unterbleiben.

Alle Liebesbeziehungen im Drama scheitern, offensichtlich bedingt durch das Lektüreverhalten der Liebenden. Der Vater Sußgens sucht die Beziehung der Tochter zu Läufer zu vereiteln; ähnlich wie Sir Sampson macht auch er sich auf die Suche, um seinen ›Besitz‹ zurückzuholen, denn »Sußgen [...] hat [...] ein böser Bub [...] gestohlen«.[203] Die anderen Figuren, die in einer Liebesbeziehung zueinander stehen, definieren sich selbst und den Partner nur über literarische Vorbilder, die die Realitätsferne dieser Wunschbeziehungen aufzeigen. Franz und Julie finden ihr Liebesglück nur in den Rollen von Minna und Tellheim oder Romeo und Julia. Franz ahnt dies und möchte sich und die Geliebte deshalb »von aller Welt absondern« (III/1,142). Er, der »Stürmer«, wie Julie ihn nennt (I/3,140), lebt seine Emotionen allein über die Literatur aus: »Laßt mir nur meinen Shakespear und Homer. Wir bleiben zusammen bis in den Tod«, bekennt er (II/3,135).

Wo Klinger der Bezug auf literarische Vorbilder allein nicht ausreichte, setzte er weitere visuelle Kategorien ein: Das Maskieren und Demaskieren hat symbolischen Charakter und verstärkt die Wirkungsabsicht in

---

200 In ähnlicher Weise gestaltet in bezug auf die Motivation zur Verheiratung der Tochter sind die Figurenbilder des Musikus Miller in *Kabale und Liebe* und des Herrn von Fromhausen in *Polidor, oder die unglücklichen Geschwister* (vgl. Kap. III.7, IV.1 dieser Arbeit).

201 I/1,110.

202 Vgl. I/2: »Ich hab Kinder, und hätt ich die nicht, mein Weib nicht, bey Gott, Franz, der Fürst hielte mich nicht, und fiel er mir zu Füßen, machte mich zum ersten Staatsminister« (S. 114).

203 V/5,164 f. Auch hier wird Fehleinschätzung der Persönlichkeit abgebildet: Sußgen, die doch bereits im ersten Akt hartnäckig gegen alle Argumente des Vaters den Kontakt zu Läufer hält, wird nun jegliche Aktivität abgesprochen, allein der »Bösewicht« muß Schuld am Verschwinden des »Hühnchens« haben.

bezug auf die Darstellung der Gesandtin. Zum anstehenden Maskenball wird ihr von Louise das Kostüm einer Feenkönigin empfohlen – eine weitere Anspielung auf die ihr mittlerweile verhaßte Lektüre, denn, so meint Louise, das Kostüm kleide sie englisch.[204] Die Szene wirkt übermäßig gesteigert durch das Hinzutreten des Ehemannes, der ausgerechnet das auch ihm von dem listigen Dienstmädchen empfohlene Kleid für seine Frau auswählt. Der Maskenball ist für Malgen eine Qual, von der sie erlöst wird, als sie kurze Zeit später (in einer Szene in freier Natur, analog der Liebesszene mit von Brand im Garten) die Maske abnehmen kann.[205] Demaskierung und Naturerlebnis haben hier Symbolcharakter, die »schaffende Kraft des Lebens«[206] wird den verknöcherten gesellschaftlichen Konventionen und dem herrschenden Moralkodex kontrastiv gegenübergestellt.[207]

Durch die Figur des Franz ist die »tragische Unausweichlichkeit dieses erotischen Schicksals«[208] über die bereits erwähnten Zitate hinaus mit dem Gedankengut Rousseaus verbunden. Dessen Werk *Julie, ou la nouvelle Héloïse* (1761) ist in III/1 Gegenstand des Gesprächs zwischen Franz und Julie, die wohl nicht zufällig den gleichen Vornamen trägt wie Rousseaus Protagonistin. Die Beziehung zwischen beiden Frauenfiguren ist jedoch kontrastiv gestaltet, Klingers Julie distanziert sich von der Na-

204 Dem Motiv des Maskierens mit dem Kostüm einer Feenkönigin, welches die Gesandtin »englisch« kleidet, ist der Bezug zu Shakespeare als von Franz bezeichnetes Idol immanent (Figur der Feenkönigin Titania aus *A Midsummer Night's Dream*).

205 Vgl. Kostümierungsszene IV/4, Gartenszene I/7. Die Dramaturgie des Raumes wird eingesetzt, um das Ausscheren der Gesandtin aus dem normativen Verhaltensspektrum abzubilden. Solange sie sich in Innenräumen des Wohnhauses aufhält, bewegt sie sich unter Einfluß gesellschaftlicher Verhaltensordnung. Nur die Sterbeszene, bei der die Normen außer Kraft gesetzt sind, bildet eine Ausnahme. Das Demaskieren in IV/7 steht symbolisch für das Heraustreten aus gesellschaftlichen Zwängen.

206 P. Kluckhohn, Die Auffassung der Liebe in der Literatur des 18. Jahrhunderts und in der deutschen Romantik, Halle 1922, S. 176-217, hier S. 187. Ausgeprägte Verbindung zwischen Naturerlebnis und Liebesverhältnis findet sich ebenso in Goethes *Faust. Frühe Fassung*, vgl. Kap. III.6 dieser Arbeit. Ferner: A. Koschorke, wie Anm. 28, S. 159 f.

207 Wenn Hering von »der gefühlsbannenden Macht der Natur« spricht (vgl. wie Anm. 173, S. 54), fehlt die Berücksichtigung des Motivs der Demaskierung, welches die Macht der Natur eher als eine die Gefühle entfesselnde ausweist.

208 Hering, wie Anm. 173, S. 57: Hering betont in bezug auf Franz, diese Figur sei eine Selbstspiegelung des Autors.

mensschwester, auch wenn Franz die Kritik am Buch »seines« Rousseau nicht nachvollziehen will. Sie bleibt lebensbejahende Realistin, vor allem die Aufforderung zum gemeinsamen Sterben aus dem 55. Brief des ersten Teils der *Héloïse* erscheint ihr an Rousseaus Julie befremdend (III/1,140).

Das Werk Rousseaus, das entscheidenden Einfluß auf die Literatur des Sturm und Drang hatte, ist in Klingers Dramen in besonderem Maße präsent. Bereits Erich Schmidt betonte die Intensität von Rousseaus Einfluß auf Klinger; er war der Auffassung, daß »Klinger geradezu bei Rousseau in die Schule geht« (unter Bezugnahme auf Goethes Schilderung im 14. Buch von *Dichtung und Wahrheit*).[209] Auch Klingers Dramentitel steht in bezug zu Rousseau: Das Weib ist gefühlsbetont als leidend ausgewiesen; offensichtlich ist, daß »auch die Gesandtin, die Hauptheldin des Stückes, [...] eine Nouvelle Héloïse sein« sollte.[210] Die Beziehung zwischen der Gesandtin, ihrem Ehemann und von Brand ist ähnlich dem Verhältnis zwischen Julie, St. Preux und Wolmar; jedoch bleibt die Liebesbeziehung hier nicht platonisch wie die von Julie und St. Preux, was als deutliche Stellungnahme gegen den Ehebruch zu werten ist. Der sozialen Pflicht der Liebenden entspräche die Akzeptanz der Ehe der Gesandtin und somit die Aufgabe des eigenen Individualitätsanspruchs. Klinger bezog sich hier auf die Warnung Rousseaus, die Liebe zum Naturzustand und das damit verbundene persönliche Glück innerhalb der Gesellschaft erstreben zu wollen, denn der Begriff des Natur-

---

209 Vgl.: E. Schmidt, Richardson, Rousseau und Goethe. Ein Beitrag zur Geschichte des Romans im 18. Jahrhundert, Jena 1924 (zuerst 1875), S. 120. Goethe zu Rousseaus Einfluß auf Klinger: »Einem solchen Jüngling mussten Rousseau's Werke vorzüglich zusagen. Emil war sein Haupt- und Grundbuch, und jene Gesinnungen fruchteten um so mehr bei ihm, als sie über die ganze gebildete Welt allgemeine Wirkung ausübten, ja bei ihm mehr als bei andern« (in: Goethe Werke Jubiläumsausgabe, fünfter Band: Dichtung und Wahrheit, hg. v. Klaus-Detlef Müller, Frankfurt a.M. 1999, S. 543).

210 H. Wolff, Der Rousseaugehalt in Klingers Drama *Das leidende Weib*, Zeitschrift für Deutsche Philologie Bd. 51, S. 356. Die Nähe Klingers zu Lenz ist auch in bezug auf den Rousseau-Text nachzuvollziehen: *Die Neue Héloïse* wird nicht nur in Lenz' Drama *Der Hofmeister*, sondern auch in dessen *Anmerkungen übers Theater* ausdrücklich erwähnt (Drama: II/5; Theorie: »So sind Voltairens Helden fast lauter tolerante Freigeister, Corneillens lauter Senecas. Die ganze Welt nimmt den Ton ihrer Wünsche an, selbst Rousseau in seiner Héloïse, das beste Buch, das jemals mit französischen Lettern ist abgedruckt worden, ist davon nicht ausgenommen«; in: *Anmerkungen übers Theater/Shakespeare-Arbeiten und Shakespeare-Übersetzungen*, hg. v. H.-G. Schwarz, Stuttgart, 2. Auflage 1995, S. 29).

zustands wurde mit dem des moralischen Seins untrennbar verknüpft. Rousseaus Theorie des Naturzustandes (*Discours sur l'origine et les fondements de l'inegalité parmi les hommes*, 1. Teil 1754) bestimmte zwar den Freiheitsbegriff im Zusammenhang mit dem Wesen des Menschen in seinem sittlichen Sein,

> aber Freiheit meint jetzt den Austritt aus dem Naturzustand, das In-Beziehung-Treten zu anderen Menschen, das gesellschaftliche Sein. [...] Wahre Freiheit ist nicht die sich selbst genügsame Unabhängigkeit des *homme sauvage*, sondern die Beziehung zu anderer Freiheit, ist nicht ungebundene Willkür, sondern die Bindung ans Gesetz.[211]

Mit der Aussage von Brands in I/2 wird der Antagonismus von Anspruch und Wirklichkeit abgebildet, über den die sozialkritische Botschaft des Dramas transportiert wird:»Mir war die Keuschheit immer das Heiligste am Weibe«,[212] formuliert er, ohne die gesellschaftlichen Normen selbst einzuhalten. Daraus resultiert sein persönliches Unglück wie auch das der Gesandtin. Die Liebenden erscheinen hier als Sünder und Verbrecher, für die die Lebensrealität keinen Raum bietet, weil patriarchale Herrschaftsverhältnisse der Nachfolgegeneration jeglichen Entscheidungsspielraum nehmen. Von Brands Selbstmord an Malgens Grab ist logische Konsequenz dieser Erkenntnis.

---

211 Zum Begriff der Freiheit und des Naturzustandes bei Rousseau: T. Kobusch, Die Entdeckung der Person. Metaphysik der Freiheit und modernes Menschenbild, Freiburg 1993, S. 117-129; hier S. 117; Kobusch zitiert hier die Auffassung Rousseaus nach der Darstellung E. Cassirers (E. Cassirer, Das Problem J.-J. Rousseau, ND Darmstadt 1970; zuerst: Archiv f. Geschichte der Philosophie 14/1932).

212 I/2,III.

III.5. Kindsmord als dramatische Handlung: Sexualität und Aggression in Heinrich Leopold Wagners *Die Kindermörderin*

>»Evchen Humbrecht, des Metzgers Kind
>Zu Straßburg, der Domstadt am Rhein,
>Sie sprach: warum solln, die von Adel sind,
>Alleine lustig sein?«
>
>(Peter Hacks, Die Kindermörderin, 1957)

I

Im Februar 1765 ordnete Friedrich II. von Preußen mit einem Edikt Maßnahmen zur Verhütung des Kindermordes an; der Text enthielt fünf Punkte sowie deren ›Summaria‹.[213] Im Unterschied zu früheren Richtlinien, die den Umgang mit Kindermörderinnen ausschließlich im Hinblick auf strafrechtliche Maßnahmen festschrieben, wurden hier erstmals die den Kindermord motivierenden gesellschaftlichen Bedingungen berücksichtigt: Die oft unverheirateten Schwangeren befanden sich zum Zeitpunkt des Mordes in einer Ausnahmesituation und waren psychischem Druck ausgesetzt. Das Edikt war ein wichtiger Fortschritt in bezug auf die Entkriminalisierung außerehelicher Schwangerschaft und die Maßnahmen zur Vermeidung des Kindermordes.[214]

Aus der rechtlichen Entkriminalisierung resultierte keinesfalls die soziale Integrität der Betroffenen. Quellentexte und literarische Bearbeitungen des Kindsmord-Sujets zeigen illusionslos auf, daß eine voreheliche Schwangerschaft den Verlust der Ehre und somit den Verlust sozialer Existenzmöglichkeit zur Folge hatte.[215]

213 Wiederabgedruckt in: W. Wächtershäuser, Das Verbrechen des Kindesmordes im Zeitalter der Aufklärung. Eine rechtsgeschichtliche Untersuchung der dogmatischen, prozessualen und rechtssoziologischen Aspekte, Berlin 1973, S. 161-167 (Anhang IV).

214 Zitat aus den Summaria: »1. Alle, ausser der Ehe, geschwaengerte Personen bleiben wegen ihrer Schwaengerung, von aller Strafe und Vorwurf frey« (wie Anm. 213, S. 166).

215 Vgl. Anm. 213; auch: R. v. Dülmen, Frauen vor Gericht. Kindsmord in der frühen Neuzeit. Frankfurt a.M. 1991; M. Neumann, Findelkinder, Waisenhäuser, Kindsmord. Unversorgte Kinder in der frühneuzeitlichen Gesellschaft, Mün-

Daß soziale Umstände oft die Ursache für einen Kindermord waren, verhinderte nicht die Abwicklung grausamster Stafvollzugsmaßnahmen.[216] In der Regel wurde die Todesstrafe gegen die Mörderin verhängt, der Kindesvater wurde jedoch nicht zur Verantwortung gezogen. Da die Unverhältnismäßigkeit zwischen Straftat und Strafe beim Tatbestand des Kindermordes auffällig groß war, eignete sich dessen Darstellung besonders dazu, gesellschaftliche Mißstände in ihrer Gesamtheit literarisch abzubilden und zu kommentieren.[217] Hinzu kam die Affinität der Thematik zu Bereichen, die eng mit dem Begriff des Lasters und dem des triebgesteuerten Verhaltens verbunden waren und die in den semantischen Feldern des zeitgenössischen literarischen Diskurses eine große Rolle spielten. Eine mittlerweile von Luserke-Jaqui als ›Klassiker‹ bezeichnete, fundierte soziologische Studie zur Kindsmord-Problematik verweist auf »Delikte, denen potentiell eine Tendenz zum Kindermord innewohnt, also Ehebruch, Unzucht, Inzest«.[218] Diese Delikte wurden verstärkt in der Diskussion um die Entkriminalisierung vorehelicher Sexualität berücksichtigt, weil sie an Extrembeispielen die soziale Ungerechtigkeit aufzeigten. Als weiterer Grund für die vielfältige Bearbeitung

chen 1995, S. 126 ff.; S. Birkner: Leben und Sterben der Kindsmörderin Susanna Margaretha Brandt. Nach den Prozeßakten der Kaiserlichen Freien Reichsstadt Framkfurt am Main, den sogenannten ›Criminalia 1771‹, dargestellt, Frankfurt a.M. 1973 (aus den Akten geht hervor, dass Susanna kurz vor der bevorstehenden Niederkunft von der Wirtin aus dem Haus gejagt wurde). J. W. Goethe, *Faust. Frühe Fassung*, Brunnenszene: Liesgen erzählt von dem Volksbrauch, einer »unreinen« Braut in der Nacht vor der Hochzeit gehäckseltes Stroh statt Blumen vor die Türe zu streuen. Ausführliche Quellendokumente bietet: M. Luserke-Jaqui, Medea. Studien zur Kulturgeschichte der Literatur, Tübingen/Basel 2002, S. 235-323.

216 Vgl. Birkner, wie Anm. 215 (Die Maßnahmen erstreckten sich bereits im Vorfeld der Hinrichtung auf unterschiedlichste Bereiche: schonungslose Befragungspraktiken, Konfrontation mit der Kindesleiche, Bekleidungsritual für die Hinrichtung etc.).

217 Daß es Wagner keinesfalls nur darum ging, die Kindsmordproblematik individuell zu kommentieren, zeigt die Szene im fünften Akt, als Metzger Humbrecht den Fausthammer anklagt, ein fünfjähriges Kind wegen Bettelns zu Tode geprügelt zu haben. Thematisiert wurde in Gänze die strafrechtliche Willkür der Exekutive, als Beitrag zu einer Diskussion über die Strafrechtsreform: Es konnte nicht sein, daß Evchen die Todesstrafe für eine Tat erhielt, für die der Fausthammer nicht belangt wurde.

218 Wächtershäuser, wie Anm. 213, S. 113 f.; vgl. Luserke-Jaqui, Medea. Studien zur Kulturgeschichte der Literatur, Tübingen/Basel 2002, S. 14.

des Themas ist die Möglichkeit der Projektion der Rollenzuschreibung zu sehen: Der passiven Rolle des bürgerlichen Mädchens im Drama entsprach die Rolle des Bürgertums in der Realität.[219] Der Kampf gegen die Ursachen des Kindermordes fand zunächst auf literarischer Ebene statt.

Unter dem Einfluß von Rousseaus *Émile* und *Du contrat social* kritisierte man neben dem Mißbrauch elterlicher Gewalt und den durch gesellschaftliche Zwänge erworbenen Entstellungen der menschlichen Psyche auch das bestehende Strafrecht. In Rousseaus *Émile* wird das Verbrechen als ein grundsätzliches Problem der Sozialisation dargestellt.[220]

II

Im zeitgenössischen Drama ermöglichte die Einbeziehung des psychosozialen Hintergrundes in die Darstellung des Tatbestandes eine Figurenzeichnung, die durch die Abbildung von triebgesteuertem Verhalten und affektbezogenem Handeln programmatisch den Anspruch der Sturm-und-Drang-Autoren einzulösen vermochte. Aufklärerische Forderungen sollten radikalisiert, die Auseinandersetzung mit den sinnlichen Bedürfnissen des Individuums verstärkt werden.[221] Formalästhetisch gesehen

---

219 Vgl. A. Huyssen, Das leidende Weib in der dramatischen Literatur von Empfindsamkeit und Sturm und Drang; in: Monatshefte für deutschen Unterricht, deutsche Sprache und Literatur 69 (1977), S. 159-173, hier S. 168 f.; sowie ders.: Drama des Sturm und Drang. Kommentar zu einer Epoche, München 1980, S. 178; auch: R. Pascal, Der Sturm und Drang, Stuttgart 1963, S. 84. Exemplarisch seien einige Beispiele, die Kindsmord thematisierten, genannt: Goethes *Faust. Frühe Fassung*, Maler Müllers *Das Nußkernen*, Klingers Faustroman, Lenz' Erzählung *Zerbin oder die neuere Philosophie*, Schillers Gedicht *Die Kindsmörderin*, Sprickmanns Ballade *Ida*, Bürgers Ballade *Des Pfarrers Tochter von Taubenhain*.

220 Vgl. H.-D. Weber, Kindsmord als tragische Handlung, in: Der Deutschunterricht, Jg. 28/1976, Heft 2: Literatursoziologie III, S. 75-97. Der negative Einfluß gesellschaftlicher Sozialisation wird durch von Gröningseck im dritten Akt des Dramas direkt auf das von Rousseau propagierte weibliche Rollenbild bezogen. Im Vergleich mit den das zeitgenössische Gesellschaftsbild seiner Meinung nach dominierenden Frauen, die er als »übertünchte Todtengräber« und »geschminkte gefirnisste Puppen« bezeichnet, sieht er in Evchen das positive Bild einer »simplen Natur« (III,34 f.).

221 Wobei der Sturm und Drang nicht als Gegenbewegung, sondern als Ergänzung zur Epoche der Aufklärung gesehen werden muß: »Die Verstandeskultur der

wirkte sich dies dahingehend aus, daß die aristotelischen Einheitskriterien zerfielen und die personale Integrität einzelner Figuren im Handlungsverlauf nicht länger gewahrt blieb.[222] Im Hinblick auf eine Interpretation der Figuren in Wagners Drama erweist sich die dramentheoretische Abhandlung Louis-Sébastien Merciers als aufschlußreich: *Du Théâtre, ou Nouvel Essai sur l'Art Dramatique* (1773) wurde von Wagner in deutscher Übersetzung unter dem Titel *Neuer Versuch über die Schauspielkunst* im Jahr 1776 vorgelegt, fast zeitgleich zum Drama *Die Kindermörderin*.[223] Der Text hatte große Wirkung in Deutschland und gilt als dritte wichtige Theorie des Sturm und Drang, neben Herders Shakespeare-Aufsatz (1771/1773) und Lenz' Schrift *Anmerkungen übers Theater* (1771).[224] In Abgrenzung vom französischen klassischen Drama eines Riccoboni oder Corneille wollte Mercier das Drama als »bürgerliche Sozialreportage«[225] konzipiert wissen; der Diderot-Schüler und Übersetzer von Werken Shakespeares, Popes und Schillers stellte in der Abhandlung die Frage nach dem »wahren Trauerspiel« und antwortete, es sei »dasjenige, welches von allen Klassen der Bürger wird verstanden und begriffen werden«.[226] Im Focus von Merciers Theorie stand jedoch nicht die Frage nach dem Publikum, sondern die Kritik an realitätsfernen Darstellungen auf der Bühne, die den Blick auf die tatsächlichen gesellschaftlichen Verhältnisse verstellten:

Aufklärung wird nicht durch den Gefühlskult der empfindsamen Stürmer und Dränger ersetzt, sondern ergänzt«, heißt es in der Epochenanalyse von U. Karthaus (ders. (Hg.), Sturm und Drang und Empfindsamkeit, Stuttgart, 2. Auflage 1991, S. 15). Luserke-Jaqui spricht von »Aufklärung der Aufklärung« (wie Anm. 21, S. 11).

222 Nach Huyssen wurde die Form des offenen Dramas im Sturm und Drang erstmals breit entwickelt: Die Zerstücklung der Form spiegelt die der Personen, die unter anderen Umständen anders sein könnten (ders., Sturm und Drang. Kommentar zu einer Epoche, München 1980, S. 187).

223 Mercier/Wagner: Neuer Versuch über die Schauspielkunst. Aus dem Französischen mit einem Anhang Aus Goethes Brieftasche, Faksimiledruck nach der Ausgabe von 1776; in: A. Henkel (Hg.), Deutsche Neudrucke. Reihe Goethezeit, Heidelberg 1967.

224 Zur Wirkungsgeschichte der Theorie: E. McInnes: »Ein ungeheures Theater«. The Drama of the Sturm und Drang, Frankfurt a.M. 1987, S. 15-34.

225 Vgl.: G. Kaiser, Aufklärung, Empfindsamkeit, Sturm und Drang, München, 3. Auflage 1979, S. 234 f.

226 Wie Anm. 223, S. 52.

Was ich an der Tragödie aber sehr schädlich finde, [...], sind jene stolze Verse, welche die Könige vergöttern, und dem Elend der großen Menge Hohn sprechen [...]. Ich will große Massen, entgegen gesetzte Manieren, eingemischte Sonderheiten und hauptsächlich das Resultat unserer jetzigen Sitten sehen.[227]

Merciers Nähe zu Lenz zeigt sich bereits auf der ersten Seite der Abhandlung. Beide Autoren betonen den Begriff des Gemäldes in bezug auf das Schauspiel: Während Lenz vom »Gemälde der menschlichen Gesellschaft« spricht,[228] bezieht sich Mercier auf die Wirkungsabsicht: »Das Schauspiel ist ein Gemälde; es kommt darauf an, dieses Gemälde nützlich zu machen« und die »Wahrheit so nahe zu bringen als möglich«.[229] Seine Formulierung übersteigt den Anspruch einer simplen Gesellschaftsabbildung und fügt »eine ganz unmittelbar politische Funktion«[230] hinzu, welche ihn von der Position Lessings unterscheidet. Dieser setzte sich eher mit Problemen philologischer Definitionen auseinander und brachte politische Intentionen nicht direkt zur Sprache.[231]

Mercier proklamierte und konkretisierte Maximen Rousseaus, wie etwa die Abkehr von der höfischen Welt als von der Natur wegführende Instanz oder die moralische Einstellung »gegen die kalte, sophistische, interessengelenkte Vernunft, das korrupte Erbteil des ancien régime«.[232] Er hatte den Anspruch einer Verbesserung der gesellschaftlichen Umstände durch die Schaubühne und sah im Drama hauptsächlich den Nutzen des Lehrcharakters.[233]

---

227 Wie Anm. 223, S. 47 f., 91.

228 In: J. M. R. Lenz, Rezension des neuen Menoza, Werke und Schriften I, hg. v. B. Titel/H. Haug, Darmstadt 1966, S. 419.

229 Wie Anm. 223, S. 1.

230 P. Szondi, Theorie des bürgerlichen Trauerspiels im 18. Jahrhundert. Der Kaufmann, der Hausvater und der Hofmeister, hg. v. G. Mattenklott, Frankfurt a.M. 1973, S. 170.

231 Ebda., S. 179: »Und während Lessings Konstruktion eines zum Bettler gewordenen Beamten zwar bestimmte politische Zustände impliziert, aber ohne jeden ausdrücklichen Hinweis auf sie, [...], scheut sich Mercier nicht [...] den Satz hinzuzufügen: Paris wimmelt von Ungeheuern dieser Art.«

232 H.-J. Schings in: Der mitleidigste Mensch ist der beste Mensch, München 1980, S. 54.

233 Über Rousseau heißt es in der Abhandlung: »Die Sitten malen, sagt Rousseau, heißt noch nicht sie bessern.« Merciers Anspruch übersteigt diese These; er betont beispielsweise, daß bei den unteren Ständen »viel sonderbare Dinge [...]

III

Wagners zu Beginn seines Promotionsjahres 1776 entstandenes, anonym veröffentlichtes Trauerspiel *Die Kindermörderin*[234] zeigt die Tochter des Metzgermeisters Humbrecht aus einer sozialkritischen Perspektive, die es ermöglicht, die bedrückende Heteronomie der Protagonistin illusionslos abzubilden. Bereits der Dramentitel grenzt die Figur von denen anderer Trauerspiele ab, verweist direkt auf das Problemfeld und reduziert Evchen Humbrecht auf ihre kriminelle Tat. So konnte sie vom zeitgenössischen Publikum von Beginn an als desozialisierte und gesellschaftlich geächtete Person verurteilt werden – mit Wagners Absicht, dessen Hauptanliegen es war, die den Kindermord motivierenden Mechanismen kritisch zu betrachten und die Art der Verurteilung der Täterin durch Familie, Gesellschaft, Kirche und Gesetze anzuprangern. Evchen sollte als eine jener Repräsentantinnen der verführten Unschuld gesehen werden, die durch tragische Umstände zum Kindermord getrieben wurden. In Verbindung mit dem Mord wurde mit ihr als typischer Antiheldin des Sturm und Drang das einfältige Vertrauen des liebenden bürgerlichen Mädchens gegen jegliche Standesunterschiede als Grund für das Scheitern vieler Lebenswege thematisiert.

So bezeichnet auch Gröningseck Evchen als »simple Natur« (III,34), Evchen küßt Gröningseck (IV,54) und beteuert, sie habe ihn geliebt, sowie sie ihn kennenlernte (IV,51).[235] Die Rollenblindheit offenbart sich im diskursiven Verhalten, es »spielt sich im Motiv der verführten Unschuld, dem erotischen Lieblingsmotiv des 18. Jahrhunderts überhaupt, ein Grenzkonflikt zwischen zwei Codes ab, die sich permanent wechselseitig umpolen«, beschreibt Koschorke und führt weiter aus:

noch zu lernen« seien oder die Funktion des Dichters als den Verführer strafende Instanz. Allerdings darf dem lehrenden Aspekt auf der Bühne keine Dominanz zukommen: »Die Wirkung des Theaters besteht in Eindrücken und nicht in Lehren«, formuliert Mercier gegen den »kalten Moralist« im ersten Kapitel »Von dem Zwecke, den sich die dramatische Kunst vorsetzen soll« (wie Anm. 223, S. 14, 72 ,143 f., 170).

234 Zur Entstehungsgeschichte des Textes: J.-U. Fechner in: ders. (Hg.), H. L. Wagner, Die Kindermörderin, Stuttgart 1983, S. 164 ff.

235 Der Kuß ist Ausdruck sexueller Handlung. Welches Ausmaß der sexuelle Kontakt hat, bleibt ungewiß, die Szene ist ambivalent zu lesen, weil Wagner mit Leerstellen arbeitete: Aus der Szenenanweisung, die den vierten Akt beschließt, geht nicht eindeutig hervor, auf welcher Seite der Tür von Evchens Zimmer Gröningseck verbleibt.

Der (in der Regel adlige) Verführer kommt vom Bewußtseinsstand der Libertinage her, er ist es gewohnt, in der Tugend der Frau wenig mehr als eine Hinhaltetaktik zu sehen und durch die Maske der Sprödigkeit hindurch zur eigentlichen Natur der Frau vorzudringen: nämlich zu ihrer Lust. Das (in der Regel bürgerliche) unschuldige Mädchen ist in einer zwiespältigen Lage. Sie neigt vorab mit einer erstaunlichen, durch wiederholte Ernüchterungen nicht zu entmutigenden Naivität dazu, hinter all den begehrlichen Listen des Mannes ein im Kern gutherziges Inneres zu erwarten. Auf eine in den Texten wenig plausible Weise will sie an die Wahrheit hinter den Intrigen der Verführungskunst glauben und diese nicht in der Trieb-, sondern in der Tugendhaftigkeit ihres männlichen Widerparts finden.[236]

Wie die Kommunikation zwischen beiden Sexualpartnern von Beginn an aufgrund der Verwendung unterschiedlicher Codes fehlgesteuert wird, zeigt das Drama schon in der Eingangsszene.[237] Im Gespräch zwischen von Gröningseck, Evchen und deren Mutter gleich nach der Ankunft im ›gelben Kreutz‹ ist Evchen gar nicht in der Lage, von Gröningsecks Code zu decodieren:

FR. HUMBRECHT: Ey wer kann denn da müd werden, es gibt immer etwas zu sehn! immer was neues! ich hätt, glaub ich, noch die ganze Nacht und den ganzen Tag durch ohngegessen und ohngetrunken auf einem Fleck sitzen können.

EVCHEN: Ich nicht! am Zusehn hätt ich gar keine Freud.

V. GRÖNINGSECK: Du machst lieber selbst mit, nicht wahr?

EVCHEN (*unschuldig*): Ja!

FR. HUMBRECHT (*lacht*; [...]): Das hat sie nicht verstanden: müssen ihr ihre Dummheit nicht übel auslegen. [...].[238]

Nach der Vergewaltigung Evchens fehlt erst recht die Basis zum gegenseitigen Verständnis; für von Gröningseck ist Evchens aufgebrachtes Gemüt nicht nachvollziehbar:»Ums Himmelswillen, so komm doch zu

---

236 A. Koschorke, Körperströme und Schriftverkehr. Mediologie des 18. Jahrhunderts, München 1999, S. 442.

237 Zur Problematik fehlgesteuerter Kommunikation vgl. Kap. I.2 dieser Arbeit.

238 Wie Anm. 234. Zitate aus dem Primärtext hier und im Folgenden vgl. Anm. 234, unter Angabe von Akt- und Seitenzahl (hier I,10).

dir! – du bist ja nicht die erste. – […] Nicht die erste, sag ich, die Frau wurde, eh sie getraut war.«[239] Von Gröningsecks Ausruf korrespondiert mit dem Mephistos:»Sie ist die erste nicht!«, sagt er über Gretchen, die sich beim ersten Treffen auf der Straße noch abweisend gegenüber Faust verhält.[240] Beide Mädchenfiguren sind jedoch aufgrund des unterschiedlichen Wirkungsanspruchs der Autoren nur bedingt als verwandte Charaktere zu sehen.[241] Während Goethes Gretchentragödie ganz allgemein die Problematik von Liebe und Ehe in der bürgerlichen Gesellschaft in den Vordergrund stellt, dominiert bei Wagner – nicht zuletzt durch die Vergewaltigungsszene am Beginn des Dramas – die Darstellung der Unterdrückung und Ausbeutung des bürgerlichen Standes durch den Adel. Möglicherweise sind beide Texte auf dasselbe reale Vorbild zu beziehen, auch wenn das Drama Goethes in der Regel im Zusammenhang mit dem Schicksal der Kindsmörderin Susanna Margaretha Brandt genannt wird. Der historische Anlaß zu Wagners Drama, der Fall der Metzgertochter Maria Sophia Leypold aus Hanau, mag auch Goethe bekannt gewesen sein.[242] Der Plagiatsvorwurf, den Goethe im 14. Buch von *Dichtung und Wahrheit* formulierte,[243] ist im Grunde nicht gerechtfertigt, denn lediglich zwei

239 I,17. Von Gröningseck spielt mit seiner Äußerung auf gängige zeitgenössische Praxis an. Vorehelicher Geschlechtsverkehr ist, auch in Verbindung mit einem möglichen daraus resultierenden Kindsmord, im Zusammenhang mit dem üblichen»Heiratsverhalten der Frühen Neuzeit« zu sehen: Ein vorab gegebenes Heiratsversprechen ›legitimierte‹ (allerdings nur in privater Hinsicht) beide Partner zum vorehelichen Geschlechtsverkehr (vgl. O. Ulbricht, Kindsmord und Aufklärung in Deutschland, München 1990, S. 66 ff.; auch Wächtershäuser, wie Anm. 213).

240 Goethe, *Faust. Frühe* Fassung, Szene *Nacht. Vor Gretgens Haus*, V. 14 bzw. Szene *Strase*, V. 463 f.; vgl. Kap. III.6 dieser Arbeit. ›Frau werden‹ wird hier auf den sexuellen Akt der Entjungferung reduziert.

241 Vgl. H. Hettner, Literaturgeschichte der Goethezeit, München 1970, S. 174 ff.

242 Vgl. zur Verarbeitung des authentischen Falles im Wagner-Drama: Weber, wie Anm. 220, S. 77:»Im Falle der Maria Sophia Leypold, der Metzgertochter aus der Vogtei Hanau, war so Recht gesprochen worden. Sie hatte nach eigenen Angaben im siebten Monat noch in Unkenntnis ihrer Schwangerschaft, ein totes Kind geboren, wurde gleichwohl 1775 zum Tod durch das Schwert verurteilt, 1776 zu lebenslänglicher Zuchthausstrafe begnadigt und erst 1788 entlassen. Der Fall war der historische Anlaß zu Wagners Drama.«

243 »Vorübergehend will ich nur, der Folge wegen, noch eines guten Gesellen gedenken […] Er hieß Wagner, erst ein Glied der Straßburger, dann der Frankfurter Gesellschaft; nicht ohne Geist, Talent und Unterricht. Er zeigte sich als ein Stre-

motivische Konstanten verbinden Evchen und Gretchen: Die Ohnmacht in der Kirche und der Schlaftrunk, der jeweils der Mutter des Mädchens verabreicht wird, um diese als eine die Tochter kontrollierende Instanz für die Dauer des sexuellen Kontaktes auszuschalten.[244] Das Bild der schlafenden und dadurch ihres Kontrollvermögens beraubten Frau verweist auf Samuel Richardson und den bürgerlich-puritanischen Familienroman als Vorbild Wagners. Sowohl in Richardsons 1740 erstmals erschienenem Briefroman *Pamela, or virtue rewarded* als auch in *Clarissa Harlowe* (1747/48) finden sich diesbezügliche Parallelen zu Wagners Drama. Wagner, der dem Muster der in Deutschland sehr populären Briefromane Richardsons eher folgte als Klinger, der scharfe Kritik an Richardsons Romanen übte, legte das Sujet der Handlung in die rein private Sphäre der bürgerlichen Familie.[245]

Die Figur des Evchen, als gemischter Charakter im Sinne Wagners konzipiert,[246] ist auf fünf Zuordnungsbereiche festgelegt, aus denen sie

bender, und so war er willkommen. Auch hielt er treulich an mir, und weil ich aus allem, was ich vorhatte, kein Geheimnis machte, so erzählte ich ihm wie andern meine Absicht mit *Faust*, besonders die Katastrophe von Gretchen. Er fasste das Sujet auf, und benutzte es für ein Trauerspiel, *Die Kindesmörderin*.« In: Goethe Werke. Jubiläumsausgabe, fünfter Band, hg. v. K.-D. Müller, Frankfurt a.M. 1998, S. 541 f.

244 Auch bei diesem Motiv gibt es einen Unterschied zwischen beiden Figuren: Evchen bleibt unschuldig; die Hure Marianel, vom Verführer beauftragt, verabreicht ohne Wissen Evchens den Schlaftrunk. Gretchen macht sich mitschuldig am Geschehen, denn sie gibt Marthe selbst das Schlafmittel, das sie von Faust erhalten hat.

245 Parallel gestaltete Handlungsdetails bei Richardson: In ›*Pamela, or virtue rewarded*‹ ist die Protagonistin entsetzt darüber, daß ihre Eltern ihre Ehre in Frage stellen:»But that which gives me most trouble is, that you seem to mistrust the honesty of your child« (ebda., hg. v. P. Sabor, Suffolk 1980, S. 47). Humbrecht setzt genau diesen Aspekt sprachlich um, wenn er formuliert:»Wenn […] ein zuckersüßes Bübchen […] ein Mädchen vom Mittelstand an solche Örter hinführt, so ist zehn gegen eins zu verwetten, daß er sie nicht wieder nach Haus bringt, wie er sie abgeholt hat.«(II,22). Clarissa aus Richardsons gleichnamigem Roman, die mit ihrem Verehrer Lovelace flieht, als man sie mit einem anderen Mann verheiraten will, wird von Lovelace mittels eines Opiates eingeschläfert und geschändet.

246 Wie Anm. 223, S. 67 f.:»Der eine thürmt alle Tugenden auf das Haupt seines Helden, Grosmuth, Adel der Seele, unbegränzte Ergebenheit; der andere dichtet seinem Tyrannen alle ersinnliche Verbrechen an; alles ist gezwungen, übertrieben, wird chimärisch: denn wenn das Erhabene des Genies darinn besteht, daß man das aufzufinden weiß, was jeder von uns so hätte können gesagt haben, und

situationsbedingt vom Autor entwickelt wird. Es handelt sich hier um die Kategorien ›Lichtmetaphorik‹, ›Blickmetaphorik‹, ›Sprache‹, ›räumliche Zuordnung‹, ›Symbole‹; jede wird bereits im ersten Akt mit der Figur verknüpft. Evchens Leidensweg beginnt im Wirtshaus ›Zum gelben Kreutz‹.[247] Dies hat Symbolcharakter im Hinblick auf den weiteren Handlungsverlauf, denn durch in die Handlung eingestreute religiöse Anspielungen wird der Leidensweg Evchens auf den Leidensweg Jesu bezogen, wodurch eine zusätzliche Wirkungssteigerung erzielt wird: Der Gang Evchens gleicht einem Gang zum Kreuz, auch Evchen leidet wie Jesus stellvertretend für andere, die schuldig sind. Mit dieser motivischen Anbindung sollte Kritik geübt werden an zeitgenössischen Verhaltensregeln, die religiös fundiert waren und die die Mutter eines unehelichen Kindes chancenlos in die Enge trieben.[248]

»Die Aura des Helden zehrt von der des christlichen Märtyrers« und erinnert so noch an das barocke Trauerspiel.[249] Evchen ist das Opfer männlicher Willkür, merkt die Hure Marianel an, wenn sie in religiöser Anspielung formuliert: »Erst schnitzt ihr euch euren Herrgott, dann kreuzigt ihr ihn.«[250] Sie macht sich schon zu Beginn der Handlung keine

im Laufe der Begebenheit das zu bemerken weiß, was jeder so würde gethan haben, so haben ganz gewiß viele Dichter vergessen, daß die Karaktere der Menschen vermischt sind, und dass zu abstechende Farben hart und falsch sind.«

247 Vgl. Szenenanweisung zum 1. Akt. Zur Symbolik des Kreuzes, hier als Sinnbild des Leidens zu verstehen und als Endzeitzeichen, das den herannahenden Tod ankündigt, vgl. G.B. Ladner, Handbuch der frühchristlichen Symbolik. Gott Kosmos Mensch, Wiesbaden 2000, S. 49 f., sowie: U. Becker, Lexikon der Symbole, Frechen 1992, S. 154 ff. In Verbindung mit Farbsymbolik wird das Wirtshaus als ›sündiger Ort‹ codiert, gelb war vor allem im Mittelalter verbreitet als »Schandfarbe der Kleidung von Juden, Ketzern und Dirnen« (Becker S. 102).

248 Beispielsweise durch Kirchenbuße, die die Schande öffentlich machte. Wagner gab im Text ein Beispiel für den emotionalen Druck, der durch die Kirche ausgeübt wurde: Im fünften Akt kommt es zwischen Humbrecht und dem Magister zu einem Dialog, in dessen Verlauf der Magister von der Predigt in der Kirche erzählt und von Evchens Reaktionen darauf, die ihm verdächtig erscheinen. Der Pfarrer bespricht das siebte Gebot »Du sollst nicht unkeusch sein« in direkter Verbindung mit den gesetzlich festgelegten Strafverordnungen gegen die, die das Gebot mißachten. Fiskus und Kirche arbeiteten miteinander, wenn es um Straftaten ging, was den Betroffenen zusätzlich die Hoffnung auf kirchliche Unterstützung nahm.

249 J. Werner, Literarische als gesellschaftliche Form. H. L. Wagners »Die Kindermörderin« als Epochen- und Methodenparadigma, Stuttgart 1977, S. 115.

250 I,9. Die religiöse Motivik wird durch Verengung zum Symbol mit Ambivalenz belegt, wie G. A. Wosgien unter Bezugnahme auf die theologische Rechtfer-

Illusion darüber, wie Evchens Fehltritt enden wird. Evchen erinnert von Gröningseck am Schluß an die Unabänderlichkeit göttlich bestimmten Schicksals, das im »Buch der Vorsehung« vermerkt ist: »Sagt ich nicht, Gröningseck! mein Schicksal wäre mit Blut geschrieben?«[251] Sie wirkt nicht handelnd auf die Situation ein, sondern erleidet das für sie Unabänderliche und ist voller Selbstvorwürfe, die ihr den Tod noch erstrebenswerter erscheinen lassen.

Die untergeordnete Position des Mädchens in bezug auf Mutter und Begleiter wird bereits zu Beginn der Handlung exponiert: Während von Gröningseck und Mutter Humbrecht sich beim Eintreten in das Wirtshaus in scheinbarer Übereinstimmung über den weiteren Verlauf des Abends an der Hand halten (*sie* läßt sich bereitwillig von *ihm* führen), geht die Tochter allein hinterher. Deren Passivität und Isolation setzt sich im Handlungsverlauf fort: Wenn aus dem Geschlechterrollen-Spiel ein Paarbildungsritual wird, müssen die Masken fallen, in denen man sich zuvor auf dem Ball gefallen hat – Evchen ist die einzige, die sich nicht selbst demaskiert, dies geschieht durch von Gröningseck.[252] Der spätere Vergewaltiger Evchens dominiert beide Frauen von Beginn an durch sein exigierendes Verhalten und rückt so in die Nähe des Metzgers Humbrecht: Es scheint, als übernähme der triebgesteuerte von Gröningseck außerhalb des Metzgerhauses die Rolle des Patriarchen. Durch Verhalten, Körpersprache und sprachlichen Ausdruck bedrängt er Evchen so lange, bis er sie beherrscht. Der eigentlichen Vergewaltigungsszene sind über die Bereiche Licht- und Blickmetaphorik Szenenanweisungen vorgeschaltet, die verdeutlichen, wie von Gröningseck das Mädchen in die Enge treibt:

tigung der patriarchalischen Ordnung zeigt. Der Name *Evchen* von Wagners Protagonistin verweist auf den Sündenfall und die »Schwäche« der biblischen Eva, die sich verführen läßt (dies.: Literarische Frauenbilder von Lessing bis zum Sturm und Drang – ihre Entwicklung unter dem Einfluß Rousseaus, Frankfurt a.M. 1999, S. 62 f.).

251 Wie Anm. 234, S. 52, 85. Der Begriff des Blutes wird, ähnlich wie der des Kreuzes, in Evchens Rede eingesetzt zur Versinnbildlichung ihres herannahenden Todes, nicht in der Bedeutung, die ihm in Gretchens Rede zukommt; dort transportiert er das Bild des Lebensquells als Zeichen der Vitalität des pubertierenden jungen Mädchens (zur Begriffsgeschichte und Symbolik des Blutes vgl. G. Schury, Lebensflut. Eine Kulturgeschichte des Blutes, Leipzig 2001).

252 Motiv der Demaskierung als Symbol für die Befreiung von gesellschaftlichen Zwängen: Siehe Klingers Drama (vgl. Kap. III.4 dieser Arbeit). Maskieren/Demaskieren ist im kulturhistorischen Kontext in der Regel mit sexueller Konnotation zu lesen (vgl. Duerr, Intimität, Frankfurt a.M. 1990, S. 36 f., 382 (Anm. 9); ders., Der erotische Leib, Frankfurt a.M. 1997, S. 87 f., 427 f.).

Um wiederum, wie schon bei der Demaskierung, körperlichen Kontakt zu Evchen zu erzwingen, stößt er absichtlich das Licht um und fixiert sie mehrmals mit starrem Blick.[253] Evchen spürt die negative Wirkung seiner Blicke auf sie, doch außer ihrer Sprache hat sie ihm nichts entgegenzusetzen. Wenn sie von Gröningseck auch letztlich physisch unterlegen bleibt, wehrt sie sich doch emotional und verbal gegen ihn:

Ums Himmelswillen sehn sie mich nicht so an; ich kanns nicht ausstehn: [...] – ich will nicht. – [...] Fort, fort! Henkersknecht! – Teufel in Engelsgestalt! – [...] Schimpfst du mich, Verräther? – kannst du Engel sagen, ohne an die Gefallne zu denken? Gefallen durch dich![254]

In den ersten Szenen des Dramas finden sich weitere Details, die sich auf die Tochterfigur beziehen und im weiteren Handlungsverlauf motivisch wieder eingesetzt werden. In seiner jüngsten Arbeit zu Wagners Drama deutet Luserke-Jaqui die verlorene Schnupftabaksdose als Symbol für die Defloration Evchens, in Anlehnung an sexualsymbolische Motivdeutung wie etwa bei Freud und Jung.[255] Die sexuelle Handlung wird letztlich durch das wiederholte Auftauchen der Dose im fünften Akt aufgedeckt, die »reale(n) Verfügungsgewalt des Mannes über den Frauenkörper« ist ein dem Motiv übergeordnetes zentrales Thema.[256]

Das bereits aus Klingers Drama bekannte Motiv des lesenden Frauenzimmers, das sich mit der in den Büchern exponierten Welt identifiziert, findet sich auch bei Wagner. Gröningseck wirft Evchen das Romanlesen

---

253 Zur Licht-Blickmetaphorik: M. Luserke, Körper – Sprache – Tod. Wagners »Kindermörderin« als kulturelles Deutungsmuster. In: E. Fischer-Lichte/Jörg Schönert (Hg.): Theater im Kulturwandel des 18: Jahrhunderts. Inszenierung und Wahrnehmung von Körper – Musik – Sprache, Göttingen 1999, S. 203-212.

254 I,16 ff.

255 Wie Anm. 253. Die Dose korrespondiert symbolisch mit dem »Verlieren« der Tochter als Person: In dem Moment, in dem die Dose gestohlen wird, verliert Evchen nicht nur ihre Unschuld, sondern ist letztlich als Kind für die Mutter verloren, denn dieser Augenblick wird sie am Schluß in den Tod führen. Korrespondenz besteht mit der Figur der Amalia von Fromhausen und dem Ring der Geschwister als Gegenstand, der den Inzest aufdeckt (vgl. Kap. IV. 1 dieser Arbeit).

256 Mit seiner Äußerung gegenüber Evchen legitimiert v. Gröningseck diese Verfügungsgewalt im Hinblick auf seinen Anspruch der Inbesitznahme durch den Akt der Vergewaltigung: »Von dem jetzigen Augenblick an bist du die Meinige.« (S. 17). Zur Verfügungsgewalt, die sich letztlich im Besitz des Fleisches des Frauenkörpers manifestiert, vgl. Kap. III. 6 dieser Arbeit, Anm. 316.

vor, an späterer Stelle wird das Motiv wiederaufgegriffen, wenn sie, in Melancholie versunken, Youngs ›Nachtgedanken‹ zu ihrer Lieblingslektüre macht (III,37).[257] Alle Motive werden auf wenigen Seiten der Handlung hinzugefügt und zeigen so ein komplexes Bild der maßgeblich durch sie konstituierten Figur, die darüber hinaus mit ihrem Ausruf »deine Tochter ist zur Hure gemacht« (I,17) das zeitgenössische gesellschaftliche Urteil im Hinblick auf den vorehelichen sexuellen Kontakt widerspiegelt.

Ab dem zweiten Akt wird die Handlung nicht linear, sondern mit einer erneuten Exposition fortgesetzt: Die Szenenanweisung entspricht nun mit einer Beschreibung des familialen Innenraumes der bürgerlichen Kleinfamilie einer standardisierten Eingangsszene. Martin Humbrecht als Patriarch der Familie betritt die Bühne bezeichnenderweise erst im zweiten Akt. Aus dem ersten Akt, in dem mit der Vergewaltigung die Ursache für Evchens tragisches Schicksal inszeniert wird, ist er gänzlich ausgeblendet. Die Schutzfunktion der patriarchalisch gesteuerten Familie versagt dann, wenn sie das schwächste ihrer Mitglieder stärken soll: Evchen, durch den strengen Vater vom gesellschaftlichen Treiben isoliert, ist im außerfamilialen Bereich ungeübt in bezug auf zwischenmenschliche Begegnungen und dadurch auf elterliches Führen angewiesen, welches ihr von der Mutter in falscher Weise, vom Vater gar nicht zuteil wird.[258] Es zeigt sich ein Mangel in der Erziehung, denn die nötige Sicherheit im gesellschaftlichen Umgang wird der Tochter nicht vermittelt[259] – ein Merkmal, welches die bürgerlichen Töchter als Repräsen-

---

257 E. Young, *The Complaint: or, Night-Thoughts on Life, Death and Immortality*, zuerst London 1742 (Das religiös-empfindsame Gedicht thematisierte Tod und Unsterblichkeit im Zusammenhang mit dem Weltschmerz-Sujet). Zur dominierenden Rolle der Literatur bei der Ausformung des Verkehrs der Innerlichkeiten im 18. Jahrhundert: A. Koschorke, *Körperströme und Schriftverkehr*, Mediologie im 18. Jahrhundert, S. 157 ff.

258 Diesbezüglich besteht eine Korrespondenz mit Emilia Galotti, die ebenso auf elterliches Führen angewiesen ist, das sie es nur von der Mutter auf falsche Weise erhält (vgl. Kap. III.3 dieser Arbeit).

259 Evchen hat ähnlich wie Emilia Galotti keine Wahl. Beide Mädchen sind aufgrund fehlenden gesellschaftlichen Umgangs nicht in der Lage, das Geschehen zu steuern. Emilia, die der Mutter zum Mißfallen Odoardos in das ›Freudenhaus‹ des Kanzlers folgte, bereut es, in der Kirche auf den Prinzen reagiert zu haben; für Evchen zeigt sich, daß es ein Fehler war, mit der verantwortungslosen Mutter zunächst auf den Ball und dann ins Wirtshaus zu gehen. Das Fehlverhalten der Mutter erinnert an die Aussage des Magisters aus Klingers Drama; dieser ist der Ansicht, Sußgens Mutter hätte ihre Tochter, wenn sie noch leben würde, nur schlecht beeinflußt (vgl. Kap. III.4 dieser Arbeit).

tantinnen der Unterlegenheit ihres sozialen Standes maßgeblich von ihren adligen Schwestern unterscheidet.

Die derbe Sprache Humbrechts gegenüber seiner Frau zu Beginn des zweiten Aktes und gegenüber Evchen im weiteren Handlungsverlauf offenbart die Komplexität eines familialen Gewaltverhältnisses, welches ein zusätzliches Problem für Evchen darstellt:[260] Weil die Mutter die Gewaltausbrüche des Ehemannes scheut, soll die Tochter sich beständig verstellen, damit der Vater keinen Anlaß findet, seine Wut an den Frauen auszulassen.[261] Die Mutter, dem Patriarchen ebenso bedingungslos unterstellt wie Evchen, will ihre eigene Haut retten:

[…] ich bitt dich um Gottswillen, häng mir den Kopf nicht so – wenn dein Vater wiederkommt […] – und sieht dich so niedergeschlagen, so geht der Tanz wieder von vorne an. […] Nicht wahr Evchen, du thust mirs zu lieb? wenn's dir auch nicht drum ist.[262]

Mit der Darstellung des emotionslosen Umgangs des Patriarchen mit seiner Tochter stellte Wagner den Mißbrauch elterlicher Gewalt zur Diskussion und rückte die Figur des Metzgermeisters in die Nähe des tugendstrengen Odoardo Galotti: »Humbrecht macht sich deswegen schuldig, weil durch seine Strenge und durch seinen Zorn der Tochter die familiale Stütze genommen wird, die sie vielleicht hätte retten können.«[263]

Über die Heldinnen des Sturm und Drang schreibt Roy Pascal: »Einige von ihnen, wie Evchen Humbrecht und Luise Miller, setzen die Linie der früheren Frauengestalten fort, indem sie wie diese pflichtbewußt sind und auf ihre Eltern hören.«[264] Gehorsam und Pflichtbewußtsein lassen Evchen in ihrer Passivität verharren. Auf die Sprache als einzig mögliches Mittel, das ihr zugefügte Verbrechen anzuprangern, greift sie nach Entdecken ihrer Schwangerschaft nicht zurück aus Scham und Angst vor elterlicher, das heißt väterlicher Gewalt. Wie er mit unzüchtigen Frauenzimmern verfährt, zeigt Humbrecht der Tochter am Beispiel seiner Un-

---

260 Sørensen merkt hier im Vergleich mit anderen Darstellungen der kleinbürgerlichen Familie die bei Wagner fehlende Sentimentalisierung der familialen Beziehungen an (ders., Herrschaft und Zärtlichkeit. Der Patriarchalismus und das Drama im 18. Jahrhundert, München 1984, S. 132).
261 Zum Begriff der Verstellungskunst vgl. Kap. I.1 dieser Arbeit.
262 Wie Anm. 234, S. 28 f.
263 Sørensen, wie Anm. 260, S. 141.
264 Pascal, wie Anm. 219, S. 83 f.

termieterin: Evchens Mutter muß ihr die Unterkunft kündigen, weil deren Tochter ein uneheliches Kind erwartet. »Die psychologisch und auch ideologisch zentrale familiale Beziehung ist auch in diesem Text die Beziehung zwischen Vater und Tochter«,[265] es ist somit für Evchen ein traumatisches Erlebnis, erkennen zu müssen, daß ihr Vater unter keinen Umständen sittliche Verfehlungen duldet. Der psychologische Druck auf sie wird vehement gesteigert, denn Humbrechts Äußerung bezüglich der Mieterin ist die demütigende Unterwerfungsszene zwischen Vater und Tochter vorausgegangen: Nachdem Evchen Humbrecht um Vergebung für fehlenden Gehorsam gebeten hat, reagiert dieser mit der brutalen Drohung, sie solle sich bedanken, daß er ihr nicht schon diesmal alle Rippen im Leib entzweigetreten habe. Vom Vater ausgehend wird so jegliche Kommunikation unmöglich für Evchen. Statt sich der Mutter als zweiter Bezugsperson mitzuteilen, verinnerlicht sie den Kummer, woraus ihre Melancholie resultiert.

Die Melancholie Evchens, zunächst über die literarische Anspielung auf Youngs *Nachtgedanken* im dritten Akt mit der Figur verbunden,[266] ist Ausdruck der psychischen Disposition des schwangeren Mädchens; diese führt letztlich dazu, daß der Kindermord ausgeführt wird.[267] Eine Äußerung Evchens macht ihr Handeln nachvollziehbar: »[...] ich wollte mir aus der Welt helfen, und hatte nicht Entschlossenheit genug selbst Hand an mich zu legen; jetzt mag's der – Henker thun! – Mein Kind ist todt, todt durch mich –« (VI,83).

Die Selbstmordhandlung ist in Verbindung mit dem Krankheitsbild der Melancholie zu sehen; der Kindermord stellt sich als kaschierter Selbstmord heraus, wodurch das komplexe psychopathologische Profil Evchens deutlich wird.[268] Auch Evchens gestörtes Eßverhalten, welches

---

265 Wie Anm. 263, S. 137

266 Wie Anm. 234, S. 37. Die Totenklage um seine Frau ist Thema der ›Nachtgedanken‹ des englischen Pfarrers Young, der die Schrift zwischen 1742 und 1745 verfaßte. Neben Anthony Shaftesbury bestimmte Edward Young die Genieästhetik des Sturm und Drang, die eine Neubewertung Shakespeares auslöste.

267 Zum psychosozialen Hintergrund und der Lebenssituation ungewollt schwangerer Frauen: E. Labouvie, Andere Umstände. Eine Kulturgeschichte der Geburt, Köln/Weimar/Wien 1998, S. 50-64. A. Wiese, Mütter, die töten. Psychoanalytische Erkenntnis und forensische Wahrheit, München, 2. Auflage 1996, S. 91, 109 f., 143.

268 Zur Melancholie als Ausdruck psychischer Störung: E. Stengel, Selbstmord und Selbstmordversuch, Frankfurt a.M. 1969, S. 47: »Melancholie oder endogene Depression ist die psychische Störung mit dem höchsten Selbstmordrisiko. Ihr

Frau Marthan ihr vorwirft (VI/72), ist Ausdruck dieses Profils; Zusammenhänge erkannte bereits Robert Burton in seiner 1621 erstmals publizierten *Anatomy of Melancholy*.[269]

Das Drama liefert hier ein Gesellschaftsbild in der krassesten Form: Anormale Persönlichkeit wird als Folge gesellschaftlichen Zwangs interpretiert. Das Bild der weiblichen Haupfigur ist entsprechend konzipiert, was seine Wirkungskraft letztlich ausmacht. Gerade weil die Figurenzeichnung Wagners nicht in klischeehaften Ansätzen verbleibt, wird die Tragik von Evchens Schicksal deutlich erkennbar. Sozialhistorische Untersuchungen liefern allerdings Daten, die im Vergleich mit der Figur des Evchen nur teilweise eine realistische Figurenzeichnung belegen.[270] Prototypische Eigenschaften einer Kindermörderin weist die unverheiratete Tochter Humbrechts nur dahingehend auf, daß sie ihre Schwangerschaft verschweigt.[271] Weder das Alter (18 Jahre, I,11) noch der Stand, der ge-

---

Hauptsymptom ist eine schwere Depression mit tiefem Pessimismus, das Gefühl der Sinnlosigkeit und Wertlosigkeit und die Neigung zu übersteigerten Schuldgefühlen und Selbstvorwürfen.« Mitverursachende Begleiterscheinungen sind Schlaflosigkeit und Furcht, die Selbstkontrolle zu verlieren (ebda., S. 48). Zur literar. Abbildung des Selbstmordes auch: G. Signori (Hg.), Trauer, Verzweiflung und Anfechtung. Selbstmord und Selbstmordversuche in mittelalterlichen und frühneuzeitlichen Gesellschaften, Tübingen 1994; Zur Melancholie als literar. Motiv: G. Mattenklott, Melancholie in der Dramatik des Sturm und Drang, Stuttgart 1965. Wächtershäuser betont, daß es kein Einzelfall war, daß Frauen ihre Kinder töteten, um selbst hingerichtet zu werden (wie Anm. 213, S. 125).

269 R. Burton, The Anatomy of Melancholy edited by Lawrence Babb, Michigan State 1965, S. 309 ff. (›Cure of Love Melancholy by Labor, Diet, Physic, Fasting etc.‹).

270 R. v. Dülmen hierzu: »Man sollte annehmen, und dies legt uns die literarische Auseinandersetzung im späten 18. Jahrhundert auch nahe, dass der Kindsmord alle sozialen Schichten gleicherweise betraf; da immer wieder auch die Angst vor Verlust der Ehre als Hauptmotiv genannt wird, erwartet man, daß auch Frauen der gehobenen Schichtet wegen Kindsmordes vor Gericht standen. Aber wenn wir uns die Quellen näher ansehen, dann fällt auf, daß vorrangig Dienstmägde und Bauernmägde des Kindsmordes angeklagt wurden, d.h. Frauen, die wir weitgehend zur Unterschicht zählen und die also eigentlich eine Ehre im ständischen Sinne nicht zu verlieren hatten« (ders., Frauen vor Gericht. Kindsmord in der frühen Neuzeit, Frankfurt a.M. 1991, S. 76).

271 Wächtershäuser, wie Anm. 213: S. 109 (Verheimlichung der Schwangerschaft); S. 122 f.: Die Auswertung von Akten aus dem preußischen Bereich (1774-1801) ergab als häufigstes Alter: 20-25 J., deutlich weniger: bis 20 J.; von 57 Täterinnen waren 53 unverheiratet, von 57 waren 37 Dienst- oder Bauernmägde. Zum Vergleich: Goethes Gretchen ist vierzehn Jahre alt (*Faust. Frühe Fassungt*, V. 479, Szene *Strase*).

wöhnlich gleich dem des Kindsvaters war,[272] entsprechen einem realitäts-getreuen Abbild. Auch das Benutzen eines Mordinstrumentes deutet auf ein im Zuge der Literarisierung der Kindsmordproblematik geformtes Figurenkonstrukt; die Säuglinge wurden gewöhnlich mit den bloßen Händen, dem Körper oder der Wäsche der Gebärenden getötet.[273] Wagners Drama weist hier eine Motivparallele zu Bürgers *Des Pfarrers Tochter von Taubenhain* (1781) auf; beide Kinder werden mit Hilfe einer Nadel erstochen. Motiviert sein mag diese Darstellung durch die Intention, die Tat durch die Nadel symbolisch als eine ausgesprochen ›weibliche Tat‹ auszuweisen. Lessings Emilia Galotti plant, ihre »Haarnadel zum Dolche« zu machen, was ausdrücklich die von ihr beabsichtigte weibliche Aktion im Hinblick auf ihren nahenden Tod konnotieren soll.[274]

Darüber hinaus verweist die Komponente der Kindstötung durch die Haarnadel auf das bei der Thematisierung und Darstellung von Kindsmord stark frequentierte Bezugsfeld des Volksglaubens: Eine Verbindung zwischen der Haarnadel und Evchens Unfähigkeit, ihr Kind stillen zu können, zeigt sich über einen bereits für das 15. Jahrhundert nachweisbaren Segen zur Schmerzstillung. Dieser »vergleicht die Nadel mit der Muttermilch Mariens: so wie diese schmerzlos durch den Mund des Jesusknaben floß, so soll auch die Nadel des Chirurgen schmerzlos die Wange durchbohren«.[275] Deutet man die Tat mythologisch, so will Evchen dem Säugling keinen Schmerz zufügen, geschweige denn ihn töten. Sie hat im Moment des Tötens die Vision, dem Kind die Muttermilch, die sie ihm vorenthalten hat, durch den Stich mit der Nadel ersetzen zu können.[276]

Auch in Bürgers politischer Ballade haben weder die gezeigte Familienstruktur noch die die Tat begleitenden Umstände einen Realitätsbe-

---

272 Ebda., S. 123.

273 M. Neumann, Findelkinder, Waisenhäuser, Kindsmord. Unversorgte Kinder in der frühneuzeitlichen Gesellschaft, München 199, S. 126-134, hier S. 133 f. (Für einen Zeitraum von nahezu hundert Jahren weist die Studie nur drei mit Hilfe von Werkzeugen verübte Morde nach).

274 Vgl. Kap. III.3 dieser Arbeit.

275 Vgl. V. Holzmann, »*Ich beswer dich wurm vnd wyrmin* ...«. Formen und Typen altdeutscher Zaubersprüche und Segen, Bern 2001, S. 122, 248.

276 Dies kann vor dem Hintergrund einer kulturgeschichtlichen Bezugnahme auf die besonderen Lebensumstände, die aus Schwangerschaft und Geburt resultierten, gelesen werden »als Ergebnis der psychischen Verarbeitung von Erfahrungen der sozialen Vereinsamung«, die dann im Zusammenhang mit einem möglicherweise bestehenden Geburtstrauma die Kindstötung motivierten (Labouvie, wie Anm. 267, S. 60). Zur Bedeutung des Stillens: E. Badinter, Die Mutterliebe. Geschichte eines Gefühls vom 17. Jahrhundert bis heute, München 1981, S. 160 ff.

zug, sondern sind literarische Konstrukte. Sie erhöhen die dramatische Wirkung, wie sich auch an der Darstellung derselben Problematik in Goethes *Faust. Frühe Fassung* zeigt.[277] Wagner allerdings setzte wirkungserhöhende Elemente in so übersteigerter Weise ein, daß der Text jegliche Akzeptanz beim Publikum verlor:»Wegen seiner Inkommensurabilität stand das Werk von Anfang an unter einem Unstern [...] Das einen Kriminalfall aufgreifende Werk wurde selbst zu einem solchen.«[278] Als Folge der aggressiven Reaktion des Publikums, welches neben dem auf der Bühne gezeigten Kindermord vor allem den ersten Akt kritisierte, entstand 1777 eine Neubearbeitung Wagners. Der erste Akt wurde ersatzlos gestrichen, das Drama mit einem ›happy end‹ und einem neuen Titel versehen:»Evchen Humbrecht oder ihr Mütter merkts euch!«.[279] Vor allem am Titel zeigt sich, inwiefern die Änderungen eine Konzession an das zeitgenössische Publikum waren. Der Name der Protagonistin erscheint nun in neutralisierter Form, die Straftat als Stigma bleibt unerwähnt. Der Patriarch als Hauptmitschuldiger am Desaster ist aus dem Titel ausgeblendet, der nun die Mütter als Zielgruppe und Verantwortliche für das Fehlverhalten der Töchter anspricht.

Bereits Zeitgenossen wie Johann Joachim Escheburg bemängelten: »[...] das Weggelassene ist nicht allemal das Schlechtere, und noch seltener das, was dafür in die Stelle gesetzt ist, das Bessere.«[280] Der Umarbeitung fiel somit letztlich das zum Opfer, was das Drama ausmachte: seine Wirkungskraft, durch die der Gesellschaft in schonungsloser Weise ein Spiegel vorgehalten wurde.

277 Vgl. Kapitel III.6 dieser Arbeit. An dieser Stelle sei in bezug auf realitätsferne Darstellung, als Beispiel aus dem Goethe-Text, noch einmal das altersbezogene Detail aus Gretchens Figurenbild erwähnt: Während das Alter von Susanna Margaretha Brandt als Vorbild für Gretchen mit 25 Jahren angegeben wird, ist Goethes Protagonistin gerade 14 Jahre alt (vgl. Birkner, wie Anm. 215, S. 13).

278 J. Werner: Literarische als gesellschaftliche Form. H.L. Wagner. ›Die Kindermörderin‹. Ein Trauerspiel. Eine Interpretation, Freiburg 1976, S. 4 f.

279 Zur neuen Fassung des Stücks vgl.: Sturm und Drang. Dichtungen und theoretische Texte in zwei Bänden, Darmstadt 1971; darin: Nachwort v. H. Nicolai, hier S. 1898 f. (Bd. II).

280 Zitiert nach: Anhang zu dem 25.-36. Bande der *Allgemeinen deutschen Bibliothek*. Berlin u. Stettin: F. Nicolai 1780. 2. Abt., S. 764 ff.; in: Fechner (Hg.), wie Anm. 234, S. 149.

III.6. Zwischen Triebstruktur und Schuld: Dunkelheit als weibliches Attribut in Johann Wolfgang Goethes *Faust. Frühe Fassung*

»My mother had a maid call'd Barbara.
She was in love, and he she lov'd prov'd mad
And did forsake her; she had a song of ›willow‹;
An old thing ›twas, but it expressed her fortune,
And she died singing it; that song to-night
Will not go from my mind; [...]«

(W. Shakespeare, Othello, 1604)

I

Margarethe »verirrt«,[281] stellt Faust fest, als er sie am Ende der Tragödie mit der Hilfe von Mephistopheles aus dem Kerker befreien will. Der Versuch schlägt fehl, denn sie vermag den Kerker »Ums Leben nicht«[282] mit ihm zu verlassen. »Sie ist eine, die im Dunkel den Weg verloren hat«,[283] schreibt Heinz Politzer über sie. Die Sphäre der Dunkelheit ist ein die Figur dominierendes Motiv, welches ab Gretchens erstem Auftritt mit der Handlung verbunden ist: Als Faust sie trifft, dürfte es, so ist es aus dem Handlungsverlauf der vorhergehenden Szenen zu schließen, mitten in der Nacht sein.[284]

Durch die so bestimmbare Zeit wird die Polysemie der literarischen Aussage aktiviert;[285] mit Blick auf zeitgenössische geschlechtsspezifische

---

281 J. W. Goethe, *Faust. Frühe Fassung*, Kerkerszene (V. 25); hier und im folgenden Text zitiert nach: Goethe, Die Faustdichtungen; Bd. 5 der Gedenkausgabe der Werke, Briefe und Gespräche, hg. v. E. Beutler, Zürich/Stuttgart, 2. Auflage 1962, S. 9–65.

282 Ebda., V. 83.

283 H. Politzer, Das Schweigen der Sirenen. Studien zur deutschen und österreichischen Literatur, Stuttgart 1968, S. 334.

284 *Strase*, V. 457 ff. Die motivische Verbindung Dunkelheit/Weiblichkeit besteht immer wieder an verschiedenen Stellen bis hin zum letzten Auftritt im Kerker: Hier erzählt Gretchen ihre Vision von der Ermordung des Kindes, die sie alptraumhaft im Kerker einholt. Das Kind wurde von ihr in einem Teich im Wald (= Sinnbild für Dunkelheit) ertränkt.

285 Zur mehrdeutigen Lesbarkeit des Textes: U. Gaier, Goethes Faust-Dichtungen. Ein Kommentar. Urfaust; Stuttgart 1989, S. 8 ff.

Verhaltensnormen stellt sich hier die Frage nach der Motivation, die das Mädchen zu dieser Stunde auf die Straße führt: Woher kommt das bürgerliche Gretchen, das die durch den Volksglauben tradierten Gesetze kennen muß? Nachts, zur ›Geister- und Teufelsstunde‹, hatte man im Haus zu bleiben, um sich vor Unheil zu schützen.[286] »Sie kam von ihren Pfaffen / Der sprach sie aller Sünden frey«, erklärt Mephistopheles Faust, ohne daß dieser ihm zuvor eine entsprechende Frage gestellt hat (V. 473 f.). Es scheint, als wolle sich Mephistopheles mit der Aussage jeder weiteren Frage Fausts entziehen. Dennoch bleibt die Vorstellung, Gretchen sei zur nächtlichen Beichte beim Pfarrer gewesen, unrealistisch. Die Nacht belegt den Charakter Gretchens mit Ambivalenz,[287] was im Zusammenhang mit der im Text abgebildeten Kindsmordproblematik gesehen werden kann.[288]

Daß in Goethes *Faust I* Gestalten wie Ariel, Lilith und nicht zuletzt der schwarze Pudel mit Signalwirkung im Text stehen, unterstreicht die Verbindung zu Bezugsfeldern aus Magie und Aberglauben, die auch für die Analyse der Gretchenfigur im frühen *Faust* relevant ist. Ein Zusammenhang zwischen beiden Texten läßt sich bedingt herstellen, weil Goethe die frühe Fassung zu großen Teilen in den *Faust I* übernommen hat.[289] Man

---

286 In bezug auf Magie, Satans- und Hexenkult heißt es in der Arbeit von R. v. Dülmen im Kapitel über Volksmagie und religiöses Leben: »Ein Grundwissen, das quasi als Vorsorge- und Schutzmaßnahme diente, bekam offenbar jeder Mensch in seiner Erziehung mitgeliefert« (ders., Kultur und Alltag in der frühen Neuzeit; 3. Bd.:, München 1994, S. 82 f.). »Lücken […], die nicht mit beabsichtigter Bruchstückhaftigkeit erklärt werden können«, weist auch die Figurenkonzeption des Faust auf: »Wieso verläßt der Faust der Nacht-Szene seinen Wirkungsbereich und begibt sich in Auerbachs Keller und später zu Margarete?« fragt U. Gaier (ders. (Hg.), J.W. Goethe. Faust-Dichtungen, 3 Bde., Stuttgart 1999, Bd. 3, S. 59).

287 Da es um Erziehungsfragen geht, gilt dies auch für Gretchens Mutter, die letztlich für das Handeln der Tochter verantwortlich ist. Zum Motiv der Dunkelheit vgl. Anm. 357.

288 Der Zusammenhang ergibt sich aus dem durch Quellen belegbaren Umstand, daß die Ursache für den Kindsmord oft mit der »Satanshörigkeit« der Täterin begründet wurde. Die Kindsmörderin, so meinte man, träfe abends oder nachts auf den Satan und bekäme von ihm den Befehl, ihr Kind zu töten. (Vgl. Birkner, Leben und Sterben der Kindsmörderin Susanna Margaretha Brandt. Nach den Prozeßakten der Kaiserlichen Freien Reichsstadt Frankfurt am Main, den sogenannten ›Criminalia 1771‹, dargestellt, Frankfurt a.M. 1973, S. 54,57 ff.)

289 Vgl. Gaier, wie Anm. 285, S. 14: »Der *Urfaust* wird dem *Faust I* textlich mit wenigen Veränderungen integriert«; Gaier warnt an gleicher Stelle davor, »im Konzeptionellen die Selbständigkeit der *Urfaust*-Stufe zu vernachlässigen«.

kann davon ausgehen, daß zwischen den Gretchen-Figuren beider Texte konzeptionelle Parallelen bestehen. Es gibt zwar Vorbehalte, die darauf verweisen, daß man »zwischen den Konzeptionsstufen und Arbeitsphasen ebenso mit Kontinuität wie mit Veränderung rechnen« muß, jedoch existiert die Diskussion darüber, inwiefern die unterschiedlichen Teile des *Faust* zusammenhängen und ob »es eine einzige Idee gibt, die Goethe über sechzig Jahre hinweg verfolgt hat«, schon »seit dem Erscheinen des *Faust II*«.[290]

Die durch Bezugsfelder aus den Bereichen ›Magie‹ und ›Aberglauben‹ deutlich werdende Ambivalenz in Gretchens Charakter reiht sich ein in die »vielen Brüche, Diskontinuitäten und Widersprüche in den Figuren und im Text«, auf die Gaier bereits in seinem ersten Kommentar zum Text hinwies, und zwar mit der Lektüreempfehlung, die »Widersprüche weder zu leugnen noch zu verkleistern, noch auf Goethes homerische Schläfrigkeit zurückzuführen, sondern als intendiert anzunehmen und nach ihrer Plausibilität, Systematik und Sinnhaftigkeit zu befragen«.[291]

Daß die Komposition der Gretchenfigur auf Brüchen, wie sie beispielsweise zwischen Verhalten und Aussehen bestehen, beruht, zeigt sich in der First-Contact-Szene zwischen Faust und Gretchen. Fausts Eindrücke, die ihn in den Bann des Mädchens ziehen, sind visueller und akkustischer Art, wobei der Gegensatz den Reiz ausmacht. Er bezeichnet sie als »herrlich schönes Kind« (V. 462); daß sie sich »schnippisch« (V. 464) und »kurz angebunden« (V. 469) artikuliert, hat sich in sein »Herz geprägt« (V. 468). Der von Mephisto beeinflußte Faust hat die handlungsauslösende Rolle inne und lenkt Margarethes Weg, auch wenn sie sich hier noch aus seinem Zugriff lösen kann.[292]

II

Das soziale Umfeld, in welchem Goethes Protagonistin gezeigt wird, verweist mit der reduzierten Familienstruktur auf ein typisches Merkmal zeitgenössischer Trauerspieltexte, in denen Tochterfiguren im Hand-

290 Gaier, wie Anm. 286, Bd. 3, S. 57 f. Unterschiede im Hinblick auf die Gretchen-figur in Verbindung mit der Faustfigur: Während Gretchen von Faust im frühen Text noch »um ihrer selbst willen spontan geliebt wird«, ist sie in *Faust I* »ein Programmpunkt im Erlebnisplan Fausts und ein austauschbares Objekt seiner »Jugendtriebe« geworden« (Bd. 2, S. 320).

291 Wie Anm. 285, S. 9 f.

292 Vgl. Szenenanweisung nach V. 460: »*sie macht sich los und ab.*«

lungszentrum stehen.[293] Der Lebensumstand ist Indikator dafür, daß die Figur im Hinblick auf ihre psychische Disposition keine Persönlichkeitsfixierung innerhalb der Normalität einer festgefügten familialen und somit patriarchalen Struktur aufweist.[294] Margarethe lebt in einem Haushalt mit ihrer Mutter und hat einen Bruder, der Soldat ist. Eine Schwester, die Margarethe anstelle der Mutter aufzog, verstarb noch im Kindesalter.[295] Vom verstorbenen Vater (V. 979) bleibt Mutter und Tochter ein »hübsch Vermögen / Ein Häusgen und ein Gärtgen vor der Stadt« (V. 969 f.), so daß die Frauen ein finanziell abgesichertes Dasein in der »Behausung relativ wohlhabender Bürgersleute«[296] führen können. Es wird an keiner Stelle des Dramas erwähnt, daß Gretchen einer Lohnarbeit außerhalb des Hauses nachgehen muß.[297]

Das gerade vierzehn Jahre alte Mädchen (V. 479)[298] hat keine Bildung genossen und sich vormals als Erzieherin der Schwester ganz in den

293 Nach Roy Pascal ist der funktionale Unterschied zu aufklärerischen Dramen im Hinblick auf die Sturm-und-Drang-Werke Goethes zu beachten: Hier »spielen die für die Aufklärung so typischen Ideale der Tugend und des Gehorsams keine Rolle mehr. Bezeichnenderweise stehen die Beziehungen Gretchens, Lottes oder Klärchens zu ihren Eltern weder im Vordergrund, noch sind sie irgendwie entscheidend.« (in: ders., Der Sturm und Drang, Stuttgart 1963, S. 85). Gretchen sieht sich nicht wie Sara, Evchen oder Louise patriarchalischen Zwängen ausgesetzt, ihr Bruder Valentin als patriarchalischer Stellvertreter spielt mit einem kurzen Auftritt nur eine untergeordnete Rolle im Drama (Szene *Nacht. Vor Gretgens Haus*). Vgl. zur Familienstruktur in Goethes Dramen: Ruth Klüger, Goethes fehlende Väter, in: dies., Frauen lesen anders, München, 3. Auflage 1997, S. 105-128.

294 Die reduzierte Familienstruktur bewirkt, daß das Rollenbild der Tochter mit anderen traditionellen Frauenrollen innerhalb der Familie, mit der Rolle der Mutter und/oder der der Ehefrau, vermischt wird.

295 Zur familialen Struktur vgl. V. 965-978.

296 Gaier, wie Anm. 285, S. 204.

297 Im Unterschied zu Goethes vermeintlichem Vorbild, zur Kindsmörderin Susanna Margaretha Brandt. Diese war Vollwaise, stammte aus armen Verhältnissen und lebte »im drittklassigen Gasthaus zum Einhorn« als Magd (vgl. Birkner, wie Anm. 288, S. 13).

298 Zur Bedeutung der Altersbezeichnung, die im zeitgenössischen Rechtsdiskurs mit dem Rechtsbegriff ›Kind‹ zusammenhing, vgl. F. Schmidt-Möbus/F. Möbus, Who is who in Goethes Faust? Kleines Lexikon der Personen und mythologischen Gestalten in Goethes *Faust* I und II, Leipzig 1999, S. 86; sowie: Deutsches Rechtswörterbuch, Wörterbuch der älteren deutschen Rechtssprache, Siebenter Band, Weimar 1974-1983, Sp. 808-815, hier 810, Bezugnahme auf Preuß. ALR (1794), I, 1 § 25:»Wenn von den rechten der menschen in beziehung auf ihr alter die rede ist, so heißen kinder diejenigen, welche das siebente, und unmündige,

Dienst der Familie gestellt. Hinweise auf die Beeinflussung des Mädchens durch Lektüre (wie beispielsweise bei der ihr nahestehenden Figur des Evchen Humbrecht aus dem Drama Wagners) finden sich nicht. Das Motiv des ›Buches im Buche‹, im Sturm und Drang besonders beliebt »bei der Ausformung des Verkehrs der Innerlichkeiten«,[299] fehlt; dennoch ist das Schicksal dieser »Figur der jugendlichen Kindsmörderin [...] deutlich in der Gedankenwelt des Sturm und Drang verwurzelt«.[300]

Die Religion ist Gretchens Lebens-Leitfaden. Die Jungfrau, ein »gar unschuldig Ding / Das eben für nichts zur Beichte ging« (V. 476 f.), entwickelt ihr Denken und Handeln aus dieser sie dominierenden Instanz heraus. Sie ist sich durchaus der Verbote bewußt, die die Religion ihr auferlegt. Das Motiv des erotischen Begehrens, in der Rede Fausts beim ersten Treffen auf der Straße anklingend,[301] findet bei ihr seinen Ausdruck im Irrealis:»Mein Schoos! Gott! drängt / Sich nach ihm hin / Ach dürft ich fassen / Und halten ihn [...]« (V. 1098 ff.). Dem Drang, ihre Körperlichkeit zu erfahren, und ihrem Wunsch, Faust zu be-greifen, steht das dafür notwendige Überschreiten gesellschaftlicher und religiöser Normen gegenüber, das Gretchen zunächst zögern läßt. Daß sie zum Zeitpunkt ihrer Liebeserklärung gegenüber Faust im»Gartenhäusgen«[302] bereits den Kampf gegen das eigene Triebverlangen verloren hat, zeigt sich in doppelter Hinsicht: An der Aufspaltung der Frauenrolle in *Margrete* einerseits und *Gretgen* andererseits, die mit der Szene in Gretgens Stube einsetzt,[303]

welche das vierzehnte jahr noch nicht zurückgelegt haben.« Gretchen meint jedoch entgegen der Rechtsauffassung, sie sei noch ein Kind (*Ein Gartenhäusgen*, V. 1064). Auch Faust bezeichnet sie so (*Strase*, V. 461).

299 Koschorke, Körperströme und Schriftverkehr. Mediologie des 18. Jahrhunderts, S. 157.

300 So die Bewertung Doerings; das Streben nach persönlicher Autonomie als Ausdruck erwachenden Individualitätsbewußtseins mißachtet jedoch »die grundsätzliche Angewiesenheit des Einzelnen auf Gott (dies., Die Schwestern des Doktor Faust. Eine Geschichte der weiblichen Faustgestalten, Göttingen 2001, S. 16).

301 V. 461 ff.

302 V. 1055:»Bester Mann schon lange lieb ich dich.«

303 Zur Spaltung der Frauenrolle, wobei ›Gretchen‹ nach Gaier im Gegensatz zu ›Margarete‹ mit sexueller Konnotation belegt ist, vgl.: U. Gaier: Magie: Goethes Analyse moderner Verhaltensformen im ›Faust‹; Konstanz 1999. Die Einschätzung, die Bezeichnung ›Gretchen‹ sei eingesetzt zur Betonung des Kindlichen in der Figur und »verniedlichend« zu verstehen, ist vor dem Hintergrund von Gaiers These zu überdenken (Vgl. Schmidt-Möbus/Möbus, wie Anm. 298, S. 86: »Margarete [...] wird deshalb auch vielfach verniedlichend als »Gretchen« bezeichnet [...]«).

sowie an der Vorformulierung ihres Schicksals, wenn sie »*allein am Spinn rocken*« ihre verlorene Ruhe beklagt (V. 1066)[304] und sich ihr Verlangen mit einer Vorsehung verbindet: »Und küssen ihn / So wie ich wollt / An seinen Küssen / Vergehen sollt« (V. 1102-1105).

Die Subordination religiös geprägten Normverhaltens unter eigene, sexuell motivierte Bedürfnisse weckt große Zweifel in Gretchen. In Marthes Garten möchte sie sich im Dialog mit Faust Klarheit über die Determiniertheit im Bezugsfeld ›Faust – Gott – Margarethe‹ verschaffen und muß erkennen, wie fern Faust ihrer Welt ist: »Denn Du hast kein Christentum«, wirft sie ihm vor (V. 1160). Das triadische Verhältnis, in das Gretchen sich, Faust und Gott, an den »man glauben muß« (V. 1113), stellt, erinnert an die emotionalen Verstrickungen Louise Millerins aus Schillers *Kabale und Liebe*, deren Identität sich im Abhängigkeitsverhältnis zu Gott und Ferdinand aufzulösen scheint.[305]

Aus dem Gespräch mit Faust resultiert Gretchens Gewißheit am Ende der Szene: Die Richtung, die sie von Fausts Willen getrieben eingeschlagen hat,[306] ist falsch. Illusionslos beschreibt sie den Zwang, dem sie unterliegt: Mephistopheles' Gegenwart hat sie »übermannt«, sagt sie (V. 1187), ohne des Teufels wahre Identität zu erkennen.[307]

Der Grund für Gretchens normüberschreitendes Verhalten mag – wie die schon eingangs zitierte Formulierung Fausts nahelegt – in einer ›Verirrung‹, genauer: einem ›Sich Verstricken‹ oder ›Sich Verlieren‹ in Wunschbildern liegen, die keinesfalls der Realität entsprechen. Diese Wunschbilder werden von Faust auf Gretchen projiziert,[308] woraus letztlich resultiert, daß sich ihr Blick auf sie selbst verzerrt und sie ihre Identität verliert.

304 Zum Motiv der verlorenen Ruhe vgl. Kap. IV.2 dieser Arbeit.

305 Mit dem Unterschied, daß Gretchen die Figuren Gott und Faust noch sicher zu trennen vermag, was Louise nicht konsequent durchspielt.

306 Vgl. V. 1210.

307 Gretchens Aussage ist aufgrund der prägnanten Formulierung als ein erster Verweis auf ihren herannahenden Tod zu lesen; der Begriff »übermannen« wird in der *Geschichte des Todes* von Ariès mit der mittelalterlichen, u.a. im Rolandslied verschriftlichten Todesvorstellung in Verbindung gebracht: Die vom Tode bedrohte Person fühlt ihren Tod im Vorfeld und bringt diese Empfindung sprachlich zum Ausdruck (ders., Geschichte des Todes, München, 9. Auflage 1999, S. 14).

308 Hierzu formuliert Gaier: »Faust sieht sie nie wie sie ist, sondern über- und unterfordert sie ständig, und sie versucht, beide Projektionen nachzuleben« (wie Anm. 303, S. 17).

Die »psychische Projektion«,[309] die Faust an Gretchen vornimmt, läßt sich an Details nachvollziehen, die auf den von Gretchen empfundenen Mangel an sozialer Anerkennung hinweisen. Als Faust sie beim ersten Treffen wie eine Adelige anredet, weist sie dies mit schroffen Worten zurück: »Bin weder Fräulein weder schön / Kann ohngeleit nach hause gehn« (V. 461 f.). In diesem Zusammenhang hat auch der Motivkreis des Goldes und des Schmuckes in seiner diskursiven Ausprägung einen besonderen Stellenwert in Gretchens Rede. Die Szene, die am Abend in ihrem kleinen Zimmer spielt und das Mädchen in privater Abgeschiedenheit beim Aufbinden der Zöpfe zeigt,[310] spiegelt ihre Gedanken: Die Einstellung Gretchens zu Wertgegenständen, die nicht in ›ihre‹ Welt gehören,[311] ist eine negativ-resignierende, auch wenn der Schmuck ihr verlockend erscheint:

Wie sollte mir die Kette stehn?
Wem mag die Herrlichkeit gehören?
[...]
Nach Golde drängt
Am Golde hängt
Doch alles! Ach wir Armen. (V. 646 f., 654 ff.)

Durch die Verwendung des Personalpronomens wird deutlich, daß Gretchen sich, als ›Arme‹ im doppelten Sinn, nicht zum Kreis derer zugehörig fühlt, die solchen Schmuck tragen bzw. besitzen.[312] Mit ihrer Sichtweise setzt sie ihre Schönheit nicht absolut, sondern in Relation zum fehlenden

309 Ebda., S. 40.
310 Ab V. 530. Das Aufbinden der Zöpfe dokumentierte die Zugehörigkeit zum Kreis der Erwachsenen; Mädchen hatten die Zöpfe offen zu tragen.
311 Birkner weist in seinen Erläuterungen zum Text (wie Anm. 288) ausdrücklich auf die strengen Vorschriften der Kleiderordnung hin, die damals in Frankfurt galten (letzte Kleiderordnung in Frankfurt: 1731 erlassen, S. 133). Diese dienten vor allem dem obersten Stand dazu, sich von der übrigen Gesellschaft abzugrenzen. Die Kleiderordnung, die Goethe mit Sicherheit kannte, bezog sich »auch auf Kopfbedeckungen, Fußbekleidung, Schmucksachen und Kleinodien« (S. 76, 132); so dürfte es Gretchen nur bedingt erlaubt gewesen sein, eine goldene Kette zu tragen. Verstöße gegen die Kleiderordnung wurden mit hohen Geldstrafen geahndet (vgl. S. 132). Vgl. V. 739 f., *Nachbarinn Haus.*
Hierzu auch Gaier, wie Anm. 285, S. 388.
312 Das Mädchen Gretchen, von dem Goethe in *Dichtung und Wahrheit* (I/5.) erzählt und das als Vorbild für Gretchen gilt, bezeichnet sich selbst ebenfalls als arm: »so ein armes Mädchen, als ich bin«, heißt es dort. Das Mädchen ist in seiner Physiognomie, seiner Gestik, seiner Rede und seinen Handlungen recht genau beschrie-

Reichtum. Die Selbstreflexion vollzieht sich indes allein in der Abgeschiedenheit ihrer Kammer; in männlicher Gesellschaft wird Gretchens Blick zusehends durch Schmeicheleien getrübt. Zunächst ist es Mephistopheles, der ihr Komplimente macht, um den Nährboden für Fausts Verführungskünste zu schaffen. Beim Gespräch in der *Nachbarinn Haus* lobt er, es sei nicht der Schmuck allein, sondern auch das Wesen und der scharfe Blick, der sie wie ein »Freulein« erscheinen lasse (V. 751 ff.,764 f.). Daß Gretchen den Verführungskünsten erliegt, wird hier mittelbar über das Motiv des Goldes transportiert, denn sie behält den Schmuck, wohl wissend, daß dieser ihr aufgrund ihres Standes nicht zusteht.[313] Faust lenkt ihren Blick weg von den Gütern, die sie vermißt, und stellt im Dialog mit Gretchen in Marthes Garten »Demuth« und »Niedrigkeit« als »die höchsten Gaben« in den Vordergrund (V. 956). In seiner Rede benutzt er mehrfach den Begriff ›Engel‹, und zwar nicht, so Gaier, im Sinne eines billigen Komplimentes; Faust steht unter dem Eindruck dieses Wunschbildes und sieht Gretchens Zimmer als »Heiligtum« und »Himmelreich«.[314] Der Begriff des Engels ist Teil einer zielgerichteten Liebessemantik, mit der das komplexe Bild vom weiblichen Ideal substituiert wird. Darüber hinaus wird der Figur hierdurch eine Transparenz und Weltentrücktheit vor dem dialektischen Hintergrund verliehen, hiermit den außerordentlichen Status *dieser bestimmten* Frau in der Vorstellungswelt des männlichen Protagonisten zu fixieren und die Todesaffinität als Folie im Figurenbild zu hinterlegen. Faust bezeichnet Gretchen einerseits

---

ben und ähnelt der Figur im *Faust* (vgl.: Goethes Werke, Gedenkausgabe, hg. v. E. Beutler, Bd. 10, Zürich/Stuttgart 1949, S. 188). Vgl. hierzu auch: N. Boyle: Goethe. der Dichter in seiner Zeit, Bd. I, München 1995, S. 77 f.

313 Borchmeyer spricht im Zusammenhang mit der Gold-Thematik im *Faust* von »Luxus«, der »das Vorzeichen sträflichen Leichtsinns erhält«; ders., Goethe der Zeitbürger, München/Wien 1999, S. 346; Politzer hierzu: »Es ist sozial und psychologisch folgerichtig, dass sich bei diesem Bürgermädchen die Vorstellung von Adel mit der von Reichtum vermengt« (wie Anm. 283, S. 318).

314 Gaier, wie Anm. 303, S. 14 f.; Gaier bringt die Begriffe in Verbindung mit der historische Figur der hl. Margareta von Antiochia (vgl. ebda., S. 15; die Patronin der Schwangeren sieht er als ein weiteres mögliches Vorbild für die Gretchen-Figur); Margareta, so die Sage, kämpfte im Kerker gegen den Teufel in Drachengestalt und wurde auf Veranlassung Diokletians um 305 hingerichtet; als zweites Vorbild nennt er Margareta von Cortona, die von ihrem adeligen Herrn geschwängert und verlassen wurde (ebda., S. 15). Zur hl. Margareta vgl. Brednich (Hg.), Enzyklopädie des Märchens, Bd. 9, Berlin/New York 1999, S. 312-318, sowie Beitl (Hg.), Wörterbuch der deutschen Volkskunde, Stuttgart, 2. Auflage 1955, S. 499 f.

als Dirne (V. 471), fordert Mephistopheles jedoch andererseits auf, ihm »etwas vom Engelsschatz« zu beschaffen (V. 511). Ein Halstuch oder Strumpfband von ihr soll ihm als Fetisch dienen, denn er hat »Apetit« auf sie (V. 505).[315] Die Formulierung verweist auf den »Aspekt des männlichen Fleischhungers [...], der sich in der symbolischen Einverleibung der Frau stillt«.[316]

Fausts Projektion des Wunschbildes auf Gretchen gelingt nicht zuletzt deshalb, weil sein Bild des Engels, unter dem Blickwinkel psychologischer Gesprächsführung betrachtet, Gretchens religionsgebundenes emotionales Bezugsfeld öffnet. Das Engelsbild wird gerade dort eingesetzt, wo Gretchen im Hinblick auf ihre Emotionen am verwundbarsten ist: Als sie von der toten Schwester erzählt, vergleicht Faust diese und Gretchen selbst mit einem Engel (V. 977), kurze Zeit später verengt er die Perspektive und spricht nur noch von Gretchen als »kleiner Engel« (V. 1011). Wohin die diminutive Anrede Gretchen treiben soll, verrät er selbst am Ende des Dialogs, als er sie mit »Süs Liebgen« anredet und sie danach an beiden Händen festzuhalten sucht (V. 1207, Szenenanweisung nach V. 1035). Gretchen »macht sich los und läufft weg« (Szenenanweisung nach V. 1043), doch Faust folgt ihr dieses Mal. Daß Gretchens Widerstand gegen Faust seine Grenze erreicht hat, dokumentiert die folgende Szene im Gartenhaus: Gretchen wird nun, wie sie selbst formuliert, »zu allen Sachen ia« sagen (V. 1063).[317]

III

Sieht man Faust als Repräsentanten einer modernen Welt[318] und liest man das Drama vor dem Hintergrund der literarischen Abbildung der Kindsmordproblematik, so ist festzuhalten: Als weibliche Repräsentantin

---

315 Vgl. V. 505; V. 512 ff.: »Führ mich an ihren Ruheplatz / Schaff mir ein Halstuch von ihrer Brust / Ein Strumpfband meiner Liebes Lust.« Zum Begriff des Engels vgl. auch Kap. I.2 dieser Arbeit. Zum Strumpfband als Fetisch der »LiebesLust« vgl. Kap. II.3 dieser Arbeit (dort: Haarlocke).

316 N. Mellinger, Fleisch. Ursprung und Wandel einer Lust. Eine kulturanthropologische Studie, Frankfurt a.M. 2000, S. 144.

317 Zur symbolischen Funktion des Gartenhauses vgl. Kap. III.4, Anm. 205 (Überschreiten gesellschaftlicher Verhaltensordnung *außerhalb* des Wohnraumes).

318 So H. J. Schrimpf in: »Johann Wolfgang Goethe: Faust«, in: H. Müller-Michaels (Hg.): Deutsche Dramen. Interpretationen, Bd. I, Weinheim, 3. Auflage 1994, S. 87-127.

der modernen Welt bleibt Gretchen von ebendieser ausgeschlossen, wenn es um das Projekt des ›free sex‹ geht. Für ihre Belange ist dort kein Platz, der Versuch, der für Faust scheitert, endet für sie tödlich. Die Botschaft des Trauerspiels ist in dieser Hinsicht paradigmatisch: Die über die Figur der Lucie Woodvil zur Jahrhundertmitte transportierten Gebote sexueller Enthaltsamkeit fanden auch zwanzig Jahre später in den Tochterfiguren Goethes und Wagners ihren Ausdruck.[319]

Wie sehr die Figuren die gesellschaftliche Rückanbindung an tradierte Verhaltensweisen spiegeln, zeigt sich an dem großen Anteil, den Bezugspunkte aus Magie und Volksglauben an ihrer sprachlichen und körperlichen Ausdrucksweise haben.[320] Für Gretchen trifft dies in mehrfacher Hinsicht zu. In Verbindung von Gestik und Sprache zeigt ihr Verhalten im Garten beispielhaft ihre Affinität zum Volksglauben: Szenenanweisung und Text (V. 1028) zeigen sie das Abzähl-Spiel »Er liebt mich – Liebt mich nicht« praktizierend (V. 1029), indem sie Blätter von einer »Stern-Blume« abzupft. Gleich eines performativen Aktes nimmt Gretchen mit der gewaltsamen Zerstörung der Blume ihr eigenes Schicksal in symbolischer Handlung vorweg, denn die Sternblume, die sie zerpflückt, ist eine Margerite. Über die Namensverwandtschaft wird klar, daß die Blume Sinnbild des Mädchens ist. [321]

---

319 Es gab auch Ausnahmen; als solche ist Lenz' Tragikomödie *Der Hofmeister oder Vortheile der Privaterziehung* zu sehen: Gustchen tötet das uneheliche Kind, das sie zur Welt bringt, nicht und wird kurze Zeit später die Braut eines anderen, der das Kind akzeptiert. Vgl. auch Kap. I.2 dieser Arbeit zur motivischen Verbindung von Weiblichkeit und Tod: Versuche, weibliche Sexualität auszuleben, enden mit dem Tod der Frau.

320 Vgl. O. Ulbricht, Kindsmord und Aufklärung in Deutschland, München 1990, S. 114: »Die Erwähnung von Strafen hat bereits angedeutet, dass die kurz sizzierten christlichen Normen und Werte nur ein Teil der historischen Wirklichkeit waren. Sie waren zwar weiten Schichten der Bevölkerung bekannt, aber das Verhalten wurde oft von eigenen Traditionen und Wertvorstellungen bestimmt, ohne daß man sich deshalb als weniger christlich empfand.«

321 Vgl. zum Blumennamen: Beitl, wie Anm. 313, S. 500. Faust nutzt diese nur scheinbar leichte Atmosphäre des Spiels gleich, um Gretchen so eine Legitimation des Liebesverhältnisses einzureden und sich ihrer zu bemächtigen: Szenenanweisung nach V. 1035: »er fasst ihr beyde Hände«. Wichtig ist die Geste des Zerpflückens der Blume zumal im Hinblick auf die darin hinterlegte Todesvorstellung, die die Figur ein zweites Mal an mittelalterliche Traditionen anbindet: Es handelt sich hier um den »tief im Alltagsleben verwurzelten Charakter der Todesahnung«, der seit Beginn des 17. Jahrhunderts von den gebildeten Klassen als volkstümlicher Aberglaube abklassifiziert wurde (vgl. Ariès, wie Anm. 306, S. 16 f.).

Die Szene ›*Am Brunnen*‹ ist mythologisch konnotiert: Daß Bärbelgens Schwangerschaftsverkündung durch Liesgen an einem Brunnen stattfindet und darüber hinaus Gretchen, die zuhört, zu diesem Zeitpunkt bereits selbst schwanger ist, spiegelt dialektisch den zeitgenössischen Bezug zur mythologischen Landschaft Deutschland, deren Geschichten über Kinderherkunft und Kinderbringer überregional gleiche Tendenzen zeigten: Die verbreitete Vorstellung war, daß Ungeborene in Brunnen und Teichen leben, in denen sie von gebärfähigen Frauen gefunden werden.[322] Der Bereich, den Gaier so treffend »Magie des Goldes und des Blutes« nennt,[323] kommt ebenfalls in Verbindung mit Raumsymbolik in den Szenen am Abend in Gretchens Zimmer und in der Stube zum Ausdruck.[324] An diesen Textstellen wird auch der Drang nach sozialer Emanzipation und schnellem sozialen Aufstieg thematisiert, der im Zusammenhang mit der Kindsmordproblematik zu sehen ist.[325]

Gretchen gesteht sich Fausts Überlegenheit im Gartenhaus ein, jedoch erst nachdem Faust und Mephisto die Szenerie verlassen haben (V. 1060 ff.).[326] Situationsgebunden ändert sie den Blickwinkel auf sich selbst: Während sie im Dialog mit Faust Stärke zeigt, um sich ihm gegenüber keine Blöße zu geben, fällt die Last der Verstellung von ihr ab, wenn

---

322 Vgl. Göttner-Abendroth/Derungs (Hg.), Mythologische Landschaft Deutschland, Bern 1999; darin: R. Beitl, Kinderherkunft und Kinderbringer, S. 37-45. Daß derartige Vorstellungen historische Realität abbildeten, zeigen Untersuchungen mit historisch-anthropologischem Ansatz wie die von Labouvie, die sich in spezifischer Weise mit der Geschichte weiblicher Körpererfahrung im Zustand der Schwangerschaft auseinandersetzt: Eva Labouvie, Andere Umstände. Eine Kulturgeschichte der Geburt, Köln/Weimar/Wien 1998.

323 Wie Anm. 303, S. 15. Gretchens ›Zaubermacht des jungen Blutes‹ steht als kulturhistorisch tradiertes Bild im Kontrast zur ›Magie des Goldes‹; zum Blut als symbolisch-metaphorischer Begriff vgl. G. Schury, Lebensflut. Eine Kulturgeschichte des Blutes, Leipzig 2001, S. 71-88 (»iunges Blut«: *Abend*, V. 650, *Nachbarinn Haus*, V. 761)

324 Vgl. V. 654 ff., 1098 ff.; symbolischen Charakter weist die Darstellung der Räume in allen Szenen auf: Die Räume zeigen Gretchen in Verbindung von Natur und Weiblichkeit zunächst in Außenräumen, wenn sie Faust trifft; die Szenen sind komponiert als gegensätzliche Raumerfahrung zu Fausts negativer Sicht der Enge seines Studierzimmers. Im weiteren Text wird Enge und Beschränkung der Persönlichkeit in Innenräumen (Gretchens Zimmer, Mauerhöhle, Kerker) dargestellt. Vgl. Gaier, wie Anm. 285, S. 204-211).

325 O. Ulbricht, wie Anm. 320, S. 97 ff.

326 Daß Fausts soziale Stellung sie interessiert, offenbart sie allein in ihrem Zimmer, nachdem sie ihn das erste Mal gesehen hat: »Er sah gewiss recht wacker aus / Und ist aus einem edlen Haus / Das konnt ich ihn an der Stirne lesen« (V. 532 ff.).

sie sich allein weiß. Im Zwinger huldigt sie der Mater dolorosa und bekennt:»Ich wein ich wein ich weine / Das Herz zerbricht in mir«
(V. 1297 f.). Sowohl hier als auch im Dom, während des Zwiegesprächs
mit den religiösen Bezugsfiguren, blendet ihr Diskurs Faust als Verführer
und Kindsvater komplett aus. Dies ist Ausdruck sozialer Vereinsamung,
die ihre Lage als Kindsmörderin bestimmt.[327] Die gesellschaftliche Isolation führt zu Autoreflexion: Völlig auf sich selbst zurückgeworfen, ver-
sinkt Gretchen in Imagination, die sich aus verinnerlichten, tradierten
Bildern des Volksglaubens speist. Die Szene am Abend, die sie bis in die
intimste Privatsphäre hinein ausleuchtet,[328] zeigt sie das Lied des Königs
von Thule singend. So bringt sie ihre Wunschvorstellung von der Treue
bis in den Tod zum Ausdruck. Die Szenerie des Liedes mit der Insel
Thule als *terra incognita* ist utopisch konnotiert, als ob Gretchen auch
hier bereits ahnt, daß Faust sich anders verhalten wird.[329] Analog hierzu
zeigt die Schlußszene im Kerker das singende Gretchen, in dessen Bewußtsein sich die Imagination drängt. Das Lied des toten Bruders aus
dem Volksmärchen *Van den Machandelboom* wird von ihr zitiert und
durch entsprechende Änderungen auf ihre Situation bezogen:[330]

Märchentext:	Faust-Text:
Miin Moder de mi slach't,	Meine Mutter die Hur
miin Vader de mi att,	Die mich umgebracht hat
miin Swester, de Marleeniken,	Mein Vater der Schelm
söcht alle miine Beeniken,	Der mich gessen hat
un bindt se in een siiden Dook,	Mein Schwesterlein klein
legts unner den Machandelboom,	Hub auf die Bein
kiwitt, kiwitt, ach watt en	An einen kühlen Ort
schön Vagel bin ick!	Da ward ich ein schönes Waldvögelein
	Fliege fort! Fliege fort!

327 Analog gestaltete Situationen finden sich bei Lucie Woodvil und Evchen Humbrecht.
328 Zu Beginn:»ihre Zöpfe flechtend und aufbindend«, später:»sie fängt an zu singen indem sie sich auszieht«.
329 Detaillierte Anmerkungen zu dem Lied: Gaier, wie Anm. 285, S. 381; wichtiger
Bezug ist vor allem die analog gestaltete Entkleidungsszene in Shakespeares
Othello (IV/3; Desdemona singt das Lied von Barbara, der verlassenen Geliebten). Zum Shakespeare-Bezug: F. Gundolf, Shakespeare und der deutsche Geist,
Berlin, 6. Auflage 1922, S. 222-250.
330 Der volksmundartliche Charakter ist im Lied Gretchens getilgt durch Trans-
formation des niederdeutschen Dialektes in Hochsprache und so dem Figuren-

Das Lied und der darauf folgende Text (*Kerker*, V. 26 ff.) beschreiben die emotionale Disposition der von Schuldgefühlen über das tote Kind geplagten Frau. In dem als Subtext hinterlegten Märchen offenbaren sich Bezugspunkte aus dem Bereich des Volksglaubens, an die sich Empfängnis und Kindstötung anbinden lassen:»rot wie Blut, weiß wie Schnee« sowie der Apfel als Zeichen »magische[r] Empfängnis«[331] symbolisieren Gretchens sexuelle Hingabe einerseits,[332] die Verblendung der Frau, die ›der Böse‹ zur Kindstötung treibt, andererseits:»[…] so was dat recht as wenn de Böse över eer kamm«.[333]

Gretchens Lied weist die Schuld für den Kindsmord indes beiden Eltern zu: Sie selbst wird vom toten Kind als Mutter und Hure bezeichnet, der Vater als Schelm, hier in der Bedeutung von ›Scharfrichter‹ gebraucht.[334] Vor diesem Hintergrund scheint es psychologisch plausibel, wenn das tote Kind in ihrer Imagination lebendig wird und Gretchen sich ihrer Mutterpflicht erinnert:»Muss ich's doch tränken« (V. 26, *Kerker*). Fausts Ausruf »Sie verirrt« (V. 25) zeigt das ganze Ausmaß der emotionalen Inkongruenz, die zwischen den Liebenden besteht: Statt für Gretchens Reaktionen Verständnis aufzubringen, zweifelt Faust an ihrer Zurechnungsfähigkeit.[335]

<hr />

bild angeglichen worden. Bezugspunkt des Liedes auch: 1. Könige 19,4: Machandelboom/Wacholder als letzte Zufluchtstätte vor dem herannahenden Tod. Zitat des Liedes nach KHM 47, Ausgabe 1837, in: H. Rölleke (Hg.), Kinder- und Hausmärchen gesammelt durch die Brüder Grimm, Frankfurt a.M. 1985, S. 212. Lied im Drama: *Kerker*, V. 4-12.

331 Rölleke, wie Anm. 330, Stellenkommentar S. 1218.

332 Vgl. Gretchen über sich selbst: V. 1064, 1210. Über an der Figur der Kindermörderin Gretchen inszenierte weibliche Sexualität vgl. auch Kap. I.2 dieser Arbeit.

333 Wie Anm. 330, S. 210. Parallel hierzu der Hinweis auf Birkners Buch über Susanna Margaretha Brandt, welches Zitate der Aussagen Margarethas zum Tathergang enthält, die den Prozeßakten in schriftlicher Form beigefügt wurden: Margaretha geht hier sowohl auf ihre sexuelle Unwissenheit bzgl. ihrer Empfängnis und Schwangerschaft ein als auch auf Befehle des Teufels, die sie zum Kindsmord veranlaßten (wie Anm. 288, S. 38, sowie Kap. II ab S. 43). Wie das getötete Kind im Märchen war auch das der Susanna Margaretha männlichen Geschlechts (wie Anm. 288, S. 43); diese Hinweise auf weitere Zusammenhänge sind ausschließlich im Subtext hinterlegt, die Schuld Mephistopheles' wurde von Goethe gemäß der modernen Perspektive, die er dem Drama gab, ausgeblendet:»Wer wars der sie in's Verderben stürzte? Ich oder du?« (V. 47, *Nacht / offen Feld*), fragt Mephistopheles bezeichnenderweise Faust.

334 Vgl. Politzer, wie Anm. 283, S. 322: »in älterer Sprachschicht ist der Schelm der Scharfrichter« (z.B. ›Schelm von Bergen‹).

335 So die Lesart von Gaier, wie Anm. 285, S. 434. Diese Formulierung Fausts fehlt

Gretchen ist sich dieser Kluft sehr bewußt:»Ach Heinrich könnt ich mit dir in alle Welt«, formuliert sie konjunktivisch die Unmöglichkeit eines Entkommens aus dem Kerker. Die Konsequenz hieraus zieht sie am Schluß des Dramas. Sie wendet sich von Heinrich ab, obwohl ihr klar ist, daß es kein Wiedersehen geben wird. Ihr bleibt nicht wie Louise Miller die Hoffnung auf ein gemeinsames Leben im Jenseits, denn Heinrich verschwindet mit Mephistopheles.

IV

Der junge Goethe, der sich im Alter von zweiundzwanzig Jahren als Jurist in Frankfurt niedergelassen hatte,»erlebt(e) den Prozeß gegen die Kindsmörderin von Anfang an bis zu ihrer Hinrichtung mit. Im Haus seines Vaters hat man später Abschriften der Prozeßprotokolle gefunden: ein Zeichen auch für das große Interesse, das man im Haus am Hirschgraben dem Fall entgegenbrachte«;[336] die Erfahrung hinderte Goethe später nicht, selbst ein solches Urteil zu unterzeichnen.[337]

Den Prozeßunterlagen, zum Teil in der Arbeit von Siegfried Birkner abgedruckt[338] und kürzlich neu kommentiert von Rebekka Habermas,[339] kann entnommen werden, daß Elemente aus Volksglauben und Mythologie, vor allem im Hinblick auf den Bereich des Dämonischen, im Prozeß als Bezugsfeld für die Suche nach der Ursache des Kindsmordes eine

---

(konsequenterweise) im *Faust I*. Hier lautet der Text (V. 4441):»Werd ich den Jammer überstehn?« Faust distanziert sich nicht mehr gänzlich von Gretchen, indem er ihre Äußerung als »irres Reden« nicht ernst nimmt; dennoch bleibt seine Sichtweise von Egoismus bestimmt: Wie Gretchen den Jammer überstehen soll, fragt er nicht.

336 Vgl. Birkner, wie Anm. 288, S. 10.
337 Vgl. Schmidt-Möbus/Möbus, wie Anm. 303, S. 87 (Bezugnahme auf Goethes Gutachten als Mitglied des Geheimen Consiliums, Weimar 1783).
338 Wie Anm. 288.
339 Vgl. R. Habermas, Das Frankfurter Gretchen. Der Prozeß gegen die Kindsmörderin Susanna Margaretha Brandt, München 1999. Zu den oben kurz erwähnten Umständen von Goethes Rückkehr in seine Geburtsstadt Frankfurt und – in einer interessanten Vergleichsperspektive von Habermas dargestellt – der nahezu gleichzeitig erfolgten Ankunft Susanna Margarethas in der Stadt sowie zu den jeweiligen Familienstrukturen und den Anforderungen der Familien und des sozialen Umfeldes an beide ›Neuankömmlinge‹ vgl. ebda., Vorwort, S. 7-42.

erhebliche Rolle spielten.[340] Das Beispiel der Susanna Margareta Brandt spiegelte den Konsens gesellschaftlichen Verharrens in den Denkmustern des Aberglaubens wider,[341] was Anlaß genug war, Teile des Schicksals der Frankfurter Dienstmagd mit der Gretchen-Figur literarisch abzubilden. Das Motiv des Kindsmordes stand hierbei im Focus des Interesses.[342]

Es ist allgemein bekannt, daß das ›Projekt Faust‹ nahezu sechzig Jahre von Goethes Leben umspannt und vor diesem Hintergrund wird nachvollziehbar, daß Konzeptionen und Intentionen, die den verschiedenen Texten (somit Arbeits- und Lebensphasen) zugrunde lagen, nicht identisch sein können.

Dem gegenüber stehen Fakten, die bestimmte Lesarten der Texte zulassen, wie beispielsweise die nahezu komplette Integration des frühen Textes in den *Faust I*.[343] Diese wäre wohl kaum erfolgt, wenn der Autor zum Zeitpunkt der ersten Veröffentlichung des *Faust I*, also ca. 35 Jahre nach Beginn der Arbeit am Faust-Stoff,[344] nicht mehr von Teilen des frühen Textes überzeugt gewesen wäre. Durch Äußerungen Goethes ist dies mindestens bis zur Entstehung von *Faust. Ein Fragment* (1790) belegbar.[345] Darüber hinaus gibt es im Hinblick auf die Annahme verschiedener Lesarten des Textes folgende Hinweise:

340 Wie Anm. 288: Als Begründung für das Begehen des Mordes gab Susanna an: »[…] weilen ihr der Satan dieses alles so in den Sinn gegeben habe« (S. 61), oder an anderer Stelle: »Sie hätte nicht ruffen können, weilen sie schon von dem Satan verblendet gewesen und er ihr in den Sinn gegeben habe, daß sie ihr Kind umbringen solle […]« (S. 64).

341 Vgl. Anm. 286: v. Dülmen macht in seiner Arbeit an verschiedenen Beispielen deutlich, daß aufklärerisches Gedankengut das Gros der Bevölkerung in Deutschland, anders als beispielsweise in Frankreich, gar nicht oder nur zögernd erreichte und große Teile der unteren Bevölkerungsschichten ein Leben nach den Maßstäben von Volksbräuchen und kirchlichen Normen praktizierten. Ein Hinweis diesbezüglich findet sich auch in Birkners Einführung (wie Anm. 288, S. 9).

342 Neben Susanna Margareta Brandt sieht man vor biographischem Hintergrund für die Konzeption der Figur als Vorbild Friederike Brion (und Goethes Trennung von ihr, Sesenheim 1771) an (Gaier, wie Anm. 286, S. 322).

343 Vgl. Anm. 289.

344 Wenn man vom Jahr 1773 als Entstehungsjahr des frühen Textes ausgeht.

345 Gaier weist diesbezüglich auf einen Eintrag Goethes in der *Italienischen Reise* unter dem 1. März 1788 hin; Goethe fand es »merkwürdig, wie sehr ich mir gleiche und wie wenig mein Inneres durch Jahre und Begebenheiten gelitten hat« (wie Anm. 285, S. 49).

Man darf nicht übersehen, daß etwa im Gretchendrama beträchtliche Lücken im Handlungsverlauf bis in den fertigen *Faust I* hinein stehen bleiben [...] Goethe hat die Lücken hier ganz offensichtlich in die Konzeption aufgenommen; sie fordern und fördern eine eigene Aktivität des Lesers oder Zuschauers [...] Die Konzeption des *Faust* ist von vornherein auf das Fragmentarische gestellt, das, als »Same« ausgestreut, sich erst in den Lesern zu Blüte und Frucht entwickelt.[346]

Vor dem Hintergrund der Figurenanalyse steht die Überlegung an, inwiefern man nicht nur von einer Integration des frühen Textes in den späten sprechen kann, sondern darüber hinaus von wesentlichen Entsprechungen und motivischen Beziehungen in den Figurenbildern:[347]

Die Szene *Strase* im frühen Text ist die Szene, in der die Figur des Gretchen in die Handlung eingeführt wird. Sie ist den Szenen *Auerbachs Keller in Leipzig* sowie *Land Strase* nachgestellt,[348] aus deren Handlungsverlauf sich schließen läßt, daß Faust und Mephisto ihren Heimweg nach dem Besuch des Kellers spät in der Nacht antreten. Die First-contact-Szene zwischen Gretchen und Faust öffnet aufgrund des Handlungszeitpunktes einen Interpretationsspielraum: Es ist zu bedenken, inwiefern die Figur des Gretchen dem in Goethes Faust-Dichtungen in unterschiedlichen Bedeutungen zu sehenden Bereich des Dämonischen zugeordnet werden kann.[349] Mit Bezug auf die Walpurgisnachtszene zeigt Albrecht Schöne, welche Dimension Elemente des Satanskultes im Text haben. Unter Auflistung verschiedener Quellentexte, die Goethe nachweislich zur Verfügung standen, verweist Schöne darauf, daß der Autor hiermit »eine in das ›Faust-Drama‹ integrierte poetische Summe des Ketzer- und Hexenwesens hinterlassen hat«.[350] Relevant für das Figurenkonzept Gretchens ist Schönes Bewertung dieser Texte als »eine auf die

346 Gaier, wie Anm. 286, Bd. 3, S. 60.
347 Selbst die Figur der Helena aus *Faust II* war bereits von Beginn der Arbeit mit dem Stoff an konzeptionell gedacht (Gaier, wie Anm. 285, S. 48 einschl. Anm. 11).
348 Bei dieser Szene handelt es sich um die einzige erhaltene Szene von Goethes Manuskript; vgl. R. Petsch, Nachwort zum »Urfaust«, in: J. W. Goethe: Urfaust, Stuttgart 1987, S. 63.
349 Zu den verschiedenen Bedeutungen des Dämonischen im Faust: E. Franz: Mensch und Dämon. Goethes Faust als menschliche Tragödie, ironische Weltschau und religiöses Mysterienspiel; Tübingen 1953, S. 161-172.
350 A. Schöne, Götterzeichen – Liebeszauber – Satanskult. Neue Einblicke in alte Goethetexte, München, 3. Auflage 1993, S. 125.

Frauen gerichtete radikale Sozialdisziplinierung«,[351] verbunden mit der These,»Gretchen selber« schiene »zugleich doch viel tiefer verstrickt in den Hexensabbat und Satanskult, als die Oberfläche des kanonisierten Dramentextes (noch) erkennen«[352] lasse. Dazu führt Schöne die überzeugende Arbeit von Birgit Stolt an, die gezeigt hat,»daß Gretchens Verhalten modellgetreu der altkirchlichen Todsündenlehre folgt«.[353] Wer Sexualität als kulturelles und somit vom Menschen geformtes Phänomen begreift, erkennt am Figurenkonzept Gretchens jene Disziplinierung, die damals auf die Unterdrückung weiblichen sexuellen Bewußtseins abzielte, einhergehend mit der Kriminalisierung dessen und (im Zuge der »Verinnerlichung des neuen Frauenbildes im 18. Jahrhundert«) mit einer Annahme der »im Vergleich zum Mann schwächere[n] Sexualität« der Frau.[354]

Die Walpurgisnachtszene aus *Faust I* kann rückverweisend auf die Gretchen-Figur des frühen *Faust* gelesen werden, wenn man die Szene als Spielart der ersten First-contact-Szene ansieht. Faust begegnet hier in Begleitung von Mephistopheles erstmals weiteren Figuren aus dem Bereich der Magie und des Aberglaubens, und Gretchen – nicht das Gretchen, das er ›kennt‹, versteht sich – ist darunter. Faust fragt Mephistopheles nach der Identität der schönen Frauengestalt, die er beim Hexentanz beobachtet hat (*Faust I*, V. 4116 ff.): Mephistopheles verweist auf Lilith, die dem Mythos nach als erste Frau Adams gilt.[355] Wenig später, nachdem Faust den Hexentanz abgebrochen hat, kommt es im gleichen Dialog zu einer auf Lilith bezogenen Äußerung. Über seinen visuellen Eindruck

---

351 Ebda., S. 134.
352 Ebda., S. 177.
353 Wie Anm. 350: »Ihre ›superbia‹ zieht die ›avaritia‹, ›luxuria‹ und ›acedia‹ nach sich. Diese Versündigungen aus dem Lasterkatalog des Mittelalters bilden gleichsam den dogmatischen Hintergrund der Gretchenszenen, in deren Vordergrund der Tod ihrer Mutter, ihres Bruders und Kindes sichtbar werden; sie zeigen, wie sehr das vom Mephisto versuchte und verführte Mädchen dem Bösen verfallen ist.« Bezugnahme Schönes auf: B. Stolt, Gretchen und die Todsünden, Uppsala 1974. Zum Begriff der ›superbia‹ in Verbindung mit der Faust-Figur: J. Schmidt, Goethes Faust. Erster und zweiter Teil. Grundlagen – Werk – Wirkung, München 1999, S. 31.
354 Vgl. v. Dülmen, wie Anm. 286, Bd. 1, München 1990, S. 193. Zur Darstellung weiblicher Sexualität vgl. Kap. I.2 dieser Arbeit.
355 Text *Faust I*: » F.: Wer ist denn das? – M.: Betrachte sie genau! Lilith ist das. – F.: Wer? – M.: Adams erste Frau. […]«; in: E. Beutler (Hg.): Goethe. Gedenkausgabe der Werke, Briefe und Gespräche; Bd. 5: Die Faustdichtungen, Zürich, 2. Auflage 1962, S. 271.

stellt Faust explizit die Verbindung zu Gretchen her und behauptet die Ähnlichkeit der Gestalt mit ihr:»Mephisto, siehst du dort / Ein blasses, schönes Kind allein und ferne stehen? / Sie schiebt sich langsam nur vom Ort, / sie scheint mit geschloßnen Füßen zu gehen. / Ich muß bekennen, daß mir deucht, / Daß sie dem guten Gretchen gleicht.«[356] Auch wenn Lilith hier nicht namentlich genannt wird, zeigen Blässe und Schönheit als Attribute des toten Frauenkörpers in Verbindung mit der auffälligen Fortbewegungsart ihr Bild. Die Dämonin, die zum Teil Eigenschaften und Aussehen einer kinderstehlenden und -mordenden Hexe besitzt, hat in der Kulturgeschichte eine lange Tradition. Eine der ersten bildlichen Darstellungen, auf das Jahr 1950 v. Chr. datiert, zeigt Lilith als fußlose geflügelte Göttin mit Raubvogelkrallen.[357] Sowohl in der babylonisch-assyrischen Kultur als auch in den Schriften christlichen und jüdischen Glaubens (AT und Talmud) vertreten, wird sie in der Regel als fliegender Dämon, bösartiger Vogel oder Nachtgespenst bezeichnet.[358] Auch in Texten germanischer Mythologie aus dem späten Mittelalter und der frühen Neuzeit finden sich Spuren des Lilith-Mythos; der *Drei-Engel-Segen* als Segen, der die Macht von Krankheits- und Todesdämonen bannen soll, geht auf diesen Mythos zurück.[359] Darüber hinaus wird Lilith mit folgenden Eigenschaften beschrieben:

Als furchtbare, verschlingende Mutter trachtet sie danach, schwangere Mütter zu schädigen und ihre neugeborenen Kinder zu rauben. Ständig

356 Ebda., S. 273 f.; auch Schöne (wie Anm. 350) weist mehrfach auf die Lilith-Figur hin.

357 Vgl. S. Hurwitz: Lilith – die erste Eva. Eine Studie über dunkle Aspekte des Weiblichen. Zürich, 2. Auflage 1983; das innere Deckblatt zeigt diese Darstellung, ein Terrakotta-Relief aus Sumer. Zu Lilith auch: V. Zingsem, Lilith. Adams erste Frau, Leipzig 2000.

358 Hurwitz, wie Anm. 357, S. 62 ff.; auch: E. Frenzel, Stoffe der Weltliteratur, Stuttgart, 9. Auflage 1998, S. 11. Hier ist die Rede von »Adams erster Frau, die […] in eine Teufelin verwandelt wurde«. Der Hinweis Frenzels, die Figur stamme »aus jüdischer, außerbiblischer Überlieferung«, trifft zu im Hinblick auf die im jüdischen Glauben praktizierte rabbinische Einteilung der Dämonen; Lilith wird hier der Gruppe der *Schedim* (auch: *gefallene Engel*) zugeordnet. Goethe verwendete den Begriff »Engel«, mit dem Gretchen wiederholt bezeichnet wird, im Sinne einer mythischen Anspielung – am Ende des Dramas wird auch Gretchen ein gefallener Engel sein. (zur Einteilung der Dämonen im jüd. Glauben vgl.: Linden, Die Elemente der Kabbalah, Berlin 1914, S. 41 ff.).

359 Vgl.: V. Holzmann, »Ich beswer dich wurm und wyrmin …«. Formen und Typen altdeutscher Zaubersprüche und Segen, Bern 2001, S. 100-112.

ist sie auf der Lauer, das Kind zu töten, indem sie sein Blut trinkt und das Mark seiner Knochen aussaugt. Dieser Aspekt der Lilith kommt bereits in frühen Texten zum Ausdruck, in welchen sie als »die Würgerin« bezeichnet wird.[360]

Analysiert man die Gretchen-Figur hinsichtlich des Lilith-Bezugs, was sich aus den im Text hinterlegten Anspielungen ergeben kann, bekommen die Elemente des Märchens im frühen *Faust* ihre Berechtigung in Anbindung an das Kindsmordmotiv: Das »Machandelboom-Lied«, welches Gretchen im Kerker singt, thematisiert Mord und Kannibalismus am Kind; der Vogel besitzt dämonische Züge, er ist neben dem toten Bruder zugleich auch Todesbote für die Mutter, die ihr Kind tötete.[361] Der Motivkreis des Kindsmordes reflektiert auf kritische Weise den zeitgenössischen gesellschaftlichen Blick auf die Kindermörderin. Fausts Vision einer partiellen Identität von Gretchen und Lilith in *Faust I* verweist auf die durch den Aberglauben tradierte ›dunkle weibliche Seite‹, die vor allem dann von Relevanz war, wenn es darum ging, Unerklärliches zu erklären oder Todesurteile zu legitimieren.[362] Ein Bild vom ›Leben im Bannkreis des Teufels‹, wie es die Walpurgisnachtszene in *Faust I* zeigt, diente im Realitätsbezug dazu, weiblicher Sexualität die Existenzberechtigung abzusprechen. Die Diskursivierung des Kindsmordes bedeutete nicht nur die reduzierte Sicht der Problematik auf kriminologischer Ebene, sondern dokumentierte vielmehr die Existenz der Diskussion über Sexualität in der bürgerlichen Gesellschaft, wobei hier die Frage nach der Legalisierung weiblicher Sexualität innerhalb dieser Gesellschaft hinterlegt war.[363]

---

360 Ebda., S. 20. Zu Lilith auch: R. Beitl (Hg.), Wörterbuch der deutschen Volkskunde, Stuttgart, 2. Auflage 1955, S. 480.

361 Vgl. Handwörterbuch des deutschen Aberglaubens, Bd. VIII, S. 995 f. (»Todesvorzeichen«); hier auch: Eulen als Todesvögel wie auf dem Terrakotta-Relief, welches Lilith abbildet. Auch: Brednich (Hg.), Enzyklopädie des Märchens, Bd. 8, Berlin/New York 1996, S. 1080 f. Der Bezug läßt sich allerdings nur über das Lied herstellen; im Faust-Text ertränkt Gretchen das Kind (*Kerker*, V. 83 ff.).

362 Vgl. zur Verbindung von Dunkelheit und Weiblichkeit: Früh/Derungs (Hg.), Schwarze Madonna im Märchen. Mythen und Märchen von der Schwarzen Frau, Bern 1998; grundlegend die Einleitung von S. Früh, S. 8 ff.

363 Vgl. M. Luserke, Kulturelle Deutungsmuster und Diskursformationen am Beispiel des Themas Kindsmord zwischen 1750 und 1800; in: Lenz-Jahrbuch. Sturm-und-Drang-Studien, hg. v. C. Weiß, Bd. 6, St. Ingbert 1996, S. 198-229.

Gretchen selbst stellt am Schluß des Dramas ihre Schuld am Tod des Kindes in Frage; es sei »ein Märgen das sich so endigt, es ist nicht auf mich, das sie's singen« (V. 30, *Kerker*). In *Faust I* hat diese Aussage noch einen Zusatz:»Ein altes Märchen endigt so, / Wer heißt sies deuten?« (Faust I, Kerkerszene, V. 4449 f.). Der Zusatz ›alt‹ verwehrt dem Märchen jegliche Aktualität und Legitimation im Realitätsbezug: Mit ihrer Äußerung »Wer heißt sies deuten« hinterfragt Gretchen die gesellschaftlichen Instanzen, die durch Beharren auf veralteten Handlungsmustern mitverantwortlich für ihre Stigmatisierung und Verurteilung sind. Der Text enthält somit eine sozialkritische Folie, die die Gretchen-Tragödie als Teil des breiten literarischen Dialogs ausweist, der vor allem in den letzten dreißig Jahren des 18. Jahrhunderts über den Tatbestand des Kindsmordes geführt wurde.

III.7. Louise Millerin, die Religion und die Musik: Ambivalenz im Figurenbild der Tochter in Friedrich Schillers *Kabale und Liebe*

> »Warum sollte es nicht Stufen von Geistern bis hin
> zu Gott hinauf geben, und unsere Welt das Werk
> von einem sein können, der die Sache nicht recht
> verstand, ein Versuch?«
>
> (G. Chr. Lichtenberg, Sudelbücher II, 1765-1770)

I

Im Focus des Figurenbildes von Schillers Protagonistin Louise Miller steht der Liebesbegriff: »Luises ganze Existenz ist von der Liebe bestimmt,«[364] ihre Gedanken werden vom Nachdenken über die Liebe dominiert: »Ist *lieben* denn Frevel?« (V/1,156), fragt sie ihren Vater und beschreibt somit den zentralen inneren Konflikt, dem sie ausgesetzt ist und dessen Darstellung breiten Raum in Schillers Jugenddrama einnimmt.[365] Es wäre falsch, »hier einen äußerlichen Standeskonflikt zu suchen«, es geht vielmehr »um einen Konflikt, an dessen Zustandekommen zwar auch die Gegenwart von damals beteiligt ist, der im wesentlichen aber in einer Person ausgetragen wird«.[366]

Schlüsselbegriffe wie ›Liebe‹, ›Herz‹, ›Gefühl‹ oder ›Zärtlichkeit‹, die auch mehrere Analysen zum Text in den Mittelpunkt stellen,[367] fixieren die Figur in bezug auf ihren emotionalen Spielraum. Prägenden Einfluß

---

364 W. Binder: Schiller. Kabale und Liebe. In: Das deutsche Drama. Vom Barock bis zur Gegenwart. Interpretationen, hg. v. B. v. Wiese; Bd. I, Düsseldorf 1968, S. 250-270, hier S. 256.

365 Das Drama wird hier und im folgenden Text zitiert nach: Friedrich Schiller, Werke. Nationalausgabe, begründet v. J. Petersen, fortgeführt v. L. Blumenthal u.a., hg. im Auftrag der Stiftung Weimarer Klassik und des Schiller-Nationalmuseums in Marbach von Norbert Oellers; in: Bd. 5, neue Ausgabe (= 5N), hg. v. H. Kraft in Zusammenarbeit mit G. Dommes und D. Schilling, Weimar 2000, S. 6-193. Das Drama wird nach der Druckfassung zitiert.

366 H. Koopmann, Schiller. Eine Einführung, München/Zürich 1988, S. 40.

367 Vgl.: P.-A. Alt, Herz, Schrift und Eid. Repräsentationsfiguren bürgerlicher Identität in Schillers ›Kabale und Liebe‹; in: ›Kabale und Liebe‹ – Ein Drama der

auf das psychologische Profil der Protagonistin hatte in jedem Fall
Lessings Emilia Galotti:»Louise ist mit ihrer Mischung aus Empfindsamkeit, Furcht und Tatkraft fraglos eine Wahlverwandte von Lessings
Titelheldin«, betont Peter-André Alt unter Benennung weiterer Texte,
die Schiller als Quelle für sein Drama dienten.[368] Zu nennen sind hier vor
allem Vorlagen wie Shakespeares *Romeo and Juliet* (1597) und Abels *Beitrag zur Geschichte der Liebe* (1778).[369] Als Vorbild für Louises Physiognomie diente Schiller Karoline Beck, geb. Ziegler, die als 18jährige die
Hauptrolle in der Mannheimer Premiere von *Kabale und Liebe* spielte.[370]
Auch Charlotte von Wolzogen, Tochter Henriette von Wolzogens, die
Schiller als 16jährige Anfang Januar 1783 im Bauerbacher Exil kennenlernte, wird gelegentlich genannt.[371]

Aufklärung? Mit Beiträgen von P.-A. Alt und H.-J. Schings, Deutsche Schillergesellschaft (Hg.), Marbach a. N. 1999, S. 5-19; G. Saße, Die Ordnung der Gefühle. Das Drama der Liebesheirat im 18. Jahrhundert, Darmstadt 1996, S. 263-
289; K. S. Guthke, Kabale und Liebe, in: Schillers Dramen. Interpretationen,
hg. v. Walter Hinderer, Stuttgart 1992, S. 105-158; B.-A. Sørensen, Herrschaft
und Zärtlichkeit. Der Patriarchalismus und das Drama im 18. Jahrhundert,
München 1984, S. 176-189.

368 P.-A. Alt, Schiller. Leben – Werk – Zeit., Bd. I, München 2000, S. 354; Lessings
Emilia Galotti weist im Bereich der literarischen Hofkritik Parallelen zu Kabale
und Liebe auf, die dargestellten gesellschaftlichen Konstellationen haben starkes
hofkritisches Wirkungspotential (vgl. H. Kiesel, ›Bei Hof, bei Höll‹. Untersuchungen zur literarischen Hofkritik von Sebastian Brant bis Friedrich Schiller,
Tübingen 1979, S. 237 f.).

369 Die motivische Verbindung von Brautbett und Grab ist gleichsam dem Figurenbild
Juliets wie dem Louises immanent, darüber hinaus scheint»ungewohnter Eigen-
wille der Tochter« als Element des Figurenbildes sowie das Motiv des Gegensatzes
»der Liebenden zur Welt, die sie negieren«, aus dem Shakespeare-Drama entlehnt
(I. Schabert (Hg.), Shakespeare-Handbuch, Stuttgart 1992, S. 559-567, hier S. 563;
Schabert weist darauf hin, daß das Drama bereits 1758 in einer deutschen Fassung
von S. Grynäus vorlag und rasch in Deutschland bekannt wurde (S. 566). Mit
Abels Protagonistin verbindet Schillers Tochterfigur vor allem der gleiche Name,
wobei Abels Louise im Gegensatz zu Louise Miller gänzlich»die empfindsame Bür-
gerstochter ohne Tatkraft« verkörpert (so Alt, wie Anm. 368); ferner vgl.: NA 5N,
wie Anm. 365, S. 359 f. Zum ›Grab als»Brautbett‹‹ als Teil der spirituellen Metaphorik im Text vgl. Alt, Tragödie der Aufklärung, Tübingen/Basel 1994, S. 276.

370 Wie Anm. 368, S. 353.

371 Dies zumal in älteren Analysen wie der von Karl Berger, die Louises äußere
Merkmale, die »Vergißmeinnichtaugen« und ihr blondes Haar, der Wolzogen-
Tochter zuordnen (K. Berger, Schiller. Sein Leben und seine Werke, in zwei Bän-
den, Bd. 1, München, 5. Auflage 1910, S. 357 f.); auch: T. Mann, Versuch über
Schiller, Berlin/Frankfurt a.m. 1955, S. 79.

Innerhalb der Forschungsdebatte zeigt sich die Aktualität der Frage nach der Einordnung des Dramas: Das Spektrum der Zuordnungen verweist mit der Aussage, die Frage, ob der Text ein Drama der Aufklärung sei, könne nur rhetorisch aufgefaßt werden,[372] oder mit der Bezeichnung des Textes als »geradezu anti-aufklärerisches Stück«[373] auf Darstellungen, die das Drama als eines der letzten Trauerspiele der Sturm-und-Drang-Periode vorstellen – trotz der These, Schiller gehöre »mit seinen Jugenddramen chronologisch gesehen und mit Hinblick auf die fehlende Gruppenanbindung nicht mehr zum Sturm und Drang«.[374]

Gilt der analytische Blick der Protagonistin Louise, zeigt der kompositorische Stil, der der Figur zugrunde liegt, zumindest in einigen Punkten Entsprechungen zu anderen Dramen des Sturm und Drang: Es wurden soziale Kontraste abgebildet, die dem bürgerlichen Mädchen durch Konfrontation mit einem Liebhaber anderen sozialen Standes bewußt wurden.[375] Weitere, im Verlauf dieser Analyse noch näher zu betrachtende Entsprechungen sind etwa die figurenbetonende Körpersprache, die Form sprachlicher Artikulation oder auch der kritische männliche Blick auf weibliche Lektürevorlieben. Diese waren Gegenstand des Interesses in zeitgenössischen Debatten um Erziehungsfragen, die Schiller in seiner in zeitlicher Nähe zu *Kabale und Liebe* entstandenen, später gekürzt unter dem Titel *Die Schaubühne als eine moralische Anstalt betrachtet* veröffentlichten Rede äußerst kritisch kommentierte.[376] Die egozentrische Liebe Ferdinands weist zumal ihn in der Rolle des unbeherrschten Liebhabers als Helden des Sturm und Drang aus.

372 H.-J. Schings, wie Anm. 367, S. 23-36, hier S. 27.

373 H. Koopmann: ›Kabale und Liebe‹ (ders. (Hg.), Schiller-Handbuch, Stuttgart 1998, S. 365-378, hier S. 369 f.).

374 M. Luserke: Sturm und Drang, Stuttgart 1997, S. 322; die Relevanz des Unterschiedes stellte bereits Roy Pascal in seiner Arbeit zum Sturm und Drang dar: »Schiller unterscheidet sich beträchtlich von dem Typus eines Hamann, Herder, Goethe und Lenz. Was ihn unterscheidet, kennzeichnet zugleich die Eigenart seines Werks. Da er zehn Jahre jünger war als Goethe, hat er die anderen Stürmer und Dränger nie persönlich kennengelernt. Im Grunde gehörte der eigentliche Sturm und Drang schon der Vergangenheit an, als er zu schreiben anfing« (ders., Der Sturm und Drang, Stuttgart 1963, S. 51).

375 Alt, wie Anm. 368, S. 359. Motivische Verwandtschaft besteht zu mehreren Figurenpaaren: Metzgerstochter Evchen Humbrecht und der Soldat v. Gröningseck aus Wagners Kindermörderin (1776) oder auch die verarmte Halbwaise Margarethe und der Wissenschaftler Faust in Goethes Faust. Frühe Fassung (1776/77).

376 Kritik an verwerflicher ›Mädchenlektüre‹ wird ähnlich dargestellt in Klingers

II

Die Expositionsszene zeigt im Dialog zwischen den Eltern Louises zunächst den persönlichen Konflikt des Vaters, der seine Rolle als Patriarch in Frage gestellt sieht:»Ich war Herr im Haus« (I/1,8), formuliert er, nicht: ›Ich *bin* Herr im Haus‹. Daß er seine Tochter nicht»mehr koram« genommen hat, ist für ihn der Grund allen Übels (ebda.). Louise, die in I/3 erstmals die Bühne betritt, bestätigt mit ihren Aussagen die familiale Unordnung, die Miller selbstkritisch beklagt. Das erste Gespräch zwischen Vater und Tochter führt die religiöse Hegemonie vor, die den Konflikt Louises steuert und die von Beginn an eng verbunden wird mit dem Motiv des Lesens als Zeichen der Entfremdung des Bürgermädchens von seinem sozialen Standort.[377] Louise hat»ein Buch in der Hand« (I/3,18) und kommt aus der»Meß« (I/2,14), wie sich aus dem Zusammenhang beider Szenen schließen läßt. Es bleibt offen, ob sie ein Gebet- oder Gesangbuch in der Hand hat; auf konkretisierende Zusätze wird in der Anweisung verzichtet. Das Buch ist ein erster Hinweis auf die Diskrepanz, die sich aufgrund des Buches als Medium für die Entfremdung zwischen Louise und ihrem»Schöpfer« (I/3,18) im anschließenden Gespräch zwischen Vater und Tochter zeigt.[378]

Trauerspiel *Das leidende Weib* (1775) oder auch in Wagners *Kindermörderin* (1776), allerdings nicht wie bei Schiller durch den Vater des Mädchens, sondern hier durch den Magister (bei Klinger) bzw. durch v. Gröningseck und den Magister, einen Vetter des Vaters (bei Wagner). Schillers Kritik an der zeitgenössischen Pädagogik in der Rede *Vom Wirken der Schaubühne auf das Volk* (später umbenannt in *Was kann eine gute stehende Schaubühne eigentlich wirken?* (1785) und *Die Schaubühne als eine moralische Anstalt betrachtet* (1802)), gehalten im Jahr 1784, bezieht sich ausdrücklich auf die Philanthropen um Basedow und Campe (vgl. NA 20, S. 87-100). Die Philanthropine,»Gewächshäuser«, wie Schiller sie in der ›Schaubühnenrede‹ nennt, die»den zarten Schößling […] systematisch zu Grund richten« (vgl. S. 98), markieren mit ihrer großen Zahl, zehn Jahre nach Gründung des ersten Philanthropins durch Basedow in Dessau, im Jahr 1784 den ›Höhepunkt‹ dieser Lehre (Vgl.: R. Stach (Hg.), Theorie und Praxis der philanthropistischen Schule, Rheinstetten 1980, S. 211). Zur ›Schaubühnenrede‹ vgl.: P.-A. Alt, wie Anm. 368, S. 377 ff.

377 Vgl.: R. Gruenter, Despotismus und Empfindsamkeit. Zu Schillers *Kabale und Liebe*; in: (ders.): Vom Elend des Schönen. Studien zur Literatur und Kunst, hg. v. H. Wunderlich, München/Wien 1988, S. 64 –78, hier bes. S. 76 ff.

378 Wobei darauf hinzuweisen ist, daß Miller als irdischer Vertreter des Gottvaters in bezug auf Louise gleichermaßen von dieser Entfremdung betroffen ist.

Louise ist »die lesende, die in den Büchern betende Geliebte«.[379] Die Kritik am Leseverhalten der Jugend war Teil des öffentlichen Diskurses auch zu der Zeit, in der *Kabale und Liebe* entstand; das Drama bildete literarisch ab, was Theorien zur Problematik vorgaben. So formulierte etwa Carl Friedrich Pockels in seinem 1787 erschienenen Aufsatz *Über religiöse Schwärmerei*:

> Unsere jungen Leute treiben nicht viel Reelles mehr, und verschwenden jetzt einen großen Theil der Zeit [...] mit Lesung matter, empfindsam geschriebener Romane, die den Geist erschlaffen [...] Wenn die edeln und reinen Gefühle durch jene Lectüre verstimmt, verzärtelt und zu sehr versinnlicht worden sind, [...] so ist nichts natürlicher, als daß die Religionsschwärmerey, welche man auch *Religionsempfindeley* nennen könnte, sehr leicht und geschwind Wurzel fassen muß [...].[380]

Der immanente Verweis auf »die literarische Struktur des empfindsamen Gefühls« und »die Affinität von Lesen und ›Empfindsamkeit‹«,[381] der sich in Millers heftiger Kritik an der Lektüre Louises äußert, beschreibt zugleich das zeitgenössische Verhältnis von Gesellschaft und Literatur im Zusammenhang mit dem Prozeß bürgerlicher Emanzipation. Die Beziehung zwischen Louise und dem Vater ändert sich unter dem Einfluß ihrer Lektüre. Der Vorgang des Lesens selbst spielt dabei eine entscheidende Rolle, stellt er doch den Blick des Lesenden auf sich selbst in einer Weise fest, die dazu führt, »daß eine bestimmte Körpererfahrung Teil und Medium der Texterfahrung ist«.[382] Somit kommt es über den Vorgang des Lesens zu einer Entfremdung zwischen Vater und Tochter, denn Miller kann aufgrund fehlender Kenntnis von Louises Lektüreerfahrungen deren dadurch erworbenes Wissen nicht nachvollziehen. Daraus resultierend entstehen innerhalb einer Gesprächssituation zwischen Vater und Tochter zwei Standpunkte, die nicht kompatibel sind. Louises Affi-

---

279 Wie Anm. 377, S. 76.
380 Carl Friedrich Pockels, *Über religiöse Schwärmerei; Magazin zur Erfahrungsseelenkunde als Lesebuch für Gelehrte und Ungelehrte*, hg. v. C. P. Moritz/C. F. Pockels, Bd. V/3, Berlin 1787, S. 41-48; wiederabgedruckt in: G. Sauder, Empfindsamkeit, Bd. III: Quellen und Dokumente Stuttgart 1980, S. 73 ff., hier Zitat S. 73.
381 E. Schön, Der Verlust der Sinnlichkeit oder Die Verwandlungen des Lesers: Mentalitätswandel um 1800, Stuttgart 1987. E. Schön, Der Verlust der Sinnlichkeit oder Die Verwandlungen des Lesers: Mentalitätswandel um 1800, Stuttgart 1987, S. 77.
382 Vgl. Ebda., S. 81.

nität für die Lektüre, die der adelige Liebhaber ihr zuträgt, ist nicht zuletzt Ausdruck des vom gebildeten Bürgertum getragenen Ansatzes zum ständischen Ausgleich. Dieser führte jedoch nicht zum angestrebten Ziel einer Emanzipation des Bürgertums, weil hierdurch gleichzeitig eine »Kohärenz des Bürgertums selbst« verhindert wurde.[383] Schillers Drama spiegelt das Generationenproblem als ein zentrales Thema des Sturm und Drang, hier am Beispiel der weiblichen Nachfolgegeneration: Diese wurde in ihrem persönlichen Umfeld mit dem eng gefaßten Rollenbewußtsein der Väter, Onkel oder Magister konfrontiert.[384] Hieraus resultierte, daß dem Generationenproblem die Problematik unterschiedlicher Geschlechter-Rollenbilder eingeschrieben war, zumal wenn es um das Thema ›weiblichen Lesens‹ ging. Wenn Vater Miller die Lektüre beanstandet, die Louise von Ferdinand erhalten hat, ist dies auch als Rekurs auf die Thematisierung weiblicher Sexualität zu verstehen, die im ausgehenden Jahrhundert mit der Problematik des Lesens verbunden war. Über diese offenbarte sich die zeitgenössische, zumeist männliche Projektion auf ein Bild von Leserinnen, denen unter Bezugnahme auf die Wahl der Lektüre ein illegitimes, nicht rollenkonformes Interesse an Sexualität vorgeworfen wurde.[385] Die Äußerung Louises, daß ihr im Angesicht Ferdinands »das Blut in die Wangen stieg« (I/3,20), ihre

---

383 Vgl. H. Kiesel/P. Münch, Gesellschaft und Literatur im 18. Jahrhundert, München 1977, S. 54.

384 Vgl. Alt, wie Anm. 368, S. 360: »Wie eng sein Rollenbewußtsein gefaßt ist, verrät Millers erbitterte Rede über Louises Romanlektüre.« Diese »findet ihr dramaturgisches Vorbild in der Strafpredigt des Magisters aus der Exposition von Klingers Trauerspiel […]« (vgl. auch Kap. III.4 dieser Arbeit). Das nicht lesende Gretchen aus Goethes *Faust. Frühe Fassung* reiht sich hier nicht ein, Goethe spart auch hier wie in anderen Werken den Generationenkonflikt durch einen ›fehlenden Vater‹ gänzlich aus (vgl. Kap. III.6 dieser Arbeit sowie R. Klüger, Goethes fehlende Väter; in: dies., Frauen lesen anders, München, 3. Auflage 1997, S. 105-128).

385 Vgl. hierzu K. Braun, Die Krankheit Onania: Körperangst und die Anfänge moderner Sexualität im 18. Jahrhundert, Frankfurt a.M./New York 1995; S. K. Schindler, The critic as pornographer. Male phantasies of female reading; in: Eighteenth Century Life 20 (3), Baltimore 1996, S. 66-80; Ferner (zur Situation ›weiblicher Körper-Erfahrung‹ im 18. Jahrhundert): R. v. Dülmen (Hg.), Körper-Geschichten. Studien zur historischen Kulturforschung, Frankfurt a.M. 1996; darin: M. Lorenz, »... als ob ihr ein Stein aus dem Leib kollerte ...«. Schwangerschaftswahrnehmungen und Geburtserfahrungen von Frauen im 18. Jahrhundert, S. 99-121; E. Labouvie, Andere Umstände. Eine Kulturgeschichte der Geburt, Köln/Weimar/Wien 1998; A. Koschorke, Körperströme und Schriftverkehr. Mediologie des 18. Jahrhunderts, München 1999.

Befürchtung »Wilde Wünsche [...] werden in meinem Busen rasen« (I/ 4,26), zeigt, daß auch für sie existent ist, was nicht sein darf.

Theoretische Werke, die in den 80er Jahren des Jahrhunderts in zeitlicher Nähe zu *Kabale und Liebe* entstanden, polemisierten im Diskurs über Sexualität vehement gegen die Existenz einer eigenständigen weiblichen Sexualität, um das mühsam vorgeformte Rollenbild weiter zu fixieren; vermehrt rezipiert wurden etwa Jean-Jacques Rousseaus *Confessions* (1782) oder die Schrift *Fragmente zur Kenntniß und Belehrung des menschlichen Herzens* (1788) des Philantropen Carl Friedrich Pockels.[386] Louises erotisch konnotierte Äußerung, der Tod sei »ein holder, niedlicher Knabe, blühend, wie sie den Liebesgott malen« (V/1,154), ist Ausdruck ihrer unterdrückten Sexualität, die für sie erst im Jenseits Akzeptanz hat.[387] Durch den Blick Ferdinands auf die Physiognomie Louises unmittelbar vor deren Tod erhält die erotische Komponente der Figurensprache den für die zeitgenössische Literatur typischen Bezug zur ästhetischen Betrachtung des weiblichen Körpers. In Abwesenheit der ›realen‹ Persönlichkeit‹ erscheint dieser dem männlichen Betrachter am schönsten: »Bleich wie der Tod! [...] So schön war sie nie [...] Es ist ihr schönstes Gesicht« (V/2,162).[388]

---

386 Zur Formulierung weiblicher Sexualität in der zeitgenössischen Literatur: Kap. I.2 dieser Arbeit.

387 Vgl.: NA 5N, S. 482: »Louise ›zitiert‹ hier aus Lessings Schrift »Wie die Alten den Tod gebildet« [...] die literarische Vorstellung als Wunschbild«; zum Todesgenius in der Literatur: K. S. Guthke, Ist der Tod eine Frau? Geschlecht und Tod in Kunst und Literatur, München 1997, S. 13. Schiller setzte das Bild vom ›schönen Tod‹ wiederholt ein, so im Gedicht *Amalia* (1780), welches sich in Amalias Lied aus *Die Räuber* (III/1) findet, sowie im Gedicht *Die Götter Griechenlandes*, entstanden im Frühjahr 1788 (Vgl.: N. Oellers (Hg.), Friedrich Schiller. Gedichte, Stuttgart 1999, S. 270, Anm. S. 365, S. 192, Anm. S. 341). Im Zusammenhang mit Louises Todesvorstellung könnte man auch nachdenken über die in der zweiten Hälfte des 14. Jahrhunderts von Francesco Petrarca aufgestellte sechsstufige Hierarchie der Weltmächte: »[...] der *Tod* besiegt seinerseits die Keuschheit, vor ihm sind Tugend und Laster gleich wenig wert« (so G. Lange unter Bezugnahme auf Petrarcas *Die sechs Triumphe und die sechs Visionen des Francesco Petrarca* in: ders., »... seh ich den Alten gern«?. Zur Bildgeschichte Gottes, ihren Ursachen und ihren Folgen; in: Alter und Weisheit im Märchen. Forschungsberichte aus der Welt der Märchen, hg. v. U./H.-A. Heindrichs, München 2000, S. 296-321, hier S. 297 f.).

388 Zum erotisch aufgeladenen Blick auf die weibliche Leiche vgl. E. Bronfen, Nur über ihre Leiche. Tod, Weiblichkeit und Ästhetik, München, 2. Auflage 1994 (vgl. auch Kap. I.2 dieser Arbeit). Ferner: Vgl. *Sneewittchen*-Märchen: »Schönheit, die den Superlativ verdient«, formuliert N. Heinich zur Schneewittchen-

Im Schlußakt wird Louises Konflikt, der »vor allem religiöse Züge trägt«,[389] erneut im Gespräch zwischen Vater und Tochter thematisiert: »Gib acht, ob du dich da nicht verrechnest, mein Kind?« hinterfragt Miller Louises Überlegungen in einer letzten Aussprache mit ihr (V/1,156). Das Verb, welches er gebraucht, kennzeichnet präzise den Louise prägenden Denkansatz, denn die Tochter stellt Rechnung und Gegenwert zum Vergleich nebeneinander:

Ich bringe nichts mit mir als meine Unschuld, aber der Vater hat ja so oft gesagt, daß der Schmuck und die prächtigen Titel wohlfeil werden, wenn Gott kommt und die Herzen im Preise steigen. Ich werde dann reich sein. Dort rechnet man Tränen für Triumphe, und schöne Gedanken für Ahnen an, (I/3,32)

sagt sie der Mutter, *nicht* Miller selbst, denn dieser hat sie längst durchschaut.[390] Wie sehr sich Vater und Tochter in ihrem Denken ähneln, zeigt Louises Aussage, mit der sie nur wiederholt, was »der Vater [...] ja so oft gesagt« hat:

Louises (und Millers) Denken zeigt sich hier geprägt von einer ökonomisch anmutenden Logik des Tausches, die das Ende 1784 in Mannheim entstandene Gedicht ›Resignation‹ als Ausdruck moralisch-bedenklicher Religionsvorstellungen verwerfen wird.[391]

Figur in: dies., Das »zarte« Geschlecht. Frauenbilder in der abendländischen Literatur, Düsseldorf/Zürich 1997, S. 196; *Kabale und Liebe*, I/5, zum Vergleich: Auf die Frage des Präsidenten, ob Louise »hübsch« sei, antwortet Wurm »lebhaft«, sie sei »Das *schönste* Exemplar einer Blondine.« Auf die Funktion des Erbleichens als »Indiz des unkontrollierbaren Affekts« weist Alt hin: »Der Leib des Menschen [ist] Schauplatz seiner psychischen Kräfte« (wie Anm. 368, S. 356).

389 Alt, wie Anm. 368, S. 361. »Nährboden« hierfür, heißt es dort unter Berufung auf eine Rezension von Karl Philipp Moritz, ist eine »durch Lektüre‹ gestützte Erziehung aufklärerischen Zuschnitts.«

390 Zum Zeitpunkt der Äußerung hat Miller die Bühne bereits verlassen.

391 Alt, wie Anm. 367, S. 9, unter Verweis auf Kants *Die Religion in den natürlichen Grenzen der Vernunft* (1793), worin diese Überlegungen ausformuliert sind. Mit der Darstellung von Louises Konflikt diskutiert Schiller textimmanent den auf Leibniz verweisenden Theodizeegedanken. Die Infragestellung der Welt als »bester aller möglichen Welten« bedeutet, zugleich mit dem Anspruch auf individuelle Autonomie, die Abkehr vom Interpretationsmodell aufgeklärter Theodizee (Vgl. Alt, Tragödie der Aufklärung, Tübingen/Basel 1994, S. 278).

Louises scheinbar moralisches Handeln wird als ambivalent und verwerflich entlarvt. Wenn sie sich im Jenseits den Liebhaber Ferdinand als
legitimen Lohn für den irdischen Verzicht erhofft, widerspricht dies den
Grundsätzen, auf denen moralisches Handeln beruht.[392]
Die ökonomische Metaphorik in Louises Sprache offenbart die Distanz des Autors zur Figur – die Tauschökonomie, die Louises Diskurs
bestimmt, steht in krassem Gegensatz zum moralischen Gebot des Ver-
zichts als Lösung, der Louises Pflicht ist im Hinblick auf die christlich-
orthodoxe Weltsicht, die vor allem der Vater ihr anerzogen hat.[393] Daß
Louise sich von diesem Weltbild zu entfernen begonnen hat und von der
bürgerlichen Moralität in die höfische Unmoral abzurutschen droht, ist
Ausdruck ihrer von ökonomischer Metaphorik geprägten Sprache. Hierdurch rückt sie in die Nähe der aristokratischen Figuren, deren Sprache,
von Schiller hier als Element zur Hofkritik eingesetzt,[394] ebenfalls durch
das Vokabular des Handelns und Tauschens gekennzeichnet ist. So
formuliert der Präsident gegenüber Ferdinand, er »rechne ihre [Louises]
Tugend für Ahnen, und ihre Schönheit für Gold« (IV/5,128). Ferdinand
seinerseits entgegnet Miller, er bezahle ihm das »Bischen Flöte zu theuer«
(V/3,168)[395] und selbst die Lady bedient sich der Tauschmetaphorik im
Gespräch mit Sophie, wenn sie betont:

---

392 Die Konzeption der Louise-Figur mag in dieser Hinsicht auch auf Schillers frühe
Rezeption der *Moral-Sense-Theorie* verweisen, hier vor allem auf Shaftesburys
Konzept, der den *Moral-Sense-Begriff* als »*vor* jedem religiösen Glauben und
unabhängig von ihm« sieht (Vgl. G. Sauder, Empfindsamkeit. Bd. I, Stuttgart
1974, S. 75); zu Schillers Shaftesbury-Lektüre im Rahmen des Unterrichtes an
der Karlsschule und der daraus resultierenden Auseinandersetzung mit dem Begriff der Tugendhaftigkeit im Zusammenhang mit der schottischen Moralphilo-
sophie sowie zu der im Anschluß daran entstandenen sog. »zweiten Geburtstags-
rede« mit dem Titel *Die Tugend, in ihren Folgen* betrachtet (1780) vgl. Alt, wie
Anm. 368, S. 101 ff; ferner: W. Riedel (Hg.), Jacob Friedrich Abel: Eine Quellenedition zum Philosophieunterricht an der Stuttgarter Karlsschule (1773-1782).
Mit Einleitung, Übersetzung, Kommentar und Bibliographie, Würzburg 1995,
S. 464 f.
393 Alt, wie Anm. 368, S. 361 ff.
394 Zur Hofkritik in *Kabale und Liebe* vgl. Kiesel, wie Anm. 383, S. 237-241.
395 »Wo Geld die Welt regiert, hat die Musik keine Chance mehr – es sei denn, sie
selbst funktioniere nach den Regeln des Geldkreislaufs«, merkt C. Albert an;
dies., ›Musik‹ in der deutschen und französischen Erzählprosa des 18. und
19. Jahrhunderts, Heidelberg 2002, S. 2.

Es ist besser, falsche Juwelen im Haar, und das Bewußtsein dieser Tat im Herzen zu haben [...] Dafür werden in *einem* Augenblik mehr Brillanten und Perlen für mich fallen, als zehen Könige in ihren Diademen getragen, und schönere« (III/2,52).

Louise, die sich im Zusammenhang mit der Entsagung in III/4 wieder auf ihre soziale Herkunft und entsprechende Wertvorstellungen besonnen hat, verspürt nur noch größtes Befremden, als die Lady ihr das Angebot macht, Ferdinand gegen »Schmuk [...] Garderobe, Pferd und Wagen« von ihr loszukaufen (IV/7,140).

III

Die Sprache und Ausdrucksweise der Figuren in *Kabale und Liebe* kennzeichnet – »längst gehört es zum Kanon der Schiller-Forschung«, so hat Bruce Duncan diesen Aspekt einmal formuliert – das Drama in besonderer Weise.[396] Duncan rückt, anders als beispielsweise Müller-Seidel in seinem in der Sekundärliteratur zur Louise-Figur kanonisch gewordenen Aufsatz,[397] das in den Mittelpunkt seiner Sprachanalyse, was sich in der Rede der Figuren präsentiert und bildet drei wesentliche Kategorien im Hinblick auf sprachliche Relevanz: Sprache als Konstruktionshilfe für eine »naturwahre(n) Darstellungsweise«, Sprache als darstellendes Element für »charakterliche Entwicklungen«, Sprache als Konstituens »metaphorische[r] Bedeutung«.[398] Die metaphorische Bedeutung der dramatischen Sprache besteht aus mehreren Komponenten, von denen die der religiösen Metaphern im Vordergrund mancher Textanalyse stehen, so auch in der Arbeit von Guthke, der aufgrund der Darstellung einer säkularisierten Religion im Drama von einem »Liebesevangelium« spricht, in dem die Liebe mittels religiöser Metaphern zum Ausdruck kommt.[399]

396 B. Duncan, »An Worte läßt sich trefflich glauben«. Die Sprache der Louise Millerin; in: Friedrich Schiller: Kunst, Humanität und Politik in der späten Aufklärung: ein Symposium, hg. v. W. Wittkowski, Tübingen 1982, S. 26-32, hier S. 26.

397 W. Müller-Seidel, Das stumme Drama der Luise Millerin; in: Goethe. Neue Folge des Jahrbuchs der Goethe Gesellschaft, Weimar 1955, Band 17, S. 91-103; der Aufsatz betont das Schweigen Luises und interpretiert dieses als »Ausdruck ihres Nicht-Handelns«, so Duncan in: wie Anm. 396.

398 Wie Anm. 396, S. 26.

399 K. S. Guthke, Kabale und Liebe; in: Schillers Dramen. Interpretationen, hg. v. W. Hinderer, Stuttgart, 2. Auflage 1992, S. 105-158.

Ein weiteres, zumeist unbedachtes Metaphernfeld soll hier angesprochen werden, weil es das Figurenbild der Louise maßgeblich kennzeichnet: Untersucht man den Dramentext im Hinblick auf metaphorische
Funktionen, läßt sich eine Anzahl von Begriffen und Formulierungen
auflisten, die einem semantischen Feld mit dem übergeordneten Begriff
›Musik‹ zuzuordnen sind. Über den Vergleich zwischen den inhaltlichen
Informationen aus dem Primärtext und dessen sprachlich-metaphori-
scher Gestaltung erschließt sich die Komplexität der Musikmetaphern als
Mittel zur Beschreibung der determinierenden und destruierenden Elemente, die den Figurenbeziehungen Louise – Miller und Louise – Ferdinand zugrunde liegen. Wie eine kürzlich erschienene Studie zur Verwendung des Begriffs ›Musik‹ in der Literatur des 18. und 19. Jahrhunderts
zeigt, betrat Schiller hier den modernen Bereich literarischer Ästhetik, indem er die Dialektik von Harmonie und Dissonanz in ihrem metaphorischen Gehalt verwendete, um die Qualität von Beziehungen darzustellen.[400]

Die Anweisung für die Expositionsszene des Dramas beginnt mit einem
Hinweis, der sich vor dem Hintergrund der kompletten Textlektüre re-
kursiv als betonter Hinweis auf fehlende Präsenz der Musik als solcher im
Text lesen läßt: Miller »stellt sein Violonzell auf die Seite« (I/1,8) – womit
ausgedrückt werden mag, daß er das Musizieren gerade beendet hat. Bezüglich dieser Hypothese ist anzumerken, daß während des gesamten
Handlungsverlaufs die Musik im Hause Miller schweigt – dort, wo ihr
Erklingen am ehesten zu vermuten wäre. Atmosphärisches spiegelt sich
hier: Ohne Töne keine Harmonie.[401] Mit dem Weglegen des Instrumentes *vor* Handlungsbeginn verstummt die Musik, als ob die Außerordentlichkeit der innerfamilialen Situation, die »Familienkatastrophe«[402] im
Hause Miller, auch auf diese Weise ihren Ausdruck finden sollte. Auf-

---

400 Zur Verwendung des Musikbegriffes im 18. Jahrhundert bei Diderot hier grundsätzlich, weil auch für Schillers Drama zutreffend, Albert, wie Anm. 395, S. 3-17
(zu *Rameaus Neffe*).

401 Die einzige Musik, die während des Dramenverlaufs ›zu hören‹ ist, stammt von
der Hand der Lady Milford, wird weder im Hause Miller gespielt noch auf einer
Geige. Das Piano der Lady verstummt jedoch bezeichnenderweise vor Einsetzen
der Handlung (vgl. Szenenanweisung vor II/1). Im »Musikerhaushalt«, wo be-
rufsbedingt musiziert wird, bleibt es hingegen still, selbst in V/7 bleibt das Forte-
piano, auf dem Louise zunächst spielen will, stumm. Die Szene V/7 wird laut
Anweisung von einem ›großen Stillschweigen‹ eingeleitet. Zum Fehlen der Musik als Ausdruck fehlender Harmonie: C. Lubkoll, Mythos Musik, Freiburg 1995,
S. 41 ff.

402 Vgl. Koopmann in: ders. (Hg.), Schiller-Handbuch, Stuttgart 1998, S. 369.

fällig ist, wie sich Ferdinand von Walter in seiner Rede musikmetaphorischer Begrifflichkeit bedient; Ferdinands Frage an Louise zeigt den Liebesdiskurs mit metaphorischem Ausdruck gekoppelt:»Wer kann den Bund zwoer Herzen lösen, oder die Töne eines Accords auseinanderreissen?« (I/4,24). Noch ein weiteres Mal wird Ferdinand sich dieser Metaphorik bedienen, bezeichnenderweise in der Szene, an deren Ende Louise stirbt:»Und die süße, melodische Stimme – Wie kann so viel Wohlklang kommen aus zerrissenen Saiten?« (V/7,182).[403] Die Aussage Ferdinands entschlüsselt die strukturelle Beziehung, auf der die Metaphorik beruht: Er assoziiert Louises Stimme mit den Saiten eines Musikinstrumentes, wobei scheinbar offenbleibt, um welche Art von Instrument es sich genau handelt. Zieht man Informationen hinzu, die andere Textstellen liefern, läßt sich dies jedoch konkretisieren: Die Bezeichnungen für den Beruf Millers reichen von»Musikus« (I/5,26) über»Stadtmusikant« (II/6,74) bis hin zu»Musikant« (III/1,88; III/2,96) und»Geiger« (III/3,98); Lady Milford bezeichnet Louise als»arme Geigerstochter« (IV/7,132) und bezieht so das Instrument, welches der Vater spielt, auf die Person.

Millers Fluchtutopie ist ähnlich bezeichnend: Außer seiner Tochter soll ihn nur noch seine Geige auf die Flucht begleiten (V/1,158 ff.). Ferdinands Äußerung markiert die Bedeutung der Tochter und der Geige für Miller:»Das einzige Kind [...] Und der Mann hat auf der großen Welt Gottes nichts als sein Instrument und das einzige [...]« (V/4,168). Eine dialektische Beziehung zwischen Louise und der Geige (im sprachlichen Ausdruck werden dem *Subjekt* Miller Louise *und* die Geige als *Objekte* zugeordnet) ist zunächst über die sprachlichen Äußerungen der Lady, Ferdinands und Millers gegeben, wird jedoch ergänzt durch Louises metaphorische Ausdrucksweise:»Dies Blümchen Jugend – wär es ein Veilchen, und *er* träte drauf, und es dürfte bescheiden unter ihm sterben! – Damit genügte mir, Vater«, formuliert sie während ihres ersten Auftrittes (I/3,20). Sie imaginiert sich als Veilchen,[404] welches von Ferdinand zer-

---

403 Diese Textpassage fehlt in der Bühnenfassung (vgl. NA 5N, S. 183).

404 Die symbolische Bedeutung des Veilchens stützt diesen Bezug, denn es ist »Sinnbild der bescheiden auftretenden Tugendhaftigkeit und der Demut, damit zugleich Marien-Symbol« und weist Eigenschaften auf, die auch Louises an christlichen Werten orientiertes Denken prägen (Vgl. U. Becker, Lexikon der Symbole, Frechen 1992, S. 317; sowie: Handwörterbuch des deutschen Aberglaubens VIII, Berlin/Leipzig 1936/1937, Stichwort»violett«, S. 1664 f.). Zur Bedeutung des Begriffs Veilchen vgl. auch Stellenkommentar in NA 5N, S. 414, zu S. 20, 21-24:»Anspielung auf das Lied»*Ein Veilchen auf der Wiese*« in Goethes

treten wird. Die Destruktion, die von Ferdinand ausgeht und Louise trifft, hat in dieser frühen Äußerung ein erstes Vorspiel und wird im dritten Akt durch die Symbolik der zerschmetterten Violine auf der Bühne präsent, ehe sie im fünften Akt vollzogen wird. Die Funktion der Sprache in Louises Figurenbild erinnert in diesem Zusammenhang an Shakespeares *Othello* (1604) als Quellentext für Schillers Drama. Die Sprache der Protagonisten *Jago* und *Othello*, die sich »durch die Bilder, die sie gebrauchen«, charakterisieren, hat präludierende Bildfunktion.[405]

Ferdinands Reaktion auf Louises Entsagung zeigt ihn jenseits aller Affektkontrolle: Wie oben bereits angemerkt,

hat [er] in der Zerstreuung und Wut eine Violine ergriffen, und auf derselben zu spielen versucht – Jezt zerreißt er die Saiten, zerschmettert das Instrument auf dem Boden, und bricht in ein lautes Gelächter aus (Szenenanweisung III/4,104).

Setzt man Louises Äußerung über das Veilchen in Beziehung zu dieser Reaktion Ferdinands, zeigt sich eine Bedeutungsanalogie, denn die zerschmetterte Violine kommt Louises Vorstellung des zertretenen Veilchens gleich. Ferdinand repetiert in V/4 die Blumenmetapher Louises in variierter Form, hält diese also präsent, obwohl er Louises frühe Äußerung gar nicht kennen kann (weil er in I/3 noch nicht auftrat und im weiteren Handlungsverlauf nichts mehr über dieses Gespräch zwischen Louise und dem Vater bekannt wird). Als Ferdinand über den Mord an Louise nachsinnt, malt er sich aus, wie »sie daliegt, die Blume – welk – tot – zertreten [...]« (V/4,168). Daß darüber hinaus ein enger Bezug zwischen *Veilchen* und *Violine* besteht, erschließt sich über eine linguistisch-etymologische Bestimmung beider Begriffe, aufgrund deren man von einer Homonymie ausgehen kann: *Veilchen* (ahd. *fiol, viol*) ist demnach entlehnt aus *viola* (f). *Violine* (f, < 17. Jh.) ist entlehnt aus einem Di-

---

»*Erwin und Elmire*« (1775). Ferner: G. B. Ladner, Handbuch der frühchristlichen Symbolik. Gott Kosmos Mensch, Wiesbaden 2000, S. 143, bezogen auf: Gregor der Große, Predigten zu Ezechiel I, Predigt 6,4 (thematisiert unter anderem die verschiedenen Blumendüfte und ihre Bedeutung).

405 M. Hardt, Das Bild der Dichtung. Studien zu Funktionsweisen von Bildern und Bildreihen in der Literatur, München 1966, S. 105-120, bes. S. 116 f. Ferner: S. Finkelstein, Brauchen wir Shakespeare?: Eine Einführung in das Gesamtwerk, Königstein 1981, bes. Kap. 2,8.

Schiller hatte in einem Brief an Reinwald vom 9. Dezember 1782 um die Zusendung von Shakespeares *Othello* und *Romeo und Juliette* gebeten (vgl. NA 23, S. 56).

minutivum zu it. *viola*.[406] Bereits im 17. Jahrhundert findet sich eine Ersetzung des Begriffs *Geige* durch *Violine* von it. *violino*, einem Diminutivum zu it. *viola* (f), wobei zu betonen ist, daß der Begriff »jedoch bereits in den frühesten Belegen mit fem. Genus« erscheint.[407] Im Falle der Bezeichnung des Instrumentes sowie der Blume mit (lat.) *viola* ist somit eine Austauschbarkeit beider Begriffe auf der metaphorischen Ebene des Primärtextes gegeben, woraus resultiert, daß auch der Bezug Louise – Veilchen in den Bezug Louise – Geige transformiert werden kann. Mit dem Zerschmettern des Instrumentes im dritten Akt antizipiert Ferdinand symbolisch, was er letztlich an Louise vollzieht: Die zerstörte Geige wird zur Todesmetapher.

»Den Unternehmungen des Helden bleibt freilich der Makel des Scheiterns eingeschrieben«, formuliert Peter-André Alt.[408] Ferdinand versucht, auf dem Instrument zu spielen (III/4,104); der Mißerfolg dessen ist eine Entsprechung seiner scheiternden Beziehung zu Louise, die nicht ›(mit)spielt‹, wie er es sich vorstellt. Die Szenenanweisung stellt Ferdinand bildhaft als *Violator* vor (lat. *violator*, *-oris*, m: Verletzer, Schänder *oder* Violaspieler)[409] und verweist mit dem Bild auf die Gewaltstruktur in der Beziehung, die nicht zuletzt mit der Folter-Metapher in Louises Rede ihren Ausdruck findet.[410] Die Decodierung der Meta-

406 F. Kluge, Etymologisches Wörterbuch der deutschen Sprache, Berlin/New York, 23. Auflage 1995, S. 853 f., 865.

407 Etymologisches Wörterbuch des Deutschen, Q-Z, erarbeitet von einem Autorenkollektiv des Zentralinstituts für Sprachwissenschaft unter der Leitung von W. Pfeifer, Berlin 1989, S. 1912. Zum Begriff der Homonymie vgl. T. Lewandowski, Linguistisches Wörterbuch, Heidelberg/Wiesbaden, 6. Auflage 1994, S. 405 f.

408 Alt, wie Anm. 367, S. 13.

409 Vgl.: Langenscheidts Handwörterbuch Lateinisch/Deutsch, unter Mitarbeit von E. Petsch hg. v. d. Langenscheidt VG, Berlin/München, 2. Auflage 1983, S. 670. Gewalt als Handlungsattribut im Zusammenhang mit der Geige ist im Text außerdem hinterlegt über die zweite Bedeutung des Lexems, die Zeitgenossen eher bekannt gewesen sein dürfte als dem heutigen Leser:»*Geige*, […] nach dem Musikinstrument benanntes mittelalterliches Strafwerkzeug zur Vollstreckung von Ehrenstrafen (bes. an Frauen). […] noch im 18. Jh. üblich« (vgl.: Meyers Enzyklopädisches Lexikon in 25 Bänden, Bibliographisches Institut Mannheim/Wien/Zürich 1973, Nachdruck 1980, Bd. 9, S. 825).

410 Vgl. Schings, wie Anm. 372, S. 31 f., unter Verweis auf Louises Rede in III/6:»Du giengst beim Henker zur Schule. Wie verstündest du sonst, das Eisen erst langsam-bedächtlich an den knirschenden Gelenken hinaufzuführen[…]« (NA 5N, S. 108).

phernkette auf metapherntheoretischer Basis macht nachvollziehbar, warum der Musikus Geige spielt und nicht etwa Piano (wie Lady Milford), warum Ferdinand zum Geiger Miller kommt, um Flöte spielen zu lernen, und statt dessen Louise kennenlernt (vgl. V/3,166).[411] Für Miller sind die Tochter und das Instrument untrennbar miteinander verbunden, verschmelzen zur Einheit in der bereits erwähnten Fluchtutopie. Ihm, der lediglich noch an eine degenerierte Nutzung seines Instrumentes denkt («Wilst das Violonzello am Hirnkasten wissen?« (I/2,14)), ist der unbedingte Vater-Tochter-Bezug verlorengegangen, der nur im Tod Louises wiederherstellbar scheint. Daß Louise und die Geige in den sprachlichen Äußerungen Ferdinands und Millers gleichermaßen aufeinander bezogen werden, verweist auf die Art und Weise, wie die Inszenierung des weiblichen Geschlechts im zeitgenössischen Text auf metaphorischer Ebene konstruiert ist:»Das Metaphorische und das Körperliche sind jedoch, und das ist der springende Punkt, dermaßen verschränkt miteinander, daß der Unterschied zwischen beiden tatsächlich eher in der Emphase als im Grundsätzlichen steckt«, heißt es bei Laqueur.[412] Abgesehen von der Entschlüsselung der Metaphernkette konstituiert sich die Beziehung zwischen ›Geige‹ und ›Mädchen‹ bereits auf der Ebene der sich aus Elementen des Aberglaubens zusammensetzenden Folie, die mit der Äußerung Millers im Text hinterlegt ist:»Das hat seine Richtigkeit, wem der Teufel ein Ey in die Wirthschaft gelegt hat, dem wird eine hübsche Tochter geboren« (II/4,66). Dem zeitgenössischen Publikum dürfte es hinreichend bekannt gewesen sein, daß die Geige in Verbindung mit der Figur des Teufels oder Satans eine Rolle in Hexensagen und -prozessen

411 Die Decodierung erfolgt über die strukturelle Analyse der Lexeme Louise, Geige, Veilchen unter Berücksichtigung der Bedingungen metaphorischer Relation (kategoriale Distanz, exklusive Gemeinsamkeit). Vgl. hierzu K. Stierle, Text als Handlung. Perspektiven einer systematischen Literaturwissenschaft, München 1975; darin: Aspekte der Metapher, S. 153-185. Ferner: Aristoteles, Poetik, hg. v. M. Fuhrmann, Stuttgart 1982, S. 66-69 (Definition der Begriffe Metapher und Analogie. Es ist hier jedoch zu bedenken, daß Schiller die *Poetik* erst im Jahr 1797 selbst gelesen hat, wenn er auch bereits in der Vorrede der *Räuber* eindeutig Stellung gegen Aristoteles bezieht (vgl. Alt in: Schiller. Leben – Werk – Zeit, Bd. I, München 2000, S. 134)). Das Motiv des adeligen, beim Vater Unterricht nehmenden Liebhabers ist entlehnt aus Gemmingens *Der teutsche Hausvater* (1780; dort nimmt Karl, der adelige Liebhaber Lottchens, bei deren Vater Zeichenunterricht (vgl. I/2); Verweis auf Gemmingen in: NA 5N, Anmerkungen zu *Kabale und Liebe*, S. 486). Vgl. auch letzte Seite dieses Kapitels, Text und Anm. 58.
412 T. Laqueur, Auf den Leib geschrieben. Die Inszenierung der Geschlechter von der Antike bis Freud, Frankfurt/New York 1992, S. 127-133, hier S. 129.

spielte. Der Volksglaube kannte zumal die motivische Verbindung ›Tod – Mädchen – Geige‹ durch »aus den Gebeinen einer unschuldig Gemordeten« oder durch »aus dem Holz eines zu einem Ahornbaume verwünschten Mädchens« geschnitzte Geigen.[413] Die männliche Sicht auf das Böse in Louise als Vertreterin des weiblichen Geschlechtes wird nicht nur durch die oben genannte Zuschreibung Millers transportiert, sondern auch durch die Reaktion Ferdinands in III/4: Sein Ausruf »Schlange, du lügst. Dich fesselt was anders hier« resultiert aus dem durch die Schriften des Aurelius Augustinus verbreiteten Schema, die Erklärung des moralischen Übels und des menschlichen Bösen auf die Erbsünde zurückzuführen.[414] Die zeitgenössische Bewertung des weiblichen Sexualtriebes als Movens sozialer Konflikte ist auch im Dialog zwischen Ferdinand und Louise hinterlegt, denn mit seinem Vorwurf unterstellt Ferdinand Louise ein sexuell motiviertes Interesse, die Beziehung mit ihm zu beenden.

Anzumerken ist darüber hinaus die Polarisierung von *heiß* und *kalt*, die der Sprache Ferdinands und Louises immanent ist: Louise, stets um Kühlung bedacht, empfindet die Hitze als negatives Zeichen einer aufkommenden Leidenschaft, die Ferdinands Wesen jedoch zu entsprechen scheint.[415] Die sprachlichen Äußerungen beider Figuren sind über die verwendeten Fließmetaphern mit den Mechanismen der zeitgenössischen Polarisierung der Geschlechtscharaktere verbunden. Die Auf-

413 Vgl.: Handwörterbuch des deutschen Aberglaubens, Bd. III, Berlin/Leipzig 1930/1931, S. 463-471 («Geige, geigen«), Zitate S. 469. Darüber hinaus ließe sich diese motivische Verbindung vor mythologischem Hintergrund an die griechische *Orpheus*-Sage anbinden; nimmt man dies an, so bedeutet das wiederum für die in Schillers Drama verwendeten Metaphern ein erheblich erhöhtes Wirkungsvermögen aufgrund ihrer engen Anbindung an gleichsam archaisch-kulturelles Wissen, was zunächst nicht offensichtlich ist. Der Sage nach spielt *Orpheus* Kithara, ein Saiteninstrument, und bekommt allein aufgrund seines virtuosen Kitharaspieles und seines Gesanges von Hades die Chance, seine verstorbene Frau Eurydike ins Leben zurückzuholen. Der in Verbindung mit der Metaphernkonstruktion in Schillers Drama eingebundene Motivkomplex kann dann als Spielart des Orpheus-Mythos aufgefaßt werden. Zum Orpheus-Mythos vgl. R. v. Ranke-Graves, Griechische Mythologie. Quellen und Deutung, Bd. I, Reinbek 1955, S. 98-101.

414 Vgl. J. B. Russell, Biographie des Teufels. Das radikale Böse und die Macht des Guten in der Welt, Köln/Weimar/Wien 2000, S. 130-154, bes. S. 136.

415 Beispiele aus dem Dramentext: I/3: Louise spricht von ihrer »blutenden Seele« und möchte Ferdinands Gesicht »abkühlen«, das »Blut steigt ihr in die Wangen«; I/4: Louise sagt, Ferdinand habe »den Feuerbrand in ihr Herz geworfen, der

weichung kultureller Schemata, die maßgeblich für die Geschlechter-
codierung verantwortlich waren, erfolgte im Zuge einer gleichzeitig sich
herausbildenden »weiblichen Sonderanthropologie«, der die Aufgabe zur
Regulierung der Geschlechterdifferenz zukam.[416] Gerade im Hinblick
auf das Thema Sexualität wurden Kategorien zur geschlechtsspezifischen
Unterscheidung formuliert, die aus zeitgenössischer anatomischer Erkenntnis resultierten[417] und sich zumeist an der Säftelehre der alteuropäischen Schul- und Volksmedizin orientierten.[418] So sind

gerade die Exkremente Stoffe von besonderer magischer Relevanz. Die
Vielzahl von Schamvorschriften, die sich auf die Körperöffnungen als
bedrohliche Schlünde oder Austrittsorte von bösen Zauberkräften beziehen, geben einen Begriff von der ursprünglich osmotischen Anlage
des menschlichen Leibes, der als Säftebehältnis zugleich Durchzugs-
gebiet kosmischer Flutungen war.[419]

Bei einer Analyse, die *nicht* wie die vorliegende am Figurenbild ansetzt,
würde sich hier die Frage stellen, inwiefern im Drama Grenzüberschrei-

nimmer gelöscht werden kann«; III/4: Ferdinand wirft Louise »kalte Pflicht
gegen feurige Liebe« vor, worauf diese in III/5 über »das schaudernde Gaukelspiel
des erhitzten Gemüts« nachdenkt; in V/2 bemerkt Ferdinand gegenüber Louise:
»mein Kopf brennt so fiebrisch«; in V/7 wird Ferdinand »heiß und enge«, worauf
Louise ihm rät: »Trinken Sie! Der Trank wird Sie kühlen!« In der gleichen Szene
spricht Ferdinand von Louises Tränen in Verbindung mit »warmem, wollüstigen
Tau, der […] balsamisch fließt« und von »kalten Tropfen«. Oft ist die Polarisierung heiß/kalt mit Fließmetaphern oder mit Ausdrücken, die eine (Körper-)Flüs-
sigkeit bezeichnen, konnotiert: Blut, Tränen, Tropfen. In diesem Zusammenhang
ist die Ursache für Louises Tod bezeichnend: Sie stirbt durch eine Flüssigkeit, die
Ferdinand bei ihr bestellt hat und die er vergiftet; die Darstellung des Mordes als
Giftmord ist ungewöhnlich, die meisten Töchterfiguren in den zeitgenössischen
Dramen werden durch Erstechen ermordet (vgl. R. Sexau, Der Tod im deutschen Drama des 17. und 18. Jahrhunderts, Hildesheim 1976, S. 97-101). Die hier
aufgezeigte sprachliche Charakteristik findet sich nicht in der Sprache der anderen Figuren in *Kabale und Liebe*, sondern ist ausschließlich in den Dialogen
Louise/Ferdinand fixiert.

416 Vgl. C. Honegger, Die Ordnung der Geschlechter. Die Wissenschaften vom
    Menschen und das Weib 1750-1850, Frankfurt/New York, 2. Auflage 1992, S. 8.
417 Wie Anm. 412, S. 132.
418 Koschorke, wie Anm. 385, S. 48 f.
419 Zur Bedeutung von Flüssigkeiten/Körpersäften vor historisch-anthropologi-
    schem Hintergrund vgl. ebda., Kap. I,II.

tungen mittels Verschiebung des Diskurses auf die metaphorische Sprachebene vorgenommen und welche Tabus auf diese Weise inszeniert werden.[420] Als Quellentext für die Musikmetapher sei hier abschließend auf Gemmingens *Der teutsche Hausvater* (1780) als hinreichend bekannte Vorlage für Schillers Drama verwiesen. In ähnlicher Weise ist dort der Dialog zwischen den Geschwistern Sophie und Karl sprachmetaphorisch ausgestaltet und mag den sprachlichen Charakter von Schillers Drama beeinflußt haben: »Aber, wo bleibt bey allem denn der Mann, die Festigkeit, die Geisteskraft, welche du immer so beredt im Munde führst [...]. Schwester, du berührst eine Sayte, eine Sayte – – – – ich fühle Verstimmung.«[421] Durch die sprachliche Konstruktion wird hier der Gefühlsausdruck im sprachlichen Ausdruck abgebildet. Schiller potenzierte indes die metaphorische Komplexität, indem er (unter Verzicht auf den Spiegelungseffekt) die Sprache selbst zur Handlung formte, unter Einbeziehung gestischer Handlungselemente mit hochwertiger Aussagekraft.

---

420 Schings zu Grenzüberschreitung/Inszenierung des Tabus des Gräßlichen: Wie Anm. 372, S. 31 ff.
421 O. H. Reichsfreiherr von Gemmingen, *Der teutsche Hausvater*, Mannheim 1780, S. 9; vgl. NA 5N, Anmerkungen zur Entstehungsgeschichte, S. 360; *Kabale und Liebe* wird hier als »Gegenentwurf« zu Schillers Drama bezeichnet. Eine Variation der Musikmetapher fand sich wenige Jahre später in der von Schiller herausgegebenen *Neuen Thalia*, im Dialog zwischen Irene und Lidia, den Protagonistinnen des von Schillers Schwägerin Caroline von Wolzogen verfaßten Schauspieles *Der leukadische Fels* (v. Wolzogen, Der leukadische Fels. Ein Schauspiel; in: Neue Thalia, Zweiter Band, Leipzig 1792, S. 241-266/275-297 (5./6. Stück); hier I/2, S. 251).

III.8. Venuskind – Vaters Tochter:
Koordinaten und Bezugsfelder der Tochterfigur
in Friedrich Schillers *Wallenstein*

>»Und fürwahr darf geglaubt werden, wenn eine Farbe
>vermittels des Lichtes von einem Körper sich auf einen
>fremden übertragen und fortpflanzen kann, daß das
>auch bei anderen Qualitäten möglich ist;«
>
>(Johannes Kepler, Von den gesicherten Grundlagen der
>Astrologie, 1602)

I

In Schillers *Wallenstein. Ein dramatisches Gedicht* tritt die Tochterfigur nur im zweiten und dritten Teil der Trilogie auf. Dies verweist zunächst auf eine in ihrem stereotypen Geschlechter-Rollenbild verbleibende Figur. Auf der Bühne des Kriegsgeschehens, wie *Wallensteins Lager* es zeigt, hat keine weibliche Figur ihren Platz, ausgenommen die Marketenderin als eine aufgrund ihrer unehelichen Mutterschaft ehrlos gewordene und sozial entwurzelte Frau.[422]

In Interpretationen zu Schillers Trilogie beschränkt sich die Analyse der Frauenfiguren in der Regel auf die Figur der Gräfin Terzky. Sie wird aufgrund der sie umgebenden Aura der Erotik der Macht zumeist als eine Shakespeares Lady Macbeth nachgebildete Figur ausgewiesen. Thekla wird zumeist in Verbindung mit Max betrachtet, ihr Handeln ist Teil der sogenannten »Max-Thekla-Handlung«, die Schiller nachträglich im Spätherbst 1798 in die Haupthandlung integrierte.[423] Das Liebespaar Max und Thekla als scheinbare Einheit inmitten und gleichzeitig abseits des Kriegsgeschehens ist als Sujet innerhalb der Textanalysen zum *Wallenstein* präsent, gelegentlich im Vergleich mit Shakespeares *Romeo and Juliet* wegen der Thematisierung einer von den Elternhäusern nicht tolerierten Liebe. Thekla wird selten als Einzelfigur analysiert, obwohl auch

---

422 Zum Begriff der Ehrlosigkeit vgl. R. v. Dülmen, Der ehrlose Mensch. Unehrlichkeit und soziale Ausgrenzung in der frühen Neuzeit, Köln/Weimar/Wien 1999.
423 Zur Architektur der Mitte 1800 in Druckfassung vorgelegten Trilogie vgl. P.-A. Alt, Schiller. Leben – Werk – Zeit; Bd. II, München 2000, S. 428 ff.; ferner: H. Koopmann, Friedrich Schiller II: 1794-1805, Stuttgart, 2. Auflage 1977, S. 36 ff.

sie letztlich (und hier teilt sie das Schicksal des Vaters) allein mit ihrem Selbst ist.[424] Ihre Autonomie stellt sich, verbunden mit ihrer Erhabenheit über das sie umgebende Kriegsgeschehen und die Pläne Wallensteins mit ihr, als eine individuelle Autonomie dar, die wie auch die des Max Piccolomini auf sich selbst zurückgeworfen wird.[425]

Auch in der Figur der Thekla spiegelt sich neben der seit den *Räubern* als Thema im Schiller-Drama etablierten Darstellung der Dialektik von Zwang und Autonomie und der Problematik individueller Freiheit jene ›menschliche Schönheit‹, die Schiller in seiner Abhandlung *Ueber Anmuth und Würde* (1793) entwarf.[426] Schiller gründete die Abhandlung auf »der anthropologischen Prämisse, daß die seelische Grundausstattung des Menschen aus einem ›sinnlichen‹ und einem ›vernünftigen Teil‹ bestehe; jenen assoziiert[e] er mit natürlichen ›Trieben‹, diesen hingegen mit moralischen ›Gesetzen‹.«[427]

Versteht man gemäß der Abhandlung ›Anmuth‹ als ›Harmonie zwischen Sinnlichkeit und Vernunft‹,[428] trifft diese Eigenschaft partiell auch

---

424 Vgl. W. Hinderer (Hg.), Schillers Dramen. Interpretationen, Stuttgart 1992; darin: ders. Wallenstein-Interpretation, S. 202-279, hier S. 266.

425 Vgl. D. Borchmeyer, Macht und Melancholie. Schillers Wallenstein, Frankfurt a.M. 1988, S. 165.

426 H. Fuhrmanns Formulierung, es handele sich hierbei um eine »Vereinigung (›weiblicher‹) Anmut und (›männlicher‹) Würde« trifft hier zu, weil sie das Geschlecht auf die Eigenschaft fixiert, Thekla aber (wie auch die Gräfin) mit ihrem virilen Verhalten das Geschlechter-Rollenbild durchbricht und somit auch ihr Figurenbild »die eigentümliche Ambivalenz« aufweist, »die eine solche Vollendung im Betrachter auslöst« (ders., Revision des Parisurteils. ›Bild‹ und ›Gestalt‹ der Frau im Werk Friedrich Schillers; in: Jahrbuch der Deutschen Schillergesellschaft, 25. Jg./1981, im Auftrag des Vorstandes hg. v. F. Martini, W. Müller-Seidel, B. Zeller, Stuttgart 1981, S. 316-366, hier S. 362. Auch Borchmeyer spricht von der Tochterfigur im *Wallenstein* als »die so oft in unbegreiflicher Weise […] kritisierte Thekla« (wie Anm. 425, S. 208), weist auf den ›männlichen Zug‹ in den Figurenbildern hin (ebda.). Zur Abhandlung *Ueber Anmuth und Würde*, insbesondere im Hinblick auf Schillers Konzept, die Attribute nicht als »Fixierung auf traditionelle Geschlechterrollen« zu verstehen, sondern »als Komplemente […], die sich gegenseitig in ihrer Wirkung unterstützen«, vgl.: Alt, wie Anm. 423, S. 104-111, bes. S. 109 f.; außerdem: D. Liebsch, Die Geburt der ästhetischen Bildung aus dem Körper der antiken Plastik. Zur Bildungssemantik im ästhetischen Diskurs zwischen 1750 und 1800, Hamburg 2001, S. 161-182, bes. S. 170-174.

427 Liebsch, wie Anm. 426, S. 170 f.

428 Vgl. F. Schiller, *Ueber Anmuth und Würde*, in: NA 20, hg. v. B. v. Wiese, Weimar 1962, S. 251-308, hier S. 288: »In einer schönen Seele ist es also, wo Sinnlichkeit und Vernunft, Pflicht und Neigung harmoniren, und Grazie ist ihr Ausdruck in der Erscheinung.«

auf das Figurenbild der Tochter Wallensteins zu. Im Vergleich mit Louise Millerin weist Thekla eine weitaus höhere moralische Kompetenz auf und läßt sich in ihrem Bemühen um geistige Selbstbehauptung den Blick auf die Realität trotz aller Leidenschaft nicht verstellen.[429] Ihre Beziehung zu Max ist jedoch untrennbar mit dem politischen Geschehen verbunden, die Liebende muß neben der Suche nach einer Lösung in Herzensfragen zugleich eine politische Entscheidung treffen.[430]

»Nur Max und Thekla signalisieren eine ideale Existenzform«, heißt es in Hinderers Interpretation;[431] diese Existenzform ist jedoch zum Scheitern bestimmt, eine »Idylle jenseits der Bedrückungen des alltäglichen Ausnahmezustands« und ein »Hoffnungsbild ohne realistische Tragfähigkeit«.[432] Vor dem Hintergrund dieser Quintessenz muß eine Analyse der Thekla-Figur mit Blick auf die Bedingungen für das Scheitern einer Liebesbeziehung erfolgen. Diese sind nicht nur im Umfeld und den darin agierenden Personen, sondern auch im Figurenbild selbst zu finden: Jener Egoismus, den eine unbedingte Liebe für ihr Fortbestehen benötigt, liegt Thekla fern. Letztlich trägt sie als treibende Kraft, die Max wieder in den Krieg ziehen läßt, die Verantwortung für ein abruptes Ende, was konsequenterweise ihren freiwilligen Tod nach sich zieht.[433] Die zum Scheitern verurteilte Liebe ist, diskursanalytisch betrachtet, ein auf die allgemeine Situation übertragbarer Ausdruck der kritischen Bilanz, die im Hinblick auf die Diskursgeschichte des 18. Jahrhunderts aus der Trilogie zu ziehen ist. Der empfindsame Diskurs, der als neues soziales Deu-

429 Zu den Begriffen ›Charakterschönheit‹ und ›Selbstbehauptung des Geistes‹, bezogen auf Schillers Abhandlung vgl. K. L. Berghahn, Das »Pathetischerhabene«. Schillers Dramentheorie, in: Deutsche Dramentheorien. Beiträge zu einer historischen Poetik des Dramas in Deutschland, hg. v. R. Grimm, Frankfurt a.M., 3. Auflage 1980, Bd. I, S. 214-244.

430 K. L. Berghahn, »Doch eine Sprache braucht das Herz«. Beobachtungen zu den Liebesdialogen in Schillers »Wallenstein«; in: MfdU, Vol. 64, No. 1, 1972, S. 25-32; Berghahn weist darauf hin, daß die »Liebeshandlung« als »Gegenwelt« sich nicht »von der geschichtlichen Situation […] isolieren« läßt (S. 31).

431 Wie Anm. 424.

432 Alt, wie Anm. 423, S. 451.

433 Wobei zu überlegen ist, ob diejenige, die es zuläßt, daß die ideelle Legitimität der Liebe hinterfragt und anderen Interessen untergeordnet wird, als ›Liebende‹ ausgewiesen werden kann. Auch im Konzept der Thekla-Figur zeigt sich »die stofflich bedingte Ambivalenz des dramatischen Entwurfs« (auf die Alt verweist; in: wie Anm. 423, S. 440): Um die Liebe scheitern zu lassen, darf sie nicht gänzlich vom politischen Geschehen isoliert werden (vgl. Berghahn, wie Anm. 430), dies jedoch widerspricht im Figurenbild dem Konzept einer bedingungslos Liebenden.

tungsmuster die »überkommenen Gesetze der Allianz« ersetzen sollte, konnte sich letztlich nicht durchsetzen;[434] so sprechen ausschließlich Thekla und Max eine empfindsame Sprache, »alle übrigen Figuren folgen [...] dem höfischen Handlungsmuster«.[435] Die Dramenhandlung setzt im Jahr 1634 ein, etwa vier Tage vor Wallensteins Ermordung. Zu Beginn wird die im Februar dieses Jahres von Mißtrauen geprägte politische Stimmung verdeutlicht. Innerhalb der unruhigen Atmosphäre stellen die von Max ins Lager gebrachten Frauen Wallensteins Fixpunkte dar, die dem Feldherrn in der bedrückenden Lage einen emotionalen Ausgleich bieten sollen.[436] Wallenstein, der Macht bereits verlustig, konzentriert sein Interesse infolgedessen mehr auf die Familie und auf die Tochter, bei der er meint, sein Machtpotential noch bedingungslos einsetzen zu können.

Theklas Vorstellung auf der Bühne erfolgt indirekt über die Rede anderer Figuren und umreißt so den eng gefaßten Handlungsspielraum, der ihr zugedacht wird und sie in eine passive Rolle zu zwingen scheint. Zuerst erwähnt Feldmarschall Illo Wallensteins Tochter im Eröffnungsdialog der *Piccolomini*. Im Gespräch mit Isolani und Buttler erzählt er von Max Piccolominis Auftrag, Frau und Tochter Wallensteins auf ihrer Reise von Kärnten nach Pilsen zu begleiten (P, V. 32). Auch Octavio Piccolomini erwähnt die Prinzessin von Friedland im Dialog mit Questenberg:

Und glauben Sie, daß er Gemahlin, Tochter / Umsonst hierher ins Lager kommen ließ, / Gerade jetzt, da wir zum Krieg uns rüsten? / Daß er die letzten Pfänder seiner Treu / Aus Kaisers Landen führt, das deutet uns / Auf einen nahen Ausbruch der Empörung (P, V. 313-318).[437]

---

434 Vgl. J. Greis, Poetische Bilanz eines dramatischen Jahrhunderts: Schillers *Wallenstein*; in: ZfDPh 109. Band, Sonderheft 1990, S. 117-133, bes. S. 118 ff.; den Begriff ›Allianz‹ versteht Greis im Sinne Foucaults als »das traditionelle, jahrhundertealte Ordnungsprinzip der Eheschließungen« (ebda., S. 118).

435 Ebda., S. 120.

436 Noch in T,V. 1461-1464 heißt es in einer Formulierung Wallensteins über die Frauen: »Sieh da, die Mutter mit der lieben Tochter! / Wir wollen einmal von Geschäften ruhn – / Kommt! Mich verlangte, eine heitre Stunde / Im lieben Kreis der Meinen zu verleben.« Das Drama wird hier und im folgenden Text zitiert nach NA 8, hg. v. H. Schneider und L. Blumenthal, Weimar 1949, S. 3-354; die Bezeichnung der einzelnen Teile der Trilogie erfolgt als Kürzel an erster Stelle in der betreffenden Klammer: ›L‹ für *Wallensteins Lager*, ›P‹ für *Die Piccolomini*, ›T‹ für *Wallensteins Tod*.

437 Einen Bezugspunkt zu der diesem Kapitel voranstehenden Untersuchung zu Louise in *Kabale und Liebe* bietet die Metaphorik des Tausches, deren sich Octa-

Im Anschluß daran beschreibt der Auftritt I/4 die (wie sich später herausstellt) aus der Begegnung mit Thekla resultierende emotionale Disposition von Max Piccolomini. Bereits hier sind große Diskrepanzen deutlich formuliert, die die Beziehungen der männlichen Protagonisten untereinander hinsichtlich ihres moralischen Standpunktes und ihrer emotionalen Verfassung kennzeichnen. Wenn Max im Gespräch mit Octavio über Wallenstein fordert:»Nicht [...] alte Ordnungen, / [...] soll er fragen« (P, V. 461 f.), so zeigt sich an Octavios Entgegnung»Mein Sohn! Laß uns die alten, engen Ordnungen gering nicht achten!« (P, V. 463 f.), daß den Beziehungen die Generationenproblematik eingeschrieben ist, die auch in der Beziehung zwischen Max und Thekla eine Rolle spielt.[438]

Die in P, II/3 erstmals auftretende Thekla wird mit Wallenstein und Max, aber auch mit Wallensteins Ehefrau Elisabeth und der Gräfin Terzky über bestimmte Komponenten des Persönlichkeitsbildes in Beziehung gesetzt: Thekla ist die ›Gefühlskonstante‹, von der Max sich leiten und zugleich vom Kriegsschauplatz ablenken läßt, und sie ist diejenige, die das Verhalten der Frauen der älteren Generation kritisiert (»Daß ich mir selbst gehöre, weiß ich nun«, beschreibt sie ihren Standpunkt im Vergleich mit dem von Mutter und Tante; P, V. 1850).[439] Vor allem ist letztlich sie es, die

vio hier im weiteren Sinne bedient: Wenn er Questenberg gegenüber in Frage stellt, daß Wallenstein die Frauen»umsonst« ins Lager kommen ließ, bedeutet dies im Umkehrschluß zunächst, daß hinter der Anwesenheit der Frauen im Lager eine bestimmte Absicht Wallensteins steht, dieser seine Frau und vor allem seine Tochter instrumentalisiert, um durch sie mittelbar einen bestimmten»Gegenwert« zu erhalten; darüber hinaus wird somit Octavios Vermögen dokumentiert, diese Denkweise nachvollziehen zu können.

438 Vgl. Anm. 437: Max besitzt dieses Vermögen Octavios nicht. Zur Generationenproblematik, die männlichen Protagonisten betreffend, vgl. P.-A. Alt:»Auch Max zeigt sich beherrscht von der Idee der Pflicht, der er jedoch, anders als sein Vater, die menschlich gegründete Loyalität nicht preiszugeben bereit ist. Von den Verhaltensprinzipien der beiden Älteren trennt ihn vornehmlich der Wille zur unbedingten Offenheit selbst in Fragen der machtstrategischen Diplomatie« (wie Anm. 423, S. 450 f.).

439 Zur Generationenproblematik, die sich im Verhältnis zwischen der Gräfin Terzky und Thekla spiegelt, vgl. Borchmeyer (wie Anm. 425), S. 208 f.; Borchmeyers Einschätzung, es sei»paradoxerweise« die»Gräfin Terzky, welche Thekla in die Grenzen der weiblichen Geschlechtsrolle zurückweist« (vgl. ebda., S. 208), ist zu überdenken vor dem Hintergrund der den Figurenbildern eingeschriebenen Generationenproblematik und der gerade im Figurenbild der Gräfin Terzky präsentierten Eigenschaft der Egozentrik: Die Gräfin duldet keine (noch dazu jüngere) Konkurrentin an ihrer Seite, die ihr mit ähnlichem Wesen die außerordentliche Machtposition im Umfeld Wallensteins streitig machen könnte. Hier zeigt sich

dem Vater im weiteren Handlungsverlauf durch ihre Reaktionen einen Spiegel seiner selbst vorhält: »Sein Nam ist Friedland.« [...] »Auch der meinige«, formuliert sie (P, V. 1857 f.). Im Disput mit der Gräfin Terzky bejaht Thekla entschieden deren Frage, ob sie mit dem Vater kämpfen wolle.[440] Die Gräfin formuliert am deutlichsten, was Theklas Charakterstärke ist: »Ihr artet mehr nach Eures Vaters Geist, / Als nach der Mutter ihrem. Darum könnt Ihr hören, / Was *sie* nicht fähig ist zu tragen« (T, V. 1299-1301).

II

Legt man diese Formulierung weiteren Überlegungen zum Figurenbild Theklas zugrunde, öffnet sich ein Fragenkatalog, der für die Figur des Wallenstein gleichermaßen wie für Thekla Relevanz hat. Mit Blick auf das astrologische Motiv im *Wallenstein* soll unter diesem Aspekt untersucht werden, inwiefern sich über die Titelfigur Wallenstein in Verbindung mit dem astrologischen Motiv auch das Charakterbild Theklas in seinen grundlegenden Strukturen erschließen läßt,[441] zumal Wallensteins

die Nähe zu Lady Macbeth in aller Deutlichkeit; immer noch unerreicht aufschlußreich zum detaillierten Vergleich der weiblichen Figurenbilder: L. Lewes, Shakespeares Frauengestalten, Stuttgart 1893 (7.: Die großen Tragödien, Macbeth: Lady Macbeth, S. 280-298).

440 Die Wortwahl der Gräfin Terzky und die positive Reaktion Theklas darauf geben der Szene dahingehend Ambivalenz, daß dies auch als frühes Zeichen für Theklas Entscheidung gegen eine erfüllte Liebe an der Seite von Max gelesen werden kann. Die Gräfin fragt: »Und du, sein Mädchen, wolltest mit ihm kämpfen?« (P, V. 1860); es bleibt offen, ob dies im Sinne von ›gegen den Vater kämpfen‹ gemeint ist.

441 Vgl. Borchmeyer, wie Anm. 425, vor allem Kap. 2 und 3, die die Astrologie in Beziehung zur Temperamentenlehre bzw. zur alteuropäischen Melancholie-Lehre aus dem 16. Jahrhundert setzen. Wenn das astrologische Motiv nicht nur das Charakterbild Wallensteins, sondern auch das Theklas determiniert, wovon nach den vorliegenden Überlegungen im 2. Teilkapitel dieser Interpretation ausgegangen wird, relativiert sich die in der Textausgabe des Klassiker-Verlages gemachte Aussage, Borchmeyers Studie sei »in vielen Punkten ein Interpretationskonstrukt«. Es wird deutlich, welchen Raum das Motiv auch über die Beziehungsstruktur Wallenstein-Seni hinaus einnimmt; diesen Interpretationsansatz wiederum auf einem »Interpretationskonstrukt« aufbauen zu müssen ist weder hier noch in Borchmeyers Studie notwendig, da die hier unter Anm. 11 angegebenen Briefe Schillers den Bezug zwischen Astrologie und Konstruktion des Liebesdialoges vorgeben (Borchmeyer bezieht sich ebenfalls auf die Briefe; vgl. wie Anm. 425, S. 28 ff. Vgl. Ausgabe des Deutschen Klassiker Verlages: F. Schiller, Werke in zwölf Bänden, hg. v. O. Dann u.a., Bd. 4: Wallenstein, hg. v. F. Stock, Frankfurt a.M. 2000, S. 1016).

Vorstellung vom ›Kind sein‹ im Text mit astrologischer Konnotation verankert ist: Ferdinand, König der Ungarn und des Kaisers Sohn, wird von
ihm als »Das neu aufgehende Gestirn« bezeichnet (P, V. 802). Daß die
Max-Thekla-Handlung und das astrologische Motiv von Schiller in
unmittelbarer zeitlicher Nähe ins Drama eingearbeitet wurden, ist ein
weiterer Aspekt, der diese Überlegung stützt.[442] Schiller selbst betonte in
Briefen an Goethe und Körner, daß ihn die Frage interessiere, ob sich die
Konzeption der Charaktere und des Liebesdialogs vor allem aus damit in
Verbindung stehenden Elementen mythologisch-astronomischer Assoziationsfelder entwickeln ließe. Zwei Briefe vom 7. April 1797 enthalten
diesbezügliche Hinweise:

> Unter einigen kabbalistischen und astrologischen Werken, die ich mir
> aus der hiesigen Bibliothek habe geben laßen, habe ich auch einen
> Dialogen über die Liebe, aus dem Hebräischen ins lateinische über
> sezt, gefunden, das mich nicht nur sehr belustigt, sondern auch in mei
> nen astrologischen Kenntnißen viel weiter gefördert hat. Die Ver
> mischung der chemischen, mythologischen und astronomischen
> Dinge ist hier recht ins Große getrieben und liegt wirklich zum poe
> tischen Gebrauche da.[443] […] Ich habe unterdeßen einige tolle Pro
> dukte aus diesem Fache vom 16ten Seculum in die Hand bekommen,
> die mich wirklich belustigen. Unter andern ein lateinisch Gespräch
> […] zwischen einer Sophia und einem Philo über die Liebe, worinn
> die halbe Mythologie in Verbindung mit der Astrologie vorgetragen
> wird. […].[444]

Dieter Borchmeyer, der das astrologische Motiv bezogen auf Wallensteins Sternenglauben als Analyseansatz für die Textinterpretation wählte,
hat gezeigt, in welchem Maße Wallenstein in astrologische Bezugsfelder
eingebunden ist, die sich vor allem über die seinen Charakter maßgeblich
bestimmenden Planeten Jupiter und Saturn konstituieren.[445] Wie sich im
Text an verschiedenen Stellen zeigt, ist auch das Figurenbild Theklas von

---

442 Koopmann, wie Anm. 423, S. 41: Einfügung der »Liebesgeschichte zwischen
   Max und Thekla« im Nov. 1798; Einfügung des astrologischen Motivs »auf den
   Rat Goethes, Anfang Dezember 1798«.
443 NA 29, hg. v. N. Oellers/F. Stock, Weimar 1977, Brief an Goethe vom 7.4.1797,
   S. 58 f., hier S. 58.
444 Ebda., Brief an Körner vom 7.4.1797, S. 59-61, hier S. 60.
445 Wie Anm. 425. Zur bestimmenden dramatischen Funktion des astrologischen
   Motivs: Alt, wie Anm. 423, S. 446 ff.

Schiller mit astrologisch-mythologischen Symbolen sowie mit einer Affinität zum Sternenglauben versehen worden, die sich als einziges noch verbleibendes Verbindungsstück zwischen Vater und Tochter erweist. Über den Sternenglauben hinaus gibt es (anders, als es bei Miller und Louise noch der Fall war) weder rationale noch emotionale Berührungspunkte zwischen Wallenstein und seiner Tochter.[446] Im Gegensatz zur Gräfin Terzky, die sich während ihres Aufenthaltes im Umfeld Wallensteins in Senis Arbeitsraum »stets nur flüchtig umgesehn« hat (P, V. 1593), erliegt Thekla der charismatischen Ausstrahlung des Astrologen sofort: Seni sei, so erzählt sie der Gräfin, »Ein kleiner, alter Mann mit weißen Haaren / Und freundlichem Gesicht, der seine Gunst / Mir gleich geschenkt« (P, V. 1581-1583). Die Fragen, die er an sie richtet, um ihr Horoskop zu erstellen, beeindrucken sie so, daß sie der Gräfin detailliert darüber Auskunft gibt. Im Saal Senis, dem »Heiligtum, das sonst so streng verwahrt wird« und das sich ihr »Gleich in den ersten Stunden« geöffnet hat, wie die Gräfin erstaunt bemerkt (P, V. 1579 f.), wird ihr »wunderbar zu Mut« (P, V. 1594). Zu welcher Verbindlichkeit der Eindruck des Astrologen auf sie gerät, zeigt sich daran, daß Thekla ihn gegenüber der Gräfin als »Mein Führer« bezeichnet, wenn sie darüber berichtet, wie Seni ihr die einzelnen Planeten erklärt hat (P, V. 1604). So verwundert es nicht, wenn Thekla später zur Einschätzung ihrer Lage entsprechende Worte

---

446 Anhand eines Vergleichs der Schiller-Dramen im Hinblick auf die Verbindung zwischen Vater und Tochter läßt sich die Entwicklung, die die literarische Modellierung dieser ›Vater-Tochter-Achse‹ in den letzten zwei Jahrzehnten des Jahrhunderts durchlief, nachvollziehen: Die ›intakte‹ Achse von Miller und Louise findet sich zur Jahrhundertwende bei Wallenstein und Thekla nicht mehr, gänzlich destruieren wird sie bereits ein Jahr später die Prinzessin *Turandot*, die ihrem Vater bedingungslose Dominanz entgegensetzt. Die Präsenz der Mutterfiguren in den drei Dramen nimmt von *Kabale und Liebe* bis hin zu *Turandot* beständig ab; der Karikatur der Mutter in Gestalt der Millerin folgt Theklas charakterschwache und farblose Mutter Elisabeth, Turandot kommt ohne Mutter aus. Eleonore Thons 1788 veröffentlichtes Trauerspiel zeigt eine ähnliche Tendenz, was die Figurenachse betrifft (vgl. Kap. II.4 dieser Arbeit).
In bezug auf die Anbindung weiterer Figuren des Dramas an das astrologische Motiv sei hier verwiesen auf Hinderer, der auch den Nebenfiguren bestimmte Planetensymbole zuzuordnen sucht. Allerdings wird hier nur auf die literarische Darstellung der Wirkung äußerer Einflüsse auf die Figur reflektiert. Die Planeten sind nicht aufgrund gleicher Eigenschaften, die mit Signalwirkung in den Text gestellt sind, bestimmten Figuren zugeordnet (W. Hinderer, Der Mensch in der Geschichte. Ein Versuch über Schillers Wallenstein, Königstein 1980, S. 63 f.).

wählt: »Ich wußt es wohl – O gleich, als ich hier eintrat, / Weissagte mirs das bange Vorgefühl, / Daß über mir die Unglückssterne stünden –« (T, V. 1347-1349).

Wichtig für die Erschließung des Symbolgehaltes im Figurenbild Theklas ist eine Beobachtung Borchmeyers, die dieser im Zusammenhang mit den »Voraussetzungen der Sternenkunde bei Schiller« formuliert:

[…] wie wir sehen werden, sind mit den Planeten immer auch die antiken Götter gemeint: die Astrologie vermischt ständig die astronomische Beobachtung mit der mythologischen Überlieferung. Aufgrund eben dieser Mischung – als ›verstirnter‹ Mythos – kann sie zum Symbolträger im theatralischen Kosmos Schillers werden.[447]

Das Attribut ›schön‹, häufig in der Rede Max' und Theklas gebraucht, läßt sich vor dem Hintergrund dieser These aufschlüsseln: Es ist sinnbildliches Merkmal des Planeten, dem Thekla unterstellt ist. Zwischen Thekla, dem Planeten Venus und dem Sternenglauben besteht eine Assoziationskette, die diese These stützt.[448] Max, der ins Lager zurückgekehrt ist, nachdem er Wallensteins Ehefrau und Tochter auf deren Reise dorthin begleitet hat, erscheint dem Vater völlig verändert: »Viel lerntest du auf diesem kurzen Weg, mein Sohn!«, weiß Octavio sogleich einzuschätzen (P, V. 533). Was er gelernt hat, beschreibt Max als »die erste Muße meines Lebens«, als »andres Glück und andre Freuden«, wobei er zuvor kritisch angemerkt hat: »Wir haben / Des schönen Lebens öde Küste nur / Wie ein umherirrend Räubervolk befahren« (P, V. 521, 532, 510-512). Schönes Leben jenseits des Räubervolkes, zu dem er selbst noch bis vor seiner Reise zählte, bedeutet für ihn nun die Erfahrung eines schönen »Tag[es]! wenn endlich der Soldat / Ins Leben heimkehrt, in die Mensch-

---

447 Borchmeyer, wie Anm. 425, S. 27. Die hier angesprochene Planetensymbolik hat ihren Ursprung im Theomorphismus der Antike: Die Bezeichnung der einzelnen Planeten mit Namen aus der griechisch-römischen Mythologie wurde mit der Annahme vorgenommen, daß die Planeten die Eigenschaften dieser Götter repräsentierten (U. Becker (Hg.), Lexikon der Symbole, Freiburg 1992, S. 230 ff.).

448 Wobei im Rekurs auf die bereits oben angesprochene Theorie *Ueber Anmuth und Würde* die Assoziationskette dahingehend gestützt wird, daß Thekla im Charakterbild nicht nur partiell Merkmale der dort gedachten ›menschlichen Schönheit‹ aufweist, sondern Schiller die Argumentationslinie der Abhandlung über die Schönheitsgöttin Venus (und deren »Gürtel des Reizes«) laufen ließ (Wie Anm. 428, bes. bis S. 256, Zitat S. 253).

lichkeit« (P, V. 534 f.). Diese Beschreibung führt er gegenüber Octavio detailliert aus und beschließt sie mit seiner Vorstellung von der Jungfrau, die dem Soldaten entgegentritt und ihn »sanft umschlingend« umarmt (P, V. 558). Daß Max hier seiner Liebe zu Thekla Ausdruck verleiht, läßt sich aus dem nachfolgenden Kontext unschwer erkennen, denn Max' Wunschvorstellung von der ihn empfangenden Jungfrau erfüllt sich wenig später. Thekla, »ihn zärtlich bei der Hand fassend«, fordert »Folge mir!« und teilt ihm gleich darauf mit: »Wir haben uns gefunden, halten uns / Umschlungen, fest und ewig« (P, V. 1716, sowie voranstehende Szenenanweisung; V. 1729 f.).

Zwischen Max' Bildvorstellung und deren Realisierung durch Thekla, die einer Statuenverwandlung gleicht, im Zuge deren »eine (göttliche) Frau unversehens überwechselt vom starren Standbild zum regsamen Lebewesen«,[449] findet sich im Text der hier bereits angesprochene Auftritt, der den Einfluß Senis auf Thekla darstellt (P, III/4). Thekla bezeichnet den Planeten Venus im Gespräch mit der Gräfin und Max als »eine schöne Frau« (P, V. 1611), Max formuliert über die Eigenschaften von Jupiter und Venus: »Und jedes Große bringt uns *Jupiter* / Noch diesen Tag, und *Venus* jedes Schöne« (P, V. 1642 f.). Die Begriffe ›Tag‹, ›Venus‹ und ›Schöne‹ markieren die letzte Zeile in Max' Rede. Die Setzung dieser drei Substantive innerhalb einer Zeile verweist auf Max' Vorstellung des schönen Tages (P, V. 534), die aus der Begegnung mit Thekla resultiert.[450]

449 Vgl. V. Klotz, Venus Maria. Auflebende Frauenstatuen in der Novellistik, Bielefeld 2000, S. 37-41: Anlauf im 18. Jahrhundert: Stichwort ›Pygmalion‹; Klotz bewertet das ›Erlebnis Pygmalions‹ ausgehend von Ovids *Metamorphosen* in Verbindung mit der Umgewichtung und Umdichtung, die die Literatur durch die Jahrhunderte hindurch am Text vornahm. Schiller war Ovids Text vermutlich seit dem letzten Jahr der Karlsschulzeit bekannt, in dem er am *Semele*-Drama arbeitete (vgl. Alt, Schiller. Leben – Werk – Zeit, Bd. I, München 2000, S. 236). Daß auch Werke von Ovid die »Kategorie des Klassischen« ausfüllten und in der Zeit der Weimarer Klassik »die bevorzugten Gegenstände produktiver Nachahmung« bildeten, macht einen Einfluß des Ovid-Textes auf das Figurenbild Theklas bedingt möglich (zu kunsttheoretischen Grundzügen der Weimarer Klassik vgl. Alt, wie Anm. 423, S. 27-40, bes. S. 31).

450 In der Antwort, die Max Thekla an dieser Stelle des Textes gibt, finden sich unter insgesamt fünfundzwanzig Zeilen nur vier mit der Setzung von drei Substantiven, was einem Anteil von 16 % entspricht (P, V. 1620, 1621, 1632, 1643). Der Abstand zwischen den drei hier letztgenannten Zeilen beträgt regelmäßig elf Zeilen, wobei eine jede darauf rekurriert, zu beschreiben, wie die mythologisch-astrologisch aufgeladene Atmosphäre auch von Max' Denken Besitz ergreift: »An der Gestirne, an der Geister Macht. / Nicht bloß der *Stolz* des Menschen füllt den Raum / [...] / Die Fabel ist der Liebe Heimatwelt, / [...].«

Theklas Figurenbild konstituiert sich somit vor einem Bildhorizont, der in Zusammenhang mit dem des Planeten Venus steht.

Durchsucht man den Text nach weiteren Merkmalen, die diesem Bildhorizont zuzuordnen sind und diese These stützen, oder nach Versen, die »voller astrologischer Chiffren« sind, »die der Auslegung bedürfen«,[451] finden sich Spuren, die auf astrologische Quellentexte aus der frühen Neuzeit deuten, mit denen Schiller vor und während der Konzeption der Trilogie arbeitete.[452] Vergleicht man Stellen des Primärtextes mit Informationen über den Planeten Venus auf historisch-mythologischer Basis, führt die mythologische Konnotation der Chiffren zu einer Homogenisierung von Venusbild und Tochterbild als Konstituens der Thekla-Figur. Die Ikonographie der einzelnen Planeten und deren Ordnung speiste sich im 18. Jahrhundert aus Vorstellungen, die Zeitgenossen als sozialer Gemeinplatz bekannt waren.[453] Der Sternenglaube orientierte sich an den astrologischen Vorstellungen der Zeit, die auf antike Quellentexte und solche aus dem 14.-16. Jahrhundert zurückgingen, etwa auf die im zweiten nachchristlichen Jahrhundert entstandenen *Tetrabiblos* des Claudius Ptolemaeus, mit denen sich Philipp Melanchthon im Jahr 1553 mit einer von ihm besorgten Veröffentlichung auseinandersetzte, oder auf Johannes Keplers Erstlingswerk *Mysterium Cosmographicum* (1596), welches die Zahlenverhältnisse im Aufbau des Planetensystems untersuchte.[454]

451 Borchmeyer, wie Anm. 425, S. 28.

452 Borchmeyer führt mehrere Texte an, die über Briefe Schillers belegt sind, gibt aber auch den Zusatz, daß Schiller vermutlich auf Grund der umfangreichen Kenntnis Goethes, was astrologische Literatur betrifft, mehr Quellentexte kannte als diejenigen, die er selbst gelesen hatte (wie Anm. 425, S. 28 ff.). Vgl. auch: Alt, wie Anm. 423, S. 422: Alt nennt Agrippa von Nettesheims *De occulta philosophia* (1531) und Leone Ebreos *Dialoghi d'amore* (1535) als Bezugstexte (Vgl.: Borchmeyer, wie Anm. 425, S. 53-62).

453 Vgl. hierzu grundlegend die auch von Borchmeyer verwendete Studie: F. Boll/C. Bezold/W. Gundel, Sternglaube und Sterndeutung. Die Geschichte und das Wesen der Astrologie, Darmstadt, 5. Auflage 1966; ferner: T. Schäfer, Vom Sternenkult zur Astrologie, Solothurn/Düsseldorf 1993, H. Sasportas, Astrologische Häuser und Aszendenten, München 1987, H. Bächtold-Stäubli (Hg.), Handwörterbuch des Deutschen Aberglaubens, Bd. VII, Berlin/Leipzig 1935/1936, S. 36-294 (*Planeten*), bes. S. 183-214 (*Venus* (Aphrodite, _)).

454 Kepler war Schiller bereits aus der Karlsschulzeit bekannt; am 14.12.1776 hielt sein Lehrer J. F. Abel anläßlich des Stiftungstages der herzoglichen Militärakademie die *Rede, über die Entstehung und die Kennzeichen grosser Geister*, auch bekannt als *Genie-Rede*, in der er Kepler als Genie bezeichnete, weil dieser »durch keinen Reiz gelokt, durch keine Aussicht bezaubert […] Jahre lang ein Problem« suchte (vgl.

Im 18. Jahrhundert war es verbreitet, einen Zusammenhang zwischen Charakter, Gemütsverfassung und Sternenkonstellation herzustellen; es dürfte einem zeitgenössischen Publikum daher naheliegender gewesen sein als dem heutigen, Max' Äußerung über den »Ölzweig«, den der Fürst »in den Lorbeer flechten« will (P, V. 1656), auf Thekla zu beziehen, und zwar *nicht* nur im Sinne einer Anbindung an christliche Symbolik, denn der Ölbaum (somit auch der Ölzweig als dessen Sproß) galt darüber hinaus auch als Pflanze, die dem Planeten Venus unterstellt war.[455] Max ist zu diesem Zeitpunkt, so wie es durch die ikonographische Chiffre angedeutet wird, noch davon überzeugt, daß Venus in Gestalt des Ölzweiges Mars in Gestalt des Lorbeers zu bändigen vermag, ähnlich wie Thekla ihn vom Kriegsgeschehen wegzog und die Liebesbeziehung mit ihm einging.[456] Dies ist jedoch ein Trugschluß; unter den Bedingungen des Krieges können vernünftige Lösungen nicht gedeihen, wie Thekla zu Recht betont.[457] Gleichzeitig zeigen diese Bedingungen die Verbindung zwischen Vater und Tochter, die – astrologisch gesehen – auf gleicher ›Qualität‹ beruht,[458] in aller Deutlichkeit auf: So ist Thekla, die der Vater

J. F. Abel. Eine Quellenedition zum Philosophieunterricht an der Stuttgarter Karlsschule (1773-1782). Mit Einleitung, Übersetzung, Kommentar und Bibliographie hg. v. W. Riedel, Würzburg 1995, S. 181-217; hier S. 201). Zur Bedeutung der Quellentexte hinsichtlich dramatischer Konstruktionen bei Schiller auch: Koopmann, Schiller. Eine Einführung, München/Zürich 1988, S. 39.

455 Vgl. zum Bezug Ölzweig – Venus: Wie Anm. 453 (Bächtold-Stäubli), S. 212 f.; zur Deutung des Ölzweiges im Primärtext als Sinnbild des Friedens und der Barmherzigkeit in der christlichen Symbolik vgl. Alt, wie Anm. 423, S. 452.

456 Die Anziehungskraft, aus der der erste und einzige sexuelle Kontakt zwischen Max und Thekla resultiert (P, V, 1509), geht von Thekla aus, nicht von Max: Max bekennt der Gräfin gegenüber die Wirkung, die der Blickkontakt mit Thekla bei ihm auslöst: »ich beherrsche mich/Nicht länger« (P, V. 1507 f.). Spekulativ bleiben muß die Einschätzung Max' als Fixstern Theklas; dies läßt sich nicht am Text belegen, Schäfer (wie Anm. 453, S. 65 f.) gibt jedoch einen Hinweis auf spätbabylonische astrologische Quellentexte, in denen Venus eine herausragende Rolle mit dem Zusatz gegeben wird, daß Venus »in der Gesellschaft von kleineren Fixsternen […] zu deren ›Herrscherin‹ [wurde], indem sie sie ›zu sich nahm‹« – ein Bild, welches durchaus zu Thekla, die Max umarmt, paßt. Auf Venus als »Segensstern, als Bezwingerin des Mars (natürlich im Hinblick auf ihr Liebesverhältnis mit dem Kriegsgott in der antiken Mythologie)« macht auch Borchmeyer aufmerksam (wie Anm. 425, S. 93).

457 Vgl. P, V. 1894 f.: »Das ist kein Schauplatz, wo die Hoffnung wohnt, / Nur dumpfes Kriegsgetöse rasselt hier«.

458 Im natürlichen Zodiak sind sowohl Venus als auch Saturn als Herrscher der Häuser 2/10 bzw. 7/11 (hier: Saturn Mitherrscher) den Elementen Erde/Luft

»zum Pfande größern Glücks« zu nehmen gedenkt (P, V. 723), das »Göttliche« immanent (P, V. 733). Wallenstein bezeichnet sie als »mein starkes Mädchen« und »meine Thekla«, die »ihres Vaters unbezwungnes Herz« hat (T, V. 2927, 2937 f.) und die er »nicht als Weib, / Als Heldin [...] behandelt sehn« will (T, V. 2977 f.). Wallenstein wird in ihr »die echte Tochter finden«, prophezeit Thekla der Gräfin Terzky (P, V. 1858). Diese bestätigt ihr: »[...] kühner Mut / Ist bei der Liebe« (T, V. 1297 f.) und zitiert hiermit das durch Mythen überlieferte Bild der mutigen Venus.[459]

Max trägt mit seinen Äußerungen über Thekla maßgeblich dazu bei, daß die Figur transzendent erscheint und gleichzeitig in die Nähe des Venusbildes rückt.[460] Seine Bewertung Theklas gerät zur Apotheose, wenn er sie wiederholt als »Engel« bezeichnet, der weltentrückt dem Kriegsgeschehen gegenübersteht.[461] Durch Äußerungen Theklas werden weitere Bildsequenzen in den ikonographischen Kontext eingefügt, so mit dem Begriff ›Haus‹, der auch mit astrologischem Sinngehalt verstanden werden kann: »Es geht ein finstrer Geist durch unser Haus« (P, V. 1899), ahnt sie der »Liebe [...] Todeskampf« (P, V. 1897 f.) voraus und teilt Max später mit: »Doch wir gehören nicht zu unserem Hause. / [...] Auf unserm Haupte liegt der Fluch des Himmels, / [...]« (T, V. 2352,2355).[462]

beigeordnet, jeweils einmal nachfolgend und einmal kardinal (H. Sasportas, Astrologische Häuser und Aszendenten, München 1987, S. 40). Oellers merkt an, die Wallenstein bestimmenden Eigenschaften seien »auf Personen seiner Umgebung verteilt« (in: Dann u.a. (Hg.), Schiller als Historiker, Stuttgart/Weimar 1995, S. 210).

459 Vgl.: Handwörterbuch des Deutschen Aberglaubens VII, S. 291: »Mein stern bedeut freud vnd mut« (Hausinschrift Niederösterreich, 1547).

460 U. Frieß hat bereits auf die Polarisierung der Bilder von »Frau Welt« und »Frau Venus« im Konzept weiblicher Figuren aufmerksam gemacht, die auch hier relevant ist, denn Max entrückt Thekla dem Weltlichen durch seine Äußerungen (vgl. nächste Anmerkung). Vor dem Hintergrund dieser Motive, die ihre Wurzeln im christlich-mittelalterlichen Weltbild haben und im 18. Jahrhundert eine Säkularisierung erfuhren, wurde ›Frau Welt‹ als Sinnbild der ›bösen Welt der Verführerinnen‹ eine positiv konnotierte Gegenspielerin gegenübergestellt, die mit dem Bild der ›Frau Venus‹ assoziiert wurde (Frieß, Buhlerin und Zauberin. Eine Untersuchung zur deutschen Literatur im 18. Jahrhundert, München 1970, S. 203-206).

461 Vgl. T, V. 1240 f.: »O! die Menschen / Sind grausam, aber sie ist wie ein Engel«; auch: T, V. 2048; T,V.2298/2301. Die Existenz von Gestirngeistern als personifizierte Engel ist für den orientalischen Kulturkreis belegt; vgl.: Wie Anm. 459, S. 293.

462 Der Begriff ›Haus‹ wird auch an anderer Stelle und durch andere Figuren zur Beschreibung der unaufhaltsamen Entwicklung ins Abwärts gebraucht, so in der

Abgesehen von der Sprachebene ist Thekla gleichermaßen durch ihr Handeln in die Nähe des tradierten Venusbildes gestellt. Schiller verarbeitete auch im Konzept der Thekla-Figur wieder das Bezugsfeld der Musik, hier jedoch eher mit symbolischem als metaphorischem Sinngehalt (wie bei der Louise-Figur). So ist dem Figurenbild Theklas eine auffällige Musikalität immanent: Thekla spielt Gitarre (zu deren Spiel sie auch singt) und Zither.[463] Vor mythologisch-astrologischem Hintergrund ist dies als Verweis auf das Venusbild zu lesen. Wie aus Überlieferungen aus der Zeit des 14.-16. Jahrhunderts bekannt ist, wurde Venus, die »in guten Tierbildern starke und mannhafte Seelen hervorbringt«, eine »schöne Stimme« und das »Spielen von Instrumenten« zugeordnet.[464] Bildaufbau und der Zusammenhang von Bild und Text stehen hier in der Tradition der Planetenkinderbilder. Vor allem für die Zeit der Frührenaissance ist eine weite Verbreitung und somit hinreichende Bekanntheit im Volksglauben über Darstellungen von Planetengottheiten an und in Gebäuden nachgewiesen; »filius Veneris […] omnia amat musicalia instrumenta«, heißt es in einer alchimistischen lateinischen Handschrift, und im vergleichbaren deutschen Text aus dem 15. Jahrhundert: »Venus kind […] hat allerlay saitten spil lieb.«[465]

Die Szenenanweisung im dritten Auftritt von *Wallensteins Tod*, die Thekla zeigt, wie sie die Zither wegwirft, statt auf ihr zu spielen, spiegelt auf musikmetaphorischer Ebene die Problematik dieser Vater-Tochter-Beziehung:[466] Thekla widersetzt sich dem Vater. Indem sie sich weigert,

---

Rede des Kellermeisters: »[…] Es geht zurück / mit diesem edeln Haus – Kein Maß noch Ziel!« (P, V. 2039 f.). Zu betonen ist hier (bedingt durch die Eigenschaft seherischer Fähigkeiten) die mythologische Anbindung der Figur an die Seherin Kassandra (Vgl. J. Burggraf, Schillers Frauengestalten, Stuttgart 1897, S. 307, sowie: F. Schiller, Gedichte, hg. v. N. Oellers, Stuttgart 1999, Text/Gedicht S. 263-266, Anmerkungen S. 362 f.).

463 P, V. 1757 ff., sowie vorangestellte Szenenanweisung; T, V. 1475, sowie Szenenanweisung nach T, V. 1486.

464 Vgl.: Bächtold-Stäubli, Anm. 453, ›Planeten‹: S. 36-294, hier S. 192, 194 f., 271, 289.

465 Vgl. V. Stegemann, Aus einem mittelalterlichen deutschen astronomisch-astrologischen Lehrbüchlein. Eine Untersuchung über Entstehung, Herkunft und Nachwirkung eines Kapitels über Planetenkinder, Reichenberg 1944, S. 50.

466 Zur metaphorischen Bedeutung des Instrumentes auch Kap. III.7 dieser Arbeit, dort Anm. 47 (wieder scheint Schiller hier den griechischen Begriff der kithara zu reflektieren, der als Sammelbegriff für verschiedene Saiteninstrumente wie Geige, Gitarre oder auch Zither stehen kann; vgl. hierzu: Meyers Enzyklop. Lexikon, Bd. 25, S. 746; ferner: B. Jeßing u.a. (Hg.), Goethe Lexikon, Stuttgart/

die Zither zu spielen, verweigert sie sich der Vollendung des Venusbildes und somit einer emotionalen Annäherung an den Vater, der sie nur mit politischem Kalkül betrachtet: Wallenstein will sie »auf Europens Thronen« verheiraten und hält sie von Max fern (T, V. 1513; Szenenanweisung vor T, V. 2413).

III

Das astrologische Motiv nimmt einen breiten Raum im Figurenbild Theklas ein, ist jedoch nicht die einzige Koordinate, die dem Konzept der Figur zugrunde liegt. Betrachtet man die Figurennamen, weist Thekla ein besonderes Merkmal auf. Eine von Golo Mann verfaßte Wallenstein-Biographie vermittelt in erzählender Form ein umfangreiches Wissen über den Feldherrn und die Personen in seinem Umfeld. Vergleicht man die zur Familie Wallensteins zählenden Personen, die Mann aufführt, mit den Figuren in Schillers Dramentrilogie, zeigen sich bei den Frauenfiguren Divergenzen bezüglich der Vornamen von Tochter und Ehefrau Wallensteins sowie bezüglich Theklas Alter. Vor dem Hintergrund literarisch-onomastischer Überlegungen stellt sich hier die Frage nach dem poetischen Gehalt: Warum versah Schiller Thekla als Figur eines Geschichtsdramas, welches eine relative Authentizität als Fixpunkt seiner Konstruktion hatte, mit einem Namen, der nicht der historischen Überlieferung folgte? Der bereits von Burggraf in seiner Arbeit zu Schillers Frauengestalten (1897) formulierten These, die »Damen des Hauses« seien »mehr oder weniger Erfindungen des Dichters mit wenig Bezügen zum historischen Material«,[467] wird in der Regel wenig Bedeutung beigemessen, obwohl sich hieraus gerade im Hinblick auf Thekla Erkenntnisse zum Konzept des Figurenbildes ergeben. Wenn diesbezüglich auch nicht von ausgewiesenen Quellentexten ausgegangen werden kann, ist dennoch nach der Motivation zu fragen, die die (laut Burggraf) »Erfindungen des Dichters« geleitet haben mag, zumal Schillers Wahl auf einen (im

---

Weimar 1999, ›Gitarre‹: S. 180: In der Gitarre sah man »ein Stück antikes Arkadien widergespiegelt«). Zither bezeichnete, im zeitgenössischen Kontext ein der Gitarre ähnliches Saiteninstrument, nicht das heute allgemein bekannte Zupfinstrument (Vgl.: J. B. Basedows Elementarwerk, mit den Kupfertafeln Chodowieckis u.a., hg. v. T. Fritzsch, 3. Bd., Leipzig 1909, Tabula LX: Musikalische Instrumente, Nr. 23).

467 Vgl. J. Burggraf, Schillers Frauengestalten, Stuttgart 1897, S. 304; ferner: W. Hinderer, Die Damen des Hauses: Eine Perspektive von Schillers *Wallenstein*, in: Monatshefte, Vol. 77, No. 4, 1985, S. 393-402.

Vergleich mit anderen zeitgenössischen Dramentexten) eher wenig verbreiteten Vornamen fiel.[468] Wallensteins Tochter hieß Maria Elisabeth, nicht Thekla.[469] Die Spurensuche, die sich hier anschließen kann, führt zum einen zurück auf die bereits in den Apokryphen des Neuen Testamentes festgeschriebenen Eigenschaften, die eine weibliche Figur namens Thekla dort aufweist, zum anderen auf ein im 18. Jahrhundert veröffentlichtes Drama, dessen Sujet die Handlung der Apokryphenvorlage in wesentlichen Punkten abbildet und dessen Protagonistin ebenfalls den Namen Thecla trägt, der zugleich Teil des Titels ist.[470] Unabhängig

468 Mit Bezug auf die frühe Erziehung Schillers im pietistisch gefärbten Elternhaus weist Alt auf die Bedeutung hin, die der »Blick auf den intellektuellen Fonds der persönlichen Bildungsgeschichte« bei einem »Autor wie Schiller, dessen Leben von geistigen Erfahrungen entscheidend beherrscht wird, sich frühzeitig über die Literatur bestimmt und durch sie eigene Kontur gewinnt«, hatte (Alt, wie Anm. 423, Bd. I, S. 59). Für die Motivation zur Wahl des Vornamens bei der Wallenstein-Tochter käme dann weniger das unter Anm. 470 aufgeführte Drama als vielmehr der unter Anm. 473 vermerkte apokryphe Text (im Rekurs auf frühe Bildungseinflüsse) in Frage. Die Thekla-Geschichte als Kapitel der Paulusakte folgte als apokryphe Apostelgeschichte der im Pietismus beliebten Darstellung von Heiligenviten. Pietistisches Gedankengut, sich berufend auf »das Urchristentum der Spätantike«, prägte »auch die ersten philosophischen Denkübungen des jungen Schiller« (Alt, wie Anm. 423, Bd. I, S. 52 f.).

469 Vgl. G. Mann, Wallenstein. Sein Leben erzählt von Golo Mann, Frankfurt a.M., 2. Auflage 1971, S. 1176: Wallensteins erste Ehefrau hieß demnach Lucretia, die zweite Frau, die in der Figur der Elisabeth im Wallenstein-Drama ihre literarische Entsprechung hat, hieß Isabella (vgl. Mann S. 116,255). Aus dem weiteren Verlauf dieser Analyse wird sich ergeben, daß der Name der Mutter Theklas (*Elisabeth*), sofern man die Namen in Anbindung an Bibel- und Apokryphentexte aufschlüsselt, auf das bibl. Vorbild verweist, welches im Figurenbild das Gegenbild zur Thekla des apokryphen Textes bildet. Das Alter Theklas im *Wallenstein* wurde weit heraufgesetzt, vermutlich um von dieser Figur ausgehend eine ›Liebeshandlung‹ konstruieren zu können. Wallenstein heiratete seine zweite Frau Isabella, Tochter des Freiherrn von Harrach, die spätere Mutter seiner einzigen Tochter, erst im Jahr 1623 (vgl. Mann, S. 255). Das Drama spielt elf Jahre später, die Tochter war realiter keinesfalls im heiratsfähigen Alter. Daß die Frauen nicht wie im Drama im Kriegslager anwesend waren, geht sowohl aus Manns Biographie als auch aus Schillers *Geschichte des dreyßigjährigen Krieges* (1790-1792), in der die Frauen nicht einmal mit Namen versehen sind, eindeutig hervor. Thekla erfuhr gegenüber der historischen Vorlage somit eine erhebliche dramatische Aufwertung.

470 Vgl.: *Das Vorbild weibliches Heldenmuthes, oder die erste Märthyrinn Thecla, in einem Trauerspiele vorgestellet*, Nürnberg 1760; auf dem Titelblatt ist kein Verfassername vermerkt. R. Meyer gibt den Namen mit »[Carl Reuling]« an, wobei

davon, ob und wieviel vom apokryphen Quellentext bekannt war, rückte dieser in jedem Fall durch das Drama wieder in das zeitgenössische literarische Bewußtsein und kommt daher als mögliche Vorlage zeitgenössischer Autoren in Frage.[471]

Thekla, Protomärtyrerin und Protagonistin der im 2. Jahrhundert n. Chr. verfaßten *Paulusakten*,[472] eines apokryphen Textes, weist im Figurenbild Merkmale auf, die auch Schillers Thekla-Figur hat: Sie, die durch eine Predigt des Paulus zum Christentum bekehrt worden sein soll, präfiguriert die eigenständige soziale Rolle der Frau, die keiner Fremdbestimmung unterliegt. Thekla verläßt ihren Bräutigam, um Paulus zu folgen, und vollzieht im Tierkampf die Selbsttaufe. Aus Thekla als Sinnbild weiblicher Selbständigkeit resultierte die kleinasiatische Tradition weiblicher Ämtervollmacht und Lehrtätigkeit sowie der Taufvollzug durch eine Frau.[473] Die Figur »reflektiert Reminiszenzen an eine Epoche, in der Frauen im älteren Christentum eine wesentliche Rolle in der aktiven Gestaltung des gemeindlichen Lebens gespielt haben«.[474] Als herausragende Eigenschaften Theklas im apokryphen Text sind Mut und Entschlossenheit zu eigenständigem Handeln zu nennen, außerdem

die in Klammern verzeichneten Autorennamen in jedem Fall nicht bedenkenlos weiterführenden Forschungsansätzen zugrunde gelegt werden sollten. Stichproben ergaben Zuordnungsfehler: Die bei Meyer als Verfasserin des Trauerspiels *Therese Westen* angegebene »[*Victoria Laber*]« durchlief aufgrund kurzer Prüfung eine bemerkenswerte Metamorphose, letztlich war der Text vom männlichen Autor Victorin Laber verfaßt (Vgl. R. Meyer, Das deutsche Trauerspiel des 18. Jahrhunderts. Eine Bibliographie, München 1977, S. 169. Die ›Autorin‹ ist verzeichnet nach dem Exemplar der ÖNB, auf dem Titelblatt ist jedoch der Zusatz »von Herrn Laber« abgedruckt [Sign. ÖNB: Theat.-S. 898427-A./25]; der *Grundrisz zur Geschichte der Deutschen Dichtung. Aus den Quellen von Karl Goedeke*, 2. Aufl. Dresden 1893, 5. Bd., 2. Abt., verzeichnet unter dem Verfasser des Trauerspiels »Victorin Laber, Professor der Philosophie am Lyceum zu Görz« (S. 344)).

471 Der Dramentext ist zumal interessant im Hinblick auf die Abbildung der Heiligenvita als typischer Form literarischer Verbreitung pietistischen Gedankengutes (vgl. Anm. 47).

472 Zur Entstehungszeit des Textes: Die Apokryphen. Schriften zum Neuen Testament; übers. u. erläutert v. W. Michaelis, Bremen, 3. Auflage 1956, S. 288: Verfaßt zwischen 160 und 180 n. Chr. Biographisch-Bibliographisches Kirchenlexikon, begr., bearb. und hg. v. F. W. Bautz, Bd. XI, Herzberg 1996, Spalte 8069: Verfaßt 185-195 n. Chr.

473 Zur Figur der Thekla im apokryphen Text vgl. Anm. 472, Sp. 806-814.

474 Ebda., Sp. 808.

Theklas nicht rollenkonformes Verhalten durch ihre Entscheidung, sich über die geplante Heirat mit dem ihr bestimmten Bräutigam hinwegzusetzen. Nach diesem Persönlichkeitsbild ist auch Schillers Thekla gestaltet.[475] Im Kommentar zu einer Neuausgabe des apokryphen Textes wird die Anbindung der Figur an die spätantike christliche Spiritualität und Klosterkultur betont.[476] In Schillers Drama wird ebenfalls berichtet, daß Thekla in einem Kloster aufwuchs und von dort zur Familie kam – ein auffälliges Detail im Figurenbild, denn Thekla ist die einzige der im Rahmen dieser Arbeit analysierten Tochterfiguren, die im Kloster und nicht unter beständiger Aufsicht zumindest eines Elternteils erzogen wurde. In bezug auf die Erziehung im Kloster ist die Einstellung Theklas hierzu zu vermerken, die wohl auch als textimmanente Kritik zeitgenössischer Bildungspraxis zu verstehen ist: Sie handelt gegen die dort vermittelten Normen und setzt sich im Gespräch mit der Gräfin Terzky ausdrücklich über die im Kloster propagierten Maximen hinweg, die besagen, eine Tochter sei bestimmt, sich ihrem Vater zu opfern (P, V. 1829 ff.). Indem Thekla dies ablehnt und zum offenen Widerstand gegen den Vater bereit ist, weist sie sich – im Sinne aristotelischer Grundsätze – als unangemessener Charakter aus.[477] Zugleich ist dies, auf Koschorkes Untersuchung zur *Mediologie des 18. Jahrhunderts* bezogen, ein eindeutiges Bekenntnis Theklas zu ihrer »affektiven Natur«,[478] die durch entsprechende Erzie-

475 So heißt es beispielsweise über den Eindruck, den der römische Statthalter von Thekla hat, die vor den für sie aufgeschichteten Scheiterhaufen geführt wird: »[…] er wunderte sich über die Kraft, die in ihr war (und mit der sie ihr Schicksal trug)« (vgl. Auszug: Anm. 472, S. 297). Figurenbild ist Durchsetzungsvermögen gegen männliche Gewalt immanent: »[…] sie packte den Alexander und zerfetzte ihm seinen Umhang und riß ihm den Kranz vom Kopf […] (ebda., S. 299).

476 Vgl.: P, V. 1829; A. Jensen (Hg.), Thekla – Die Apostolin. Ein apokrypher Text neu entdeckt, Freiburg 1995, S. 117 f.

477 Vgl.: Aristoteles, *Poetik*, hg. v. M. Fuhrmann, Stuttgart 1982, S. 47. Schiller studierte die *Poetik* erstmals im Mai 1797 (Vgl. H. Reinhardt, *Wallenstein*, in: H. Koopmann (Hg.), Schiller-Handbuch, Stuttgart 1998, S. 398; Alt, wie Anm. 2, S. 423). Zur Polarisierung der Geschlechtscharaktere (Unter Bezugnahme auf Hippels *Väterlicher Rath für meine Tochter* und Gellerts *Moralische Vorlesungen*) vgl. auch B. A. Sørensen, Herrschaft und Zärtlichkeit. Der Patriarchalismus und das Drama im 18. Jahrhundert, München 1984, S. 31 f. Mut wurde als Eigenschaft ausschließlich dem männlichen Geschlecht zugestanden.

478 A. Koschorke, Körperströme und Schriftverkehr. Mediologie des 18. Jahrhunderts, München 1999, S. 434. Koschorke beschreibt hier die zeitgenössische Auf-

hung von einer durch gesellschaftliche Normen schablonierten Natur ersetzt werden soll.

Die Thecla-Figur des im Jahr 1760 erschienenen Trauerspieles entspricht in wesentlichen Punkten der Figurenvorlage des apokryphen Textes. Bereits der Titel des Dramas verrät, daß es sich hier um »das Vorbild weibliches Heldenmuthes« handelt.[479] Im Figurenverzeichnis steht die Tochterfigur als Protagonistin des in Antiochia spielenden Dramas an erster Stelle, ebenso beginnt sie den Eröffnungsdialog.[480] Im Vergleich mit Schillers Thekla-Figur dominiert auch hier die den Charakter prägende Eigenschaft des (für ein Tochter-Figurenbild) außerordentlichen Mutes. Merkmale hierfür finden sich in den vielen Dialogen, an denen die Figur teilhat. So formuliert Thecla ihre Unerschrockenheit infolge der Mahnung ihres Pflegevaters Sadoc, der sie an ihre Pflicht erinnert, die er ihr einst auferlegte. Auf Sadocs Forderung, man solle »mit Tapferkeit so gar sein theurstes Leben, / Wenn es die Liebe heischt, für seinen Nächsten geben«, antwortet sie: »[...] Wie reizet mich dein Muth! mich schreckt das Sterben nicht, / Das solchen Sieg ertheilt.«[481] Thecla, die selbst nicht standesbewußt sein möchte, weil ihren Adel »die Tugend nicht erzeuget«, bewertet den »würdigsten« Bräutigam als den, »der meist an Tugenden; nach dem an Klugheit reich« ist.[482] Auch Thekla im *Wallenstein*-Drama wehrt sich entschieden gegen die standesbetonenden Bedenken der Gräfin Terzky, was die Wahl ihres Bräutigams angeht; für sie gelten andere Werte: »Der Zug des Herzens«, der ihr zugleich »des Schicksals Stimme« ist (P, V. 1840), gibt ihr die Kraft, »den festen Willen [...] den unbezwinglichen« auch für ihre Belange einzusetzen (P, V. 1851 f.). Der christlich-religiöse Bezug, der das Handeln der Märtyrerin in Reulings Drama nicht zuletzt im Zeichen beständiger Jungfräulichkeit maßgeblich steu-

---

spaltung des Begriffs *Natur* in *Triebnatur* und *Tugendnatur*, wobei die *Triebnatur* mittels rollenkonformer Erziehung durch die *Tugendnatur* ersetzt werden soll (vgl. auch Kap. I dieser Arbeit); Koschorke zitiert Johann Ludwig Ewalds *Die Kunst, ein gutes Mädchen, eine gute Gattin, Mutter und Hausfrau zu werden. Ein Handbuch für erwachsene Töchter, Gattinnen und Mütter* (4. Auflage 1807): »Darum entfernt man bei guter weiblicher Erziehung Alles so sorgfältig, was Sinnlichkeit aufregen kann; und mit dem besten Erfolge« (vgl. Koschorke, S. 439).

479 Vgl.: Anm. 470; in diesem Zusammenhang sei daran erinnert, daß Wallenstein formuliert, man solle seine Tochter »[...]nicht als Weib«, sondern »Als Heldin [...]« behandeln (Vgl.: T, V. 2977 f.)

480 Vgl. Anm. 470, S. 5.

481 Vgl.: Ebda, S. 35 f.

482 Ebda., I/2, S. 9, I/7,S. 23.

ert, fehlt in Schillers Drama, lediglich das Substrat des Charakterbildes findet sich in Wallensteins Tochter wieder. In bezug auf das Ende der Thekla-Geschichte ist darauf zu verweisen, daß Thekla, die ihre ganze Aufmerksamkeit vom ersten Zusammentreffen an auf Paulus konzentriert, stirbt, nachdem sie von Paulus' Tod erfahren hat.[483] Dieses Bild wiederholt sich in ähnlicher Weise in dem Mitte 1802 verfaßten Lied *Thekla. Eine Geisterstimme*, welches als vierter »Text, der nicht mehr zur Trilogie gehört«,[484] die Tragödie Theklas beschließt. Das Ende Theklas kündigt sich schon im Drama an, wenn Thekla mit den Worten »Sein Geist ists, der mich ruft« (T, V. 3155) vom Leben Abschied nimmt.[485]

Die hier ausgeführten Überlegungen zeigen, daß die Figur der Thekla sich wesentlich aus dem sie umgebenden ikonographischen Kontext konstituiert, sei es in Anbindung an mythologische, astrologische oder religiöse Bezugsfelder. Dies geschieht in komprimierter Weise, die Substanz der Figur ergibt sich erst aus der Vernetzung unterschiedlicher Bilder.[486] Konsequenterweise entfällt im Drama eine Beschreibung Theklas über die Benennung äußerer Merkmale. Theklas Existenz ist nicht die der »Blondine« Louise, die sich mit Vater und Liebhaber handfeste Auseinandersetzungen liefert.[487] Emotionalität wird in diesem Drama kleingeschrieben, auch und gerade innerhalb der Liebesbeziehung, wo man sie

483 K. Aspegren, The Male Woman. A Feminine Ideal in the Early Church, Uppsala 1990, S. 102, 104 (Variante des Todes von Thekla in den Codices A, B und C; Acta Pauli et Theclae 44 f., Lipsius – Bonnet I, p. 270 f.).
484 Vgl. Alt, wie Anm. 423, S. 452.
485 Zum Lied vgl.: F. Schiller, wie Anm. 462, Text/Lied S. 242, Anmerkungen S. 357 f.:»Das Gedicht nimmt Bezug auf den Schluß des 4. Aufzuges von Wallensteins Tod, wo Theklas weiteres Geschick nach dem Tod Max Piccolominis angedeutet wird (IV, 12, V. 3155; 3163 f.), zugleich korrespondiert es mit *Des Mädchens Klage*, deren erste beiden Strophen Thekla in *Die Piccolomini* III,7, V. 1757 […] singt.«
486 Hier maßgeblich im Unterschied zur konventionellen Bedeutung des Begriffs ›Figur‹. Hierzu grundsätzlich: E. Auerbach, Figura, in: Gesammelte Aufsätze zur romanischen Philologie, Bern 1967, S. 55-92. Auerbach beschreibt die Entwicklung des Begriffs von der Antike bis zum Mittelalter, wobei für die vorliegende Analyse die Anbindung an antike Definitionen berücksichtigt wurde; so wird der Begriff *figura* in der Antike beispielsweise als Synonym für ›äußere Erscheinung‹ eingesetzt (vgl. S. 55), zur Konkretisierung des Gestaltbegriffs oder zur Darstellung des sinnlich Erscheinenden (vgl. S. 59). Keiner dieser Bereiche ist bei Schillers Thekla-Figur berücksichtigt, obwohl es sich bei ihr um die Figur eines klassischen Dramas handelt.
487 Als »Blondine« wird Louise von Wurm bezeichnet (vgl. *Kabale und Liebe*, I/5).

am ehesten vermutet.[488] Es darf nicht unbeachtet gelassen werden, daß hier eine scheiternde Liebe gezeigt wird: Der Grund für das Scheitern resultiert nicht zuletzt aus dem Persönlichkeitsbild der weiblichen Hauptfigur, die als weltentrücktes Konstrukt präsentiert wird.

488 K. Berghahn, wie Anm. 430. Emotionalität wird im Hinblick auf die Liebesbeziehung im Drama weniger gelebt als vielmehr erzählt, und zwar im Rekurs auf die Vergangenheit, die sich *vor* Handlungsbeginn abgespielt hat.

IV. Werkanalyse: Anonyme

IV.1. Die Einfältigkeit der Taube:
Erkenntnis sexueller Identität
in *Polidor, oder die unglücklichen Geschwister*

> »[...] so, wie die Menschen insgemein zu seyn pflegen, das
> ist, von mittlerer Gattung; hat gewisse Tugenden, auch
> gewisse Laster an sich: und doch stürtzten ihn die letzten
> ins Unglück. Denn hätte er niemanden erschlagen, so wäre
> alles übrige nicht erfolget.«
>
> (Johann Christoph Gottsched, Critische Dichtkunst, 1730)

I

Das Trauerspiel *Polidor, oder die unglücklichen Geschwister* erschien im Jahr 1760 unter dem Asteronym »R***« bei Hieronymus Johann Struck in Stralsund.[1] Das Sujet der Dramenhandlung – Inzest zwischen Geschwistern – mag die anonyme Veröffentlichung motiviert haben;[2] die bekannte Vorlage für dieses Sujet, Gellerts Roman *Leben der schwedischen Gräfin von G****,* erschien ebenfalls anonym in den Jahren 1747 und 1748 (2 Bde.).[3] Das Trauerspiel ist der Schwester des Verfassers gewid-

---

1 Zur Terminologie bei Verschlüsselungen des Namens vgl. S. Kord: Sich einen Namen machen. Anonymität und weibliche Autorschaft 1700-1900, Stuttgart/Weimar 1996, S. 200 f.
2 Das Geschlecht des anonymen Verfassers ist individuell zu bedenken. Zum Vergleich: J. G. B. Pfeil veröffentlichte sein Drama *Lucie Woodvil,* welches das Tabu des Inzests gleichermaßen thematisierte, nicht anonym. Wie am Beispiel L. Gottscheds gezeigt wurde (vgl. Kap. II.1 dieser Arbeit), sahen sich Autorinnen hingegen zusätzlicher Kritik ausgesetzt, wenn sie tabuisierte Themen in ihren Werken ansprachen, und veröffentlichten daher zumeist anonym.
3 Vgl.: C. F. Gellert, *Leben der schwedischen Gräfin von G****,* hg. v. J.-U. Fechner, Stuttgart, 2. Auflage 1985, hier Nachwort des Herausgebers, S. 161 ff. Fechner vermutet hinter dem Streben Gellerts nach Anonymität den Umstand, »daß der Roman immer noch eine verachtete Gattung war« (ebda., S. 162). Der geschwi-

met;[4] der Titel enthält den Namen des Helden Polydor[5] und spart den üblicherweise in den Mittelpunkt gestellten Namen der Protagonistin aus, obwohl im Dramenverlauf hauptsächlich deren Schicksal verhandelt wird.[6]

Eine Zusammenfassung der Handlung des wenig bekannten Trauerspiels sei hier zum besseren Verständnis der Textanalyse vorangestellt: Die Familie der Kinder Amalia und Polydor von Fromhausen gehört dem verarmten Landadel an. Nach dem bekannten Muster – etwa nach Terenz' Drama *Adelphoe* (160 v. Chr.) – wird eines der beiden Kinder des wenig begüterten Vaters zur Erziehung in die Obhut eines Verwandten gegeben. Zu Beginn des Dramas wird mitgeteilt, daß Polydor im Alter von vierzehn Jahren zu einem reichen Vetter des Vaters nach »Strasburg« geschickt wurde.[7] Die Dramenhandlung setzt Jahre später ein: Polydor, inzwischen erwachsen geworden, kündigt mittels eines Briefes seine unmittelbar bevorstehende Rückkehr in sein Elternhaus an.

Die Familie Polydors nimmt diese Nachricht mit unterschiedlichen Reaktionen zur Kenntnis. Während der Vater in freudiger Erwartung der Ehefrau die Rückkehr des Sohnes ankündigt, nimmt Polydors Mutter den entsprechenden Brief tränenüberströmt entgegen und äußert sich

---

sterliche Inzest ist im Roman in einer Nebenhandlung hinterlegt: Zwei uneheliche Kinder des Ehemannes der Gräfin wissen nicht voneinander und heiraten im Erwachsenenalter; die Blutschande wird bekannt und treibt beide in den Tod.

4 Dies weist ihn scheinbar als männlichen Verfasser aus, da er sich als Bruder bezeichnet; jedoch kann es sich hier auch um ein Pseudoandronym handeln. Die Vorrede hätte dann, was vom Inhalt her nachvollziehbar ist, diese Funktion; der Inhalt ist nicht textrelevant bis auf den Zusatz des Autors/der Autorin, er/sie habe die Schrift »in den Stunden, die mir des Tages von meiner Berufsarbeit übrig geblieben, zu meinen Vergnügen entworfen«; ein Verweis auf bestehende Berufstätigkeit, somit auf das männliche Geschlecht des Autors.

5 Anm. zur Schreibweise des Namens: Nur im Titel »Polidor«, im Text durchgehend »Polydor«.

6 Ebenso in Goethes *Faust. Frühe Fassung*, wobei es sich bei der Gretchenfigur um eine der männlichen Hauptfigur Faust ebenbürtige Figur handelt (in bezug auf handlungstragende Elemente). Dies ist hier anders, Amalia ist nur durch die Schilderung ihres Schicksals als Hauptfigur festgeschrieben, nicht durch Handlung; sie hat nur zwei kurze, hintereinanderliegende Auftritte.

7 *Polidor, oder die unglücklichen Geschwister*, I/1,5. Hier und im folgenden Text zitiert nach der Originalausgabe, Stralsund 1760, jeweils unter Angabe von Akt, Auftritt und Seitenzahl. Auf Terenz' Komödie als klassisches Beispiel kontrastierender Vatertypen verweist Sørensen im Zusammenhang mit Lessings *Miss Sara Sampson* (ders., Herrschaft und Zärtlichkeit. Der Patriarchalismus und das Drama im 18. Jahrhundert, München 1984, S. 73).

vorausschauend pessimistisch:[8] »Der Himmel gebe nur, daß das Vergnügen so vollenkommen wird, wie wir es uns wünschen.«[9] Polydors sechs Jahre jüngere Schwester Amalia erreicht die Nachricht zunächst nicht. Sie ist zu diesem Zeitpunkt bereits aus dem Elternhaus geflohen, aus Angst davor, den Eltern ihr lasterhaftes Verhalten gestehen zu müssen.[10] Gemäß der üblichen Heiratspraxis soll die Tochter »mit einem bemittelten und zugleich liebenswürdigen Cavalier, [...] Herrn von Liebenthal«,[11] verheiratet werden. Nachdem er sich zum Schein mit ihr verlobt hat, wird von Liebenthal Amalias Liebhaber; als Polydors Brief eintrifft, ist er jedoch bereits drei Wochen abwesend und hat keinen der Briefe Amalias beantwortet. Sie befürchtet einen Unfall oder Untreue von Liebenthals und erhält am Tag der Rückkehr ihres Bruders Gewißheit: Durch zwei Briefe erfährt Amalia, daß von Liebenthal ein hochverschuldeter Betrüger ist. Ihr sexueller Fehltritt macht es ihr unmöglich, den Eltern ihre Lage zu schildern: »Meinen Eltern wollte und durfte ich es nicht merken lassen«,[12] sagt sie und beschließt: »Ich bin doch schon einmal unglücklich und lasterhaft, also ist es mir gleichviel, noch unglücklicher und noch lasterhafter zu werden.«[13] Diese Einstellung läßt sie zur Diebin werden; nachdem sie des Vaters Geld entwendet hat, verläßt Amalia mit Wissen ihres Dienstmädchens Sophia das Haus und begibt sich in ein Bordell in der nahe gelegenen Stadt.[14] Polydor schöpft bei seiner Rückkehr zunächst keinen Verdacht, denn ihm wird von den Eltern mitgeteilt, die Schwester sei bei einer Freundin über Nacht einquartiert.

8 Das Trauerspiel scheint in Nachfolge des Dramas *Miss Sara Sampson* mit Lessings Tränendramaturgie zu operieren; die Tränen werden hier ebenfalls als »aktives Requisit« eingesetzt, allerdings dosiert geschlechtsspezifisch: als »Abwehrbekundung gegen die bürgerliche« (= weibliche) Träne zeigen sie beide Frauen in emotionalen Ausbrüchen, die Weiblichkeit mit Hilflosigkeit gleichzusetzen scheinen (vgl. D. Hildebrandt: Die Dramaturgie der Träne, in: Das weinende Saeculum. Colloquium der Arbeitsstelle 18. Jahrhundert. Gesamthochschule Wuppertal, Univ. Münster, Heidelberg 1983, S. 83-88, hier S. 84).

9 I/2,12.

10 Auch das Fluchtmotiv erinnert an Lessings *Miss Sara Sampson*: Sara flieht ebenso aus dem Elternhaus, um sich ihrem Vater nicht stellen zu müssen.

11 I/2, 11.

12 II/2,18.

13 Ebda.

14 Die lineare Eskalation des Lasters aus einem einzigen Fehltritt heraus thematisierte auch schon Pfeil 1756 mit *Lucie Woodvil*. Elemente der französischen klassizistischen Tragödie gaben hier die Vorlage, wie ein Beispiel aus Lessings *Ham-*

Zu Beginn der Handlung befinden sich außer der Familie und den Bediensteten noch Herr von Tugendheim, engster Vertrauter und Nachbar von Fromhausens, sowie dessen Sohn Gustav von Tugendheim im Haus. Nach einiger Zeit kündigen sich die Herren Ohnesorgen und Valer an, die den Rückkehrer begrüßen wollen. Nachdem der Abend im Elternhaus beim gemeinsamen Abendessen zunächst ruhig verläuft, kommt es im weiteren Verlauf auf Polydors Zimmer zu einem nächtlichen Streitgespräch, während dessen sich Polydor von den Bekannten überreden läßt, noch einen Ritt in die Stadt zu unternehmen. Dort trifft er beim Besuch des Bordells auf seine Schwester, zunächst ohne diese zu erkennen. Es kommt zum Inzest zwischen beiden, was Polydor im Gegensatz zu Amalia nach kurzer Zeit bewußt wird: Am Finger der Frau erkennt er den Ring wieder, den er vor Jahren seiner Schwester zum Abschied schenkte. Nachdem es zu einer klärenden Aussprache zwischen beiden gekommen ist, ertränkt sich Amalia im Fluß nahe der Stadt,[15] Polydor kehrt zurück und ersticht sich im Elternhaus.

burgischer Dramaturgie zeigt. Im 30. Stück vom 11.8.1767 rezensierte er Corneilles *Cleopatra* mit dem Kommentar:»Ohne Zweifel folgte ein Verbrechen aus dem andern, und sie hatten alle im Grunde nur eine und eben dieselbe Quelle« (in: G. E. Lessing, Gesammelte Werke in zehn Bänden, hg. v. P. Rilla, 6. Band, Berlin/ Weimar, 2. Auflage 1968, 30. Stück: S. 154-158, hier S. 154).

15 Der Selbstmord markiert die gelungene Flucht, die Amalia im Leben nicht konsequent durchsetzen konnte: Sie will sich nun »als Gefahr für die Familie«, »hinwegschwemmen«, um zu vermeiden, den Angehörigen als »Wiedergängerin« nochmals zu begegnen (vgl.: Handwörterbuch des deutschen Aberglaubens, Bd. VII, »Selbstmörder«: S. 1627 ff., Leipzig 1935/36). Der Text zitiert mit der Selbstmordart das Ophelia-Motiv; die Tochter des Polonius in Shakespeares *Hamlet* (1600/ 1601) ertränkt sich, nachdem Hamlet sich von ihr abwendet; die Schilderung des Auffindens ihrer Leiche am Ende des 4. Aktes (durch Hamlets Mutter) beschreibt ihren Tod als Einswerden mit der Natur (zu Ophelia vgl.: L. Lewes, Shakespeares Frauengestalten, Stuttgart 1893, S. 298-302). In der Verbindung Wasser – Tod ist die mit Fruchtbarkeit, Leben und Yin-Prinzip zusammenhängende Symbolik des Wassers hinterlegt, welches als Ausdruck des Archaisch-Weiblichen gilt; der Selbstmord durch Ertrinken ist als Akt der Metamorphose zu sehen, der vor dem Hintergrund eines mythischen Kerns das Erfahren der eigenen Geschlechtlichkeit innerhalb des ihr zugeordneten Elementes ermöglicht (Vgl. U. Becker, Lexikon der Symbole, Freiburg 1992, ›Wasser‹: S. 323-327; ferner: I. Stephan, Weiblichkeit, Wasser und Tod: Undinen, Melusinen und Wasserfrauen bei Eichendorff und Fouqué, Frankfurt a.M. 1987; F. R. Max (Hg.), Undinenzauber. Von Nixen, Nymphen und anderen Wasserfrauen, Stuttgart 1991, S. 415).

II

Das Sujet der Eskalation des durch Erziehungsfehler bedingten Lasters, in Pfeils *Lucie Woodvil* vergleichbar gestaltet, leitet die Handlungsführung. Bestimmt man die lineare Abfolge der Erziehungsfehler, die mit dem Text zur Diskussion gestellt werden, beginnt die tragische Verkettung der Ereignisse bereits mit der Entfremdung des Sohnes durch die Erziehung fern des Elternhauses.[16] So wird die Voraussetzung dafür geschaffen, daß Bruder und Schwester einander nicht erkennen und es zum Inzest kommen kann. Mit vielen weiteren Zufällen und Details wird die Handlung so ausgestaltet, daß sich die Situation ins Ausweglose zuspitzen kann: Amalia verpaßt knapp die Rückkehr ihres Bruders, weil die sie zur Flucht motivierenden Briefe einen Tag vorher eintreffen; beide Bekannte, die Polydor aufsuchen, üben schlechten Einfluß auf ihn aus und verleiten ihn zum Besuch im Bordell.[17] Letztlich ist auch der Ring entscheidendes Detail, durch das der Inzest aufgedeckt wird: Obwohl Amalia sich gänzlich von ihrer Familie getrennt hat, legt sie den Ring, mit dem sie sich die emotionale Beziehung zum Bruder materiell vergegenwärtigt, nicht ab.

Das ein Jahr nach Rousseaus *Émile* erschienene Drama ist als Beitrag zur zeitgenössischen Diskussion über neue pädagogische Konzepte zu lesen: Sobald beide nach Individualität strebende Protagonisten die (von Rousseau propagierten) präzise vorgegebenen Lebenswege verlassen, scheitern sie an fehlenden Grenzen. Die Schuld hierfür liegt nicht bei ihnen selbst, sondern bei den Eltern, die inkonsequent in ihrer Rolle als Erzieher dargestellt werden. Für die Erziehung der Tochter ist, ähnlich wie in Lessings *Emilia Galotti* dargestellt, allein die Mutter verantwortlich. Die Struktur der innerfamilialen Hierarchie zeigt sich in der Rede des Hausherrn von Fromhausen: »Amalien ist zu viel Freiheit verstattet. Ich habe es oft erinnert; um ihre Mutter aber nicht zu erzürnen, habe ich nichts dazu sagen mögen.«[18] Herr von Tugendheim weist den Patriarchen kritisch auf seine fehlende Beteiligung an der Erziehung der Tochter hin:

---

16 Eine parallele Begegnungssituation besteht in Pfeils *Lucie Woodvil* (1756); beide Texte sind über das Inzestmotiv miteinander verbunden: Lucie wird außerhalb des Elternhauses erzogen, kommt als Erwachsene dorthin zurück und begeht Inzest mit ihrem Halbbruder, ohne dies zu wissen. Als sie davon erfährt, tötet sie sich.

17 Der Einfluß kann erst ausgeübt werden, nachdem die über Polydor wachenden Personen wie sein Vater und die beiden Herren von Tugendheim die Szene verlassen haben.

18 I/3,14.

[…], bekümmern Sie sich etwas mehr um ihre Erziehung, lassen Sie es ihrer lieben Gemahlin nicht allein über. Sie ist ihr zu fromm, und aus übertriebener Liebe übersieht, ja billiget sie selbst Eitelkeiten, die wider Religion und Sitten lauffen.[19]

Doch von Fromhausen möchte nicht an der Erziehung der Kinder teilhaben. Bedingt durch seine von Oberflächlichkeit geprägten Äußerungen entsteht der Eindruck, er wolle sich hier der Verantwortung entziehen. Der Erziehungsauftrag, den er für Amalia noch seiner Frau überträgt, scheint ihm beim Sohn gänzlich überflüssig; er spricht von Polydor als »Unser Sohn, dieser lieber, dieser durch die Gnade des Himmels so wolgerathener Sohn«.[20] Seine Sicht auf den Sohn ist verklärt, obwohl (oder gerade weil) er Polydor seit Jahren nicht gesehen und seit über zwei Jahren kein Lebenszeichen von ihm erhalten hat. »Dieser so erwünschte Sohn« wird wohlerzogen sein,[21] meint er, ohne diesen einschätzen zu können.

Die Mutter hingegen überschätzt sich und ihr Erziehungskonzept: »O! für die Ehre unserer Tochter will ich allemal einstehen.«[22] Allerdings weiß sie Amalias Charakter präzise zu bestimmen und spricht die Wesenszüge der Tochter an, die diese letztlich zum Fehlverhalten verleitet haben: »Sie ist von liebreichen und redlichen Herzen, und weil sie selbst ehrlich ist, so glaubet sie einen solchen Charakter auch von einem jeden, der sich gegen ihr so stellet.«[23]

Von Fromhausen bezweifelt bereits zu diesem frühen Zeitpunkt (I/3) die Standhaftigkeit seiner Tochter.[24] Wie es auch an anderen Stellen symptomatisch für die Erzieherfiguren des Dramas ist, andere Personen für eigene Verhaltensfehler verantwortlich zu machen, sucht er die Schuld bei von Liebenthal: »Gott gebe, daß meine Tochter und Liebenthal nicht

---

19 I/3,14 f. Zum Vergleich: noch 1792 propagierte T. G. Hippel eine Erziehung der Kinder bis hin zur Pubertät ausschließlich durch Frauen: Diese hätten »von Natur aus zur Kindererziehung unentbehrliche Eigenschaften« (T. G. Hippel, *Über die bürgerliche Verbesserung der Weiber*, Berlin 1792, S. 222). Da Amalia dem Kindesalter bereits entwachsen ist, wäre der Vater, wie Tugendheim betont, nun für die Erziehung zuständig.

20 I/1,8.

21 Ebda.

22 I/2,13.

23 Ebda.

24 Parallel gestaltet sind die Figurenbilder der tugendstrengen Hausväter Odoardo Galotti (aus Lessings *Emilia Galotti*) und Humbrecht (aus Wagners *Die Kindermörderin*).

zu genau mit einander bekannt seyn mögen. Mir hat sein Auffenthalt in meinem Hause nie recht gefallen.«[25]

Von Fromhausen präsentiert sich hier nicht als Patriarch der Familie: Obwohl ihm die Anwesenheit von Liebenthals in seinem Haus mißfiel, sah er sich nicht in der Lage, diese zu unterbinden. Gottvertrauen einerseits und eine existentielle Abhängigkeit andererseits, wie sie auch in Schillers *Kabale und Liebe* dargestellt wird, bestimmen sein Denken, wenn es um die Zukunft der Tochter geht: Wie der Musiker Miller und viele andere Vaterfiguren aus dem Repertoire der Trauerspiele ist auch er bestrebt, die mittellose Tochter möglichst vorteilhaft zu verheiraten. Während Louise Miller zwei Bewerber hat, steht hier nur ein Heiratskandidat zur Diskussion. Dieser hat Amalias Mutter überzeugt, ähnlich wie Ferdinand die ›Millerin‹,[26] was zur Folge hat, daß Frau von Fromhausen Vorwürfe hört, die auch Miller seiner Frau sagen könnte:

Du bist nur zu sehr von seinem Auesserlichen eingenommen, das macht, er hat sich durch übermäßiges, und heuchlerisches Flattieren bey dir einzuschmeicheln gewusst. Ich kann nicht sagen, dass mir seine Conduite so besonders gefiel. In einem galonirten Kleide, 2 bis 3 reichen Westen, und sauber frisirten Haaren, bestanden seine meisten Vorzüge. Ich kann dir es nicht verhälen: Ich bin in meinem Herzen nie recht mit der mariage mit Amalien zufrieden gewesen.[27]

25 I/3,14. Zum Vergleich sei erinnert an William Sampson, den Vater der Sara aus Lessings *Miss Sara Sampson* (1755); dieser macht sich schwerste Vorwürfe, Saras Liebhaber Mellefont in seinem Haus aufgenommen zu haben; auch Evchen Humbrechts Ab-Weg beginnt mit dem Umstand, daß sie ihren Verführer von Gröningseck kennenlernt, weil dieser in ihrem Elternhaus einquartiert ist (Evchen: Protagonistin aus Wagners *Die Kindermörderin*, 1776). Das Gottvertrauen von Fromhausens markiert seinen Erziehungsfehler; in seiner Rede ist der religionskritische Ansatz des Dramas hinterlegt:»Gott soll es geben«, daß es zu keinem vorehelichen sexuellen Kontakt zwischen der Tochter und ihrem Verlobten kommt; daß der Patriarch diesen durch eigenes Fehlverhalten motiviert haben könnte, steht außer Frage.

26 Ferdinand versucht, die Mutter mit Geschenken zu kaufen. In Schillers Drama ist zusätzlich das Motiv des Tausches (Tochter gegen Ware) hinterlegt.

27 I/2,13.

III

Die Formulierung von Fromhausens in bezug auf die Heirat gibt Aufschluß über den Stellenwert Amalias in seinem Denken: Er spricht nicht über die ›mariage *von* Amalien‹, sondern über die »mariage mit Amalien«. Nicht die Tochter steht im Mittelpunkt seiner Überlegungen, sondern der vermeintliche Schwiegersohn und er selbst: Zufriedenheit im Herzen fordert er für sich, nicht für die Tochter.

Amalia spielt im gesamten Dramenverlauf nur eine passiv-untergeordnete Rolle, obwohl sich um sie die Verwicklung der tragischen Ereignisse strukturiert. Die Dramenhandlung verläuft nicht personen-, sondern themenbezogen. Die Tochter des Hauses hat nur zu Beginn des Dramas einen Auftritt. Nachdem die Erzählung der Vorgeschichte im ersten Akt in einem allgemein gehaltenen Überblick dargestellt wird, focussiert sich die Perspektive im ersten und zweiten Auftritt des zweiten Aufzugs ausschließlich auf Amalia. In einem kurzen Monolog schildert sie zunächst tränenreich ihre Verzweiflung, um dann im anschließenden Dialog mit ihrem Dienstmädchen Sophia die Ursache hierfür detailliert darzustellen.

Beide Auftritte sind der eigentlichen Dramenhandlung zwischengelagert; mit Beginn von II/3 wird die Figur der Amalia aus dem weiteren Handlungsgefüge ausgeblendet.[28] Ihre isolierte Stellung im Kreis der Dramenfiguren läßt kaum Rückschlüsse auf das Persönlichkeitsbild zu. Über die sozialen Bedingungen, unter denen sie aufwuchs, wird nichts außer der Trennung vom Bruder im Kindesalter berichtet. Allein durch Polydor werden im Handlungsverlauf wenige Informationen über Amalia gegeben. Er beschreibt Amalias Kleidung und Aussehen:

> Sie war ganz grün, nicht kostbar, aber sehr nett und reinlich gekleidet. […] Ihre Gesichtszüge waren sehr regelmäßig, aber ihre Mienen verriethen einen Kummer, der aus dem niedergeschlagendsten Herzen herrühren mußte.[29]

Der ›fremde‹ Bruder bemerkt, was dem Vater, der mit der Tochter in einem Haushalt lebt, verborgen bleibt. Die Äußerung über Gesichtsausdruck und Gesichtszüge der Schwester verweist auf den zeitgenössischen

---

28 Die Herauslösung der Tochterfigur aus dem eigentlichen Handlungsgefüge findet sich in ähnlicher Weise im Drama von Terenz. Auch in *Adelphoe* hat Pamphila, die schwangere Tochter Sostratas, nur einen kurzen Auftritt (in III/4), der die Handlung im Grunde nicht beeinflußt.

29 V/2, 67.

anthropologischen Diskurs über die Gesetzmäßigkeiten der Physiognomie: Mimik und Körperausdruck wurden als Spiegel der Seele angesehen. Nach Lessings Auseinandersetzung mit den Arbeiten William Hogarths (*The Analysis of Beauty*, 1754) verstärkte sich die Debatte im letzten Viertel des Jahrhunderts im Zuge der Überlegungen Johann Caspar Lavaters (*Physiognomische Fragmente zur Beförderung der Menschenkenntnis und Menschenliebe*, 1775-1778).[30]

Wie eng die emotionale Bindung zwischen den Geschwistern schon in der Kindheit gewesen sein muß, belegt der Ring, der als Symbol der Liebe zwei schnäbelnde Tauben trägt.[31] Amalias Beziehung zu den Eltern, besonders zum Vater, ist emotional distanziert. Als Frau von Fromhausen ihren Mann fragt:»Merktest du nicht, mein lieber Mann, wie ihr heute Mittag beständig die Thränen in Augen stunden, und wie gerne sie sich derselben verbeissen wollte!«, antwortet von Fromhausen, er»habe eben nicht darauf regardirt«.[32]

Die Amalia zuteil gewordene Erziehung bleibt im Text ebenso unerwähnt wie ihre Einstellung zur Religion oder ihr Leseverhalten, so daß wichtige Elemente fehlen, die Anhaltspunkte zur Figurenanalyse liefern könnten. Dies gilt auch für personenbezogene Szenenanweisungen – die Mimik und Gestik bleibt unklar, bis auf Polydors singuläre Beschreibung von Amalias Mienenspiel.

Amalias Sprache im Monolog von II/1 ist ähnlich der von Louise Miller gekennzeichnet von Auslassungen und Unterbrechungen. Unvollständig aneinandergereihte Sätze sollen Verzweiflung und Resignation dokumentieren: Nur im Monolog ist Amalia bereit, ihren Gefühlen in dieser zwanglosen Form Ausdruck zu verleihen. Im anschließenden Dialog mit Sophia schildert sie in kontrollierten, vollständigen Sätzen ihre Beziehung zu von Liebenthal. Diese ist gekennzeichnet von einer Zerrissenheit zwischen Liebe und Abscheu im Hinblick auf den»niederträchtigen Liebhaber«, der»sein viehisches Vergnügen genugsam gestillet hatte«.[33]

---

30 Zur zeitgenössischen Theorie des Körperausdrucks vgl. A. Käuser, Die anthropologische Theorie des Körperausdrucks im 18. Jahrhundert. Zum wissenschaftshistorischen Status der Physiognomik; in: R. Behrens/R. Galle (Hg.), Leib-Zeichen. Körperbilder, Rhetorik und Anthropologie im 18. Jahrhundert, Würzburg 1993, S. 41-60.

31 V/2,68.

32 I/2,12.

33 I/3,17. Die ›tierische Natur‹, sonst als weiblich assoziiert, wird hier zur ›männlichen Natur‹.

Die größten Vorwürfe richtet sie gegen sich selbst: »Ich folgte gar zu sehr den Reizungen der Sünde, und habe mich dadurch zu dem unglücklichsten Frauenzimmer von der Welt gemacht.«[34] Gesellschaftliche Normen, die sexuelles Fehlverhalten kritisieren und kriminalisieren, treiben sie zur Flucht. Ihr Entschluß, das Elternhaus zu verlassen, um vor der Schande zu fliehen, ist im Genre des bürgerlichen Trauerspiels als beliebtes Lösungsmuster vielfach vertreten.[35]

Das Medium des Briefs bestimmt zweimal die Handlungsführung in entscheidender Weise, strukturell mit Ambivalenz aufgebaut: Der Brief, den der Bruder schreibt, löst positive Reaktionen aus, hingegen leiten beide an Amalia gerichtete Briefe die Fall-Linie der Handlung ein: Amalia wird durch die Benachrichtigungen zur Flucht getrieben, woraus die weiteren tragischen Verstrickungen resultieren.

Im Hinblick auf das Drama und die Tochterfigur sind weiterhin folgende parallele Gestaltungselemente im Vergleich zu den in der vorliegenden Studie berücksichtigten Primärtexten festzuhalten:

Es besteht eine auffällig geringe Präsenz der Figur im Hinblick auf das Handlungsgefüge, die an den Stellenwert der Nebenfigur Nikothris in Louise Gottscheds Drama *Panthea* erinnert. Ein mit dem Vater der Protagonistin befreundeter Mann und dessen Sohn oder Tochter werden der beschriebenen problematischen Vater-Kind-Beziehung als positiv konnotiertes Kontrastpaar gegenübergestellt. Die Kontraststruktur ist in Pfeils *Lucie Woodvil* wie auch in Wagners *Die Kindermörderin* präsent. Ein Freund oder Verwandter des Vaters versucht, mit seinen Erziehungsvorstellungen positiv auf den Vater der Protagonistin einzuwirken. Inzest motiviert den Selbstmord der Tochterfigur, wobei sowohl Lucie Woodvils als auch Amalia von Fromhausens Liebhaber und Bruder als Mitschuldige überleben. Das Projekt ›Erziehung‹ allein durch die Mutter‹ wird von Pfeil ebenso kritisch dargestellt wie von Lessing: Lucie wie Emilia wurden allein von der Mutter erzogen und scheitern auf ihrem Lebensweg.[36] Die patriarchalische Machtstruktur legitimiert sich hierdurch einmal mehr als notwendige Kontrollinstanz.

Als dramentheoretische Ausnahme stellt sich die Dramaturgie des Szenenaufbaus im Zusammenhang mit dem Tod der Protagonisten Polydor und Amalia dar. Beide Elternteile sind in der Todesstunde der Kinder

---

34 Ebda.
35 So in Lenz' *Der Hofmeister, oder Vortheile der Privaterziehung* (1774) oder Wagners *Die Kindermörderin* (1776).
36 Bezug zu Hippels Theorie; siehe Anm. 19.

nicht auf der Bühne anwesend, es kommt weder zum Streit noch zu Verhinderungsversuchen oder gar zur Versöhnung zwischen Eltern und Kindern, wodurch sich die rigorose gesellschaftliche Verurteilung der Inzesthandlung auf der Bühne spiegelt. Die Tabuisierung der Problematik wird hier durch Absenz aller Figuren, die Lösungsmöglichkeiten anbieten könnten, fortgesetzt. Das Drama schließt mit der Moral des Trauerspiels, formuliert in einem Monolog von Tugendheims: Dieser bedauert »die armen Eltern«, weist ihnen aber »selbst einigermassen Schuld daran« zu, nicht ohne zu bemerken, daß »von ihrer Tochter alles Unglück herrührt«;[37] mit Verweis auf den Sündenfall bindet die Schuldzuweisung das Handeln Amalias an das Evas; der Selbstmord Amalias ist Ausdruck von Gottlosigkeit. Diese wurde im zeitgenössischen Diskurs funktional zur negativen Bewertung weiblicher Sexualität eingesetzt. Insbesondere die Darstellung von Inzest unterstrich das negative Bild, das von sexuell lasterhaften Frauen gezeigt werden sollte, denn »Selbstmord war nicht nur Selbsttötung, sondern nach christlichem Verständnis Ausdruck eines fehlenden Glaubens an die Wiederauferstehung, insofern auch ein Verstoß gegen die christliche Weltordnung.«[38]

Im Gegensatz zu vielen ihrer Schwestern wird Amalia schon im Leben gottlos dargestellt; religionsgebundene Bezugsfelder finden sich im Figurenkonzept nicht. Der »gute Polydor«, wie von Tugendheim den Titelhelden nennt, bleibt trotz seines Selbstmordes ohne Schuldzuweisung: Er stirbt aufgrund »einer einzigen unglücklichen Minute« durch die Strafe des »gerechten Himmels«.[39]

Im Hinblick auf die im Drama hinterlegte Triebstrukturtheorie weist sich die Schwesterfigur somit als die den Inzest motivierende Person aus. Sie steht symbolisch für

die quälende Informationsverweigerung im Bereich einer Sexualität, von der im bürgerlichen Haus die Rede abgezogen worden ist, und die Erfahrung des Inzestverbots als einer harten Barriere für die bewegte Individualität.[40]

---

37 V/12,80.
38 R. v. Dülmen, Der ehrlose Mensch: Unehrlichkeit und soziale Ausgrenzung in der frühen Neuzeit, Köln/Weimar/Wien 1999; »Die Ruchlosigkeit des Selbstmörders«, S. 83-95, hier S. 84.
39 Ebda. u. V/11,79.
40 Vgl. P. v. Matt, … fertig ist das Angesicht. Zur Literaturgeschichte des menschlichen Gesichts, München/Wien 1983, S. 83 (zur Bewertung der Schwesterfigur).

Das christlich-symbolische Bezugsfeld der Tiergartensymbolik vervollständigt dieses Bild: Die Tauben auf dem Ring Amalias sind als Symbole des einfältigen Charakters als Ausdruck paradiesischen Zustandes zu deuten. In Anbindung an *Matthäus* 10,16 wird im Drama die ›einfache‹ Taube der ›klugen‹ Schlange in dialektischem Bezug gegenübergestellt:[41] Im Moment paradiesischer Erkenntnis, der Eva mit dem Bild der Schlange verbindet und zugleich die Erkenntnis der Scham evoziert, verliert sich das Bild der Taube als Attribut Amalias – als Zeichen der Erkenntnis ihrer sexuellen Identität, ausgelöst durch die inzestuöse Handlung.

41 Zur Symbolik der Taube (über deren Bedeutung als Symbol des Heiligen Geistes hinaus) vgl. G. B. Ladner, Handbuch der frühchristlichen Symbolik. Gott Kosmos Mensch, Wiesbaden 2000, S. 75 f., S. 161.

IV.2. Abwarten als Merkmal weiblicher Verhaltensnorm: Brudermord in *Amalie, unglücklich durch ihre Stiefmutter*

> »[...] die Mannigfaltigkeit der Charaktere und Psychologien ist die Fundgrube der Natur, hier allein schlägt die Wünschelrute des Genies an.«
>
> (J. M. R. Lenz, Anmerkungen übers Theater, 1774)

I

Im Jahr 1777 wurde in Frankfurt und Berlin das fünf Aufzüge umfassende Trauerspiel *Amalie, unglücklich durch ihre Stiefmutter* anonym veröffentlicht. Mit dem Mord unter Geschwistern wurde in dem Drama, das zudem ein hohes antiklerikales Potential aufwies, ein gesellschaftliches Tabu thematisiert.

Als Basis der Handlung ist die dramatische Grundstruktur entsprechend aufgebaut: Es werden weder Angaben zur Handlungsdauer noch zum Handlungsort gemacht, die vergleichsweise große Anzahl von fünfzehn Figuren im Verzeichnis der Dramenfiguren läßt auf eine komplexe Handlungsverwicklung schließen. Dies bestätigt sich mit dem Eröffnungsauftritt; das Publikum wird in die Beziehungen zwischen den einzelnen Protagonisten eingewiesen, die sich im weiteren Handlungsverlauf als äußerst problematisch darstellen:

Die erste Szene zeigt Baronesse von Kronbach, Stiefmutter Amalies, im Dialog mit ihrem leiblichen Sohn Philipp. Gegenstand des Gespräches ist das bevorstehende Ende eines Prozesses gegen die Baronesse; sie befürchtet, hierdurch ihr ganzes Vermögen zu verlieren, und plant deshalb, die bevorstehende Heirat ihrer Stieftochter Amalia mit Ellersberg, dem Gesandten zu R..., zu verhindern. Von diesem, der zugleich Amalies Vormund ist, hängt das weitere Schicksal der Baronesse ab: Sofern der Gesandte, der die Baronesse keinesfalls unterstützen will, Amalie *nicht* heiratet, fällt der Baronesse das verbleibende Familienvermögen zu.

Das Problemfeld wird um die konfliktbelastete Beziehung zwischen den beiden Stiefgeschwistern Amalie und Philipp erweitert. Amalies längst verstorbener Vater hatte Philipp ins Kloster geschickt, weil er ihm die Schwester vorzog. Dies betont die Baronesse ihrem Sohn gegenüber vorwurfsvoll, um Phillipp gegen die Stiefschwester und für das Komplott einzunehmen: »Seine Affenliebe gegen seinen Liebling Amalien hat dich armen Jungen ja von allen Freuden der Welt ausgeschlossen.«[42] Mit diesem Argument überredet die Baronesse Philipp zur Kooperation. Ein korrupter Kammerdiener soll Amalie vortäuschen, der Gesandte habe sie inzwischen verlassen und sei mit einer anderen Frau verheiratet. Hierdurch soll sie zur Heirat mit Rudolph gedrängt werden, der der Baronesse bereits das dann ihm zufallende Vermögen Amalies versprochen hat. In diesem Zusammenhang gibt die Baronesse eine erste Charakterisierung und (Fehl-)einschätzung Amalies ab:

> Sie ist überdem leichtgläubig, und wirds ganz fühlen, und wenn sies recht fühlt und untröstbar drüber ist, denn rasch in sie gedrungen, sie übereilt, daß sie Rudolphen heiratet, mit Bitten, mit Drohungen, wies am besten geht – und so ist unsere Rache fertig (I/1,6).

Rudolph seinerseits drängt ebenfalls auf eine schnelle Lösung der Situation mit dem berechnenden Argument, die Baronesse erhalte im Tausch für ihre Stieftochter schließlich das Vermögen Amalies.[43] Zeitdruck als Motiv wird als spannungssteigerndes Element eingesetzt: Die angekündigte Ankunft des Gesandten am folgenden Tag erfordert schnelles Handeln.[44]

Ein zweiter Handlungsstrang zeigt die Nebenfiguren Sophie, Erich und dessen Sohn Ebeling als Liebhaber von Amalies Gesellschafterin Sophie und vormaligen Sekretär des Gesandten. Ebeling wurde von diesem wegen seines aufrichtigen Verhaltens entlassen, was er mit sozialkritischer Stimme kommentiert: »[...] wehe solchen Menschen, die Gefühl besitzen für das, was Recht ist! die haben mehr Unglück in der Welt, als alle niederträchtige Höflinge« (I/3,9). Die fehlende soziale Sicherheit durch Verlust der Stellung mißfällt sowohl Sophie wie auch Ebelings Vater. Als künftige Ehefrau ist Sophie ebenso von Ebeling abhängig wie Erich, der um seine Versorgung im Alter fürchtet; mit Miller als berühmtem Vertreter bürgerlichen Anspruchsdenkens ist diese Vaterfigur auch in Schillers *Kabale und Liebe* abgebildet.[45]

---

42 Vgl. I/1,4, hier und im Folgenden unter Angabe von Akt, Auftritt und Seitenzahl nach dem Originaltext zitiert: [Anonymus], *Amalie, unglücklich durch ihre Stiefmutter*, Frankfurt/Berlin 1777.

43 Das Motiv des Tausches ist in ähnlicher Weise in Schillers Drama *Kabale und Liebe* eingesetzt; vgl. Anm. 45.

44 Vgl.: P. Pütz, Die Zeit im Drama. Zur Technik der dramatischen Spannung, Göttingen 1970.

45 Vgl.: *Kabale und Liebe* V/1; Miller erinnert Louise an »die Kapitale«, die er anlegte, und wirft ihr vor, sie wolle sich »mit dem Hab und Gut« des »Vaters auf und davon machen«.

Bei ihrem ersten Auftritt in I/5 zeigt sich Amalie im Gespräch mit Sophie irritiert über das Stillschweigen, das seit drei Monaten zwischen dem Gesandten und ihr herrscht. Das Publikum erfährt die Hintergründe hierfür: Die Baronesse vereitelt jeglichen Briefkontakt und schreckt nicht vor bezahlten Mördern zurück, um an ihr Ziel zu kommen. »Verachtete Liebe gebiert Haß«, lautet das Movens ihres verwerflichen Handelns, wie sie sich selbst eingesteht (I/7,15; auch IV/6,59), denn der Gesandte, den sie liebte, zog ihr die Stieftochter, in ihren Augen »das alberne Mädchen«, vor.[46]

Im weiteren Handlungsverlauf wird bekannt, daß Rudolphs Vater Graf Roderich seine Einwilligung zur Heirat mit Amalie verweigert. Die Verwicklungen um die Baronesse, Amalie und Rudolph werden später durch diese Figur aufgedeckt (vgl. IV/11). Phillipp hat seiner Stiefschwester die falsche Nachricht unterdessen zukommen lassen, doch diese weigert sich standhaft, Rudolph statt des Gesandten zu heiraten: »[…] ehe wird mirs Herz brechen – ich liebe ihn noch mit aller Wärme meines Bluts, mit dem Gefühl der gekränkten verachteten Liebe, und werd ihn ewig lieben […].«[47]

Neben Aufrichtigkeit bestimmt Emotionalität die Entscheidung Amalies; das Hauptargument gegen die Heirat mit Rudolph ist für sie, daß sie diesen nicht glücklich machen kann (vgl. III/2; III/5). Durch den innerfamilialen Zwang und die zunehmend knappe Zeit gerät Amalie allmählich unter erheblichen psychischen Druck; sowohl Phillipp als auch die Stiefmutter drohen ihr bei einer Verweigerung mit Liebesentzug und appellieren an ihr religiöses Pflichtbewußtsein: »[…] wer seinen Aeltern nicht gehorsam ist, den hat Gott verflucht […]«.[48] Das Pflichtbewußtsein, an welches Amalie sich gebunden fühlt, gestaltet sich jedoch

---

46 Vgl. I/7,15; auch IV/6,59.
47 Vgl. II/9,29 f. Amalie verwendet, wie viele ihrer Schwestern, den Begriff des Blutes in ihrer Rede. Dieser ist Chiffre zur Bezeichnung der Schwellensituation, in der sie sich in emotionaler Hinsicht befindet; der Begriff ist sexuell konnotiert vor dem Hintergrund der psychoanalytisch deutbaren märchenmotivischen Verbindung von Blut mit der Figur des jungen, unschuldigen Mädchens. Daß die Chiffre gerade in der Sprache tugendhafter Figuren wie Amalie oder Emilia Galotti zum Einsatz kommt, offenbart das Ausmaß gesellschaftlicher Doppelmoral vor der Dialektik von Tugend und Untugend. Zum Begriff des Blutes vgl. G. Schury, Lebensflut. Eine Kulturgeschichte des Blutes, Leipzig 2001, bes. S. 75-79; ferner zur Ambivalenz des Tugendbegriffs: A. Koschorke, Körperströme und Schriftverkehr. Mediologie des 18. Jahrhunderts, München 1999, S. 434 ff.
48 Vgl. IV/8,64. Wie schwer die Beschuldigung gegen Amalie ist und wie großen emotionalen Druck sie erzeugt, erklärt sich vor dem Hintergrund des zeitgenös-

anders: »[…] ein Gelübd hab ich gethan, nie einen andern Mann zu heirathen […],« erwidert sie Bruder und Stiefmutter.[49]
»Die Grausamkeit geht über alles«, kommentiert Sophie den weiteren Handlungsverlauf, der von körperlicher Gewalt gegen Amalie geprägt ist – bis hin zu ihrer Ermordung durch den Stiefbruder Phillipp, der sie hinterrücks erdolcht (vgl. III/7,46; V/8,78).

II

Das Trauerspiel steht vor allem mit dem affektbetonenden Figurenkonzept des Stiefbruders Phillipp in der Tradition der Dramen des Sturm und Drang[50] und zeigt mit Amalie als Kontrastfigur zur Baronesse eine noch in ihrer Verstörung aufrichtige, willensstarke und disziplinierte Heldin. Geschult an Lenz' Dramentheorie werden bis ins Detail ausgearbeitete Charaktere gezeigt, die Protagonisten stellen keine (von Lenz geringgeschätzten) »personifizierten Gemeinplätze« dar, sondern an Empfindungen, Gemütsbewegungen und Leidenschaften gebundene individuelle Schicksale.[51] Die Abbildung des einzelnen Menschen in Verbindung mit seinem Religionsbegriff ist als eine der zentralen Thesen der Theorie in den Figurenbildern der beiden Geschwister hinterlegt: »[…] ein Mensch mit schiefer Religion [hat] schiefe Empfindungen«, heißt es bei Lenz.[52]

sischen Hexenbildes, über welches die Umkehrung aller christlichen Lebensnormen und somit eine Abwendung von Gott als wesentliches Merkmal einer Hexe transportiert wurde (Vgl.: R. v. Dülmen, Die Dienerin des Bösen. Zum Hexenbild in der frühen Neuzeit; in: Zeitschrift für historische Forschung, 18/1991, hg. v. J. Kunisch u.a., Berlin 1991, S. 385-398).

49 Vgl. III/2,38. Zum Stellenwert des Gelübdes (= Verlobung, Eheversprechen), aus kulturhistorischer Sicht als Teil sexuellen Normverhaltens zu bewerten vgl. F. X. Eder, Kultur der Begierde. Eine Geschichte der Sexualität, München 2002, S. 38, 65, 81, 179 f.

50 Zu affektbetontem Handeln als Ausdruck von Leidenschaft vgl. M. Luserke, Sturm und Drang. Autoren – Texte – Themen, Stuttgart 1997, S. 87-97.

51 J. M. R. Lenz, Anmerkungen übers Theater, Shakespeare-Arbeiten und Shakespeare-Übersetzungen, hg. v. H.-G. Schwarz, Stuttgart 1976, S. 28. Erstveröffentlichung der Theorie: 1774; Lenz kritisierte hier unter anderem die französische Bühne, die seiner Meinung nach keine Charaktere aufwies.

52 Ebda., S. 35. Zu Lenz' Theorie vgl. auch U. Profitlich (Hg.), Tragödientheorie. Texte und Kommentare vom Barock bis zur Gegenwart, Reinbek 1999, S. 45-49, 74-86 (Auszug aus der Theorie, Zitat hier S. 79).

Amalie als Stieftochter wird als tugendschöne, asexuelle Ikone der Selbstlosigkeit dargestellt. Sie ist im Gegensatz zu ihren Schwestern in den bürgerlichen Trauerspielen mit keinerlei Fehlverhalten belastet und wird aus der Perspektive des schuldlosen Opfers gezeigt, welchem die Begierden und Laster der Personen im familialen Umfeld zum Verhängnis werden. Die Tugend-Laster-Polarität wird nicht konsequent standesgebunden abgebildet, sondern individuell an das Profil einzelner Figuren angebunden: Weder Rudolphs Vater Graf Roderich noch der seinem Sekretär gegenüber unnachgiebige Gesandte zeigen verwerfliche Züge höfischer Kabale. Funk hingegen schreckt als ehemaliger Kammerdiener des Gesandten nicht davor zurück, die Baronesse, deren Helfershelfer er wurde, zu erpressen und droht sogar, sie zu ermorden (vgl. II/11). Dennoch ist eine hofkritische Folie im Drama hinterlegt; eine diesbezügliche Äußerung Ebelings wird gestützt durch die emotionsgeprägten Figurenbilder Amalies und Ebelings, denen die berechnenden Überlegungen aller adeligen Personen einschließlich des Gesandten und Roderichs gegenüberstehen.

Darüber hinaus ist die Sozialkritik hier auf den Stand des Klerus gerichtet: »Ich trau dir nicht viel – ihr mit der Kappe [...]« (II/6,23); die Aussage der Baronesse gegenüber ihrem eigenen Sohn zeigt, wie tief verwurzelt ihre Vorurteile gegen Vertreter dieses Standes sind, die sich im Stauraum unterdrückter Gefühle Ventile für ihre Aggressionen suchen und dem Laster verfallen. Phillipp bestätigt dies durch seine Motivationen, die ihn bis zur Mordtat treiben. Unter Zwang vom Vater ins Kloster verwiesen, erliegt er der letztlich aus diesem Fehlverhalten seines Erziehers resultierenden Rachsucht, die er auf Amalie überträgt. Übersteigerte sexuelle Begierde führt bei ihm zum Verlust jeglicher Affektkontrolle und macht ihn blind für vorgetäuschte Liebe. Dem psychopathologischen Profil des Mönchs wird eigens ein Auftritt gewidmet, in dem die Problematik ausgelebter verbotener Sexualität dargestellt wird. Mit Bella, einer Kurtisane, die ihm Liebe und Zuneigung vortäuscht und ihm »Genuß« verspricht, will Phillipp mit dem Geld aus Amalies Vermögen »ans Ende der Welt [...] fliehen«, dies um jeden Preis: »[...] aber diese Nacht kommts, [...] oder ich ermorde meine Mutter [...] Gewalt – ah! an diesem Busen muß ich liegen, Mord und Todtschlag dran vergessen –« (III/8,49 f.).

Bella ist Phillipps *Engel*, der Mönch bezeichnet sie zweimal mit dem Begriff, der im zeitgenössischen Diskurs männliche sexuelle Begierde codiert.[53] Mit einer Anmerkung zur *eloquentia corporis*, durch die hier wie auch allgemein in den Szenenanweisungen die sprachlichen Angaben zur

---

53 Vgl. III/8,49 f. Zum Begriff des Engels als Chiffre vgl. Kap. I.2 dieser Arbeit.

Gemütsverfassung der einzelnen Personen präzisiert sind,[54] wird am Ende des Auftrittes auf den Bella umarmenden Phillipp hingewiesen. Hiermit wird verallgemeinernd die bedrückende gesellschaftliche Realität abgebildet: Die Kurtisane ist die einzige Person, vor der der Mönch seiner Sehnsucht nach Zuneigung Ausdruck verleiht.

Amalie selbst kommt eine passive Rolle zu, die sich in Anzahl und Struktur ihrer Auftritte spiegelt: Sie wirkt an keiner Stelle als selbständig agierende Figur auf den Handlungsverlauf ein – bis auf eine entscheidende Ausnahme, die ihre Willensstärke dokumentiert, wenn es gilt, ihre Freiheit zu bewahren: In einer für sie bedrohlichen Situation, die von Gewalteinwirkung des Bruders gegen sie bestimmt wird, erwirkt sie bei Phillipp eine Nacht Aufschub für ihre Entscheidung für oder gegen die Heirat mit Rudolph. Im Gegensatz zu den anderen weiblichen Figuren (Baronesse v. Kronbach, Sophie und Bella), die über monologische Selbstdarstellungen detailliert charakterisiert werden, kommt Amalie nur innerhalb von Dialogen zu Wort, die aus unterschiedlichen Blickwinkeln illusionslos ihre Abhängigkeit aufzeigen. Bedingt durch die Familienstruktur ist die Waise in einem feinmaschigen Netz von Zwängen verstrickt, die innerhalb der Konvention kein eigenständiges Handeln zulassen. Der verstorbene Vater als Patriarch, an dessen Interessen sich die Lebenswege der Familienmitglieder orientieren, hat noch immer Einfluß auf das Geschehen. Dies gilt in bezug auf Amalie in mehrfacher Hinsicht: Der Vater bestimmte noch zu Lebzeiten für sie den Vormund, die Verlobung mit dem Gesandten fand noch in seiner Anwesenheit und mit seinem Einverständnis statt.[55] Amalie bringt in diesem Zusammenhang mehrfach den mit der Verlobung traditionell verbundenen Rechtsbegriff ins Spiel:»[…] mir schiens, als wollte er in jemandes Rechte einen Eingriff thun«, kommentiert sie Sophie gegenüber Rudolphs Interesse an ihr.[56]

---

54 Körpersprache, verstanden als metakommunikativer Prozeß, der die verbale Botschaft ergänzt und dem Handeln den richtigen Kontext zuschreibt, ist in den Figurenbildern dieses Trauerspiels konsequent umgesetzt (vgl.: K. Wilber, Das Spektrum des Bewußtseins. Eine Synthese östlicher und westlicher Psychologie, Reinbek, 5. Auflage 2000, S. 146 f., sowie Kap. I.2 dieser Arbeit).

55 Vgl. II/9,30. Zur Rolle des Vaters und der Familie im Hinblick auf die Auswahl des Ehemannes vgl. I. Hardach-Pinke, Bleichsucht und Blütenträume. Junge Mädchen 1750-1850, Frankfurt/New York 2000, S. 177-189. Ferner zum Status des Eheversprechens, insbesondere auch in Verbindung mit Sexualität vgl.: O. Ulbricht, Kindsmord und Aufklärung in Deutschland, München 1990, S. 86 f.

56 Vgl. I/5,11. Indem sie die private Angelegenheit mit dem Rechtsbegriff belegt, verweist Amalie hier auf den Status und den maßgeblichen öffentlichen Charakter

Daß sie nicht willens ist, unkonventionell zu handeln, zeigt ihre ableh-
nende Haltung gegen den Gesandten, dem sie eine Antwort schuldig
bleibt. Sie wartet geduldig ab, statt mit Nachdruck die Hintergründe zu
erforschen, und verläßt sich auf ihr Gottvertrauen, das sie annehmen
läßt,»Gott verzeihe ihm [dem Gesandten] seine Grausamkeit« (I/5,12).
Mit dieser Reaktion folgt Amalie den Vorgaben zeitgenössischer Ratge-
berliteratur, die sich auch mit dem Verhalten des Mädchens bei der Gat-
tenwahl auseinandersetzte: Es galt als Normverstoß und als unschicklich
für junge Frauen, im Vorfeld der Heirat aktiv auf die Zeit des Brautwer-
bens einzuwirken oder gar die Verlobungszeit verkürzen zu wollen. Ab-
warten statt Handeln war die gesellschaftlich etablierte Verhaltensregel,
darüber hinaus bestand der Grundsatz:»Im Zweifelsfall war die Ehelosig-
keit einer unglücklichen Verbindung vorzuziehen.«[57] Dennoch will der
Stiefbruder Amalie zum vorsätzlichen Überschreiten der gesellschaftlichen Norm veranlassen; schon allein aus diesem Grund wäre für sie jedoch eine Heirat mit Rudolph undenkbar.

Amalies geduldiges Ertragen ihrer bedrückenden Lage spiegelt sich mit
Prägnanz in ihrer Körpersprache, vor allem zu dem Zeitpunkt, als ihr
Widerstand durch Phillipp gebrochen zu sein scheint. Unter Androhung
der Strafe Gottes durch den Stiefbruder gibt sie ihren Willen auf – sie
verliert ihr Gesicht, die Szene der Auseinandersetzung mit Phillipp und
der Stiefmutter endet mit einer entsprechenden Szenenanweisung:»sie
fällt aufs Angesicht nieder« (IV/8,64).

von Verlobung und Ehe, im Vorfeld der Revolution in Frankreich auch in
Deutschland zunehmend verstanden als Pflicht des Staatsbürgers, der mit Eintritt
in den Ehestand die soziale Bindung der Frau an den Staat bekräftigt. Das Recht
des Verlobten auf die zukünftige Ehefrau resultiert aus dem seit dem späten
17. Jahrhundert in vermögenden bürgerlichen Kreisen üblichen Abschluß eines
Ehevertrages zwischen dem Vater der Braut und dem zukünftigen Ehemann. Zum
sozialen Stellenwert von Ehe, Familie und Scheidung im Zeichen der Französischen Revolution vgl.: E. Botsch, Frauen und Familie in der Revolution; in:
R. Reichardt (Hg.), Die französische Revolution, Würzburg 1988, S. 160-171.
Ferner zur rechtlich-gesellschaftlichen Stellung der Ehefrau: B. Becker-Cantarino,
Der lange Weg zur Mündigkeit. Frauen und Literatur in Deutschland von 1500
bis 1800, München 1989 (zuerst Stuttgart 1987), S. 48-51; F. Koch, Sexualität, Erziehung und Gesellschaft. Von der geschlechtlichen Unterweisung zur emanzipatorischen Sexualpädagogik, Frankfurt a.M. 2000, S. 156 ff.

57 Hardach-Pinke, wie Anm. 55, S. 59-73, hier S. 71. ›Unglücklich‹ ist hier im
Sinne von ›unvorteilhaft‹ zu verstehen.

Mit Konsequenz wird durch die Darstellung der heimtückischen Ermordung Amalies auf der Bühne das Konzept des hier gezeigten Tochterbildes umgesetzt: Amalie muß sich dem lasterhaften Handeln des Bruders beugen; obwohl schuldlos am Geschehen, bezahlt sie ihren Widerstand mit dem Leben. Die Ausführung des Motivs ›Mord durch die Waffe‹ ist hier als Totschlag im Affekt gestaltet, auslösendes Moment ist der Ausruf der Baronesse, alles sei entdeckt (V/8,78). Phillipp will durch die Ermordung Amalies verhindern, daß diese weitere Einzelheiten preisgibt. Der den Helden auf der Bühne ereilende, unerwartete Tod entspricht der für das 18. Jahrhundert seit Gottscheds *Deutscher Schaubühne* charakteristischen Inszenierung.[58]

III

Die normative Darstellung innerfamilialer Konflikte, wie sie aus kanonischen bürgerlichen Trauerspielen bekannt ist, wird hier mit der Ansammlung der abgebildeten Gewaltszenen weit überschritten. Formen von Gewalt und Aggression sind vielfältig ausgestaltet, ein abschreckendes Gesellschaftsbild wird gezeigt, in dessen Zentrum die unter massiver Gewalteinwirkung leidende Amalie steht. Die Titelheldin ist *nicht* als Kontrastfigur zum bestehenden weiblichen Ideal konzipiert, um durch das Aufzeigen ihres Fehlverhaltens vor allem ein weibliches Publikum vor Fehltritten zu warnen. Statt dessen erfüllt sie ihre Rolle mit einer Perfektion, die den Kontrast zum persönlichen lasterhaften Umfeld um so stärker betont, und erinnert an die »mustergültige junge Frau«, die als Standardfigur in Texten der vierziger und fünfziger Jahre des 18. Jahrhunderts Leitideen vollkommener Lebensführung transportierte.[59]

Vor dem Hintergrund der Frage nach der Geschlechtsidentität des Autors dieses Trauerspiels ist Bovenschens These über die Hindernisse, die Frauen den Zugang zu dramatischer Produktion erschweren, zu bedenken: »Das Drama stellt Anforderungen an die künstlerische Produktivität, die die Frauen aufgrund [...] der ihnen abverlangten Lebensformen [...] nicht einlösen konnten«, heißt es hier über die Bedingungen

---

58 Vgl.: R. Sexau, Der Tod im Deutschen Drama des 17. und 18. Jahrhunderts (von Gryphius bis zum Sturm und Drang). Ein Beitrag zur Literaturgeschichte, Hildesheim 1976, S. 70-101, hier S. 79.

59 Vgl.: W. Mauser, Konzepte aufgeklärter Lebensführung. Literarische Kultur im frühmodernen Deutschland, Würzburg 2000, S. 381 f.

und Möglichkeiten weiblichen Schreibens.[60] Gerade das hier gezeigte Drama beschreibt mit der tugendhaften Protagonistin Amalia in hohem Maße eine ›weibliche Lebensform‹ und die zeitgenössische »Erlebniswelt der Frauen«,[61] die standesübergreifend dem Diktat nur bedingt gewaltfreier patriarchalischer Herrschaft unterlag. Die dem weiblichen Geschlecht immanente Lasterhaftigkeit, die unter Wissenschaftlern und in literarischen Texten propagiert wurde, war ein Konstrukt männlicher Autorschaft, welches in seiner Funktion als Kontrastbild zum weiblichen Ideal dazu diente, die vorgeformten Weiblichkeitsbilder zu festigen. Nicht ohne Grund stellte Susanne Kord ihrer Arbeit über deutschsprachige Dramatikerinnen im 18. und 19. Jahrhundert ein Zitat Heinrich Laubes voran: »Es ist außerordentlich schwer, vergessene Stücke aus früherer Zeit wieder einzubürgern. Selten sind sie durch Zufall vergessen worden.«[62] Daß im 18. Jahrhundert keine Dramen propagiert wurden, die dem Zeitgeist kontraproduktiv entgegenwirkten, und daß dies – möglicherweise – häufig von Frauen verfaßte Dramen waren, ist naheliegend, wenn letztlich auch nicht durchgehend philologisch nachweisbar.[63] In der oben genannten umfassenden Studie kommt Kord zu folgendem Ergebnis:

Anonyme oder pseudonyme Veröffentlichungen waren wesentlich häufiger als Veröffentlichungen unter dem Namen der Verfasserin. Von 151 der 315 Autorinnen wurden die Pseudonyme ermittelt; die Zahl der Autorinnen, die unter einem Decknamen oder anonym veröffentlichten, liegt mit Sicherheit wesentlich höher. [...] eine Schriftstellerin, die auf ihren Ruf hielt, erhielt den Schein der Anonymität aufrecht.[64]

---

60 S. Bovenschen, Die imaginierte Weiblichkeit. Exemplarische Untersuchungen zu kulturgeschichtlichen und literarischen Präsentationsformen des Weiblichen, Frankfurt a.M. 1979, S. 216.

61 So die Bezeichnung D. v. Hoffs in Verbindung mit Bovenschens These (v. Hoff, Dramen des Weiblichen. Deutsche Dramatikerinnen um 1800, Opladen 1989, S. 10).

62 Vgl.: S. Kord, Ein Blick hinter die Kulissen: deutschsprachige Dramatikerinnen im 18. und 19. Jahrhundert, Stuttgart 1992.

63 Vgl. zum Zusammenhang zwischen Anonymität und weiblicher Autorschaft: S. Kord, Sich einen Namen machen. Anonymität und weibliche Autorschaft 1700-1900, Stuttgart/Weimar 1996.

64 Kord, wie Anm. 62, S. 15.

Die Perspektive weiblicher Autorschaft ist für das hier analysierte Drama im Vergleich mit den Dramen Christiane Karoline Schlegels und Eleonore Thons erkennbar: Ähnlich wie in *Düval und Charmille* sieht sich die Protagonistin in ihrer ausweglosen Lage männlicher Willkür und vor allem maßlos übersteigerter Gewaltbereitschaft ausgesetzt. Thons Titelheldin Adelheit von Rastenberg fühlt sich in gleichem Maße wie Amalie der Ehegattenwahl des verstorbenen Vaters verpflichtet.[65] Die zentrale, von Gewalt geprägte Konfliktachse zwischen Bruder und Schwester wird im Drama durch gewissenloses Denken und Handeln vieler Nebenfiguren ergänzt. Detailliert geschildert wird der Meuchelmord am Briefboten des Gesandten, der die Skrupellosigkeit der Mörder sowie der Baronesse als ihrer Auftraggeberin aufzeigt.[66] Der Patriarch als Erzieher und Vorbild für die männliche Jugend erfährt in den Figurenbildern Graf Roderichs und Erichs eine kritische Betrachtung. Rudolphs Vater, empört über den Ungehorsam seines Sohnes, fühlt sich selbst schuldig und spricht von Erbsünde: »[…] gerade so hab ichs mit meinem Vater gemacht; er sagte mirs auch, daß mein Sohn mirs wieder so machen würde. Welcher Teufel hätte denken sollen, daß das wahr werden sollte« (II/5,22).

Das Resultat seiner Unbelehrbarkeit äußert sich in der fehlenden emotionalen Bindung des Sohnes an ihn: Nach dem Duell mit dem Gesandten stirbt Rudolph, den Vater verfluchend (V/5). Der stolze Erich wird beherrscht vom Streben nach sozialer Anerkennung, erreichbar durch den Sohn Ebeling, dem jedes Mittel hierfür recht sein soll. Durch Erichs Reaktion auf Ebelings Zweifel, ob er auf den Bestechungsvorschlag der Baronesse eingehen soll, wird sein Begriff des Gewissens als moralisch verwerflich entlarvt: »[…] willst du immer so ein kleiner nicht bedeutender Kerl bleiben? Junge! hast kein Gewissen im Leibe? das laß dir ein Gewissen seyn, daß du ein großer Mann wirst.«[67]

---

65 Vgl. Kap. II.3/II.4 dieser Arbeit.

66 Vgl. II/1. Die beiden Mörder beschreiben im Dialog den Tod des Boten: »Der Kerl wehrt sich; tret ihn aufn Kopf! […] Kerl quackt wie ein Frosch […] O! er ist schon still« (II/1,20). Der Mord findet bezeichnenderweise im Garten statt, wie auch die Ermordung Rudolphs durch den Gesandten in V/5; der Garten als Hinrichtungsstätte verweist auf das barocke Trauerspiel, etwa auf Hallmanns *Sophia* (vgl. Sexau, wie Anm. 58, S. 49).

67 Vgl. I/8,17 f. Der Aufhebung der Gegensätze, nach der der bürgerliche Erich strebt mit dem Wunsch, sein Sohn solle »ein großer Mann« werden, ist der Prozeß des Scheiterns bürgerlicher Lebensentwürfe und somit aufklärerischer Forderungen eingeschrieben, die sich gerade aus der Setzung von Begriffen und Gegenbegriffen konstituieren (vgl.: R. Koselleck, Kritik und Krise. Zur Pathogenese einer bürgerlichen Gesellschaft, Frankfurt a.M., 8. Auflage 1997, S. 102 f.).

Die weiblichen Nebenfiguren zeigen bedenkliche Persönlichkeitsstrukturen auf, auch ihr Handeln unterliegt maßgeblich berechnenden Überlegungen. Nur Sophie besinnt sich trotz der Aufstiegsmöglichkeit Ebelings rechtzeitig im Hinblick auf den damit verbundenen Preis: »Lieber will ich sterben, als einen Meuchelmörder lieben« (IV/10,68). Das abschreckendste Portrait wird mit der Baronesse gezeigt, die bis in ihre Körpersprache hinein als verachtungswürdige Persönlichkeit dargestellt wird. Sie übertrifft weit das Bild einer femme fatale, wie Lessing es mit Marwood oder Orsina zeigte, und macht Phillipp für das Scheitern des von ihr initiierten Komplotts verantwortlich: »[…] du hasts verderbt, sollsts bessern, oder ich ermorde dich!« (V/4,73). Einzig Amalie bleibt gänzlich frei von Kritik. Sie verkörpert das weibliche Ideal, frei von sexueller Begierde – trotzdem stirbt sie. Die Botschaft des Dramas ist unverkennbar die Anprangerung gesellschaftlicher Mißstände, resultierend aus ständeübergreifender Sittenlosigkeit und fehlendem Unrechtsbewußtsein sowie dem Paradoxon doppelbödiger Moral. Somit geht die Tochter als Repräsentantin des weiblichen Ideals hier letztlich an denjenigen zugrunde, die es konstruierten.

IV.3. Die überraschte Seele:
Gedächtnis und psychologische Notwendigkeit
im ›Irene-Drama‹

»But, if we look into the common management of children,
we shall have reason to wonder, in the great dissoluteness of
manners which the world complains of, that there are any
footsteps at all left to virtue.«

(John Locke, Some Thoughts concerning Education, 1693)

I

In der Widmung an Edward Clarke von Chipley zu seiner im Jahr 1693
verfaßten Abhandlung *Gedanken über Erziehung* bewertet John Locke
die Fehler in der Erziehung folgendermaßen:

For errors in education should be less indulged than any: these, like
faults in the first concoction, that are never mended in the second or
third, carry their afterwards incorrigible taint with them through all
the parts and stations of life.[68]

Mit der These Lockes korrespondierend thematisiert das anonym veröffentlichte Drama *Irene. Ein bürgerliches Trauerspiel in fünf Aufzügen* die
in der Kindheit versäumte Erziehung der Titelheldin Irene.[69] Zu Beginn

---

68 Vgl.: *Some Thoughts concerning Education*, in: The works of John Locke. A New
Edition, corrected. In ten volumes, Vol. IX, London 1823 (Reprint Aalen 1963),
Vorwort S. iv. Unter Bezugnahme auf Locke: A. Koschorke, Körperströme und
Schriftverkehr. Mediologie des 18. Jahrhunderts, München 1999, S. 446 f.: »Die
Reformpädagogik des 18. Jahrhunderts betrachtet die kindliche Seele nicht als von
sündigen Wünschen und Lüsten besetzt, die erst auszutreiben sind, sondern als
leer. Sie schwenkt damit in die Bahn der sensualistischen Denkweise ein, tradi-
tionsstiftend formuliert in Lockes *Some Thoughts on Education* von 1693, der die
bekannte Metapher von der *tabula rasa* auf die Verhältnisse des Erziehungswesens
anwandte. Von deutschsprachiger Seite wäre diese Einflußlinie um den Hinweis
auf Christian Wolff […] zu ergänzen.«
69 Ort und Jahr der Dramenveröffentlichung sind nicht präzise nachweisbar; der
Vermerk hierzu auf dem Deckblatt des Exemplars der ÖNB besteht lediglich aus

282

der Handlung bereits erwachsen und verheiratet, erzählt diese ihrem
Dienstmädchen das traurige Schicksal ihrer Kindheit, als wolle sie sich
damit a priori für jegliches Fehlverhalten rechtfertigen:

> [...] ich bin bereits zu oft gedemüthiget worden [...] von meiner zar-
> testen Kindheit an, ohne Aeltern –, ohne je den süßen Vater- oder
> Mutternamen ausgesprochen zu haben, bey grausamen Verwandten
> stets gefoltert auferzogen, von denselben alles Vermögens beraubet,
> und in die niedrigste Armuth versetzt, dieß sind Umstände, die man
> nie vergessen kann und bey deren Erinnerung man alle Hoffnung zu
> glücklicherer Zukunft verliert.[70]

Diese Selbsteinschätzung der Protagonistin hat zumal vor dem Hinter-
grund Relevanz, daß sie die zeitgenössische Auseinandersetzung mit den
›Wissenschaften der Empfindung‹ spiegelt. Überlegungen empirischer
Psychologie, wie etwa Carl Friedrich Flögel und Jacob Friedrich Abel sie
anstellten, begriffen die Seele als tabula rasa, auf die ab der Geburt eines
Menschen ein Text eingeschrieben wird: »[...] die Ersterfahrung wird zur
Matrix aller folgenden. Der Gedanke der frühkindlichen Entwicklung ist
hier vollständig entwickelt.«[71]

Irenes Rede ist als komplexer Ausdruck ihres Persönlichkeitsbildes zu
verstehen, denn mit dem Begriff der Erinnerung reflektiert sie die zentrale Funktion des Gedächtnisses unter dem physiologischen Aspekt des
Modells der Seeleneinschreibung:

> Daß man etwas in die Seele einschreiben kann, hat etwas mit ihrem
> Gedächtnis zu tun. Die Metapher beschreibt also eine Funktionsent-
> sprechung. Die Einführung der Schrift in den Kommunikationshaus-

einem handschriftlichen Nachtrag, wonach das Drama in Breslau im Jahr 1775
veröffentlicht wurde. Zu den bibliographischen Angaben vgl. auch: R. Meyer, Das
deutsche Trauerspiel des 18. Jahrhunderts. Eine Bibliographie, München 1977,
S. 121: »Ohne Ort, ohne J., wahrsch. aus Sammelband (angebl. Breslau 1775) [...]«.
70 I/2,218 f.; hier und im folgenden Text zitiert unter Angabe von Akt, Auftritt und
Seitenzahl nach: [Anonymus], Irene. Ein bürgerliches Trauerspiel in fünf Aufzügen, Breslau 1775 (?), in: [Name des Sammelbandes nicht geklärt, vgl. Anm. 69],
S. 211-332.
71 Vgl.: W. Riedel, Influxus physicus und Seelenstärke. Empirische Psychologie und
moralische Erzählung in der deutschen Spätaufklärung und bei Jacob Friedrich
Abel; in: Anthropologie und Literatur um 1800, hg. v. J. Barkhoff/E. Sagarra,
München 1992, S. 25-52, hier S. 27 (Anm. 5), ferner S. 28, 30.

halt einer Gesellschaft bedeutet, einen externen Speicher für das Wissen anzulegen, der die mündlichen Überlieferungsweisen und die damit verbundene Gedächtnisarbeit entlastet. Im Umkehrschluß stellt sich das Gedächtnis als eine Art graphische Einprägeschicht dar, die durch Vermittlung der Imaginationskraft Eindrücke aufnimmt und verfügbar hält.[72]

Der in Irenes Rede verwendete Begriff der Erinnerung verweist einmal mehr auf die pädagogische Reformbewegung der Philanthropen mit Campe als einem ihrer wichtigsten Mitglieder. Das pädagogisch-philosophische Gedankengut der Philanthropen war an Locke als Vertreter des sensualistischen Empirismus geschult. Locke formulierte in seiner Abhandlung über Erziehung schon Ende des 17. Jahrhunderts, was später mit Rousseaus *Émile* weitergeführt wurde und sich in der Lehre der Philanthropen manifestierte. Diese nahmen die Formbarkeit des Menschen durch Erziehung an und übertrugen den Begriff der Erfahrung als Mittelpunkt von Lockes Lehre in ihr Erziehungsprogramm.[73]

Mit der Dramenhandlung wird nachvollzogen, wie die Waise Irene, jeglicher Anleitung und jeglichen Schutzes durch die Eltern beraubt, ihr Streben darauf ausrichtet, als Erwachsene das in der Kindheit versäumte persönliche Glück zu erlangen. Sich durch Mangel an Erziehung und Übung nicht ihrer Pflichten bewußt und an kein väterliches Gebot gebunden, ist sie bereit, hierfür ein unmoralisches Angebot anzunehmen. Das Drama setzt an diesem Punkt ein und beschreibt die hierdurch entstandene Problematik zunächst aus der Sicht Irenes. In einem für das Genre außergewöhnlichen Beginn focussiert die Eröffnungsszene des Trauerspiels den Blick des Publikums auf sie, die in einem Monolog die »betrügerische Liebe« beklagt. Die vorangestellte Szenenanweisung zeigt die Protagonistin in einem unkonventionellen setting in privater Sphäre. Die Stimmung ist getrübt, die Mimik entsprechend: »Sie liegt in einer Morgenkleidung auf einem Sopha, stützt auf die rechte Hand ihr Haupt,

---

72 So Koschorke unter Bezugnahme auf Derridas Metapher der Seeleninskription (ders., Seeleneinschreibeverfahren. Die Theorie der Imagination als Schnittstelle zwischen Anthropologie und Literatur; in: R. Behrens/R. Galle (Hg.), Historische Anthropologie und Literatur. Romanistische Beiträge zu einem neuen Paradigma der Literaturwissenschaft, Würzburg 1995, S. 135-154, hier S. 137).

73 Zu Locke und dessen Einfluß auf die Pädagogik der Philanthropen in der zweiten Hälfte des 18. Jahrhunderts vgl.: M. Jonach, Väterliche Ratschläge für bürgerliche Töchter: Mädchenerziehung und Weiblichkeitsideologie bei Joachim Heinrich Campe und Jean-Jacques Rousseau, Frankfurt a.M. 1997, S. 61 ff.

und in der linken hat sie ein Schnupftuch.«[74] Das Accessoire in der Hand Irenes als Zeichen einer ›Dramaturgie der Träne‹ dient dazu, den gestischen Verweis auf Irenes psychische Disposition zu verstärken. Die Protagonistin hat ein empfindsames und verletzliches Gemüt:»O warum schenkte mir die Natur ein so zärtliches Herz?« fragt sie, die ihre Leidenschaft als eine Last empfindet, von der sie sich nicht »befreyen«, somit »nie« ihre »erste Ruhe wieder finden« kann.[75]

Grund hierfür ist die bedenkliche Lösung, die Enrico und Irene das Ausleben ihrer Liebesbeziehung möglich macht und im dialogischen Rückblick auf die Vergangenheit beschrieben wird: Der junge, aus wohlhabender Familie stammende Enrico liebte Irene, heiratete aber,»auf ihr Zureden«, wie er Freund Florian gegenüber betont, Rosalie,»bloß weil sie die reichste war« (I/7,245). Irene selbst war »zu arm [...], als daß ich mich hätte unterstehen dürfen, dieselbe meinen Verwandten als meine Gemahlinn vorzustellen«, bekennt er dem Freund (ebda.). Die daraus resultierende Lebenssituation und deren Eskalation wird mit der folgenden Handlung nachvollzogen: Enrico und Irene sind mit anderen Partnern verheiratet; der mit Enrico befreundete Florian hatte sich damals angeboten, eine Scheinehe mit Irene einzugehen und gemeinsam mit ihr in den Haushalt Enricos und Rosalies zu ziehen. So konnte er dem Freund das Weiterführen der Beziehung mit Irene ermöglichen. Irene jedoch kann ihre Empfindungen nicht unterdrücken und leidet zusehends unter den Lebensbedingungen der ménage à trois:»Rosaliens Reize werden die meinigen besiegen«, befürchtet sie (I/1,214) und hat Bedenken, ob sein psychologisches Profil Florian befähigt, den Zustand der Scheinehe dauerhaft ertragen zu können.

Um Irenes Mißtrauen aus dem Weg zu räumen, zwingt Enrico seinen Freund Florian, seiner Frau Rosalie seine Liebe einzugestehen, und hofft, daß sein Plan letztlich zu einem einvernehmlichen Partnertausch führt. Die Ehe mit anderen Partnern nennt er »Sclaverey, eines so fesselnden Zwanges« (II/5,268). Die so entstandene Handlungsverwicklung kompliziert sich durch unterdrückte Emotionen: Florian liebt Rosalie nicht nur zum Schein und leidet unter dem Zwang, ihre Gefühle gegen seinen Willen verletzen zu müssen, Enrico seinerseits hat längst bemerkt, daß

---

74 Vgl. I/1,13. Die Gestik ist Ausdruck der depressiven Stimmung, in der sich Irene schon zu Beginn der Handlung befindet. Zur Körpersprache vgl.: B. Pfau, Körpersprache der Depression. Atlas depressiver Ausdrucksformen, Stuttgart/New York, 2. Auflage 1998, S. 54-57.

75 Vgl. I/1,213 f. Zum Motiv der verlorenen Ruhe vgl. Kap. IV.6 dieser Arbeit (sowie *Faust. Frühe Fassung*, V. 1066).

Rosalie ihm nicht gleichgültig ist: »Sie rührt mich [...] Noch einen solchen Sturm auf mein wankendes Herz, und ich werde ihr völlig eigen seyn [...] (II/9,277).
An Rosalie als pflichtbewußter Ehefrau scheitern alle Pläne.[76] Sie übergibt Enrico den Brief Florians an sie; selbst als Florian ihr den wahren Hintergrund und die Liebe Enricos zu Irene entdeckt, will sie an dessen Seite bleiben und Irene an anderem Ort eine gesicherte Zukunft ohne Enrico ermöglichen. Irene ist nicht länger in der Lage, die durch Florians Geständnis erzeugte »unauslöschliche Schande« zu ertragen, sieht im Tod »das einzige Hülfsmittel« ihrer »Rettung« und sinnt auf Rache gegen Florian: »du, Verwegener! sollst die Früchte deiner Treulosigkeit nicht ungestraft genießen« (IV/1,305 f.). Mit dem Vorhaben »Sie sollen mit ihrem Blute den Schmerz bezahlen, den sie mir verursacht haben« ruft sie das Motiv der Rache auf und bestellt Florian und Rosalie in den Garten, um sie dort zu töten (V/1,323). Der Plan schlägt jedoch fehl: Der Ort, »mit Rosenbänken versehen«,[77] ist die Stelle, an der sie selbst stirbt, nachdem sie allein Enrico die Schuld an ihrem Schicksal zugewiesen hat: »Und du warest doch Schuld daran, Ungeheuer, das mich verführte!« (V/5, 331).

II

Die Ambivalenz der Verurteilung Enricos als einzig Schuldigem verbindet die Figur der Irene mit der Figur Amalie von Charmilles in Schlegels Trauerspiel *Düval und Charmille*: Der Verführung ist in beiden Fällen ein bewußtes Sich-verführen-Lassen immanent, beiden Frauen ist zuvor klar, daß ihr Liebhaber in die Verbindlichkeit der Ehe eingebunden ist.[78]

---

76 Zum perfekten Rollenbild fehlt die trotz Heirat ausgebliebene Mutterschaft. Zur Problematik ausbleibender Mutterschaft vgl. auch Anm. 83 sowie Kap. II.4 dieser Arbeit.

77 Durch den Ort, an dem Irene stirbt, wird klar, daß die Sterbeszene mit einer mythologischen Folie unterlegt ist: Der Rosengarten oder das Rosenfeld als Kultplatz war zugleich Begräbnisstätte, Rechtsstätte oder Ort sinnbildlicher Scheinkämpfe und rituellen Spiels mit Fest- und Kultbrauchcharakter. Die Beziehung zwischen Enrico und Irene gestaltet sich als Kampf zwischen zwei Partnern, in dem Enrico siegt und Irene unterliegt (zur Bedeutung des Rosengartens vgl.: K. Ranke, Rosengarten, in: H. Göttner-Abendroth/K. Derungs (Hg.), Mythologische Landschaft Deutschland. Landschaftsmythologie der Alpenländer, Bd. 2: Deutschland, Bern 1999, S. 66-100).

78 Vgl.: Kap. II.3 dieser Arbeit, S. 99 sowie Anm. 131.

Irene formuliert diesbezüglich deutlich ihre Position, die von Egoismus und Unrechtsbewußtsein zeugt: In subjektivistischem Verfahren konstruiert sie eine Perspektive ihres persönlichen moralischen Imperativs entgegen der gesellschaftlichen Norm und setzt, wenn sie Rosalie als »Nebenbuhlerinn« bezeichnet, die Ehefrau Enricos an die Stelle, die im Grunde ihr selbst zukommt (III/1,280 f.). Dies geschieht im Einvernehmen mit Enrico, der die Sichtweise Irenes zu Beginn der Handlungsverwicklungen evoziert: »Fürchte keine Nebenbuhlerinn ohnerachtet sie meine Gemahlinn ist«, versichert er ihr (I/5,232). Die Lebensform der Ehe »als ein ernsthafter Stand«[79] und in Verbindung hiermit die daraus resultierende Familie »als das Grundelement des Staates«[80] – nach den zeitgenössischen Auffassungen Rousseaus und Basedows – wird somit in ihren Grundzügen in Frage gestellt, nicht zuletzt durch das von beiden Paaren praktizierte Modell der Scheinehe.[81] Vor diesem Hintergrund kommen sowohl Rosalie als auch Irene der weiblichen Pflicht zur Mutterschaft nicht nach. Beide Ehen gestalten sich als bedenkliche Lebensentwürfe aller Beteiligten, denn die Form der Ehe als Legitimationsform praktizierter Sexualität zum Zweck der Familiengründung wird mißbraucht, um individuelle Bedürfnisse zu stillen. Die literarische Leerstelle wird hier genutzt, um die Ebene des Sexuellen unterhalb eines Textes zu plazieren, in dem sie nicht explizit angesprochen wird.[82] Die Sterilität der Frauen ist unter Bezugnahme auf die Erkenntnisse zeitgenössischer Medizin als Körper-Zeichen zu bewerten, welches die psychische Verfassung der Frauen spiegelt.[83]

---

79 Vgl.: J. B. Basedow, *Philatelie*, Altona 1764, S. 382 f.: »[…] große Glückseligkeit, eine Braut oder einen Bräutigam zu haben, mögte ich meinen Kindern nicht einbilden lassen. Denn dieses schadet mit der Zeit wirklich, und die Ehe muß von Jugend an als ein ernsthafter Stand beschrieben werden« (zitiert nach F. Koch, Sexualität, Erziehung und Gesellschaft. Von der geschlechtlichen Unterweisung zur emanzipatorischen Sexualpädagogik, Frankfurt a.M. 2000, S. 156).

80 So die Interpretation zu Rousseaus Familienbegriff nach Koch (wie Anm. 79).

81 Zum Familienbegriff vgl. Vorbemerkung zu dieser Arbeit, S. 9 sowie Anm. 4.

82 Parallel hierzu gestaltet sich die Verwendung von Leerstellen in Schlegels Drama: Vgl. Kap. II.3, S. 101.

83 Vgl. zur Einwirkung der imaginatio auf das weibliche Sexualverhalten: E. Fischer-Homberger, Krankheit Frau und andere Arbeiten zur Medizingeschichte der Frau, Bern 1979, bes. S. 111 ff., 115 ff. (über Melancholie, Hypochondrie, Hysterie). Vgl. auch: Figur der Adelheit in Kap. II.4 dieser Arbeit. Zur Aufwertung der Mutterschaft im letzten Drittel des 18. Jahrhunderts: E. Badinter, Die Mutterliebe. Geschichte eines Gefühls vom 17. Jahrhundert bis heute, München, 4. Auflage 1999, S. 113 ff.

Im Persönlichkeitsbild der Protagonistin offenbaren sich die problematischen Komponenten bürgerlichen Identitätsverständnisses, die Irenes Lebensweg letztlich ins Ausweglose führen: Das Subjekt stellt ein Gegenüber aus sich heraus. Ähnlich wie im Zusammenhang mit dem Prozeß der Erkenntnis von Identität bei Heidegger von »Er-eignen« gesprochen wird,[84] ist im Drama der Aspekt der Entfremdung vom bürgerlichen Selbst im Zusammenhang mit Kategorien der Visualisierung relevant. Diesen kommt hier eine entscheidende Rolle zu: Die Dialektik zwischen Subjekt und Objekt ist eine Dialektik des Blickes; Irenes Blick fällt stets auf das ihr kontrastiv gegenüberstehende Bild der Ehefrau. Somit ist der vergleichende Blick immer der Blick des Anderen. Indem Irene sich als Individuum aus autoritären Denkformen herauszulösen sucht, wird sie zum Subjekt eines Besitzindividualismus, der die Bedingungen weiblicher Lebensform zu sprengen droht. Daß Irenes Wertvorstellungen trotz aller Normüberschreitungen im bürgerlichen Wertesystem verhaftet bleiben, äußert sich ebenfalls über die Perspektive des Blickes: Ihr unmoralisches Verhalten gerät der Protagonistin erst in dem Augenblick zur »unauslöschliche[n] Schande« (IV/1,305), in dem Rosalie die Problematik öffentlich macht und Irenes Pläne durchkreuzt. Der Blick der Öffentlichkeit auf den Einzelnen als Fundament der Moral und des Ehrgefühls gleichermaßen ruft in Irenes Vorstellungen die Mechanismen der Ehrverletzung ab, aus denen sich ihre Todesaffinität erklärt. Im Tod sieht sie »das einzige Hülfsmittel« ihrer »Rettung« (IV/1,305).

Auf den Umstand, daß der Verletzung der Ehre kulturhistorisch betrachtet ein hoher Stellenwert zukommt, weist van Dülmen hin:

Weil sich die Ehre jedes Einzelnen nach der Einschätzung der anderen maß, ist sie allgemein außerhalb sozialer Kontexte nicht festmachbar. [...] Jeder Einzelne reagierte auf Ehrverletzungen überaus empfindlich, ja für unsere Vorstellungen sogar unbegreiflich heftig, wenn der Name in Verruf geriet oder das Ansehen auch nur bedroht schien [...] Die Ehrenkonflikte von Frauen spiegeln die Normenwelt der Geschlechterordnung der Zeit wider, in der die Frau über den Mann definiert wurde. Der Vorwurf einer Verletzung der Sexualmoral traf bei einer Ehefrau allerdings dann die ganze Hausgemeinschaft [...].[85]

---

84 Vgl.: M. Heidegger, Identität und Differenz, Pfullingen, 3. Auflage 1957; darin: Der Satz der Identität, S. 11-34, hier S. 28 f.: »Das Wort Ereignis ist der gewachsenen Sprache entnommen. Er-eignen heißt ursprünglich: er-äugen, d.h. er-blicken, im Blicken zu sich rufen, an-eignen.«

85 Vgl.: R. v. Dülmen, Der ehrlose Mensch. Unehrlichkeit und soziale Ausgrenzung

Die Ambivalenz und Doppelbödigkeit höfischer Umgangsformen, die unter der Regelherrschaft der *art de plaire* die Normalität eines weiblichen Daseins als Mätresse propagierten, äußert sich im Scheitern der bürgerlichen Protagonistin.[86] Sie, die eine Lebensform jenseits bürgerlicher Normen wählt, scheitert daran, weil sie im Zuge dessen den für ihr Selbstverständnis notwendigen Kontrast zum Gegenüber der Welt des Adels zu negieren sucht. Folge dieses Unvermögens ist zunächst ein desolater Gemütszustand, den Irenes Vertraute und Bedienstete Valeria als krankhaften Zustand der »Schwermuth« diagnostiziert (I/2,222).[87]

Darüber hinaus zeigt sich das Resultat einer fehlenden Erziehung im Verhalten Irenes dahingehend, daß sie mit ihrem Persönlichkeitsbild in »der rebellischen und im Urbösen verwurzelten Kindnatur« zu verbleiben scheint, die durch keinen Vater »das rousseauistische Konzept der positiven Erziehung zur Natürlichkeit des jungen Menschen« kennengelernt hat.[88] Auch Pfeils vaterlos aufgewachsene und in ihrer ursprünglichen Natur verbleibende *Lucie Woodvil* ist mit diesem ›Fehler‹ in ihrem Wesen behaftet, der in der zeitgenössischen Literatur als Symptom für einen Mangel väterlichen Einflusses auf die kindliche Entwicklung dargestellt ist.

III

Die Komposition des Handlungsgefüges bestimmt die Außerordentlichkeit dieses Dramas, denn die Handlung wird maßgeblich über detailliert eingestreute Signale der Sprache und Gebärdensprache geführt, die die Entwicklung der Charaktere psychologisch nachvollziehbar machen.

---

in der frühen Neuzeit, Köln/Weimar/Wien 1999, S. 2,9; v. Dülmen zitiert in diesem Zusammenhang Bourdieu, der sich ebenfalls auf die Perspektive des Blickes bezieht – in Verbindung mit dem Ehrbegriff sowie in Verbindung mit dem Begriff der »Moral, in der der Einzelne sich immer unter dem Blick der anderen begreift, wo der Einzelne die anderen braucht, um zu existieren, weil das Bild, das er sich von sich selbst macht, ununterscheidbar ist von dem Bild von sich, das ihm von den anderen zurückgeworfen wird« (zitiert nach v. Dülmen S. 2, aus: P. Bourdieu, Entwurf einer Theorie der Praxis auf der ethnologischen Grundlage der kabylischen Gesellschaft, Frankfurt a.M. 1979, S. 27).

86 Zum Begriff der *art de plaire* vgl. Kap. I.1 dieser Arbeit.

87 Vgl. Anmerkung 83 zum Zusammenhang zwischen Sterilität und Gemütszustand (vgl. auch Figur der Adelheit, Kap. II.4 dieser Arbeit, S. 115 sowie Anm. 180).

88 Vgl.: Wie Anm. 73, S. 448 f. (unter Bezugnahme auf den Begriff der ›zwei Naturen‹ in Rousseaus Lehre).

Im gleich zu Beginn auf die Protagonistin focussierten Blick potenziert sich die szenische Aussagekraft durch ihren selbstreferentiellen Charakter, durch das Zusammenspiel von Sprache und *eloquentia corporis* im Monolog: Dort, wo üblicherweise der Dialog oder zumindest die Anwesenheit eines Gegenübers als Medium fungiert, welches der Gebärdensprache ihre Zeichenhaftigkeit verleiht,[89] betreibt die Figur Autoreflexion und deutet ihr Verhalten aus sich selbst heraus, indem sie die eigene Gestik verbalisiert. Sprache und Verhalten sind darüber hinaus in ihrem Zusammenhang der Schlüssel zur perspektivischen Verschiebung innerhalb des Verhältnisses zwischen Enrico und Irene. Die Liebenden, die sich zu Beginn noch entgegeneilen und einander umarmen (I/5,231,235) stellen im weiteren Handlungsverlauf den Prozeß ihrer Entfremdung voneinander sprachlich dar. Enrico empfindet angesichts seiner tugendhaften Ehefrau »das Unrecht doppelt belastend« (II/9,277), Irene fühlt sich unter dem Eindruck des Geschehens »erniedrigt« (III/1,279) und setzt sich nicht länger dem Einfluß ihrer Liebe zu Enrico aus. An deren Stelle tritt nun die heroische Gesinnung im Kampf der Geschlechter:»Ja! ich habe gesiegt«, triumphiert sie (ebda.). Die bittere Erkenntnis über den Verlust Enricos treibt sie zu wertenden Äußerungen, die vom Besonderen auf das Allgemeine schließen und zur geschlechtsspezifischen Anklage gegen männliche Einbildungskraft geraten:

Unsere Seelen drücken in ihrer Ausschweifung nur die Bilder aus, die sie sich bey ihrer Ruhe schaffen: Und was ist wohl natürlicher, als daß jenes herrschende Geschlecht uns als den schwächern Theil zu der fehlenden Ursache macht, wenn ihre Ungerechtigkeit sie verhindert, sich selbst anzuklagen. So sind sie; ihr einziges Bestreben geht dahin,

---

89 Nach Foucault wird die Gebärdensprache erst durch ein Gegenüber, welches die Gebärde erkennt, zum Zeichen:»Die Gebärdensprache wird vom Körper gesprochen; dennoch ist sie nicht von Anfang an gegeben. Was die Natur gestattet, ist lediglich, daß der Mensch in den verschiedenen Situationen, in denen er sich befindet, Gesten macht. [...] All das ist noch keine Sprache und noch kein Zeichen, sondern Wirkung und Folge unserer Animalität. Diese manifeste Bewegung hat jedoch für sich, daß sie allgemein ist, weil sie nicht von der Gestalt unserer Organe abhängt. Daher rührt für den Menschen die Möglichkeit, die Identität bei sich und seinen Begleitern zu bemerken. Er kann also mit dem Schrei, den er einem anderen hört, und den Grimassen, die er auf dessen Gesicht wahrnimmt, die gleichen Repräsentationen assoziieren, die mehrmals seine eigenen Schreie und Bewegungen begleitet haben« (M. Foucault, Die Ordnung der Dinge, Frankfurt a.M. 1971, S. 146).

unsere Empfindungen rege zu machen, und wenn ihnen dieses ge-
glückt ist, so sind wir in Fesseln, und alle Augenblicke in Gefahr,
ihrem Eigensinne bloß gestellt zu seyn (III/1,289).

Rosalia bemerkt Enricos Wesenverfremdung unter dem Einfluß des Geschehens. Seine überraschende Bewertung Irenes als »die unseligste Ver-
führerinn« zum Ende des zweiten Aktes kommentiert sie mit den Worten
»Auf einmal so verändert!« (II/10,278). Die wesentlichen Veränderungen
im einzelnen Figurenbild werden im Text maßgeblich am Ehemann Rosalies erprobt, während die übrigen Figurenbilder in linearer Charakterzeichnung verbleiben. Der Mechanismus der Korrelation erinnert an die
Entwicklung der Handlung in Pfeils Drama *Lucie Woodvil*: Beiden Titel-
heldinnen wird ein ihnen kontrastiv gegenübergestelltes weibliches Ideal
zum ›Verhängnis‹, an dessen Reiz der Blick des Liebhabers haftet und
welches die Entfremdung beider Sexualpartner voneinander maßgeblich
steuert.[90] Dramentypologisch betrachtet äußert sich die parallele Gestal-
tungssituation in der linearen Eskalation des Lasters beider Titelhel-
dinnen. Irene erkennt zwar im Angesicht des Todes ihre Schuld durch die
von ihr ersonnene Intrige an und stirbt, den Himmel um Vergebung bit-
tend, jedoch nicht ohne die grundsätzliche Schuld Enricos zu betonen.
Der Verführer Enrico beschließt das Drama, indem er Irenes Anklage der
männlichen Triebhaftigkeit bekräftigt und sich selbst verurteilt: Sein
Ausruf, er möge »der einzige Verirrte dieser Gattung seyn« (V/5,332), ver-
hallt indes ohne Echo.

90 Die Befürchtung, Enrico werde den Reizen Rosalies erliegen, äußert Irene schon
zu Beginn des Dramas (in I/1,214) und verweist damit auf einen beliebten Topos
zeitgenössischer Darstellung von Weiblichkeit: Der Begriff des Reizes als Ausdruck weiblicher Grazie vermag, so Sulzer in der *Allgemeinen Theorie der schönen
Künste*, das Herz in einer besonderen Weise zu rühren, die mit der Wirkungskraft
des bloßen Ebenmaßes der Form nicht vergleichbar ist (vgl.: J. G. Sulzer, *Allgemeine Theorie der schönen Künste*, Teil 2.2: R-z, Leipzig 1775, ›Reiz‹,: S. 523-526).
Sowohl Karl in Pfeils *Lucie Woodvil* als auch Enrico in dem hier analysierten Drama versprachlichen ihre dahingehenden Empfindungen, was ihren Blick auf die
tugendhaften weiblichen Idealgestalten und ›Nebenbuhlerinnen‹ Amalie bzw.
Rosalie betrifft: Amalie wird für Karl zum »Bild einer Gottheit« und zum »göttlichen Geschöpf« (vgl. *Lucie Woodvil* II/2, S. 211), der Reiz Rosalies entfacht »einen
solchen Sturm auf« Enricos »wankendes Herz«, daß dieser befürchtet, er »werde
ihr völlig eigen seyn«, wie er sich in einem langen Monolog eingesteht (II/9,277).
Im persönlichen Eingeständnis dessen, daß ihr nicht eigen ist, was Rosalie in sich
vereint, bezeichnet Irene Rosalie in ihrer Todesstunde als »Engel« (V/5,330).

V. Epilog: Konstruktion des Weiblichen als Konstituens von Macht

»Venus, was bedeut das ich dich
Auff einer Schildkrot bye sich stan?
Der maister Phidias hat mich
Also gemacht, vnd zaiget an,
Das ein fraw sol die tugent han
Dises thier, sein mit worden stil,
Huetten das hauß, daraus nit gan,
Dan gwingt sy lob vnd namens vil.«

(Andreas Alciatus, Emblematum libellus, 1542)

Das literarische Tochterbild in Trauerspielen des 18. Jahrhunderts bündelt in seiner Grundstruktur Tendenzen und Aktivitäten der bürgerlichen Gesellschaft, die auf eine instabile Struktur der Gesellschaft insgesamt verweisen. Die mit den Dramen reflektierte soziale Choreographie unausweichlichen Scheiterns verweist über die literarische Konstruktion eines sozialen Rollenmusters – der Tochterrolle – auf die aporetische Existenz von Töchtern im sozialen und diskursiven Umfeld der innerhalb der vorliegenden Arbeit untersuchten Epoche. Die Rolle der Tochter in der Familie markiert darüber hinaus das problematische Selbstverständnis des Bürgertums in einer Zeit des sozialen Umbruchs; eine detaillierte Rollenbeschreibung vermag hier insbesondere verfestigte gesellschaftliche Machtstrukturen kritisch zu hinterfragen.

Die Aufklärung und der ihr verpflichtete politische Liberalismus im neuzeitlichen Europa hatte zwar den Wert und die Würde des Individuums vor allen staatlichen Ansprüchen entdeckt, die realpolitische Praxis aber ging weithin einen anderen Weg: Eine antiaufklärerische, antiliberale Tradition bemaß den Wert des Individuums nach seiner Nützlichkeit für das Ganze. So bestimmte eine Instrumentalisierung des Einzelnen die Alltagspraxis, an die Stelle der Idee von Grund- und Menschenrechten trat eine Erneuerung der Gehorsamsverpflichtung gegenüber dem System. Befehl und Gehorsam, Einordnung und Unterordnung bestimmten den Umgang miteinander, die Sprache drohte zur Befehlssprache, zur Anweisung von oben zu degenerieren. Die fundamentale anthropologische Entscheidung als eine Entscheidung für ein bestimmtes

Verständnis des Menschen stellte jedoch die einzelne Person vermeintlich ins Zentrum jeder Ordnung, vor allen Kollektiven wie Volk, Staat oder Klasse.

Die Entdeckung des Menschen als Person jenseits seiner Funktionen im Kollektiv bedeutet indes immer auch seine Befreiung zu einem Wesen mit Eigeninteresse und Eigenverantwortung, wie auch mit Verantwortung für das Gemeinwohl. Wer dieses Potential des Menschen bewußt und planmäßig unterdrückt, nimmt dem Menschen und der Gesellschaft eine entscheidende Triebkraft. Wenn an die Stelle von Selbstverantwortlichkeit das Prinzip der Zuweisungen von Lebenschancen tritt, fehlt das dynamische Element, welches aufklärerisches Denken motiviert. Das aufklärerische Ordnungsmodell läßt sich auf geistig-moralischer Ebene nicht konsequent umsetzen, wenn Freiheit der Person und soziale Gerechtigkeit nicht die beiden Pole sind, die unter wechselnden Bedingungen immer wieder neu korreliert werden.

Analysiert man das Trauerspiel des 18. Jahrhunderts im Hinblick auf die Tochterfigur und die im Figurenbild hinterlegten Strukturen, wird eine Dialektik von Körper und Macht sichtbar: Im Verlauf der Textanalysen wurde deutlich, daß in den Figurenbildern häufig diesbezügliche Formen rituellen Handelns verarbeitet sind. Als Ausdruck sozialer Praxis ist dieses Handeln als unmittelbares Resultat aus den Gesetzmäßigkeiten zeitgenössischer Sozialisation anzusehen, die die Integration des Individuums in gesellschaftlich gefestigte Strukturen zum Ziel hatten. Rituale, die letztlich die Aufgabe haben, Traditionen zu transportieren, vermitteln Machtstrukturen zur Disziplinierung des Individuums. In den in der vorliegenden Arbeit berücksichtigten Dramen zeigt sich diese in der Regel an geschlechtsspezifischen Handlungsweisen orientiert.

Für das 18. Jahrhundert ist ein Zusammenhang zwischen den zeitgenössischen Bildungsprogrammen und dem verstärkten öffentlichen Interesse an der Problematik geschlechtsspezifischer Verhaltensweisen zu vermerken. Die Betrachtung von Körper und Geist im Zeichen neuer medizinischer Forschungsansätze und der daraus resultierenden Neubewertung von Körpererfahrung bedingt ein gesteigertes Interesse am Körper und seiner Berechenbarkeit. Es ist eine bittere Erkenntnis für die Zeitgenossen, daß der Körper als solcher irritabel ist und das Leben ein Erregungszustand zwischen zu starken und zu schwachen Reizen, zumal diese Erkenntnis im Widerspruch zu dem vernunftgesteuerten Handeln als Grundprinzip der Aufklärung steht und sich jenseits bestehender Machtstrukturen offenbart. Die gescheiterte Ausbalancierung des Alltags, nicht zuletzt Folge fehlender Kommunikationsmöglichkeit der Töchter, reflektiert »die Utopie der vernünftigen Lust« einer bürgerlichen Intelligenz, die Vernunft als allgemeingültiges Ordnungsprinzip begreift.[1] Das Paradoxon im Denken eines an der Herausbildung einer modernen bürgerlichen Leistungsgesellschaft interessierten Bürgertums äußert sich in der ambivalenten Besetzung des Tugendbegriffs. Die Dialektik des Reizes, in nahezu jeder der innerhalb dieser Studie analysierten Tochterfiguren verankert, bildet die Ursache existentiellen bürgerlichen Scheiterns aufgrund des bestehenden doppelbödigen Moralbegriffs ab: Die Reizbarkeit des Gemütes soll im Zuge einer Konservierung des Reizvermögens unterbunden werden, was einer Disziplinierung der Leidenschaften gleichkommt, die der menschlichen Existenz ihre Körperlichkeit abspricht. Im Zuge dessen wird eine neue Ordnung des Körpers propagiert, die als Regulativ fungieren und den Körper gleich einer Maschine instandhalten soll – ehe es zu Fehlfunktionen kommt, weil das nötige Maß nicht eingehalten wird.

Im Hinblick auf das weibliche Geschlecht und seine Rollenzuschreibung im literarischen Text ist die Verplanung des Körpers nach bestimmten Gesetzmäßigkeiten von Interesse, denn im Zuge neuer, vor allem medizinischer Erkenntnisse wurde im 18. Jahrhundert die Definition einer eigenständigen, von der des Mannes verschiedenen weiblichen Sexualität neu formuliert. Der Blick auf den weiblichen Körper und in Verbindung damit auf das weibliche (Sexual-)Verhalten hatte einen hohen Stellenwert bei den Kritikern, die sich aus den Reihen der Ärzte, Verwaltungsbeamten im Staatsdienst, Medizinalbeamten, Universitätsprofessoren und Pädagogen rekrutierten. Grund hierfür war die Annahme einer direkten Beziehung zwischen der Erziehung der Mädchen und der hohen Kindersterblichkeitsrate, die im Sinne des allgemeinen Tenors als Folge weiblicher Lebensart ausgelegt wurde.[2] Die Schwäche des weiblichen Körpers hatte demnach eindeutige Ursachen, die bedingten, daß das

[…] Frauenzimmer, gleich nach dem ersten oder zweiten Kindbett zusammenfalle. […] Thee- und Coffee-Trinken, […] Neigung zum täg-

---

1 R. Grimminger, Die Utopie der vernünftigen Lust. Sozialphilosophische Skizze zur Ästhetik des 18. Jahrhunderts bis zu Kant; in: Aufklärung und literarische Öffentlichkeit, hg. v. C. Bürger u.a., Frankfurt a.M. 1980, S. 116-132, hier S. 118 f. Zu Koschorke vgl. Anm. 6.

2 S. Toppe, »Polizey« und Mutterschaft: Aufklärerischer Diskurs und weibliche Lebensrealitäten in der zweiten Hälfte des 18. Jahrhunderts; in: U. Weckel u.a. (Hg.), Ordnung, Politik und Geselligkeit der Geschlechter im 18. Jahrhundert, Göttingen 1998, S. 303-322, hier S. 308.

lichen und bis in die späte Nacht anhaltenden Spielen, [...] das viele die Einbildungskraft und das Blut erhitzende Lesen besonderer Bücher[3]

wurden als wichtigste Punkte angesehen, die von Jugend an Körper und Geist beeinflußten und sich später negativ auf Fruchtbarkeit und Mutterschaft als der hauptsächlichen Pflicht des Weibes auswirkten. Die Disziplinierung weiblicher Lebensart stand somit im Focus des gesellschaftlichen Interesses, nicht zuletzt aufgrund der zeitgenössischen Bewertung weiblicher Lebenswelt als Keimzelle des Staates und seiner Bürger. Die Diskussion um das Körper-Verhalten ist hier zu deuten als ein Reflex der Gesellschaft und ihrer Ordnung im Umbruch, denn vor allem änderte sich, abgesehen von einem sich wandelnden Verständnis im Hinblick auf den Körper und in Verbindung damit auf das weibliche Individuum, die festgefügte, ständisch orientierte Gesellschaftsordnung. Die Kausalbeziehung zwischen beiden Bereichen resultiert nicht zuletzt aus dem aufkommenden bürgerlichen Machtstreben und aus der Erkenntnis, daß dem Körper als Austragungsort politischer Macht erhebliche Relevanz zukommt. Während es einerseits galt, dem bürgerlichen Körper die Idee der Kraft als Zeichen für Machtpotenz, also eine ›politische Anatomie‹ zuzusprechen, ging es andererseits darum, die Asymmetrie des Geschlechterverhältnisses innerhalb der bürgerlichen Gesellschaft zu erhalten, um die patriarchalische Grundstruktur als Nährboden bürgerlicher Wertvorstellungen zu stabilisieren. Die Darstellung der aus heutiger Sicht nur mühsam nachvollziehbaren Devaluierung von Mädchen und Frauen in den zeitgenössischen Erziehungsprogrammen in einer Zeit, die sich selbst als aufgeklärt begriff und der Proklamierung allgemeiner Menschenrechte immerhin zuarbeitete, macht sowohl die sozialen Codierungen der dramatisch agierenden ›Töchter‹ transparent als auch die mit ihrer Darstellung verbundene Auseinandersetzung mit Identitätsmustern und dem Scheitern von Individuen an solchen Mustern.

Vor diesem Hintergrund lassen sich die Profile der einzelnen Figuren verschiedenen Konfigurationen der Macht zuordnen, die sich in einer Vielzahl von Bezugsfeldern spiegeln. Symbolik, Metaphorik und *eloquentia corporis* sind die zentralen Bereiche, aus deren Fundus die Figurenbilder gespeist werden, denn auch die Dramenliteratur der Zeit par-

---

3 J. P. Frank, *System einer vollständigen medicinischen Polizey*, 9 Bde., Mannheim 1779-1819, Bd. 1, Mannheim, 2. Auflage 1784, S. 69 (zitiert nach Toppe, wie Anm. 2, S. 302 f.).

tizipiert an anthropologisch-semiotischen Voraussetzungen. Der soziale Code der weiblichen Dramenfiguren, insbesondere der Tochterfiguren, läßt sich maßgeblich über deren Körpersprache entziffern, der im zeitgenössischen Kommunikationsverständnis im Gegensatz zur Wortsprache Authentizität zugemessen wird.

Mit dem ›Mythos des Lesens‹ als einer der Hauptmythen, an denen sich das bürgerliche Individuum abarbeitete, wird die gesellschaftliche Situation der Zeit abgebildet: Daß diese maßgeblich in der Melancholie des Bürgertums sowie in der Literatur des 18. Jahrhunderts ihren Ausdruck fand, reflektiert die zeitgeschichtliche Tendenz, die sich an Machtverhältnissen und Stimmungen erkennen läßt.[4]

Die Tochter als Ikone des Bürgertums, die aufgrund ihres Geschlechtes und ihrer Stellung als schwächstes Mitglied innerhalb des Familienverbandes besonders geeignet zu sein schien, bürgerliche Wertvorstellungen nach außen zu tragen und zu repräsentieren, wurde zum literarischen Bild geformt; dabei war den Autoren bewußt, daß moralische Stärke ihre größte Wirkungskraft im Kontrast zu körperlicher Schwäche entfaltet. Daß die Literatur sich hier in den Dienst der Aufklärung stellte und der Literaturbegriff bereits seit der Frühaufklärung und Gottscheds Entwurf einer Poetik dahingehend verstanden wurde, daß die Literatur »ihren Lesern oder Zuschauern fortan Verhaltensweisen [...] und Sinn- und Wertorientierungen unterhalb der Verstandes- und Reflexionsschwelle ›einspielen‹« sollte, versteht sich von selbst.[5]

Demgegenüber stand jedoch auch bereits im 18. Jahrhundert die Ambivalenz der Literatur als Medium, welches durchaus außerhalb der gesetzten sozialen Norm funktionieren konnte und Denkstrukturen einzuspielen vermochte, die Gegenprozesse auslösten. Literarisch thematisiert wurde dieses Phänomen über die Darstellung des lesenden Frauenzimmers, dessen Lebensweg scheitert aufgrund von Lektüre, die in den bürgerlichen Bildungsprogrammen nicht vorgesehen war. Die sich scheinbar negativ auf das weibliche Persönlichkeitsbild auswirkende Lektüre war jedoch vielmehr Movens eines Erkenntnisprozesses, nach dem die weibliche Jugend verbotenerweise strebte:

---

4 Vgl.: W. Lepenies, Melancholie und Gesellschaft, Frankfurt a.M. 1969, S. 81.
5 J. Schulte-Sasse, Das Konzept bürgerlich-literarischer Öffentlichkeit und die historischen Gründe seines Zerfalls, in: Aufklärung und literarische Öffentlichkeit, hg. v. C. Bürger, P. Bürger, J. Schulte-Sasse, Frankfurt a.M. 1980, S. 83-115, hier S. 84.

Am Komplex der bürgerlichen Moralistik sollte das Dilemma anschaulich werden, das entsteht, wenn Diskurse einen Wert wie ›weibliche Tugend‹ als basale und universelle Größe aufrichten, während dieselbe Tugend ihrer Herkunft nach erklärtermaßen ein Grenz- und Ausschlußphänomen ist, während also die Entstehungsgeschichte des Werts dessen behauptete Positivität dementiert.[6]

Indem die Dramen mit den Töchtern in der Opferrolle gerade das Scheitern des Ausschlußprozesses thematisierten, reflektierten sie die Problematik der Zeit, die sich nicht zuletzt an der Diskussion und Festschreibung des Tugendbegriffes entzündete. Da man mit dem Anspruch sexueller Autonomie die Stabilität des sozialen Systems bedroht sah, ging der zur Machterhaltung des patriarchalen Herrschaftsystems notwendige Desexualisierungsprozeß der Frau mit einer Verengung des Tugendbegriffs einher. Dieser fungierte als Synonym für Keuschheit[7] und determinierte nicht zuletzt die literarische Inszenierung von Weiblichkeit, die sich vor allem als Körper-Inszenierung darstellte: Anne Fleigs These »Entkörperung und Körperkult stehen einander gegenüber und bedingen sich zugleich«, ist hier im Hinblick auf den Begriff und die Geschichte von Körper-Inszenierungen besonders zu betonen.[8]

Die in den Dramen portraitierten Töchter spiegeln nur bedingt Realität wider; die Figurenbilder haben aufgrund ihres hohen poetischen Gehaltes allenfalls halbdokumentarischen Charakter und sind symbolisch oder metaphorisch aufgeladen, um die dramatische Wirkungskraft zu steigern. Vor allem die Figuren der Kindsmörderinnen stehen im Spannungsverhältnis zwischen Historizität und Fiktionalität; die sexuelle Initiation der Frau in Form eines ersten Geschlechtsaktes wird in den Dramen häufig mit dem Eintreten einer Schwangerschaft gleichgesetzt und somit zur Polemisierung gegen voreheliche Geschlechtsverkehr funktionalisiert. Andererseits stellen vereinzelte Fallbeispiele wie Eleonore Thons Drama *Adelheit von Rastenberg* die Verweigerung des weiblichen Körpers im Fall einer erzwungenen Ehe dar. Kinderlosigkeit wird hier zum äußeren Zeichen des kranken weiblichen Geistes, der sich gegen soziale Normen und gegen die durch väterliche Gewalt erzwungene Paarbeziehung sträubt.

---

6 A. Koschorke, Körperströme und Schriftverkehr. Mediologie des 18. Jahrhunderts, München 1999, S. 449.
7 Ebda., S. 437, 440.
8 A. Fleig, Körper-Inszenierungen: Begriff, Geschichte, kulturelle Praxis; in: E. Fischer-Lichte/A. Fleig, Körper-Inszenierungen: Präsenz und kultureller Wandel, Tübingen 2000, S. 7-17, hier S. 7.

Von Bedeutung ist die Thematisierung der ›Krankheit Frau‹ hier vor allem, weil sie als literarische Form weiblichen Auflehnens gegen patriarchalische Gewalt und Willkür auszumachen ist.[9] Die Dramatik der Zeit trägt insofern zur Modellierung sozialer Konstellationen und Identifikationsangebote in prägnanter Weise bei, als sich vor allem die von Frauen und / oder unter anonymer Autorschaft veröffentlichte Dramen gerade durch Verschiebungen ins Effektvolle, Gräßliche und gewollt Abnorme auszeichnen und so Strategien gegen eine weibliche Opferrolle bieten.

Die unter weiblicher Autorschaft entstandenen Texte sind als Arbeit an codierten Deutungsmustern geschlechtlicher Identität und an entsprechenden Machtverhältnissen zu lesen. Literarische Texte können einerseits bestehende Denk- und Deutungsmuster sozialer Identitäten aufgreifen und reproduzieren, andererseits aber auch in Frage stellen; dies findet, wie die Textanalysen demonstrieren, vor allem ›im Detail‹ statt, in Nuancen bei der Profilierung von Figuren, der Erfindung von Szenarien: Das Ausleben problematischer, durch männliche Figuren motivierter Lebensentwürfe jenseits der gesellschaftlichen Norm wird, die hier analysierten Trauerspiele betreffend, von den Autoren der kanonischen Dramen selten abgebildet, jedoch häufig von den Autorinnen und Anonymen formuliert. Um hieraus den Satz einer allgemeingültigen Regelmäßigkeit abzuleiten, reicht der Umfang der Betrachtung von fünfzehn Texten nur bedingt aus; eine typologische Untersuchung unter Berücksichtigung dieser verengten Perspektive steht für die Dramen des 18. Jahrhunderts noch aus.

Tendenziell ist festzustellen, daß die Dramen der Autoren in komprimierter Weise die Lasterhaftigkeit der Frau und ihre Folgen für Individuum und Gesellschaft abbilden, ohne daß die Darstellung weiblicher sexueller Existenz im Bereich der literarischen Verschlüsselung verbleibt. Dies gilt in besonderem Maße für die Abbildung der Kindsmörderinnen: Formen sexueller Entgrenzung finden im Figurenbild ihren Ausdruck in einer sich körperlich anbiedernden Weiblichkeit, der die Triebstruktur und der Charakter des Animalischen anhaftet. Die Stilisierung der Kindsmörderinnen-Figuren erfolgt vor dem Hintergrund mythologischer Bezugsfelder. Mit dem Lilith-Mythos, verarbeitet in der Gretchen-Figur in Goethes frühem *Faust*, wird die ›dunkle Seite des Weiblichen‹ in der Figur hinterlegt, gestützt durch die Symbolik des Atmosphärischen: Der erste Eindruck, der mit Gretchens Erscheinung in Beziehung steht, ist der der Nacht.

---

9 Zum Begriff der ›Krankheit Frau‹ vgl.: E. Fischer-Homberger, Krankheit Frau und andere Arbeiten zur Medizingeschichte der Frau, Bern/Stuttgart/Wien 1979.

Der mit den Kindsmörderinnen häufig in Verbindung gebrachte Medea-Mythos kommt in den Figurenbildern lediglich in entkernter oder verfremdeter Form zum Einsatz: Ein direkter Vergleichspunkt ist nur bedingt über den Tatbestand des Ermordens der eigenen Kinder gegeben; jedoch kann von gleichartigen Konfliktsituationen lediglich bei Pfeils *Lucie Woodvil* gesprochen werden, deren Liebe zu Karl sich unter dem Eindruck seiner Abwendung von ihr in Haß und Raserei wandelt.[10] Die Kindsmörderinnen der Trauerspiele haben weder zum Kind noch zum Kindsvater eine über Jahre andauernde Beziehung; Medea hingegen blickt vor dem Kindmord auf eine Zeit erfüllter Mutterpflicht und Mutterliebe zurück, ehe die Liebe in Haß gegen Jason umschlägt. Wagners Evchen oder Goethes Gretchen handeln nicht mit gleicher Intention wie Medea, denn ihr Kindmord ist ein autoaggressiver Akt gegen den neugeborenen Säugling, zu bewerten vor dem Hintergrund einer Schwangerschafts- oder Geburtspsychose, ohne daß jemals eine Mutter-Kind-Beziehung im klassischen Sinne bestand.[11] Gretchen formuliert deutlich ihren Wunsch, die an der Schwester erprobten Mutterpflichten zu erfüllen, scheitert aber am sozialen Umfeld, das keinerlei Chance für das Ausleben unehelicher Mutterschaft bietet. Möglicher Bezugspunkt für die Figurenbilder der Kindsmörderinnen ist vielmehr die Genoveva-Legende, die im 18. Jahrhundert durch ein aus dem 17. Jahrhundert stammendes Volksbuch des Martin von Cochem, vor allem aber durch die Bearbeitung *Golo und Genoveva* Maler Müllers (entstanden zwischen 1775 und 1781) im literarischen Bewußtsein präsent war. Der Text zeigt, welche Dimension Frauenverfolgung und -verurteilung im zeitgenössischen Kontext hatte: Schon ein unbegründeter, aber ausgesprochener Verdacht eines sexuellen Fehltrittes konnte die weibliche Existenzgrundlage rauben und die Frau zur Flucht zwingen.[12]

---

10 Dort jedoch nur mit Einschränkung, weil die ›Nebenbuhlerin‹ auf Karl ›verzichtet‹. Zudem tötet die Schwangere das Kind noch im Mutterleib.

11 Zur Bewertung des Kindmordes als autoaggressiven Akt vgl. M. Lorenz, »… als ob ihr ein Stein aus dem Leib kollerte …«. Schwangerschaftswahrnehmungen und Geburtserfahrungen von Frauen im 18. Jahrhundert; in: R. v. Dülmen (Hg.), Körper-Geschichten. Studien zur historischen Kulturforschung, Frankfurt a.M. 1996, S. 99-121. Zur Bewertung der Kindsmörderinnen-Figuren im Kontext des Medea-Mythos vgl.: Matthias Luserke-Jaqui, Medea. Studien zur Kulturgeschichte der Literatur, Tübingen/Basel 2002, sowie H.-A. Glaser, Medea. Frauenehre – Kindsmord – Emanzipation, Frankfurt a.M. 2001.

12 Zur Genoveva-Legende vgl.: Meyers Enzyklopädisches Lexikon in 25 Bänden, Bd. 10, Mannheim/Wien/Zürich 1981, S. 67 f.

Das literarische Tochterbild ist in seinem Gesamt nicht als homogene Einheit zu betrachten, sondern als Konstrukt, welches sich unter bestimmten, zum Teil geschlechtsspezifischen Perspektiven aus verschiedensten Elementen zusammensetzt: Prägnantes Beispiel ist neben der Darstellung der Kindsmörderinnen der Autoren und der Abbildung außerordentlicher Lebensentwürfe unter der Feder weiblicher oder anonym verbleibender Autorschaft das Motiv des Lesens als identitätsstiftendes Prinzip.[13] Dieses Element findet sich ausschließlich in den Dramen der Autoren. Eine Ausnahme bildet Christiane Karoline Schlegel, das Motiv ist in ihrem Drama jedoch in ironischer Weise verkehrt: Die Bücher werden nicht von der Protagonistin Charmille gelesen, sondern diese schenkt sie dem Sohn des Protagonisten als Vertreter der männlichen Nachfolgegeneration. Die Tochterfiguren der Autoren weisen häufig eine Fixierung ihres Persönlichkeitsprofils auf einen durch religiöse Praxis dominierten Alltag auf. Das gesellschaftliche Wunschbild der Zeit wie auch die bestehende Lebensrealität als Kontrast zu diesem Wunschbild wird hier abgebildet, geht es doch auch um die Darstellung religiöser Ursachen von Gewalt in der Familie und in der Vater-Tochter-Beziehung als Ausdruck literarischer Gesellschaftskritik.

Die Resultate der Verortung des weiblichen Individuums innerhalb der gesellschaftlichen Machtstrukturen werden vornehmlich durch todessüchtige Passivität und autoaggressive Verweigerung dargestellt. Für den Bereich der Sprache im Figurenbild bedeutet dies eine Verschiebung der kommunikativen Ebene und eine Aufwertung der Körpersprache. Das hieraus resultierende Nichtfunktionieren intergeschlechtlicher Kommunikation basiert auf der Existenz unterschiedlicher, dem individuellen Kommunikationskonzept zugrunde liegender Zeichensysteme, die keinerlei Konsens haben und deren Ursprung im historischen Kontext der unterschiedlichen Sozialisation der Geschlechter zu finden ist, die sich in den Profilen der Dramenfiguren widerspiegelt.

Auf literarischer Ebene läßt sich dies vor allem am Beispiel der ab der Mitte des Jahrhunderts entstehenden bürgerlichen Trauerspiele nachvollziehen: Hier spiegelt sich auf der zentralen Achse der Vater-Tochter-Beziehung die Problematik des Polarisierungsprozesses zur Festschreibung von Macht und Ohnmacht, durch den die Generation bürgerlicher Väter die weibliche Nachfolgegeneration auf die ihr zugedachte bürgerliche Identität und die damit verbundenen Verhaltensweisen einzuschwören

---

13 Vgl.: Erich Schön, Der Verlust der Sinnlichkeit oder Die Verwandlungen des Lesers: Mentalitätswandel um 1800, Stuttgart 1987.

sucht. Bedenklich erscheint dieses Vorhaben vor dem Hintergrund, daß sich die Macht der Väter bei genauem Hinsehen ebenfalls als Ohnmacht erweist, und zwar als Ohnmacht des Bürgers gegenüber dem Stand des Adels: Wenn beispielsweise in Schillers *Kabale und Liebe* der bürgerliche Protagonist Miller eine Selbsteinschätzung mit den Worten formuliert, er sei »ein schlichter, gerader Mann«, und im Anschluß an diese Äußerung nicht einmal Handlungssicherheit dahingehend zeigt, daß er den Bestechungsversuch des adeligen Liebhabers seiner Tochter strikt ablehnt,[14] so zeigt das alles andere als Machtpotenz, Durchsetzungsvermögen oder auch nur die Fähigkeit, den eigenen Standpunkt innerhalb der Gesellschaft sicher bestimmen zu können. Die innerfamilialen Machtverhältnisse, die auf der Vater-Tochter-Achse zur Disposition stehen, finden Entsprechung auf der höheren Ebene sozialer Lebenswirklichkeit: Die Tragik erwächst aus der Unauflösbarkeit des Konfliktes in der *Einzelperson*; der bürgerliche Vater erweist sich weder als fähig zur Sicherung innerfamilialer Verhältnisse noch zur Rettung der Tochter aus problematischer Situation. Er steht, wenn es um die Verteidigung der Tugend der Tochter und somit um die Verteidigung substantieller bürgerlicher Werte in Opposition zu adeliger Lebensführung geht, zusammen mit seinem Kind an erster Stelle in der Reihe der Verlierer, denn seine Tochter ist das Opfer, welches die nicht zuletzt durch ihn als Vater, Stellvertreter und zugleich Verteidiger der bürgerlichen Wertewelt mitverschuldete Orientierungslosigkeit mit dem Leben bezahlt.

Ausbildung sozialen Selbstbewußtseins und Verteidigung bürgerlicher Privatheit gegen eine noch immer maßgeblich von der Welt des Adels besetzte Öffentlichkeit finden ihre Grenzen, wenn Intimität innerhalb der bürgerlichen Lebenswelt zum Thema wird: Die im Zeichen wachsenden Individualitätsanspruchs in den bürgerlichen Alltag einwandernden Utopien, die sich im empfindsamen Liebesdiskurs ebenso ausdrücken wie im gesteigerten Interesse an Romanlektüre oder an Geselligkeit im Alltag, stellen Formen codierter Intimität dar, vor deren Hintergrund sich die bürgerliche Moral als doppelbödige Moral hinterfragen läßt. Der ambivalent besetzte, aus den Schriften Rousseaus resultierende Naturbegriff ist hierfür ebenso ein Beispiel wie die damit verbundene Festschreibung des Tugendbegriffs, beschreibbar als Entwicklungsprozeß, in dessen Verlauf die erste und affektive Natur durch die zweite, von der »Hand der Tugend« geschaffene Natur ersetzt wird.[15]

14 Vgl.: Friedrich Schiller, *Kabale und Liebe* (V/5), NA 5N, S. 172.
15 Vgl.: Albrecht Koschorke. Körperströme und Schriftverkehr. Mediologie des 18. Jahrhunderts, München 1999, S. 434.

Dies ist die Schnittstelle, an der sich Vater und Tochter in ihrer Haltung gegenüber der höheren Instanz innerhalb der sozialen bzw. familialen Hierarchie entsprechen. Die Beziehung zwischen beiden Dramenfiguren läßt dies erkennen. Schillers *Kabale und Liebe* als repräsentatives und aussagekräftiges Beispiel für die Darstellung der Vater-Tochter-Beziehung offenbart Ambivalenzen nicht nur bei der Tochter, sondern auch beim Vater: Miller mißt mit unterschiedlichen Maßen, wenn er dem standesgemäßen Brautwerber Wurm vorhält, was der adelige Ferdinand mit Leichtigkeit vermag: Die Tochter ohne Wissen des Vaters ›erobern‹ zu können ist aus der Sicht des Patriarchen ein Auswahlkriterium, welches nur standesbeschränkt Geltungsberechtigung hat; dem Vater Gehorsam leisten zu müssen ist in der Entsprechung für die Tochter eine Verhaltensregel, die sich auf das Dasein im Diesseits beschränkt und ebensowenig Allgemeingültigkeit besitzt. Im Figurenpaar Odoardo und Emilia in Lessings Drama *Emilia Galotti* äußert sich die Entsprechung, was bürgerliches Verhalten angeht, im vereinten Widerstand gegen die Staatsgewalt. In dem Augenblick, in dem sich Odoardo der Haltung seiner Tochter gegen den Prinzen gewiß wird, umarmt er sie und formuliert:»[…] wenn das deine Ruhe ist: so habe ich meine in ihr wiedergefunden! […]«.[16]

In dem Maße, wie der Vater als Patriarch gegenüber dem bestehenden, noch immer von adeligen Machthabern bestimmten Herrschaftssystem versagt, versagt auch die Tochter innerfamilial in ihrer Funktion als Hoffnungsträgerin der bürgerlichen Nachfolgegeneration. Die Vorstellung von der Autonomie des Individuums als Errungenschaft des Jahrhunderts zeigt sich hier einerseits geprägt von Irrationalität, andererseits fixiert durch Zwänge und Denkgewohnheiten. Diese stellen den Bürger nicht als Held, sondern als Antiheld vor und lassen zumal die weiblichen Mitglieder des Standes in dem Status eines *homo religiosus* und in der Bindung an kirchliche Orthodoxie verharren, womit ihnen gleichzeitig die Fähigkeiten eines *homo politicus* abgesprochen werden. Eingebunden in einen religiös geprägten Alltag, der Vorurteile ebenso wie archaische Denkstrukturen fördert, erscheint die Tochter an der Seite des Vaters ebensowenig fähig zu selbstbestimmtem Handeln wie dieser selbst. Was geschehen wird, bestimmen Rituale, die als Gewissen und Wissen des Volkes gleichermaßen steuernden Charakter haben und die das Leben durch die Aneinanderreihung von Statuspassagen organisieren.

16 Vgl.: G.E. Lessing, *Emilia Galotti* (V/7), LM 2, S. 448.

Aus extremer Perspektive betrachtet bedeutet dies, daß Odoardo Galotti seine durch gesellschaftliche Normen geforderte bürgerlich-väter-
liche Pflicht durch den Mord an der Tochter Emilia erfüllt. Spätestens an
diesem Punkt verkehren sich die überzogenen Wertvorstellungen ins Negative, denn die Körper-Geschichten der Trauerspiele, gestellt in den
Kontext größerer politischer Umwandlungen, kündigen über den Zwang
des moralischen Imperatives als Ausdruck der Selbstlegitimierung des
Bürgertums das Scheitern aufklärerischen Vorhabens an. Es ist bekannt,
daß erst die Sozialdisziplinierung des frühmodernen Staates eine Übersteigerung der Sinnlichkeit provoziert.[17] Diese schreibt sich zumal in den
bürgerlichen Körper als Gefahr für die patriarchalische Gesellschaftsstruktur ein und produziert dort die widersprüchlichen Verhaltensweisen,
an denen sich die Protagonisten der Trauerspiele als Vertreter bürgerlicher Wertvorstellungen messen lassen müssen.

17 Vgl.: Das achtzehnte Jahrhundert. Mitteilungen der Deutschen Gesellschaft für
    die Erforschung des achtzehnten Jahrhunderts, Heft 2, Jg. 14 (1990): Die Aufklä-
    rung und ihr Körper. Beiträge zur Leibesgeschichte im 18. Jahrhundert, S. 153.

Bibliographie

Werke und Quellen

[Abel, Jacob Friedrich], Beitrag zur Geschichte der Liebe, Leipzig 1778

Abel, Jacob Friedrich, Einleitung in die Seelenlehre, Stuttgart 1786.; reprographischer Nachdruck, Hildesheim 1985

Abel, Jacob Friedrich, Eine Quellenedition zum Philosophieunterricht an der Stuttgarter Karlsschule (1773-1782). Mit Einleitung, Übersetzung, Kommentar und Bibliographie hg. von Wolfgang Riedel, Würzburg 1995

Alexander, William, The History of Women, from the earliest antiquity to the present time; giving some account of almost every interesting particular concerning that sex, among all nations, ancient and modern«(1779), in der Übersetzung von Friedrich von Blankenburg (2 Bde., 1780-1781); auszugsweise wiederabgedruckt in: Barbara Stollberg-Rilinger, Europa im Jahrhundert der Aufklärung, Stuttgart 2000

[Anonymus], Polidor, oder die unglücklichen Geschwister, Stralsund 1760

[Anonymus], Amalie, unglücklich durch ihre Stiefmutter, Frankfurt/Berlin 1777

[Anonymus], Irene, Ein bürgerliches Trauerspiel, in fünf Aufzügen, Breslau o.J.

Apokryphen. Schriften zum Neuen Testament, übersetzt u. erläutert v. Wilhelm Michaelis, Bremen ³1956

Aristoteles, Poetik, hg. v. Manfred Fuhrmann, Stuttgart 1982

Baldinger, Friderika, Lebensbeschreibung von Friderika Baldinger, von ihr selbst verfaßt, Offenbach 1791

Basedow, Johannes Bernhard, Das Methodenbuch für Väter und Mütter der Familien und Völker, Dessau ³1773

Basedow, Johannes Bernhard, Elementarwerk; kritische Bearbeitung in drei Bänden, hg. v. Theodor Fritzsch, 2. Bd., Leipzig 1909

Basedow, Johannes Bernhard, Elementarwerk, mit den Kupferstichen Chodowieckis u.a. hg. v. Theodor Fritzsch, 3.Bd., Leipzig 1909

Behn, Aphra, The amourous Prince, in: The Works of Aphra Behn, ed. by M. Summers, Vol. IV, London/Stratford – upon – Avon 1915, S. 117-213

Bibel, mit Apokryphen, nach der Übersetzung Martin Luthers hg. v. der Deutschen Bibelgesellschaft, Stuttgart 1985

Bibra, Sigmund von/ Göckingk, Ludwig Friedrich Günter von (Hg.), Journal von und für Deutschland, Ellrich 1784-92, 9 Jge. zu je 2 Bdn., 6. Jg., 7.-12. Stück, Ellrich 1789

Bierling, Friedrich Emmanuel (Hg.), Das Cabinet der Feen. Oder Gesammlete Feen-Mährchen in neun Theilen, Bd. 1-9, Nürnberg 1761-1765

Campe, Joachim Heinrich, Vätherlicher Rath für meine Tochter, Wien 1790; in: (ders.): Sämtliche Kinder- und Jugendschriften, Bd. 36, Braunschweig 1830

Cramer, Andreas (Hg.), Der Nordische Aufseher, Leipzig/Kopenhagen 1760 ff.

Eberhard, Johann August, Sittenlehre der Vernunft, Berlin 1781; Faksimile-Nachdruck: Frankfurt a.M. 1971

Eberti, Johann Caspar, Eröffnetes Cabinet deß Gelehrten Frauen-Zimmers, unveränderter Nachdruck der Ausgabe Frankfurt und Leipzig 1706, hg. v. Elisabeth Gössmann, München 1986

Eibl-Eibesfeldt, Irenäus, Die Bedeutung des Grußverhaltens beim Menschen und bei Tieren; in: Meyers Enzyklopädisches Lexikon in 25 Bänden, 11. Bd., Mannheim/Wien/Zürich 1974, S. 129-133

Engel, Johann Jacob, Ideen zu einer Mimik. Zwei Teile, reprographischer Nachdruck Hildesheim 1968 (zuerst Berlin 1785/1786)

Ernst, Paul (Hg.), Tausendundein Tag. Orientalische Erzählungen, Bd. 1, Leipzig 1909

Ewald, Johann Ludwig, Die Kunst, ein gutes Mädchen, eine gute Gattin, Mutter und Hausfrau zu werden. Ein Handbuch für erwachsene Töchter, Gattinnen und Mütter, o.O., ⁴1807

Fischer, G. N. (Hg.), Deutsche Monatsschrift, 3. Bd., Leipzig 1798

Frank, Johann Peter, System einer vollständigen medicinischen Polizey, 9 Bde., Mannheim 1779-1819, Bd. 1, Mannheim ²1784

Freud, Sigmund, Psychologie des Unbewußten, in: Mitscherlich/Richards/Strachey (Hg.): S. Freud. Studienausgabe in zehn Bänden. Bd. III: Psychologie des Unbewußten, Frankfurt a.M. 1975

Freud, Sigmund, Fetischismus; in: Gesammelte Werke. Werke aus den Jahren 1925-1931, hg. v. Anna Freud, Bd. 14, London 1948, S. 311-317

Gaus, Georg Friedrich, Das Gebet aus dem Herzen, dem Gebrauch der Formeln entgegen gesetzt, Stuttgart 1775

Gellert, Christian Fürchtegott, Briefwechsel, hg. v. John F. Reynolds, Bd. III: 1760-1764, Berlin/New York 1991

Gellert, Christian Fürchtegott, Briefwechsel Christian Fürchtegott Gellert's mit Demoiselle Lucius: Nebst einem Anhange, […]. Sämmtlich aus den bisher meist noch ungedruckten Originalen herausgegeben von Friedrich Adolf Ebert, Leipzig 1823

Gellert, Christian Fürchtegott, Chr. F. Gellert's Tagebuch aus dem Jahre 1760, hg. v. Theodor Oswald Weigel, Leipzig 1862

Gellert, Christian Fürchtegott, Gesammelte Schriften, hg. v. Bernd Witte; Bd. VI: Moralische Vorlesungen/Moralische Charaktere, hg. v. Sibylle Späth, Berlin/New York 1992

Gemmingen, Otto H. Reichsfreiherr von, Der teutsche Hausvater, Mannheim 1780

Goethe, Johann Wolfgang, Geschichte Gottfriedens von Berlichingen/Götz von Berlichingen mit der eisernen Hand, in: J. W. Goethe, Gedenkausgabe der Werke, Briefe und Gespräche, hg. v. Ernst Beutler, Zürich/Stuttgart ²1962, Bd. 4

Goethe, Johann Wolfgang, Die Faustdichtungen. Fünfter Band der Gedenkausgabe mit einem Bildnis Goethes aus dem Jahre 1790; Einführung und Textüberwachung von Ernst Beutler, Zürich 1962 (zuerst 1950); darin: Urfaust, S. 8-65

Goethe, Johann Wolfgang, Goethe an Cornelia. Die dreizehn Briefe an seine Schwester, hg. v. André Banuls, Hamburg 1986

Goethe, Johann Wolfgang, Werke, Jubiläumsausgabe, hg. v. Friedmar Apel u.a.,

Frankfurt a.M./Leipzig 1998; Bd. 5: Dichtung und Wahrheit, hg. v. Klaus-Detlef Müller

Gracián, Balthasar, Handorakel und Kunst der Weltklugheit, hg. v. Arthur Hübscher, Stuttgart 1954

Haberland, Helga/Pehnt, Wolfgang (Hg.), Frauen der Goethezeit in Briefen, Dokumenten und Bildern. Von der Gottschedin bis zu Bettina von Arnim, Stuttgart 1960

Häntzschel, Günter (Hg.), Bildung und Kultur bürgerlicher Frauen 1850-1918. Eine Quellendokumentation aus Anstandsbüchern und Lebenshilfen für Mädchen und Frauen als Beitrag zur weiblichen literarischen Sozialisation, Tübingen 1986

Heidegger, Martin, Identität und Differenz, Pfullingen ³1957

Herder, Johann Gottfried: Schriften zur Philosophie, Literatur, Kunst und Altertum, 1774-1787, hg. v. Jürgen Brummack und Martin Bollacher, Frankfurt a.M. 1994 (= Johann Gottfried Herder, Werke in zehn Bänden, hg. v. G. Arnold, M. Bollacher u.a., Bd. 4)

Heuser, Magdalene, (Hg.), »Ich wünschte so gar gelehrt zu werden«: Drei Autobiographien von Frauen des 18. Jahrhunderts. Texte und Erläuterungen, Göttingen 1994

Hillmann, Heinz (Hg.), Die schlafende Schöne. Französische und deutsche Feenmärchen des 18. Jahrhunderts, Wiesbaden, o.J.

Hohenhausen, Elise von, Lectüre; aus: Die Jungfrau und ihre Zukunft in unserer Zeit, oder mütterlicher Rath einer Pensionsvorsteherin an ihre scheidenden Zöglinge über ihren Eintritt in die Welt, Zeitanwendung, Tageseintheilung, Lebensklugheit, Anstand und würdige Haltung, Ruf und Mädchenehre, Brautstand und richtiges Verhalten bei verschiedenen Gelegenheiten. Nebst einer hierauf bezüglichen Beispielsammlung, enthaltend: Mädchenschicksale, nach dem Leben gezeichnet. Weimar 1854, S. 51-58; wiederabgedruckt in: Günter Häntzschel (Hg.), Bildung und Kultur bürgerlicher Frauen 1850-1918. Eine Quellendokumentation aus Anstandsbüchern und Lebenshilfen für Mädchen und Frauen als Beitrag zur weiblichen literarischen Sozialisation, Tübingen 1986

Holst, Amalia von, Ueber die Bestimmung des Weibes zu höhern Geistesbildung, Berlin 1802

Holzmann, Verena, »Ich beswer dich wurm vnd wyrmin ...«. Formen und Typen altdeutscher Zaubersprüche und Segen, Bern 2001 (= Wiener Arbeiten zur germanischen Altertumskunde und Philologie, hg. v. Helmut Birkhan, Bd. 36)

Jäger, G./Martino, A./Wittmann, R. (Hg.), Die Leihbibliothek der Goethezeit. Exemplarische Kataloge zwischen 1790 und 1830, Hildesheim 1979

Kepler, Johannes, Von den gesicherten Grundlagen der Astrologie, Tübingen 1998

Klopstock, Friedrich Gottlieb, Werke, historisch-kritische Ausgabe, begründet v. Adolf Beck u.a., hg. v. Horst Gronemeyer u.a., Abteilung Werke IV/I: Der Messias, Text; Berlin/New York 1974

Klopstock, Friedrich Gottlieb, Sämmtliche Werke, sechster Band, Leipzig 1854

Klopstock, Margareta, Hinterlaßne Schriften, Hamburg 1759, Nachdruck: Karben 1996

Klopstock, Margareta, Briefe (= Geschichte der Meta Klopstock in Briefen), hg. v. Franziska u. Hermann Tiemann, Bremen 1962

Knigge, Adolph Freiherr von, Über den Umgang mit Menschen, hg. v. Gert Ueding, Frankfurt a.M. 1977

Koopmann, Helmut (Hg.), Schillers Leben in Briefen, Weimar 2000

Laber, Victorin, Therese Westen, oder Großmuth und unglückliche Treue. Ein Originaltrauerspiel in vier Aufzügen, Brünn 1790. in: Theatralische Sammlung, 125. Band, Wien 1796

La Fayette, Marie-Madeleine de, La Princesse de Clèves, Paris 1958

Lenz, Jacob Michael Reinhold, Werke und Schriften in zwei Bänden, hg. v. B. Titel/ H. Haug, Bd. II, Stuttgart 1967

Lenz, Jacob Michael Reinhold, Anmerkungen übers Theater, Shakespeare-Arbeiten und Shakespeare-Übersetzungen, hg. v. Hans-Günther Schwarz, Stuttgart 1976

LePrince de Beaumont, Jeanne Marie, Die Schöne und das Tier. Ein Märchen. Aus dem Französischen übersetzt und mit einem Nachwort von Marie Dessauer, Frankfurt a.M. 1997

LePrince de Beaumont, Jeanne Marie, Magazin des Enfans, ou Dialogues entre une sage Gouvernante et plusieurs de ses elèves de la première Distinction – par Marie le Prince de Beaumont. T. 1 – Berlin 1786

LePrince de Beaumont, Jeanne Marie, Instructions pour les jeunes dames qui entrent dans le monde, et se marient, leurs devoirs dans cet État, et envers leurs enfans. Pour servir de suite au Magasin des Adolescentes. Par Mad. LePrince De Beaumont. Édition faite sous les yeux de l'Auteur, sur un nouveau Manuscrit plus correct et plus ample que celui de l'Édition de Londres: Tome II: A Lyon, 1765

Lessing, Gotthold Ephraim, Wie die Alten den Tod gebildet; in: LM 11, Stuttgart 1895, S. 1-55 (LM: Sämtliche Schriften. 23 Bände, hg. v. Karl Lachmann. Dritte, auf's Neue durchgesehene und vermehrte Auflage, besorgt durch Franz Muncker, Stuttgart 1886 ff., Nachdruck: Berlin 1968)

Lessing, Gotthold Ephraim, Miss Sara Sampson; in: LM 2, Stuttgart 1886, S. 265-352

Lessing, Gotthold Ephraim, Emilia Galotti; in: LM 2, Stuttgart 1886, S. 377-450

Lessing, Gotthold Ephraim, »Meine liebste Madam«. Gotthold Ephraim Lessings Briefwechsel mit Eva König (1770-1776), hg. v. Günter und Ursula Schulz, München 1979

Locke, John, Some Thoughts Concerning Education, in: The works of John Locke. A new Edition, corrected. In ten volumes, Vol. IX, London 1823 (Reprint Aalen 1963)

Montiano y Luyando, Agustin de, Discurso sobre las tragedias españolas, Madrid 1750

Montiano y Luyando, Agustin de, Virginia. Tragedia; in: Discurso sobre las tragedias españolas, Madrid 1750, S. 123 ff.

Naubert, Benedikte, Neue Volksmärchen der Deutschen, Dritter Band, hg. v. M. Henn, P. Mayer, A. Runge, Göttingen 2001

⟨Pfeil, Johann Gottlob Benjamin⟩, Vom bürgerlichen Trauerspiele. in: Neue Erweiterungen der Erkenntnis und des Vergnügens. 31. Stück, Leipzig 1755, S. 1-25. Wiederabgedruckt in: Karl Eibl: G.-E. Lessing: Miss Sara Sampson. Ein bürgerliches Trauerspiel (= Commentatio. Analysen und Kommentare zur deutschen Literatur, hg. v. Wolfgang Frühwald, Bd. II), Frankfurt a.M. 1971, S. 173-189

Pfeil, Johann Gottlob Benjamin, Lucie Woodvil. Ein bürgerliches Trauerspiel, in: Die Anfänge des bürgerlichen Trauerspiels in den fünfziger Jahren, hg. v. Fritz Brüggemann (= Deutsche Literatur. Sammlung literarischer Kulturdenkmäler in Entwicklungsreihen. Reihe Aufklärung, Bd. VII), Leipzig 1934, S. 191-271

Pfeil, Johann Gottlob Benjamin, »Boni mores plus quam leges valent«. In: Drei Preisschriften über die Frage: Welches sind die besten ausführbaren Mittel dem Kindermorde abzuhelfen, ohne die Unzucht zu begünstigen?, Mannheim 1784, S. 1-77

⟨Pfeil, Johann Gottlob Benjamin⟩, Die glückliche Insel oder Beytrag zu des Capitain Cooks neuesten Entdeckungen in der Südsee aus dem verlohrnen Tagebuch eines Reisenden, Leipzig 1781

Pockels, Carl Friedrich, Über religiöse Schwärmerei; in: Magazin zur Erfahrungsseelenkunde als Lesebuch für Gelehrte und Ungelehrte, hg. v. Carl Phillipp Moritz und Carl Friedrich Pockels, Bd. V/3, Berlin 1787

Pope, Alexander, Essay on man. Übersetzt von Eberhard Breidert, hg. v. Wolfgang Breidert, Hamburg 1993

Pope, Alexander, The rape of the lock, London 1712

Recke, Elisa von der, Tagebücher und Selbstzeugnisse, hg. v. Christine Träger, München 1984

[Reuling, Carl], Das Vorbild weibliches Heldenmuthes, oder die erste Märthyrinn Thecla, in einem Trauerspiele vorgestellet, Nürnberg 1760

Rousseau, Jean-Jaques, Emile oder über die Erziehung, 1.-5. Buch; neue deutsche Fassung von Josef Esterhues, Paderborn 1962 (zuerst 1958), in: Schöninghs Sammlung Pädagogischer Schriften. Quellen zur Geschichte der Pädagogik, hg. v. Th. Rutt, Paderborn 1962

Runckel, Dorothee Henriette von (Hg.), Briefe der Frau Louise Adelgunde Victorie Gottsched gebohrne Kulmus. Erster Theil/Zweyter Theil. Dresden 1771; Dritter Theil. Dresden 1772

Sauder, Gerhard (Hg.), Empfindsamkeit, Bd. III: Quellen und Dokumente, Stuttgart 1980

Schiller, Friedrich, Kabale und Liebe, in: Schillers Werke, Nationalausgabe, begr. v. Julius Petersen, fortgeführt v. Lieselotte Blumenthal und Benno v. Wiese, hg. im Auftrag der Stiftung Weimarer Klassik und des Schiller-Nationalmuseums Marbach v. Norbert Oellers, Weimar 1943 ff., neue Ausgabe Bd. 5N, hg. v. Herbert Kraft in Zusammenarbeit mit Grit Dommes und Diana Schilling, Weimar 2000, S. 6-193

Schiller, Friedrich, Wallenstein; in: NA 8, S. 3-354

Schiller, Friedrich, Vom Wirken der Schaubühne auf das Volk; in: NA 20, Philosophische Schriften I, S. 87-100

Schiller, Friedrich, Ueber Anmuth und Würde; in: NA 20, Philosophische Schriften I, S. 251-308

Schiller, Friedrich, Briefe 1796-1798; in: NA 29

Schiller, Friedrich, Versuch über den Zusammenhang der tierischen Natur des Menschen mit seiner geistigen; in: Werke und Briefe in zwölf Bänden, hg. v. Otto Dann u.a., Bd. 8: Theoretische Schriften, hg. v. Rolf-Peter Janz, Frankfurt a.M. 1992, S. 118-163

Schiller, Friedrich, Gedichte, hg. v. Norbert Oellers, Stuttgart 1999

Schiller, Friedrich, Werke in zwölf Bänden, hg. v. Otto Dann u.a., Bd. 4: Wallenstein, hg. v. Frithjof Stock, Frankfurt a.m. 2000

Schlegel, Christiane Karoline, Dormont und Julie: ein Schauspiel in drey Aufzuegen. von einem Frauenzimmer verfaßt, Hamburg 1777

Schlegel, Christiane Karoline, Düval und Charmille. Ein bürgerliches Trauerspiel in fünf Aufzügen von einem Frauenzimmer, Leipzig 1778

Schlegel, Johann Elias, Vergleichung Shakespears und Andreas Gryphs bei Gelegenheit des Versuchs einer gebundenen Übersetzung von dem Tode des Julius Cäsar. Aus den englischen Werken des Shakespear, Berlin 1741, in: Klaus Hammer (Hg.): Dramaturgische Schriften des 18. Jahrhunderts, Berlin 1968, S. 65-86

Schmahling, Ludwig Christoph, Die Ruhe auf dem Lande, Gotha 1767

Shakespeare, William, Theatralische Werke in 21 Einzelbänden, übersetzt von Christoph Martin Wieland. Im Auftrag der Hamburger Stiftung zur Förderung von Wissenschaft und Kultur nach der ersten Zürcher Ausgabe von 1762-1766 neu hg. v. Hans und Johanna Radspieler, Zürich 1993

Sulzer, Johann Georg, Allgemeine Theorie der schönen Künste in einzeln, nach alphabetischer Ordnung der Kunstwörter auf einander folgenden Artikeln abgehandelt. 2 Th. [in] 4 Bänden, Leipzig 1773-1775

Thon, Eleonore, Julie von Hirtenthal. Eine Geschichte in Briefen. Erste Sammlung, Eisenach 1780

Thon, Eleonore, Adelheit von Rastenberg. Ein Trauerspiel in fünf Aufzügen. In: Deutsche Schaubühne. Neunter Band. Augsburg 1789, S. 251-318 (Nach dem Exemplar Weimar 1788); wiederabgedruckt in: Karin A. Wurst (Hg.), Eleonore Thon. Adelheit von Rastenberg. The original German Text, New York 1996

Villaume, Peter, Ueber die Unzuchtsünden der Jugend; in: J. H. Campe (Hg.), Allgemeine Revision des genannten Schul- und Erziehungswesens, siebenter Theil, Wolfenbüttel 1787, S. 1-308

Wagner, Heinrich Leopold, Die Kindermörderin, hg. v. Jörg-Ulrich Fechner, Stuttgart 1983 (zuerst 1969)

Weiße, Christian Felix, Der erzieherische Wert einer Hinrichtung (³1791), in: Katharina Rutschky (Hg.), Schwarze Pädagogik. Quellen zur Naturgeschichte der bürgerlichen Erziehung, Frankfurt a.M. ⁶1993, S. 6-9

Wolzogen, Caroline von, Der leukadische Fels, ein Schauspiel. In: Neue Thalia. Herausgegeben von Schiller. Leipzig 1792, Zweiter Band, S. 241-266, 275-297

Wucherer, Wilhelm Friedrich, Julie oder die gerettete Kindsmörderin. Ein deutsches Originalschauspiel für unsre Zeiten in drey Aufzügen, Düsseldorf 1782

Lexika und Nachschlagewerke

Allgemeine Deutsche Biographie, hg. v. Rochus von Liliencron; XVI. Bd.: Leipzig 1882, XXV. Bd.: Leipzig 1887

Bibliographia dramatica et dramaticorum. Kommentierte Bibliographie der im ehemaligen deutschen Reichsgebiet gedruckten und gespielten Dramen des 18. Jahrhunderts nebst deren Bearbeitungen und Übersetzungen und ihrer Rezeption bis in die Gegenwart, hg. v. Reinhart Meyer, Tübingen 1986 ff.

Biographisch-Bibliographisches Kirchenlexikon, begr., bearb. u. hg. v. Friedrich Wilhelm Bautz, Bd. XI, Herzberg 1996

Deutsche Biographische Enzyklopädie, hg. v. Walter Killy/Rudolf Vierhaus, München 1999

Deutsches Rechtswörterbuch. Wörterbuch der älteren deutschen Rechtssprache. In Verbindung mit der Akademie der Wissenschaften der DDR hg. v. der Heidelberger Akademie der Wissenschaften, Siebenter Band, bearbeitet v. Günther Dickel/Heino Speer, Weimar 1974-1983

Die deutschsprachigen Schriftstellerinnen des 18. und 19. Jahrhunderts. Ein Lexikon, hg. v. Elisabeth Friedrichs, Stuttgart 1981

Dramenlexikon des 18. Jahrhunderts, hg. v. H. Hollmer/A. Meier, München 2001

Enzyklopädie des Märchens, hg. v. Rolf Wilhelm Brednich, Bd. 8, Berlin/New York 1996

Etymologisches Wörterbuch des Deutschen, Q-Z, erarbeitet von einem Autorenkollektiv des Zentralinstituts für Sprachwissenschaft unter der Leitung von W. Pfeifer, Berlin 1989

Etymologisches Wörterbuch der deutschen Sprache, hg. v. Friedrich Kluge, Berlin/New York [23]1995

Geschichtliche Grundbegriffe. Historisches Lexikon zur politisch-sozialen Sprache in Deutschland, hg. v. Otto Brunner u.a., Bd. 2, Stuttgart 1975

Goethe Lexikon, hg. v. Benedikt Jeßing u.a., Stuttgart/Weimar 1999

Grundrisz zur Geschichte der Deutschen Dichtung. Aus den Quellen von Karl Goedeke, Dresden [2]1893

Handbuch der frühchristlichen Symbolik. Gott Kosmos Mensch, hg. v. Gerhart B. Ladner, Wiesbaden 2000

Handwörterbuch des Deutschen Aberglaubens, Bd. I, unter besonderer Mitwirkung von E. Hoffmann-Krayer hg. vom Verband Deutscher Vereine für Volkskunde, (Reihe »Handwörterbücher zur deutschen Volkskunde«, Abt. I: Aberglaube), Berlin /Leipzig, Bd. I: 1927, Bd. III: 1930/31, Bd. VII: 1935/36, Bd. VIII: 1936/37

Langenscheidts Handwörterbuch Lateinisch-Deutsch, unter Mitarbeit v. Erich Petsch hg. v. d. Langenscheidt, VG, Berlin/München [2]1983

Lexikon der Rebellinnen, hg. v. Hervé, Florence/Nödinger, Ingeborg, München 1996

Lexikon der Symbole, hg. v. Udo Becker, Frechen 1992

Linguistisches Wörterbuch, hg. v. Theodor Lewandowski, Heidelberg/Wiesbaden [6]1994

Literaturlexikon. Autoren und Werke deutscher Sprache, hg. v. Walter Killy u.a., München 1989

Metzler Komponisten-Lexikon, hg. v. Horst Weber, Stuttgart/Weimar 1992

Meyer, Reinhart, Das deutsche Trauerspiel des 18. Jahrhunderts. Eine Bibliographie, München 1977

Meyers Enzyklopädisches Lexikon in fünfundzwanzig Bänden, Mannheim/Wien/ Zürich 1976 ff.

Motive der Weltliteratur, hg. v. Elisabeth Frenzel, Stuttgart ²1980

Stoffe der Weltliteratur, hg. v. Elisabeth Frenzel, Stuttgart ⁹1998

The New Grove Dictionary of Music and Musicians, V. 12, ed. by S. Sadie, London/ Washington 1980

Wörterbuch der deutschen Volkskunde, Stuttgart ²1955

Who is who in Goethes Faust? Kleines Lexikon der Personen und mythologischen Gestalten in Goethes *Faust* I und II, hg. v. Friederike Schmidt-Möbus und Frank Möbus, Leipzig 1999

Forschung

Albert, Claudia, ›Musik‹ in der deutschen und französischen Erzählprosa des 18. und 19. Jahrhunderts, Heidelberg 2002

Alt, Peter-André, Der Held und seine Ehre. Zur Deutungsgeschichte eines Begriffs im Trauerspiel des 18. Jahrhunderts, in: JBDSG XXXVII/1993, S. 81-108

Alt, Peter-André, Tragödie der Aufklärung, Tübingen/Basel 1994

Alt, Peter-André, Aufklärung, Stuttgart/Weimar 1996

Alt, Peter-André, Herz, Schrift und Eid. Repräsentationsfiguren bürgerlicher Identität in Schillers ›Kabale und Liebe‹; in: ›Kabale und Liebe‹ – Ein Drama der Aufklärung? Mit Beiträgen von P.-A. Alt und H.-J. Schings, Deutsche Schillergesellschaft (Hg.), Marbach 1999, S. 5-19

Alt, Peter-André, Schiller. Leben — Werk – Zeit, Bd. I u. II, München 2000

Alt, Peter- André, Der Schlaf der Vernunft. Traum und Traumtheorie in der europäischen Aufklärung; in: Das achtzehnte Jahrhundert. Zeitschrift der Deutschen Gesellschaft für die Erforschung des achtzehnten Jahrhunderts, Jahrgang 25, Heft I, Wolfenbüttel 2001, S. 55-82

Annandale, T. E., Johann Gottlob Benjamin Pfeil and Louis Sebastien Mercier, in: RLC 44 (1970), S. 444-459

Ariès, Philippe, Geschichte der Kindheit, München ⁷1985

Ariès, Philippe, Geschichte des Todes, München ⁹1999

Arto-Hammacher, Raffael, Gellerts Briefpraxis und Brieflehre. Der Anfang einer neuen Briefkultur, Wiesbaden 1995

Asmuth, Bernhard, Die niederländische Literatur; in: Eckard Lefèvre (Hg.), Der Einfluß Senecas auf das europäische Drama, Darmstadt 1978, S. 235-275

Aspegren, Kerstin, The Male Woman. A Feminine Ideal in the Early Church, Uppsala 1990

Auerbach, Erich, Figura; in: (ders.), Gesammelte Aufsätze zur romanischen Philologie, Bern 1967, S. 55-92

Badinter, Elisabeth, Die Mutterliebe. Geschichte eines Gefühls vom 17. Jahrhundert bis heute, München ⁴1999

Ball, Gabriele, Moralische Küsse. Gottsched als Zeitschriftenherausgeber und literarischer Vermittler, Göttingen 2000

Barner, Wilfried, »Zu viel Thränen – nur Keime von Thränen«. Über »Miß Sara Sampson« und »Emilia Galotti« beim zeitgenössischen Publikum; in: Das weinende Saeculum. Colloquium der Arbeitsstelle 18. Jahrhundert, Gesamthochschule Wuppertal, Heidelberg 1983, S. 89-105

Barner/Grimm/Kiesel/Kramer (Hg.), Lessing. Epoche – Werk – Wirkung, München ⁶1998

Barta, Ilsebill, Le Corps discipliné: Sexuation du langage gestuel à l'époque des Lumières; in: Bödeker/Steinbrügge (Hg.), Conceptualising Women in Enlightenment Thought, Berlin 2001, S. 145-188 (= Concepts & Symboles du Dix-huitième Siècle Européen, éd. p. P.-E. Knabe/R. Mortier

Bauer, Gerhard, Gotthold Ephraim Lessing: »Emilia Galotti«, München 1987

Becker-Cantarino, Barbara, Der lange Weg zur Mündigkeit. Frauen und Literatur in Deutschland von 1500 bis 1800, München 1989 (zuerst Stuttgart 1987)

Behrens, Rudolf/Galle, Roland (Hg.), Historische Anthropologie und Literatur. Romanistische Beiträge zu einem neuen Paradigma der Literaturwissenschaft, Würzburg 1995

Beisenherz, Judith, Der Kuß als Versprachlichung von Erotik in der deutschen Literatur zur Mitte des 18. Jahrhunderts, Marburg 1996

Berger, Karl, Schiller. Sein Leben und seine Werke, in zwei Bänden, Bd. 1, München ⁵1910

Berghahn, Klaus L., »Doch eine Sprache braucht das Herz«. Beobachtungen zu den Liebesdialogen in Schillers »Wallenstein«; in: MfdU, Vol. 64, No. 1, 1972, S. 25-32

Berghahn, Klaus L., Das »Pathetischerhabene«. Schillers Dramentheorie; in: Deutsche Dramentheorien. Beiträge zu einer historischen Poetik des Dramas in Deutschland, hg. v. Reinhold Grimm, Bd. I, Frankfurt a.M. ³1980, S. 214-244

Binder, Wolfgang, Schiller. Kabale und Liebe, in: Das deutsche Drama. Vom Barock bis zur Gegenwart. Interpretationen, hg. v. Benno v. Wiese, Bd. I, Düsseldorf 1968, S. 250-270

Birkner, Siegfried, Leben und Sterben der Kindsmörderin Susanna Margareta Brandt. Nach den Prozessakten der Kaiserlichen Freien Reichsstadt Frankfurt am Main, den sogenannten ›Criminalia 1771‹, dargestellt; Frankfurt a.M. 1973

Blackwell, Jeannine, Weibliche Gelehrsamkeit oder die Grenzen der Toleranz: die Fälle Karsch, Naubert und Gottsched; in: Lessing und die Toleranz. Sonderband zum Lessing Yearbook, hg. v. Peter Freimark, München 1986, S. 325-339

Blankertz, Herwig, Die Geschichte der Pädagogik von der Aufklärung bis zur Gegenwart, Wetzlar 1982

Bock, Gisela, Frauen in der europäischen Geschichte. Vom Mittelalter bis zur Gegenwart, München 2000

Bohm, Arnd, Authority and Authorship in Luise Adelgunde Gottsched's »Das Testament«; in: LYB 15 (1986), S. 129-140

Boll, Franz/Bezold, Carl/Gundel, Wilhelm, Sternglaube und Sterndeutung. Die Geschichte und das Wesen der Astrologie, Darmstadt ⁵1966

Borchmeyer, Dieter, Macht und Melancholie. Schillers Wallenstein, Frankfurt a.M. 1988

Borchmeyer, Dieter, Goethe der Zeitbürger, München/Wien 1999

Botsch, Elisabeth, Frauen und Familie in der Revolution; in: Rolf Reichhardt (Hg.), Die französische Revolution, Würzburg 1988, S. 160-171

Bovenschen, Silvia, Die imaginierte Weiblichkeit. Exemplarische Untersuchungen zu kulturgeschichtlichen und literarischen Präsentationsformen des Weiblichen, Frankfurt a.M. 1979

Boyle, Nicholas, Goethe. Der Dichter in seiner Zeit, Bd. I, München 1995

Brandstetter, Gabriele, Aufforderung zum Tanz. Geschichten und Gedichte, Stuttgart 1993

Braun, Karl, Die Krankheit Onania: Körperangst und die Anfänge moderner Sexualität im 18. Jahrhundert, Frankfurt a.M./New York 1995

Breitenfellner, Kristin, Luise Adelgunde Victoria Gottsched; in: Gelehrte Frauen. Frauenbiographien vom 10. bis zum 20. Jahrhundert, hg. v. Österreichischen Bundesministerium für Unterricht und kulturelle Angelegenheiten, Wien 1996, S. 125-128

Bronfen, Elisabeth, Nur über ihre Leiche. Tod, Weiblichkeit und Ästhetik, München ²1994

Burggraf, Julius, Schillers Frauengestalten, Stuttgart 1897

Butler, Judith, Psyche der Macht. Das Subjekt der Unterwerfung, Frankfurt a.M. 2001

Clauss, Elke, Liebeskunst. Untersuchungen zum Liebesbrief im 18. Jahrhundert, Stuttgart/Weimar 1993

Damm, Sigrid, Cornelia Goethe, Frankfurt a.M. 1988

Dann, Otto u.a. (Hg.), Schiller als Historiker, Stuttgart/Weimar 1995

Dautzenberg, Gérard, Mon cœur aurait encore tant de choses à vous dire … Meta et Klopstock, un couple célèbre de la littérature allemande, Condé-sur-Noireau 1990

Dessauer, Maria, Nachwort zu *Die Schöne und das Tier*; in: Madame LePrince de Beaumont, Die Schöne und das Tier. Ein Märchen, Frankfurt a.M. ⁸1997, S. 47-57

Deutsche Gesellschaft des Achtzehnten Jahrhunderts (Hg.), Das Achtzehnte Jahrhundert: Zeitschrift der Deutschen Gesellschaft für die Erforschung des Achtzehnten Jahrhunderts, Göttingen 1990

Doering, Sabine, Die Schwestern des Doktor Faust. Eine Geschichte der weiblichen Faustgestalten, Göttingen 2001

Dülmen, Richard van, Kultur und Alltag in der frühen Neuzeit. 1. Band: Das Haus und seine Menschen 16.-18. Jahrhundert, München 1990

Dülmen, Richard van, Frauen vor Gericht. Kindsmord in der frühen Neuzeit, Frankfurt a.M. 1991

Dülmen, Richard van, Die Dienerin des Bösen. Zum Hexenbild in der frühen Neuzeit; in: Zeitschrift für historische Forschung, 18/1991, hg. v. J. Kunisch u.a., Berlin 1991, S. 385-398

Dülmen, Richard van, Kultur und Alltag in der frühen Neuzeit. 2. Band: Dorf und Stadt 16.-18. Jahrhundert, München 1992

Dülmen, Richard van, Kultur und Alltag in der frühen Neuzeit. 3. Band: Religion, Magie, Aufklärung 16.-18. Jahrhundert, München 1994

Dülmen, Richard van, Der ehrlose Mensch: Unehrlichkeit und soziale Ausgrenzung in der frühen Neuzeit, Köln/Weimar/Wien 1999

Duerr, Hans Peter, Intimität. Der Mythos vom Zivilisationsprozeß, Bd. 2, Frankfurt a.M. 1990

Duerr, Hans Peter, Der erotische Leib. Der Mythos vom Zivilisationsprozeß, Bd. 4, Frankfurt a.M. 1997

Duncan, Bruce,»An Worte läßt sich trefflich glauben«. Die Sprache der Louise Millerin; in: Friedrich Schiller: Kunst, Humanität und Politik in der späten Aufklärung: ein Symposium, hg. v. Wolfgang Wittkowski, Tübingen 1982, S. 26-32.

Duncan, Bruce, Lovers, parricides, and highwaymen. Aspects of Sturm und Drang drama, Rochester 1999

Ebert, Friedrich Adolf, Einleitung des Herausgebers; in: Briefwechsel Christian Fürchtegott Gellert's mit Demoiselle Lucius: Nebst einem Anhange,[…]. Sämmtlich aus den bisher meist noch ungedruckten Originalen herausgegeben von F. A. Ebert, Leipzig 1823, S. V-XII

Eder, Franz X., Kultur der Begierde. Eine Geschichte der Sexualität, München 2002

Eibl, Karl, Gotthold Ephraim Lessing. Miss Sara Sampson. Ein bürgerliches Trauerspiel, Frankfurt a.M. 1971

Engler, Winfried, Merciers Abhängigkeit von Pfeil und Wieland; in: arcadia 3 (1968), H. 3, S. 251-261

Evans, Ifor, Geschichte der englischen Literatur, München 1983

Fabian, Bernhard (Hg.), Die englische Literatur, Bd. 1: Epochen, Formen, München 1991

Fechner, Jörg-Ulrich, Nachwort in: H. L. Wagner. Die Kindermörderin, hg. v. J.-U. Fechner, Stuttgart 1983, S. 162-173

Fédida, Pierre, Die Reliquie und die Trauerarbeit ; in : J.-B. Pontalis (Hg.), Objekte des Fetischismus, Frankfurt a.M. 1972, S. 371-379

Felden, Heide von, Geschlechterkonstruktion und Frauenbildung im 18. Jahrhundert: Jean-Jacques Rousseau und die zeitgenössische Rezeption in Deutschland; in: Wiltrid Gieseke (Hg.), Handbuch Frauenbildung, Opladen 2001, S. 25-34

Fick, Monika (Hg.), Lessing-Handbuch, Stuttgart/Weimar 2000

Finkelstein, Sidney, Brauchen wir Shakespeare?: Eine Einführung in das Gesamtwerk, Königstein/Ts. 1981

Fischer-Homberger, Esther, Krankheit Frau und andere Arbeiten zur Medizingeschichte der Frau, Bern/Stuttgart/Wien 1979

Flaake, Karin, Körper, Sexualität und Geschlecht. Studien zur Adoleszenz junger Frauen, Gießen 2001

Fleig, Anne, Handlungs-Spiel-Räume: Dramen von Autorinnen im Theater des ausgehenden 18. Jahrhunderts, Würzburg 1999

Fleig, Anne, Körper-Inszenierungen: Begriff, Geschichte, kulturelle Praxis; in: Erika Fischer-Lichte/Anne Fleig (Hg.), Körper-Inszenierungen: Präsenz und kultureller Wandel, Tübingen 2000, S. 7-17

Foucault, Michel, Die Ordnung der Dinge, Frankfurt a.M. 1971

Foucault, Michel, Sexualität und Wahrheit. Zweiter Band: Der Gebrauch der Lüste, Frankfurt a.M. 1986

Franz, Erich, Mensch und Dämon. Goethes Faust als menschliche Tragödie, ironische Weltschau und religiöses Mysterienspiel, Tübingen 1953

Frenzel, Elisabeth, Stoff-, Motiv- und Symbolforschung, Stuttgart 1963

Frieß, Ursula, Buhlerin und Zauberin. Eine Untersuchung zur deutschen Literatur des 18. Jahrhunderts, München 1970

Frieß, Ursula, »Verführung ist die wahre Gewalt«. Zur Politisierung eines dramatischen Motivs in Lessings bürgerlichen Trauerspielen; in: Jahrbuch der Jean-Paul-Gesellschaft 6 (1971), S. 102-130

Früh, Sigrid/Derungs, Kurt (Hg.), Schwarze Madonna im Märchen. Mythen und Märchen von der Schwarzen Frau, Bern 1998

Fuhrmann, Helmut, Revision des Parisurteils. ›Bild‹ und ›Gestalt‹ der Frau im Werk Friedrich Schillers; in: Jahrbuch der Deutschen Schillergesellschaft, 25. Jg./1981, im Auftrag des Vorstandes hg. v. Fritz Martini, Walter Müller-Seidel und Bernhard Zeller, Stuttgart 1981, S. 316-366

Gaier, Ulrich, Goethes Faust-Dichtungen. Ein Kommentar. Bd. 1: Urfaust, Stuttgart 1989

Gaier, Ulrich, Goethes Faust-Dichtungen, 3 Bde., Stuttgart 1999

Gaier, Ulrich, Magie: Goethes Analyse moderner Verhaltensformen im ›Faust‹, Konstanz 1999 (= Konstanzer Universitätsreden 203)

Garbe, Christine, Die ›weibliche‹ List im ›männlichen‹ Text. Jean-Jacques Rousseau in der feministischen Kritik, Stuttgart 1992

Geitner, Ursula, Die Sprache der Verstellung. Studien zum rhetorischen und anthropologischen Wissen im 17. und 18. Jahrhundert, Tübingen 1992

Götte, Rose, Die Tochter im Familiendrama des 18. Jahrhunderts, Bonn 1964

Göttner-Abendroth, Heide/Derungs, Kurt (Hg.), Mythologische Landschaft Deutschland. Landschaftsmythologie der Alpenländer, Bd. 2: Deutschland, Bern 1999

Goulemot, Jean Marie, Gefährliche Bücher. Erotische Literatur, Pornographie, Leser und Zensur im 18. Jahrhundert, Reinbek 1993

Grimminger, Rolf (Hg.), Hansers Sozialgeschichte der deutschen Literatur vom 16. Jahrhundert bis zur Gegenwart, Bd. 3: Deutsche Aufklärung bis zur Französischen Revolution 1680-1789, München/Wien 1980

Grimminger, Rolf, Die Utopie der vernünftigen Lust. Sozialphilosophische Skizze zur Ästhetik des 18. Jahrhunderts bis zu Kant; in: Aufklärung und literarische Öffentlichkeit, hg. v. Christa Bürger u.a., Frankfurt a.M. 1980, S. 116-132

Greis, Jutta, Poetische Bilanz eines dramatischen Jahrhunderts: Schillers *Wallenstein*; in: ZfDPh, 109. Band, Sonderheft 1990, S. 117-133

Greis, Jutta, Drama Liebe, Stuttgart 1991

Gruenter, Rainer, Despotismus und Empfindsamkeit. Zu Schillers *Kabale und Liebe*; in: ders., Vom Elend des Schönen. Studien zur Literatur und Kunst, hg. v. Heinke Wunderlich, München/Wien 1988, S. 64-78

Gürtler, Christa, Schreiben Frauen anders? Untersuchungen zu Ingeborg Bachmann und Barbara Frischmuth, Stuttgart 1983

Gundolf, Friedrich, Shakespeare und der deutsche Geist, Berlin [6]1922

Guthke, Karl S., Zur Frühgeschichte des Rousseauismus in Deutschland; in ZfDPh 77 (1958), S. 384-396

Guthke, Karl S., Kabale und Liebe, in: Schillers Dramen. Interpretationen, hg. v. Walter Hinderer, Stuttgart 1992, S. 105-158

Guthke, Karl S., Ist der Tod eine Frau? Geschlecht und Tod in Kunst und Literatur, München 1997

Haberland, Helga/Pehnt, Wolfgang, Frauen der Goethezeit in Briefen, Dokumenten und Bildern. Von der Gottschedin bis zu Bettina von Arnim. Eine Anthologie, Stuttgart 1960

Habermas, Rebekka, Das Frankfurter Gretchen. Der Prozeß gegen die Kindsmörderin Susanna Margaretha Brandt, München 1999

Habermas, Rebekka, Frauen und Männer des Bürgertums. Eine Familiengeschichte, Göttingen 2000 (= BÜRGERTUM. Beiträge zur europäischen Gesellschaftsgeschichte, hg. v. Neithard Bulst u.a., Bd. 14)

Hanstein, Adalbert von, Die Frauen in der Geschichte des deutschen Geisteslebens im 18. und 19. Jahrhundert, Bd. I, Leipzig 1899

Hanstein, Adalbert von, Die Frauen in der Geschichte des deutschen Geisteslebens im 18. und 19. Jahrhundert, Bd. II, Leipzig 1900

Hardach-Pinke, Irene, Bleichsucht und Blütenträume. Junge Mädchen 1750-1850, Frankfurt/New York 2000

Hardt, Manfred, Das Bild der Dichtung. Studien zu Funktionsweisen von Bildern und Bildreihen in der Literatur, München 1966

Hausen, Karin, Die Polarisierung der »Geschlechtscharaktere«. Eine Spiegelung der Dissoziation von Erwerbs- und Familienleben; in: Seminar: Familie und Gesellschaftsstruktur, hg. v. H. Rosenbaum, o.O., o. J., S. 161-191

Hausen, Karin, Arbeit und Geschlecht, in: Geschichte und Zukunft der Arbeit, hg. v. Jürgen Kocka/Claus Offe, Frankfurt a.M. 2000, S. 343-361

Heinich, Nathalie, Das »zarte« Geschlecht. Frauenbilder in der abendländischen Literatur, Düsseldorf/Zürich 1997

Held, Heinz-Georg, Engel: Geschichte eines Bildmotivs, Köln 1995

Hering, Christoph, Friedrich Maximilian Klinger. Der Weltmann als Dichter, Berlin 1966

Herrmann, Ulrich, Erziehung und Schulunterricht für Mädchen im 18. Jahrhundert; in: Wolfenbütteler Studien zur Aufklärung Bd. III, Wolfenbüttel 1976, S. 101-117

Hettner, Hermann, Literaturgeschichte der Goethezeit, München 1970

Heydebrandt, Renate von, Kanon – Macht – Kultur: theoretische, historische und soziale Aspekte ästhetischer Kanonbildungen, Stuttgart 1998 (= Germanistische Symposien-Berichtshefte Bd. 19)

Hildebrandt, Dieter, Die Dramaturgie der Träne; in: Das weinende Saeculum. Colloquium der Arbeitsstelle 18. Jahrhundert. Gesamthochschule Wuppertal. Universität Münster, Heidelberg 1983

Hinderer, Walter, Der Mensch in der Geschichte. Ein Versuch über Schillers Wallenstein, Königstein/Ts. 1980

Hinderer, Walter, Die Damen des Hauses: Eine Perspektive von Schillers *Wallenstein*; in: Monatshefte, Vol. 77, No. 4, 1985, S. 393-402

Hoff, Dagmar von, Dramen des Weiblichen. Deutsche Dramatikerinnen um 1800, Opladen 1989

Hoff, Dagmar von, Von der Tugendhaften zur Heldin. Aspekte der Dramenliteratur von Frauen; in: Iris Bubenik-Bauer/Ute Schalz-Laurenze (Hg.), Frauen in der Aufklärung »… ihr werten Frauenzimmer, auf!«; ein Lesefestival, Frankfurt a.M. 1995, S. 302-314

Honegger, Claudia, Die Ordnung der Geschlechter. Die Wissenschaften vom Menschen und das Weib 1750-1850, Frankfurt/New York ²1991

Horvath, Eva, Die Frau im gesellschaftlichen Leben Hamburgs. Meta Klopstock, Eva König, Elise Reimarus; in: Wolfenbütteler Studien zur Aufklärung Bd. III, im Auftrage der Lessing-Akademie hg. v. Günter Schulz, Wolfenbüttel 1976, S. 175-194

Hurwitz, Siegmund, Lilith – die erste Eva. Eine Studie über dunkle Aspekte des Weiblichen, Zürich ²1983

Huyssen, Andreas, Das leidende Weib in der dramatischen Literatur von Empfindsamkeit und Sturm und Drang; in: Monatshefte für deutschen Unterricht, deutsche Sprache und Literatur 69 (1977), S. 159-173

Huyssen, Andreas, Sturm und Drang. Kommentar zu einer Epoche, München 1980

Jacobs, Helmut C., Schönheit und Geschmack. Die Theorie der Künste in der spanischen Literatur des 18. Jahrhunderts, Frankfurt a.M. 1996

Jäger, Christine, Lucretia – der Tod einer Tugendheldin? Zu den Selbstmorddarstellungen in der sächsischen Weltchronik; in: Trauer, Verzweiflung und Anfechtung: Selbstmord und Selbstmordversuche in mittelalterlichen und frühneuzeitlichen Gesellschaften, hg. v. Gabriela Signori, Tübingen 1994, S. 91-111

Jäger, Georg/Schönert, Jörg (Hg.), Die Leihbibliothek als Institution des literarischen Lebens im 18. und 19. Jahrhundert. Organisationsformen, Bestände und Publikum, Hamburg 1980 (= Wolfenbütteler Studien zur Geschichte des Buchwesens, hg. v. Paul Raabe, Bd. 3).

Jensen, Anne, Thekla – Die Apostolin. Ein apokrypher Text neu entdeckt, Freiburg i.Br. 1995

Jonach, Michaela, Väterliche Ratschläge für bürgerliche Töchter. Mädchenerziehung und Weiblichkeitsideologie bei Joachim Heinrich Campe und Jean-Jacques Rousseau, Frankfurt a.m. 1997, (= Aspekte pädagogischer Innovation, hg. v. Erich Leitner, Bd. 22)

Käuser, Andreas, Die anthropologische Theorie des Körperausdrucks im 18. Jahrhundert. Zum wissenschaftshistorischen Status der Physiognomik; in: Rudolf Behrens/Roland Galle (Hg.), Leib-Zeichen. Körperbilder, Rhetorik und Anthropologie im 18. Jahrhundert, Würzburg 1993

Kafitz, Dieter, Grundzüge einer Geschichte des deutschen Dramas von Lessing bis zum Naturalismus, Frankfurt a.m. ²1989

Kahl-Pantis, Brigitte, Bauformen des bürgerlichen Trauerspiels: Ein Beitrag zur Geschichte des deutschen Dramas im 18. Jahrhundert, Bern 1977

Kaiser, Gerhard, Klopstock. Religion und Dichtung, Gütersloh 1963

Kaiser, Gerhard, Aufklärung, Empfindsamkeit, Sturm und Drang, München ³1979

Kaiser, Gerhard, Denken und Empfinden. Ein Beitrag zur Sprache und Poetik Klopstocks; in: text und kritik, hg. v. H.L. Arnold, Sonderband, München 1981, S. 10-28

Kaiser, Gerhard, Krise der Familie. Eine Perspektive auf Lessings »Emilia Galotti« und Schillers »Kabale und Liebe; in: Recherches Germaniques 14 (1984), S. 7-22

Kaiser, Nancy, In our own words. Dramatizing history in L.A.V. Gottscheds *Pietisterey im Fischbein-Rocke*; in: Susan L. Cocalis/Ferrel Rose (ed.), Thalia's Daughters. German women dramatists from the Eighteenth Century to the Present, Tübingen/Basel 1996

Karthaus, Ulrich (Hg.), Sturm und Drang und Empfindsamkeit, Stuttgart ²1991
Kiefl, Walter, Das Inzest-Thema in der Mythologie. Überlegungen zur Systematisierung verschiedener Ansätze der Mytheninterpretation, Regensburg 1991
Kiesel, Helmuth/Münch, Paul, Gesellschaft und Literatur im 18. Jahrhundert. Vor-
aussetzungen und Entstehung des literarischen Markts in Deutschland, München
1977
Kiesel, Helmuth, ›Bei Hof, bei Höll‹. Untersuchungen zur literarischen Hofkritik
von Sebastian Brant bis Friedrich Schiller, Tübingen 1979
Kittler, Friedrich A., »Erziehung ist Offenbarung«. Zur Struktur der Familie in Les-
sings Dramen; in: JBDSG 21 (1977), S. 111-137
Kließ, Werner, Sturm und Drang, Velber 1966
Klotz, Volker, Venus Maria. Auflebende Frauenstatuen in der Novellistik, Bielefeld
2000
Kluckhohn, Paul, Die Auffassung der Liebe in der Literatur des 18. Jahrhunderts und
in der deutschen Romantik, Halle a. d. S. 1922
Klüger, Ruth, Frauen lesen anders, München ³1997 (zuerst Heidelberg 1994 u.d.T.
›Lesen Frauen anders?‹)
Kobusch, Theo, Die Entdeckung der Person. Metaphysik der Freiheit und modernes
Menschenbild, Freiburg i. Br. 1993
Koch, Friedrich, Sexualität, Erziehung und Gesellschaft. Von der geschlechtlichen
Unterweisung zur emanzipatorischen Sexualpädagogik, Frankfurt a.M. 2000
Kohl, Katrin, Friedrich Gottlieb Klopstock, Stuttgart/Weimar 2000
Kollektiv für Literaturgeschichte (Hg.), Sturm und Drang. Erläuterungen zur deut-
schen Literatur, Berlin 1988
Komfort-Hein, Susanne, »Sie sei wer sie sei«: das bürgerliche Trauerspiel um Indi-
vidualität, Pfaffenweiler 1995
Koopmann, Helmut, Friedrich Schiller II: 1794-1805, Stuttgart ²1977
Koopmann, Helmut, Schiller. Eine Einführung, München/Zürich 1988
Koopmann, Helmut (Hg.): Schiller-Handbuch, Stuttgart 1998
Koopmann, Helmut (Hg.): Schillers Leben in Briefen, Weimar 2000
Kord, Susanne, Ein Blick hinter die Kulissen. Deutschsprachige Dramatikerinnen im
18. und 19. Jahrhundert, Stuttgart 1992
Kord, Susanne, Sich einen Namen machen. Anonymität und weibliche Autorschaft
1700-1900, Stuttgart/Weimar 1996
Kording, Inka (Hg.), Luise Adelgunde Victorie Gottsched: »Mit der Feder in der
Hand«: Briefe aus den Jahren 1730-1762, Darmstadt 1999
Koschorke, Albrecht, Die Verschriftlichung der Liebe und ihre empfindsamen Folgen.
Zu Modellen erotischer Autorschaft bei Gleim, Lessing und Klopstock; in: Paul
Goetsch (Hg.), Lesen und Schreiben im 17. und 18. Jahrhundert. Studien zu ihrer
Bewertung in Deutschland, England und Frankreich, Tübingen 1994, S. 251-264
Koschorke, Albrecht, Geschlechterpolitik und Zeichenökonomie. Zur Geschichte
der deutschen Klassik vor ihrer Entstehung; in: Renate v. Heydebrand (Hg.), Ka-
non – Macht – Kultur: Theoretische, historische und soziale Aspekte ästhetischer
Kanonbildungen, Stuttgart/Weimar 1998, S. 581-599
Koschorke, Albrecht, Körperströme und Schriftverkehr. Mediologie des 18. Jahrhun-
derts, München 1999

Koselleck, Reinhart, Kritik und Krise. Eine Studie zur Pathogenese der bürgerlichen Welt, Frankfurt a.m. [8]1997

Košenina, Alexander, Anthropologie und Schauspielkunst. Studien zur »eloquentia corporis« im 18. Jahrhundert, Tübingen 1995

Krauss, Werner, Studien zur deutschen und französischen Aufklärung, Berlin 1963

Labouvie, Eva, Andere Umstände. Eine Kulturgeschichte der Geburt, Köln/Wien/ Weimar 1998

Ladner, Gerhart B., Handbuch der frühchristlichen Symbolik. Gott Kosmos Mensch, Wiesbaden 2000

Lange, Günter, »… seh ich den Alten gern?. Zur Bildgeschichte Gottes, ihren Ursachen und ihren Folgen; in: Alter und Weisheit im Märchen. Forschungsberichte aus der Welt der Märchen, hg. v. U./H.-A. Heindrichs, München 2000, S. 296-321

Laqueur, Thomas, Auf den Leib geschrieben. Die Inszenierung der Geschlechter von der Antike bis Freud, Frankfurt/New York 1992

Lehmstedt, Mark (Hg.), Deutsche Literatur von Frauen, Berlin 2001

Lepenies, Wolf, Melancholie und Gesellschaft, Frankfurt a.M. 1969

Lewes, Louis, Shakespeares Frauengestalten, Stuttgart 1893

Liebsch, Dimitri, Die Geburt der ästhetischen Bildung aus dem Körper der antiken Plastik. Zur Bildungssemantik im ästhetischen Diskurs zwischen 1750 und 1800, Hamburg 2001 (= Archiv für Begriffsgeschichte, Sonderheft Jahrg. 2001, hg. v. G. Scholtz in Verbindung mit H.-G. Gadamer u. K. Gründer)

Linden, A. v. d., Die Elemente der Kabbalah, 2. Teil: Praktische Kabbalah, Magische Wissenschaft, Magische Künste, Berlin 1914

Lorenz, Maren, »… als ob ihr ein Stein aus dem Leib kollerte …«. Schwangerschaftswahrnehmungen und Geburtserfahrungen von Frauen im 18. Jahrhundert; in: Richard van Dülmen (Hg.), Körper-Geschichten. Studien zur historischen Kulturforschung, Frankfurt a.m. 1996, S. 99-121

Lubkoll, Christine, Mythos Musik. Poetische Entwürfe des Musikalischen in der Literatur um 1800, Freiburg i. Br. 1995 (= Rombach Wissenschaft – Reihe Litterae, hg. v. G. Neumann/G. Schnitzler, Bd. 32)

Luhmann, Niklas, Liebe als Passion. Zur Codierung von Intimität, Frankfurt a.M. [5]1999

Luserke, Matthias, Kulturelle Deutungsmuster und Diskursformationen am Beispiel des Themas Kindsmord zwischen 1750 und 1800; in: Lenz-Jahrbuch. Sturm-und-Drang-Studien, hg. v. Christoph Weiß, Bd. 6, St. Ingbert 1996, S.198-229

Luserke, Matthias, Sturm und Drang. Autoren – Texte – Themen, Stuttgart 1997

Luserke, Matthias, Körper – Sprache – Tod. Wagners »Kindermörderin« als kulturelles Deutungsmuster; in: E. Fischer-Lichte/J. Schönert (Hg.): Theater im Kulturwandel des 18. Jahrhunderts. Inszenierung von Körper – Musik – Sprache; Göttingen 1999, S. 203-212

Luserke-Jaqui, Matthias, Medea. Studien zur Kulturgeschichte der Literatur, Tübingen/Basel 2002

Mann, Golo, Wallenstein. Sein Leben erzählt von Golo Mann, Frankfurt a.M. [2]1971

Mann, Thomas, Versuch über Schiller, Berlin/Frankfurt a.M. 1955

Mannack, Eberhard, Kommentar zu den Gryphius-Dramen; in: Andreas Gryphius. Dramen, hg. v. Eberhard Mannack, Frankfurt a.M. 1991

Martino, Alberto, Lektüre und Leser in Norddeutschland im 18. Jahrhundert. Zu der Veröffentlichung der Ausleihbücher der Herzog August Bibliothek Wolfenbüttel, Amsterdam/Atlanta 1993 (= CHLOE, Beihefte zum Daphnis, hg. v. B. Becker-Cantarino u.a., Bd. 14)

Matt, Peter von, ... fertig ist das Angesicht. Zur Literaturgeschichte des menschlichen Gesichts, München/Wien 1983

Mattenklott, Gert, Melancholie in der Dramatik des Sturm und Drang, Stuttgart 1965

Mauser, Wolfram, Konzepte aufgeklärter Lebensführung. Literarische Kultur im frühmodernen Deutschland, Würzburg 2000

Mayer, Dieter, Vater und Tochter. Anmerkungen zu einem Motiv im deutschen Drama der Vorklassik; in: Literatur für Leser 1980, S. 134-147

McInnes, Edward, »Ein ungeheures Theater«. The Drama of the Sturm und Drang, Frankfurt a.M. 1987

Mellinger, Nan, Fleisch. Ursprung und Wandel einer Lust. Eine kulturanthropologische Studie, Frankfurt a.M. 2000

Metwally, Nadia, Johann Gottlob Benjamin Pfeils *Lucie Woodvil* – eine »Schwester der Sara«?; in: ZDPH 1984 (Bd. 103, H. 2), S. 161-177

Meyer-Krentler, Eckhardt, Ein Plagiat macht sich selbständig. Pfeils »Geschichte des Grafen P.« im Verhältnis zu Prévost und Gellert; in: ZDPH 96 (1977), S. 481-508

Meyer-Krentler, Eckhard, Christian Fürchtegott Gellert; in: Zentren der Aufklärung III: Leipzig. Aufklärung und Bürgerlichkeit. Wolfenbütteler Studien zur Aufklärung 17, hg. v. W. Martens, Heidelberg 1990, S. 205-331

Michelsen, Peter, Der unruhige Bürger. Studien zu Lessing und zur Literatur des 18. Jahrhunderts, Würzburg 1990

Middleton, Russell; Brother-Sister and Father-Daughter Marriage in ancient Egypt; in: American Sociological Review 27 (1962), No. 5, P. 603-611

Mönch, Cornelia, Abschrecken oder Mitleiden. Das deutsche bürgerliche Trauerspiel im 18. Jahrhundert. Versuch einer Typologie, Tübingen 1993

Müller, Jan-Dirk, G.E. Lessing. Emilia Galotti. Ein Trauerspiel in fünf Aufzügen, mit Anmerkungen versehen, Stuttgart 1994

Müller-Seidel, Walter, Georg Friedrich Gaus. Zur religiösen Situation des jungen Schiller, in: DVJS, 26. Jg. (1952), S. 76-99

Müller-Seidel, Walter, Das stumme Drama der Luise Millerin; in: Goethe. Neue Folge des Jahrbuchs der Goethe-Gesellschaft, Bd. 17, hg. v. Andreas B. Wachsmuth, Weimar 1955, S. 91-103

Muncker, Franz, Friedrich Gottlieb Klopstock. Geschichte seines Lebens und seiner Schriften. Erster Halbband. Stuttgart 1888

Neumann, Markus, Findelkinder, Waisenhäuser, Kindsmord. Unversorgte Kinder in der frühneuzeitlichen Gesellschaft, München 1995

Nicolai, Heinz, Nachwort in: Sturm und Drang. Dichtungen und theoretische Texte in zwei Bänden, Bd. II, Darmstadt 1971, S. 1898/1899

Oellers, Norbert, Poetische Fiktion als Geschichte. Die Funktion erfundener Figuren in Geschichtsdramen Schillers; in: Otto Dann, Norbert Oellers, Ernst Osterkamp (Hg.), Schiller als Historiker, Stuttgart/Weimar 1995, S. 205-217

Pailer, Gaby, Luise Adelgunde Victorie Gottsched in der biographischen Konstruktion; in: 1000 Jahre Danzig in der Literatur. Studien und Beiträge, hg. v. Marek Jaroszewski, Danzig 1998 (Studia Germanica Gedanensia 5), S. 45-60

Pailer, Gaby, Gattungskanon, Gegenkanon und ›weiblicher‹ Subkanon. Zum bürgerlichen Trauerspiel des 18. Jahrhunderts; in: R. v. Heydebrand (Hg.), Kanon – Macht – Kultur: theoretische, historische und soziale Aspekte ästhetischer Kanonbildung, Stuttgart/Weimar 1998, S. 365-382

Pailer, Gaby, »Laßt uns die Ketten soviel als möglich unter Rosen verbergen ...«. Zum Problem der »Zensur« in Dramen von Autorinnen des 18. Jahrhunderts; in: Rundbrief 44, hg. v. Dagmar v. Hoff, Inge Stephan, Ulrike Vedder, Hamburg 1995, S. 39-44

Pape, Helmut, Klopstock. Die »Sprache des Herzens« neu entdeckt: Die Befreiung des Lesers aus seiner emotionalen Unmündigkeit, Frankfurt a.M. (u.a.) 1998

Pascal, Roy, Der Sturm und Drang, Stuttgart 1963

Petsch, Robert, Nachwort zum Urfaust, in: J. W. Goethe: Urfaust, Stuttgart 1987, S. 67-71

Pfau, Bolko, Körpersprache der Depression. Atlas depressiver Ausdrucksformen, Stuttgart/New York ²1998

Pikulik, Lothar, Bürgerliches Trauerspiel und Empfindsamkeit, Köln/Graz 1966

Politzer, Heinz, Das Schweigen der Sirenen. Studien zur deutschen und österreichischen Literatur, Stuttgart 1968

Promies, Wolfgang, Kinderliteratur im späten 18. Jahrhundert, IV: Die Zeitung für Kinder; in: Rolf Grimminger (Hg.), Hansers Sozialgeschichte der deutschen Literatur vom 16. Jahrhundert bis zur Gegenwart, Bd. 3: Deutsche Aufklärung bis zur Französischen Revolution 1680-1789, München/Wien 1980, S. 798 ff.

Pracht-Fitzell, Ilse, Blendung und Wandlung. Lessings Dramen in psychologischer Sicht, New York 1993

Profitlich, Ulrich (Hg.), Tragödientheorie. Texte und Kommentare vom Barock bis zur Gegenwart, Reinbek 1999

Prutti, Brigitte, Bild und Körper. Weibliche Präsenz und Geschlechterbeziehungen in Lessings Dramen: *Emilia Galotti* und *Minna von Barnhelm*, Würzburg 1996

Pütz, Peter, Die Zeit im Drama. Zur Technik der dramatischen Spannung, Göttingen 1970

Raabe, Mechthild, Leser und Lektüre im 18. Jahrhundert. Die Ausleihbücher der Herzog August Bibliothek Wolfenbüttel 1714-1799, 4 Bde., München 1989

Rank, Otto, Das Inzestmotiv in Dichtung und Sage, Wien ²1926

Ranke-Graves, Robert v., Griechische Mythologie. Quellen und Deutung, Bd. I, Reinbek 1955

Rasch, Wolfdietrich, Freundschaftskult und Freundschaftsdichtung im deutschen Schrifttum des 18. Jahrhunderts. Vom Ausgang des Barock bis zu Klopstock, Halle a. d. S. 1936

Reh, Albert M., Wunschbild und Wirklichkeit. Die Frau als Leserin und als Heldin des Romans und des Dramas der Aufklärung. Ein Beitrag zur Literaturpsychologie der Aufklärung, in: Wolfgang Paulsen (Hg.), Die Frau als Heldin und Autorin. Neue kritische Ansätze zur deutschen Literatur, München/Bern 1979, S. 82-95

Reinhardt, Hartmut, Wallenstein; in: Schiller-Handbuch, hg. v. Helmut Koopmann, Stuttgart 1998, S. 395-414

Richel, Veronica, G. E. Lessing. Miss Sara Sampson. Erläuterungen und Dokumente, Stuttgart ²1999

Riedel, Wolfgang, Influxus physicus und Seelenstärke. Empirische Psychologie und moralische Erzählung in der deutschen Spätaufklärung; in: Anthropologie und Literatur um 1800, hg. v. J. Barkhoff/E. Sagarra, München 1992, S. 24-52

Rölleke, Heinz, Kommentar zu den Kinder- und Hausmärchen; in: Brüder Grimm, Kinder- und Hausmärchen, nach der Ausgabe von 1837 hg. u. komm. v. Heinz Rölleke, Frankfurt a.M. 1985

Rotter, Ekkehart, Venus, Maria, Fatima: wie die Lust zum Teufel ging, Zürich/Düsseldorf 1996

Russell, Jeffrey Burton, Biographie des Teufels. Das radikale Böse und die Macht des Guten in der Welt, Köln/Weimar/Wien 2000

Sanders, Ruth H.,»Ein kleiner Umweg«: Das literarische Schaffen der Luise Gottsched; in: B. Becker-Cantarino (Hg.), Die Frau von der Reformation zur Romantik: die Situation der Frau vor dem Hintergrund der Literatur- und Sozialgeschichte, Bonn 1980, S. 170-194

Sasportas, Howard, Astrologische Häuser und Aszendenten, München 1987

Saße, Günter, Die Ordnung der Gefühle. Das Drama der Liebesheirat im 18. Jahrhundert, Darmstadt 1996

Sauder, Gerhard, Empfindsamkeit, Bd. I: Voraussetzungen und Elemente, Stuttgart 1974

Schabert, Ina (Hg.), Shakespeare-Handbuch, Stuttgart 1992

Schäfer, Thomas, Vom Sternenkult zur Astrologie, Solothurn/Düsseldorf 1993

Scheit, Gerhard, Dramaturgie der Geschlechter. Über die gemeinsame Geschichte von Drama und Oper, Frankfurt a.M. 1995

Schenkel, Martin, Lessings Poetik des Mitleids im bürgerlichen Trauerspiel ›Miß Sara Sampson‹: poetisch-poetologische Reflexionen. Mit Interpretationen zu Pirandello, Brecht und Handke, Bonn 1984

Schillemeit, Jost, Deutsche Dramen von Gryphius bis Brecht, Frankfurt a.M. 1965

Schindel, Carl Wilhelm Otto August von, Die deutschen Schriftstellerinnen des neunzehnten Jahrhunderts. Drei Teile in einem Band. Nachdruck der Ausgabe Leipzig 1823-25, Hildesheim/New York 1978

Schindler, Stephan K., The critic as pornographer. Male phantasies of female reading; in: Eighteenth Century Life 20 (3), Baltimore 1996, S. 66-80

Schindler, Stephan K., Eingebildete Körper. Phantasierte Sexualität in der Goethezeit, Tübingen 2001

Schings, Hans-Jürgen, Der mitleidigste Mensch ist der beste Mensch. Poetik des Mitleids von Lessing bis Büchner, München 1980

Schings, Hans-Jürgen, Luise Millerin, die Aufklärung und das Gräßliche; in: ›Kabale und Liebe‹ – ein Drama der Aufklärung?, mit Beiträgen von P.-A. Alt und H.-J. Schings, Deutsche Schillergesellschaft (Hg.), Marbach a. N. 1999, S. 23-36

Schlaffer, Heinz, Musa iocosa. Gattungspoetik und Gattungsgeschichte der erotischen Dichtung in Deutschland, Stuttgart 1971

Schlözer, Leopold von, Dorothea von Schlözer. Ein deutsches Frauenleben um die Jahrhundertwende. 1770-1825, Göttingen 1937

Schmidt, Erich, Lessing. Geschichte seines Lebens und seiner Schriften. Zweiter Band, Berlin 1909

Schmidt, Erich, Richardson, Rousseau, Goethe. Ein Beitrag zur Geschichte des Romans im 18. Jahrhundert, Jena 1924 (zuerst 1875)

Schmidt, Jochen, Goethes Faust. Erster und zweiter Teil. Grundlagen – Werk – Wirkung, München 1999

Schneider, Manfred, Physiognomische und Pathognomische Zeichen vor Gericht 1532 bis 1850; in: Oliver Zybok (Hg.), Von Angesicht zu Angesicht. Mimik – Gebärden – Emotionen, Leverkusen 2000, S. 66-71

Schön, Erich, Der Verlust der Sinnlichkeit oder Die Verwandlungen des Lesers: Mentalitätswandel um 1800, Stuttgart 1987

Schöne, Albrecht, Götterzeichen – Liebeszauber – Satanskult. Neue Einblicke in alte Goethetexte, München ³1993

Schrimpf, Hans Joachim, »Johann Wolfgang Goethe: Faust«; in: Harro Müller-Michaels (Hg.), Deutsche Dramen. Interpretationen Bd. I: Von Lessing bis Grillparzer, Weinheim ³1994, S. 87-127

Schulte-Sasse, Jochen, Das Konzept bürgerlich-literarischer Öffentlichkeit und die historischen Gründe seines Zerfalls, 1.: Der Literaturbegriff von Früh- und Hochaufklärung; in: Aufklärung und literarische Öffentlichkeit, hg. v. Christa Bürger, Peter Bürger und Jochen Schulte-Sasse, Frankfurt a.M. 1980, S. 84-93

Schury, Gudrun, Lebensflut. Eine Kulturgeschichte des Blutes, Leipzig 2001

Sexau, Richard, Der Tod im deutschen Drama des 17. und 18. Jahrhunderts (von Gryphius bis zum Sturm und Drang). Ein Beitrag zur Literaturgeschichte, Hildesheim 1976 (Nachdruck d. Ausg. Bern 1906)

Sharpe, Lesley, Über den Zusammenhang der tierischen Natur der Frau mit ihrer geistigen. Zur Anthropologie der Frau um 1800; in: Barkhoff, Jürgen/Sagarra, Eda (Hg.), Anthropologie und Literatur um 1800 (= Publications of the Institute of Germanic Studies, University of London, Vol. 54), München 1992, S. 213-225

Signori, Gabriela (Hg.), Trauer, Verzweiflung und Anfechtung. Selbstmord und Selbstmordversuche in mittelalterlichen und frühneuzeitlichen Gesellschaften, Tübingen 1994

Sørensen, Bengt Algot, Herrschaft und Zärtlichkeit: Der Patriarchalismus und das Drama im 18. Jahrhundert, München 1984

Stach, Reinhard (Hg.), Theorie und Praxis der philanthropistischen Schule, Rheinstetten 1980

Stegemann, Viktor, Aus einem mittelalterlichen deutschen astronomisch-astrologischen Lehrbüchlein. Eine Untersuchung über Entstehung, Herkunft und Nachwirkung eines Kapitels über Planetenkinder, Reichenberg 1944 (= Prager deutsche Studien, hg. v. Ernst Schwarz u. Erich Trunz, Heft 52)

Stengel, Erwin: Selbstmord und Selbstmordversuch, Frankfurt a.M. 1969

Stephan, Inge, »So ist die Tugend ein Gespenst«. Frauenbild und Tugendbegriff im bürgerlichen Trauerspiel bei Lessing und Schiller; in: LYB XVII (1985), S. 1-20

Stierle, Karlheinz, Text als Handlung. Perspektiven einer systematischen Literaturwissenschaft, München 1975

Stollberg-Rilinger, Barbara, Europa im Jahrhundert der Aufklärung, Stuttgart 2000

Stolt, Birgit, Gretchen und die Todsünden, Moderna språk monographs. Literatur No. 4, Uppsala 1974

Stüssel, Kerstin, Die ›häuslichen Geschäfte‹ und die ›studia‹. Die ›gelehrten Frauenzimmer‹ im 18. Jahrhundert, in: Jürgen Fohrmann (Hg.), Lebensläufe um 1800, Tübingen 1998, S. 51-69

Szondi, Peter, Tableau und coup de théâtre. Zur Sozialpsychologie des bürgerlichen Trauerspiels bei Diderot (1973/1978); in: Dietmar Rieger (Hg.), Das französische Theater des 18. Jahrhunderts, Darmstadt 1984, S. 339-357

Szondi, Peter, Die Theorie des bürgerlichen Trauerspiels im 18. Jahrhundert. Der Kaufmann, der Hausvater und der Hofmeister, hg. v. Gert Mattenklott, Frankfurt a.M. 1973

Toppe, Sabine, »Polizey« und Mutterschaft: Aufklärerischer Diskurs und weibliche Lebensrealitäten in der zweiten Hälfte des 18. Jahrhunderts; in: Ulrike Weckel u.a. (Hg.), Ordnung, Politik und Geselligkeit der Geschlechter im 18. Jahrhundert, Göttingen 1998, S. 303-322 (= Das achtzehnte Jahrhundert Supplemata Bd. 6)

Tramitz, Christine, Irren ist männlich. Weibliche Körpersprache und ihre Wirkung auf Männer, München 1995

Tremp, Peter, Rousseaus Émile als Experiment der Natur und Wunder der Erziehung. Ein Beitrag zur Geschichte der Glorifizierung von Kindheit, Opladen 2000

Ulbricht, Otto, Kindsmord und Aufklärung in Deutschland, München 1990

Wächtershäuser, Wilhelm, Das Verbrechen des Kindesmordes im Zeitalter der Aufklärung. Eine rechtsgeschichtliche Untersuchung der dogmatischen, prozessualen und rechtssoziologischen Aspekte, Berlin 1973

Weber, Heinz-Dieter, Kindsmord als tragische Handlung; in: Der Deutschunterricht Jg.28/1976, Heft 2: Literatursoziologie III, S. 75-97

Weber, Peter, Das Menschenbild des bürgerlichen Trauerspiels. Entstehung und Funktion von Lessings »Miss Sara Sampson«, Berlin ²1976

Weckel, Ulrike, Zwischen Häuslichkeit und Öffentlichkeit. Die ersten deutschen Frauenzeitschriften im späten 18. Jahrhundert und ihr Publikum, Tübingen 1998 (= Studien zur Sozialgeschichte der Literatur, hg. v. Wolfgang Frühwald u.a., Bd. 61)

Wehse, Rainer, Die Prinzessin; in: Sigrid Früh/Rainer Wehse (Hg.), Die Frau im Märchen, Kassel 1985, S. 9-17

Werner, Johannes, Literarische als gesellschaftliche Form. H.L.Wagner. ›Die Kindermörderin‹. Ein Trauerspiel. Eine Interpretation, Freiburg i. Br. 1976

Werner, Johannes, Literarische als gesellschaftliche Form. H.L. Wagners »Die Kindermörderin« als Epochen- und Methodenparadigma, Stuttgart 1977

Wiese, Annegret, Mütter, die töten. Psychoanalytische Erkenntnis und forensische Wahrheit, München, ²1996

Wilber, Ken, Das Spektrum des Bewußtseins. Eine Synthese östlicher und westlicher Psychologie, Reinbek ⁵2000

Wolff, Hans M., Der Rousseaugehalt in Klingers Drama *Das leidende Weib*, in: The Journal of English and Germanic Philology (XXXIX) 1940, S. 355-375 (auch in: ZDPH Bd. 51, S. 299 ff.)

Wosgien, Gerlinde Anna, Literarische Frauenbilder von Lessing bis zum Sturm und Drang, Frankfurt a.M. 1999

Wunderlich, Uli, Sarg und Hochzeitsbett so nahe verwandt! Todesbilder in Romanen der Aufklärung, St. Ingbert 1998 (= Schnabeliana. Beiträge und Dokumente zu Johann Gottfried Schnabels Leben und Werk und zur Literatur und Geschichte des frühen 18. Jahrhunderts, hg. v. Gerd Schubert, Bd. 4)

Wurst, Karin A., Familiale Liebe ist die ›wahre Gewalt‹. Die Repräsentation der Familie in G.E. Lessings dramatischem Werk, Amsterdam 1988

Wurst, Karin A. (Hg.), Frauen und Drama im achtzehnten Jahrhundert, Köln/Wien 1991

Wurst, Karin A., Einleitung zu *Adelheit von Rastenberg*, in: dies. (Hg.), Eleonore Thon. Adelheit von Rastenberg. The original German Text, New York 1996, S. Viii – XXiX

Zingsem, Vera, Lilith. Adams erste Frau, Leipzig 2000

Nachbemerkung

Dieses Buch ist die für die Publikation geringfügig überarbeitete Fassung meiner Dissertation, die von der Fakultät für Philologie der Ruhr-Universität Bochum im Mai 2002 angenommen wurde. Es ist durch vielfältige Hilfe und Unterstützung zustande gekommen:
An erster Stelle geht mein Dank an Herrn Prof. Dr. Peter-André Alt, der die Entstehung dieser Arbeit mit immer förderlicher Kritik, ermutigender Unterstützung und engagierter Betreuung begleitet hat. Dank gebührt ferner Frau Prof. Dr. Monika Schmitz-Emans für ihre Bereitschaft, die Zweitbegutachtung zu übernehmen und mir im Rahmen eines Kolloquiums die Möglichkeit zur Diskussion methodischer und inhaltlicher Probleme zu geben. Für fachkundigen Rat, Lektürehinweise, aufmerksames Zuhören und hilfreiche Kritik bin ich darüber hinaus einigen Teilnehmern der Oberseminare Prof. Dr. Alts ebenso zu Dank verpflichtet wie vielen Freunden und Kollegen, insbesondere Andrea Vollrodt und Heinz Bäcker für ihren Einsatz bei Korrekturen.

Herzlicher Dank gebührt meiner Familie: Jörg, Victor und Evita Schönenborn sowie meine Eltern haben mir mit langjähriger Geduld und Unterstützung sowie beständigem Interesse und aufmerksamen Fragen den Weg durch den Alltag stets geebnet.

Ausdrücklicher Dank gilt nicht zuletzt der Abteilung Frauenförderung der Freien Universität Berlin: Dem Publikationsförderprogramm *Ergebnisse der Frauen- und Geschlechterforschung* für die großzügige Unterstützung sowie Frau Dr. Anita Runge, der hiermit herzlich gedankt sei für ihr großartiges Engagement bei der Erstellung dieses Buches.

Bochum, im Oktober 2003   *Martina Schönenborn*

Gedruckt mit Unterstützung der Freien Universität Berlin

Bibliografische Information Der Deutschen Bibliothek
Die Deutsche Bibliothek verzeichnet diese Publikation in der
Deutschen Nationalbibliografie; detaillierte bibliografische Daten
sind im Internet über http://dnb.ddb.de abrufbar.

© Wallstein Verlag, Göttingen 2004
www.wallstein-verlag.de
Vom Verlag gesetzt aus der Adobe Garamond
Umschlaggestaltung: Susanne Gerhards, Düsseldorf, unter Verwendung von
Daniel Nikolaus Chodowiecki, »Junge Frau auf einem Divan liegend«,
Federzeichnung 1787, Kunstsammlungen zu Weimar
Druck: Hubert & Co, Göttingen
ISBN 3-89244-760-8